Das große 4 in 1 Buch

Positive Psychologie Komplettset

Angst loswerden | Resilienz entwickeln | Mit Achtsamkeit zur Gelassenheit | Positives Denken

Stefanie Lorenz

© Copyright 2022 - Alle Rechte vorbehalten.

Rechtliche Hinweise:

Dieses Buch ist urheberrechtlich geschützt und nur für den persönlichen Gebrauch bestimmt. Ohne die Zustimmung der Autorin oder des Herausgebers darf der Leser keinen Inhalt dieses Buches ändern, verbreiten, verkaufen, verwenden, zitieren oder umschreiben.

Haftungsausschluss:

Die in diesem Dokument enthaltenen Informationen dienen nur zu Bildungs- und Unterhaltungszwecken. Es wurden alle Anstrengungen unternommen, um genaue, aktuelle, zuverlässige und vollständige Informationen zu liefern. Die Leser erkennen an, dass die Autorin keine rechtlichen, finanziellen, medizinischen oder professionellen Ratschläge erteilt. Durch das Lesen dieses Dokuments stimmt der Leser zu, dass die Autorin unter keinen Umständen für direkte oder indirekte Verluste haftet, die durch die Verwendung der in diesem Dokument enthaltenen Informationen entstehen, einschließlich, aber nicht beschränkt auf Fehler, Auslassungen oder Ungenauigkeiten.

Geschenk #1

Zitatesammlung

Gratis-Bonusheft!

Mit dem Kauf dieses Buches hast du ein kostenloses Bonusheft erworben. Dieses steht nur eine begrenzte Zeit zum Download zur Verfügung.

Das Bonusheft beinhaltet eine Sammlung an schönen, motivierenden und auch Mut gebenden kleinen Geschichten und Zitaten. Diese werden dich beim Lesen und auf deinem täglichen Weg zu einem erfüllten Leben begleiten. Sichere dir das Bonusheft noch heute!

Alle Informationen, wie du dir schnell das gratis Bonusheft sichern kannst, findest du am Ende dieses Buches.

Geschenk #2

Entspannung im Alltag

Mit dem Kauf dieses Buches hast du noch ein weiteres Bonusheft erworben.

In diesem Bonusheft findest du verschiedene Entspannungsmethoden, Meditationsideen und Affirmationen, die dich darin unterstützen können, wieder zu dir selbst zu finden. Sichere dir das Bonusheft noch heute!

Alle Informationen, wie du dir schnell das gratis Bonusheft sichern kannst, findest du am Ende dieses Buches.

Inhaltsverzeichnis

Vorwort vii

1. „Alles wird gut…" 1

2. „Ich schaffe das!" 133

3. „Alles zu viel…" 269

4. „Ich kann das nicht…" 395

Gratis Bonusheft 523

Vorwort

Hast du immer öfter das Gefühl, dass es in deinem Leben nicht ganz rund läuft? Dich selbst kleinste Pannen aus der Fassung bringen und du dich ständig fragst, warum du diesen Job eigentlich machst? Vielleicht überfallen dich auch immer wieder Ängste – Gründe, wie Familie oder Zukunft, scheint es endlos zu geben.

Dieser Sammelband hat nicht umsonst den Weg zu dir gefunden. Denn in den insgesamt vier Büchern geht es darum, dass du ein positiveres, zufriedeneres, selbstbewussteres, achtsameres und stressfreies Leben führen kannst. Wenn du in deiner Mitte bist, geht es dir körperlich und geistig besser, die sozialen Beziehungen gestalten sich unkomplizierter und der Berufsweg verläuft deutlich leichter. Während du dich veränderst und mit deinem neuen Mindset Schäden begrenzt, bevor sie überhaupt entstehen können, registriert auch die Umwelt deinen Wandel. Du wirst als aktiver, hilfsbereiter und voller Energie wahrgenommen.

Diese Bücher stellen dich in den Mittelpunkt. Nicht nur am Ende wirst du in der Lage sein, dir Stärke zu geben und selbst positive Gefühle zu erzeugen, sondern oft schon nach einer zielgerichteten Übung. Mit der Zeit wird das Gleichgewicht zwischen deinen persönlichen Fähigkeiten und den Anforderungen von außen hergestellt. Deine Lebenswelt wird so strukturiert, dass Herausforderungen dein Innenleben nicht überfordern.

Ein typisches Beispiel ist die Angst. Jeder kennt dieses Gefühl. Tatsächlich kann die Angst ein hervorragendes Warn- und Schutzsystem sein. Du erkennst Gefahren, kannst ihnen aus dem Weg gehen oder dir ein passendes Konzept für die anstehende Herausforderung überlegen. Allerdings geraten viele Menschen in eine Angstspirale. Die kleinen und großen Unsicherheiten des Lebens stürzen sie in eine Krise. Vielleicht hast du Angst, deinen Job zu verlieren oder den Partner? Beherrschen dich die Gefühle, ist es an der Zeit, die Notbremse zu ziehen. Wusstest du, dass rund 15 % der Frauen in mittlerem Alter mindestens einmal im Leben von massiven Angstzuständen betroffen sind? Das Tückische daran ist, dass Angst gar nicht so leicht als die Herrscherin über dein Leben zu erkennen ist. Gehst du dieses Problem nicht an, kann sich Angst auch in Form einer Krankheit irgendwann auf der körperlichen Ebene manifestieren.

In meinem Buch erfährst du, woher deine Ängste überhaupt kommen. Ich lade dich ein zu einer Innenschau, die dir dabei hilft, den persönlichen Weg aus deiner Angst zu gehen. Da jeder ein anderes Angstniveau hat, erstellen wir den Fahrplan für Krisenzeiten und du bekommst von mir handfeste Tipps, wie du aus dem Angst-Karussell aussteigen kannst. Nach und nach wirst du deine Ängste in innere Stärke umwandeln - auch, wenn du ein echter Kontrollfreak bist!

Hast du deine Angst besiegt, gehen wir in diesem Buch den nächsten Schritt. Das Zauberwort heißt Resilienz. Diese Fähigkeit nutzt dir dabei, dich auch unter widrigen Umständen zu behaupten. Gehst du immer gleich in die Knie oder verlierst die Nerven, wenn eine unangenehme Situation droht? Dann habe ich eine gute Nachricht für dich: Resilienz lässt sich erlernen! Ich biete dir in diesem Buch ein praxiserprobtes Programm, mit dem du in deine Kraft kommst. Dabei zeige ich dir auch, wie stark du bereits bist. So können wir auf deine bereits vorhandenen Ressourcen die entscheidenden Impulse setzen! Danach arbeiten wir mit den sieben Säulen der Resilienz - mir ist es dabei sehr wichtig, dich so zu begleiten, dass du diese spannende Reise ohne Hilfe alleine antreten kannst. Wie immer in meinen Büchern entscheidest du das Tempo!

Übrigens: Wenn du mit diesem Sammelband arbeiten möchtest, bist du nicht daran gebunden, dich sklavisch an die Abfolge der einzelnen Titel zu halten. Verstehe das Buch lieber als Einladung, Themen, die dich gerade beschäftigen, liebevoll anzusehen, aufzulösen und schlussendlich zu heilen. Möglicherweise macht dir eine Situation in deinem Berufsleben unglaublich zu schaffen und du fragst dich, wie du zu mehr innerer Stärke kommen kannst. Dann wäre Resilienz dein erstes Thema. Oder du hast Probleme, dein Teenagerkind loszulassen und flüchtest dich immer wieder in teilweise völlig absurde Ängste. In diesem Fall lege ich dir ans Herz, zunächst deine Angst zu bearbeiten. Vielleicht fühlst du dich auch wie der berühmte Hamster im Laufrad?

Falls dein Gehirn nur noch auf Autopilot läuft und Nichtigkeiten des Alltags dich in tiefes Grübeln stürzen, ist es an der Zeit, dich einmal mit dem Thema Achtsamkeit zu beschäftigen. Denn damit vermeidest du, dich irgendwann ausgebrannt zu fühlen und immer nur in deinen etablierten Mustern zu laufen. Achtsamkeit liegt im Trend und viele können es vielleicht nicht mehr hören. Aber ich würde dich sehr gerne einladen, dem Dauerbrenner neue Facetten abzugewinnen. Zum Beispiel, indem du mit fundierten Selbsttests eine Standortbestimmung wagst und dann mit dem Konzept der sieben Säulen der Achtsamkeit direkt arbeiten kannst. Für mehr Fülle im Leben entwickelst du Schritt für Schritt deine ganz persönliche Achtsamkeitspraxis!

Du bist schon gut dabei, deinem Leben eine neue Richtung zu geben, neigst aber noch zu völlig unangebrachten Katastrophenszenarien? Du sabotierst dich vor wichtigen Aufgaben selbst und neigst ohnehin dazu, dich selbst permanent und nicht zu deinen Gunsten zu bewerten? Ich möchte dich nicht - wie so viele - auffordern, doch einfach einmal positiv zu denken. Denn könntest du das auf Knopfdruck, müsstest du nicht diesen Teil des Buches lesen. Deine Gedankenwelt ist allerdings ein Teil deines Lebens, dem du die gebührende Aufmerksamkeit widmen solltest. Denn mit den richtigen Tipps und Tricks kannst du dein Unterbewusstsein einfach auf Glück und Erfolg umprogrammieren! Du zweifelst, aber denkst trotzdem, dass es mit dir nicht so weitergehen kann wie bisher? Dann darfst dich darauf freuen, mehr darüber zu erfahren, wie stark der Einfluss von Gedanken auf dein Leben ist und wie du diese Energie für dich nutzt. Wetten, dass du in Zukunft einfach nein zum Gehirnfasching sagen wirst?

Doch nun ist es an der Zeit, dich auf deine ganz persönliche Glücksreise zu begeben - dieser Sammelband wird dabei deine Landkarte! Ich wünsche dir inspirierende und heilsame Erkenntnisse!

Stefanie Lorenz

Angst loswerden

„Alles wird gut…"

Wie du dich von schädlichen Ängsten und Panikattacken befreist und wieder selbstbestimmt dein Leben genießen kannst

Stefanie Lorenz

Inhaltsverzeichnis

Einleitung 5

Kapitel 1 - Deinen Ängsten auf den Grund gehen 9

Was ist Angst? 9
Der Körper und die Angst 11
Kämpfen, fliehen oder totstellen? 14
Woher kommen Ängste? 17
Ängste – warum bin ich damit ganz alleine? 20
Angst und Scham 25
Angst vor der Angst – der Angstkreislauf 27

Kapitel 2 - Ängste einordnen 33

Phobische Störungen 36
Andere Angststörungen 37
Der ständige Begleiter: Die Angst vor der Angst 38
Ängste durch reale Bedrohungen 42
Ängste ohne unmittelbare reale Bedrohung 47

Kapitel 3 - Krisenzeiten – von Gefühlen überwältigt 57

Ausstieg aus dem Panik-Karussell 59
Drama pur – wer profitiert von meiner Angst? 60
Schwere Prüfung für „Kontroll-Freaks" –
das Loslassen 62
Neue Wege, neue Möglichkeiten 64

Kapitel 4 - Stell dich deinen Ängsten 67

Vermeidungsverhalten bei Ängsten 67
Was bedeutet es, sich seinen Ängsten zu stellen? 70
Sich der Angst stellen – alleine oder mit

(professioneller) Unterstützung? 74
Chancen und Grenzen der Konfrontationstherapie 77
Die Löffel-Theorie 79

Kapitel 5 - Methoden für den Umgang mit Angst 85

Kapitel 6 - Angst- und Panikstörungen: Professionelle Begleitung 107

Kapitel 7 - Angst in Stärke verwandeln 119

Abschluss und Ausblick 125

Eine kleine Bitte 127

Quellen und weiterführende Literatur 129

Einleitung

Du stehst nach einem langen Tag im vollen Supermarkt an der Kasse. Hinter dir lärmen ein paar Jugendliche, vor dir das Piepen des Scanners, ein Einkaufswagen stößt dir in die Kniekehle. Dir ist warm. Es ist eng und stickig. Irgendwie bekommst du nicht so gut Luft, der Atem wird flacher, gepresster, die Hitze steigt dir in den Kopf, bis du nur noch denkst: „Raus hier! Ich muss raus hier!" Du lässt deine Waren auf dem Band liegen, drängst dich an skeptischen Gesichtern vorbei zum Ausgang und erst an der frischen Luft beruhigt sich deine Atmung wieder.

Du liegst abends im Bett und musst dringend schlafen. Das Zubettbringen der Kinder hatte sich mal wieder in die Länge gezogen, dann musstest du noch die Steuererklärung fertig machen, die Muffins für den Schulbasar vorbereiten – und in sieben Stunden klingelt schon wieder der Wecker. Du bist so müde, dass du im Stehen einschlafen könntest. Aber gerade als du dich ins Bett gelegt hast, beginnt es, in deinem Kopf zu rotieren. Du musst an den Basar denken, und dass du dort wieder auf die Mutter von Marius triffst, die dich beim Elternabend schon so komisch angeschaut hat. Und dann musst du da auch deine Muffins abliefern, vor den Augen aller anderen. Was ist, wenn die Mütter dich dann noch weniger mögen? Was ist, wenn deine Muffins nicht gut genug sind und alle anderen etwas Ausgefalleneres gebacken haben? Was ist, wenn eine der Mütter mit dir sprechen will und du nicht weißt, was du sagen sollst? Alleine beim Gedanken daran zieht sich dein Magen zusammen und dir wird ganz flau. Obwohl du so müde bist, machst du in dieser Nacht gefühlt kein Auge zu.

Deine Beziehung ist nach fast zehn gemeinsamen Jahren in die Brüche gegangen. Der Mensch, bei dem du glaubtest, du würdest mit ihm alt werden, ist weg. Alles, worauf du aufgebaut hast, existiert nicht mehr. Neben der Trauer um das verlorene Glück zu zweit beschleicht dich auch immer wieder die Angst vor dem, was kommt. Wie sollst du diese große Wohnung alleine halten? Was ist, wenn du dich nie wieder verlieben kannst? Was ist, wenn du im Alter als verwirrte, einsame „Katzenlady" umherwandern musst? Obwohl deine Gedankengänge immer extremer und unwahrscheinlicher werden, kannst du nicht aus dem Gedankenkarussell aussteigen. Du verlierst dich in Horror-Szenarien und malst dir die schlimmsten Zukunftsmodelle vor deinem inneren Auge aus – bis du dich so gelähmt fühlst, dass du gar nichts mehr machen möchtest.

Genau so unterschiedlich, wie diese drei Beispiele, können sich auch die Ängste selbst präsentieren.

Wir können kleine Alltagsängste haben, die hier und da aufblitzen, wie: „Hoffentlich verpasse ich den Bus gleich nicht; das bringt sonst meine ganze Planung durcheinander" oder „Was ist, wenn sich meine Kinder gleich wieder so sehr streiten und Schwiegermutter mich erneut vor allen maßregelt?" oder „Hilfe, habe ich das Bügeleisen abgestellt?"

Angst kann in Form von Zukunftsängsten daherkommen: „Norbert hat mich verlassen, was soll ich jetzt machen? Was ist, wenn ich nie wieder einen Partner finde?", „Die wirtschaftliche Lage entwickelt sich so schlecht, wie soll ich da je wieder einen Job finden? Und wenn wir das Haus verlieren?", „Werde ich im Alter ganz alleine dastehen?"

Geldsorgen, die sich zu Existenzängsten ausweiten, gesundheitliche Sorgen bei Diagnosen oder auch unbegründete Sorgen bei einem Ziepen oder bei Kopfschmerzen, die in der dramatisierenden Phantasie gleich zu einem Gehirntumor auswachsen, oder Urängste vor Naturgewalten – all das sind Ängste, die uns in unserem Leben begegnen können.

Einleitung

Zugrunde liegen vielen dieser Ängste meist die Angst vor dem Unbekannten und die Angst vor dem Verlust der Kontrolle.

Neben Ängsten vor realen Gefahren kommen mitunter auch Ängste vor Dingen oder Situationen hinzu, die nur in unserer Vorstellung existieren. Oder wir fürchten uns vor etwas, obwohl wir wissen, dass es keinen Grund zum Fürchten gibt.

So vielfältig die Situationen sind, in denen Ängste auftauchen, so haben sie doch Folgendes gemeinsam: Sie sind anstrengend, sie sind kräftezehrend und sie sind definitiv nichts für Angsthasen. Es braucht Mut, sich mit seiner Angst zu beschäftigen, sie anzuschauen und sich so mit ihr auseinanderzusetzen, dass man sie entweder loslassen oder einen Umgang mit ihr finden kann.

Dieses Buch soll dir dabei helfen, deine Ängste besser zu verstehen, zu erkennen, dass die Angst es eigentlich gar nicht böse meint und dass du nicht alleine mit deinen Problemen bist.

Die gute Nachricht vorweg, bevor es losgeht: Du hast dich bereits auf den Weg gemacht! Du hältst dieses Buch in den Händen und bist bereit, dich mit deiner Angst zu beschäftigen. Dafür darfst du dich ruhig mal selbst loben – gerne innerlich, wenn du nicht alleine bist, während du das hier liest. Das ist verdammt mutig, auch wenn du dir vielleicht alle möglichen Eigenschaften zuschreiben würdest, nur nicht den Mut. Jedoch erfordert es Courage, sich auf den Prozess einzulassen, Ängste nicht mehr zu verleugnen, sondern hinzuschauen: Warum habe ich Angst? Wie äußert sich das? Wie kann ich damit umgehen?

Ganz wichtig: Dieses Buch ersetzt keine therapeutische Behandlung und hat auch nicht den Anspruch. Wenn du eine entsprechende Unterstützung wünschst, findest du in Kapitel 6 einige Hinweise dazu.

Dieses Buch dient dazu, dich auf deinem Weg zu begleiten und dir Hintergrund-Informationen rund um das Thema Angst zu vermitteln, sodass du sie und ihre Auswirkungen klarer erkennen und einordnen sowie Zusammenhänge erkennen kannst. Ferner werden dir hilfreiche Ideen aufgezeigt, wie du Ängsten begegnen kannst und was dir im Umgang mit ihnen helfen könnte. Es geht nicht darum, die Ängste einfach „wegzuzaubern". Sicherlich würden sich die meisten Betroffenen nicht lange bitten lassen, wenn eine gute Fee käme, und ihnen die Möglichkeit anbieten würde, sie von ihren Ängsten zu befreien. Da dies in der Realität aber sehr unwahrscheinlich ist, sollst du die Möglichkeit haben, Wege zu finden, wie du mit der Angst leben kannst, sodass sie dich weniger einschränkt und du wieder die Führung in deinem Leben übernehmen kannst – voller Lebensfreude und Genuss! Traue dich!

Kapitel 1 - Deinen Ängsten auf den Grund gehen

Ängste können sich im Leben einschleichen oder ganz unerwartet über uns hereinbrechen. Wenn sie dann plötzlich da sind und so viel Raum einnehmen, dass sie nicht zu übersehen sind, bist du gezwungen, dich mit ihnen auseinanderzusetzen. Am Anfang steht meist eine große Überforderung mit der Gesamtsituation. Was ist das, was ich da fühle? Woher kommt das? Bleibt das jetzt so? Was kann ich dagegen tun?

In diesem Kapitel gehen wir deinen Ängsten auf den Grund. Ganz in Ruhe und Stück für Stück.

Widmen wir uns zuerst der offensichtlichsten Frage:

Was ist Angst?

Die Frage danach, was Angst ist, lässt sich nicht mit einer einzigen Definition beantworten. Jeder, den du fragen wirst, wird dir sagen, dass er weiß, wie sich Angst anfühlt. Diese Emotion ist universell, sie ist eine der Basisemotionen, die von Menschen aller Kulturen und Altersgruppen empfunden werden kann.

Im *Dorsch Psychologielexikon* wird Angst folgendermaßen erklärt: „[...] emot. Zustand (state), gekennzeichnet durch Anspannung, Besorgtheit, Nervosität, innere Unruhe und Furcht vor zukünftigen Ereignissen. A. kann «frei flottierend» ohne klaren Bezug auf den Grund der A. auftreten; bei klarem Bezug auf das A. auslösende Objekt wird auch von Furcht gesprochen. Physiol. Korrelat der A. ist eine erhöhte Aktivität des autonomen Nervensystems (Stress). A. ist eine überlebensnotwendige Reaktion auf gefährliche Situationen, die bspw. als Zeichen normaler Entwicklung im Alter von ca. 8 Monaten fremden Erwachsenen gegenüber gezeigt wird (Fremdenreaktion). Neben solchen universellen Angstauslösern kann A. klassisch oder operant auf bedingte Reize hin erlernt werden (Konditionierung) oder durch Beobachtungslernen erworben werden, wobei die Schnelligkeit des Erwerbes von Furcht gegenüber best. Situationen oder Obj. genetisch prädisponiert sein kann in Form eines *evolvierten psychologischen Mechanismus (EPM)* (z. B. gegenüber Schlangen oder ärgerlichen Gesichtern [...]."

Im Lexikon-Eintrag der Wissensplattform *lecturio* wird der Begriff wie folgt definiert:

„Die Angst, die anfallartig auftreten kann, ist ein qualvoller Gemütszustand in Erwartung einer Bedrohung, bezieht sich jedoch auf keine wirkliche Gefahr und ist auf kein bestimmtes Objekt bezogen. Im Gegensatz hierzu bezieht sich die Furcht auf eine für die einzelne Person deutlich erkennbare Gefahr. Allerdings wird im täglichen Sprachgebrauch zwischen Angst und Furcht nicht immer streng unterschieden. Häufig ist die Angst mit körperlichen Begleiterscheinungen verbunden: Herzklopfen, beschleunigte Atmung, Druck auf der Brust, eingeschnürte oder trockene Kehle, Zittern, kalter Schweiß, Durchfall, häufiges Wasserlassen, Übelkeit, Erbrechen, Kloßgefühl im Hals. Eine krankhafte Angst findet man auch im Zusammenhang mit körperlichen Erkrankungen, z. B. mit der Angina Pectoris und mit zahlreichen Geisteskrankheiten und Neurosen."

Angst ist also eine Emotion, die mit starken körperlichen Reaktionen einhergehen und in unterschiedlichster Intensität erlebt werden kann. Im Volksmund werden Furcht und Angst meist synonym gebraucht. Doch bei Angst handelt es sich um eine unspezifische Empfindung, während sich Furcht auf etwas Bestimmtes bezieht.

Der Körper und die Angst

Aber was bedeuten diese körperlichen Reaktionen genau?

Was passiert in unseren Körpern, wenn wir Angst verspüren?

Vielleicht hast du an dir selbst bestimmte Symptome bemerkt, wie etwa:

- wackelige Knie
- das berühmt-berüchtigte Herzschlagen bis zum Hals oder in den Ohren
- einen Tunnelblick
- feuchte Hände
- starkes Schwitzen
- eingeschränktes Sichtfeld
- Sprachschwierigkeiten, Stottern
- die Zunge klebte am Gaumen
- Zittern
- beschleunigter Puls
- Herzstolpern
- Globusgefühle im Hals – also der berühmte Kloß im Hals oder ein anderes Fremdkörpergefühl im Rachenbereich
- Erstickungsgefühle
- Schmerzen in der Brust oder in anderen Körperteilen
- Schwindel

Diese körperlichen Symptome können (isoliert betrachtet) als sehr beunruhigend erlebt werden und tragen vielfach zur Verstärkung der Angst bei.

Angst kann sich in verschiedenen Varianten ausdrücken, wie z. B. in Angst vor Kontrollverlust („Gleich kippe ich um und dann kann ich nicht mal mehr Hilfe holen"), in Angst, verrückt zu werden („Bilde ich mir das alles nur ein? Alles ist so unwirklich."), durch Entfremdungsgefühle aufgrund von Derealisation und Depersonalisation („Alles erscheint mir, als würde ich durch Watte schauen. Ich bin gar nicht mehr richtig bei mir.") bis hin zur Angst, zu sterben („Jetzt ist es vorbei. Das ist garantiert ein Herzinfarkt. Noch eine Panikattacke überlebe ich nicht!").

Bei den körperlichen Symptomen der Angst handelt es sich um Maßnahmen, die den Körper auf eine Gefahrensituation vorbereiten sollen.

In deinem Gehirn gibt es drei Bereiche, die an der Entstehung eines Angstgefühls beteiligt sind:

Als der zentrale Ort, wo die Angst entsteht, gilt die **Amygdala** (auch **Mandelkern** genannt), während das Stirnhirn für die Einordnung von Reizen und eine entsprechend darauf abgestimmte Handlung zuständig ist. Der *Hippocampus* in deinem Gehirn ist der Ort, an dem Gedächtnisleistungen und Lernvorgänge stattfinden. Dieser ist bei der Angst ebenfalls beteiligt. Botenstoffe deines Gehirnes geben entsprechende Signale von einer Nervenzelle zur nächsten weiter - und die Angst entsteht.

Es wird vermutet, dass die Menge der Botenstoffe bei Menschen mit starken Ängsten von der Norm abweicht und es so zu übersteigerten Angstgefühlen kommen kann.

Dein Mandelkern funktioniert also als deine innere Alarmanlage. Jeder Reiz wird bewertet und bei Gefahr alarmiert dein Mandelkern deinen restlichen Körper.

Hin und wieder kann es dabei auch zu einem Fehlalarm kommen: Dein Gehirn bekommt den Reiz „dunkler Schatten hinter dir" und deine Amygdala sendet „Angst". Nach einer kurzen Schrecksekunde spürst du deine Angst dann körperlich und auch emotional. Üblicherweise findet aber innerhalb weniger

Sekunden auch eine Überprüfung der Situation und eine Neubewertung statt, wenn klar ist, dass keine wirkliche Gefahr droht.

Wenn also der dunkle Schatten hinter dir kein böser Räuber ist, sondern dein eigenes Spiegelbild im Glas des Vitrinenschrankes oder einfach ein Mantel, den jemand an einen Haken in den Flur gehängt hat, dann erkennt dein Gehirn: Fehlalarm. Der Körper fährt sein Ausnahmeprogramm herunter.

Du schmunzelst über deinen Schreckmoment und machst im Idealfall normal weiter.

Erklärt wird dieses Phänomen mit dem sogenannten *Schaltkreis der Angst* von Joseph LeDoux, einem Neurowissenschaftler der *New York University*. Er beschreibt, dass der Mandelkern bei der Angsterzeugung zweigleisig fährt: Einerseits wird bei einer potenziellen Gefahr mit einer nahezu gleichzeitigen Angstmeldung reagiert. Der Reiz löst also automatische Prozesse aus; entsprechende Verhaltensmuster werden aktiviert, etwa die körperlichen Prozesse, wie ein erhöhter Muskeltonus oder eine bessere Durchblutung durch einen erhöhten Pulsschlag. Das ist wichtig für das Überleben, denn der Mensch muss in der Lage sein, einer Gefahr schnell auszuweichen, sich zu verteidigen oder Leib und Leben anderweitig zu sichern.

Würde das Gehirn die Situation erst ganz in Ruhe mit allen gemachten Erfahrungen und erlebten Situationen abgleichen, wäre keine Zeit für prompte Reaktionen. Die zweite Informationsübermittlung findet also etwas zeitversetzt, aber dafür umso gründlicher statt. Das Gehirn überprüft, ob die Angstreaktion gerechtfertigt ist und passt dann das Reaktionsverhalten des Körpers an. Es kommt zu einer Entspannung und der Erkenntnis, dass man überreagiert hat.

Bei einer Angststörung oder unter enormem Stress kann diese Anpassung mitunter nicht mehr stattfinden. Die körperliche und geistige Entspannung setzt nicht ein; das Erregungsniveau bleibt dauerhaft erhöht, sodass Körper und Seele in einem ständigen Spannungszustand verbleiben.

Zudem kann es sein, dass jemand mit Ängsten, der wenig Zugang zu seiner Gefühlswelt hat, gar nicht bemerkt, dass er Angst verspürt. Typisch sind dann Äußerungen wie:

„Irgendwie habe ich im Moment immer mit Verdauungsproblemen zu tun, wenn ich zur Arbeit gehe. Am Wochenende fühle ich mich dann komischerweise lebendig."

„Wenn ich mit der Sabine rede, habe ich immer das Gefühl, keine Luft zu bekommen. Ich glaube, ich muss mal zum Arzt."

„Jetzt im Meeting war ich total flatterig und habe richtig angefangen zu zittern; ich bin bestimmt unterzuckert!"

Der Druck auf der Brust, das Zittern, die Verdauungsprobleme – all dies können Angstsymptome sein, die die Betroffenen nicht als solche zuordnen können oder wollen.

Nicht selten starten Menschen mit Ängsten eine lange Arzt-Odyssee, weil sie körperliche Gründe hinter ihren Symptomen vermuten. Erkennen sie dann nach vielen Tests und Gesprächen, dass es sich um körperliche Auswirkungen von Angst und Panik handelt, sind viele zunächst erstaunt, brüskiert oder überfordert. „Es fühlt sich doch so schlimm an! Kann das „nur" von der Angst kommen?"

Ja, das kann es, und dafür hat dein Organismus auch gute Gründe.

Kämpfen, fliehen oder totstellen?

Wer mit Ängsten zu kämpfen hat, der kennt sicherlich die meisten der erwähnten körperlichen Symptome. Aber warum entstehen diese im Körper und wie äußern sie sich?

Vielleicht hast du schon von der „Fight-or-flight-Reaktion" oder der „Kampf-oder-Flucht-Reaktion" gehört?

Der menschliche Organismus richtet sich in einer potenziellen Gefahrensituation darauf ein, entweder kämpfen oder fliehen zu müssen. Dafür muss er bestimmte Vorkehrungen treffen.

Daher erweitern sich deine Blutgefäße für einen raschen Transport und dein Blut verdickt sich, sodass du bei einer möglichen Verletzung langsamer Blut verlierst. Deine Atmung beschleunigt sich, ebenso wie dein Herzschlag, um deinen Körper gut mit Sauerstoff zu versorgen, auch bei höherer Belastung. Dein Muskeltonus erhöht sich, deine Temperatur und dein Blutdruck steigen an. Dein Stoffwechsel beschleunigt sich, um deinem Körper mehr Energie zur Verfügung zu stellen.

An allen Stellen, an denen du in einer Gefahrensituation weniger Energie brauchst, wird diese jetzt abgezogen – z. B. werden Stuhl- und Harndrang eingestellt und auch deine Genitalien werden weniger durchblutet. Schließlich nimmt sich niemand Zeit und Ruhe für einen romantischen Moment oder einen Toilettengang, wenn er eigentlich kämpfen oder fliehen muss.

Zudem erweitern sich deine Pupillen, um dein Sehfeld zu vergrößern und Gefahren noch eher zu erkennen.

Die meisten Dinge, die also mit deinem Körper passieren, dienen einem unmittelbaren Zweck und machen aus Sicht deines Organismus vollkommen Sinn. Die erwähnten körperlichen Veränderungen werden durch das sogenannte *sympathische Nervensystem* hervorgerufen. Das sympathische Nervensystem gehört zu deinem *vegetativen Nervensystem* und ist der Part, der für die Reaktionen auf Stress und Belastungen verantwortlich ist.

Wenn die Gefahr vorbei ist, entspannt sich dein Körper, das *parasympathische Nervensystem* übernimmt: Der Pulsschlag beruhigt sich, die Muskelspannung lässt nach, die Atmung reguliert sich, die Pupillen werden wieder normal groß, die Verdauung nimmt ihre Arbeit wieder auf – so ist es beispielsweise nicht ungewöhnlich, nach einer überstandenen Stressreaktion erst mal dringend auf die Toilette gehen zu müssen. Das parasympathische Nervensystem übernimmt also die Aufgaben der Ruhe- und Erholungsphasen.

Eine weitere Möglichkeit der Angstreaktion ist die des *Schrecktypus*. Hier stellt sich der Körper nicht auf eine

Aktivität – Kämpfen oder Fliehen – ein, sondern erstarrt. Er stellt sich tot, damit die Gefahr an ihm vorbeizieht. In diesem Fall übernimmt das parasympathische Nervensystem wieder die Kontrolle und ein schockähnlicher Zustand stellt sich ein: Der Blutdruck kann abfallen, Übelkeit oder Benommenheit sowie Schwindel und das Gefühl, ohnmächtig zu werden, können einsetzen. Puls und Atem können sich verlangsamen und die Verdauung kann verrücktspielen.

Viele Menschen des Schrecktypus halten bei Angst die Luft an, die Atmung ist beeinträchtigt, die Sauerstoffversorgung ist nicht so gut wie sonst und die Herztätigkeit verlangsamt sich. Dadurch kann sich ein Benommenheitsgefühl einstellen.

Ist die Angstreaktion vorbei – ganz gleich, ob es sich um eine Kampf-oder-Flucht-Reaktion, eine Erstarrungsreaktion oder eine Mischform handelt – können (während der Körper entspannt) weitere Körperreaktion auftreten, um den Körper abzukühlen. Dies kann z. B. das Wiedereinsetzen der Verdauung mit starkem Harndrang, Schwitzen, oder Muskelschmerzen sowie Erschöpfung durch den vorher erhöhten Muskeltonus sein.

Halte einen kurzen Moment inne, wenn du magst, und stelle dir folgende Fragen:

- Welche der körperlichen Symptome kommen mir bekannt vor?
- Bringe ich diese mit Ängsten in Verbindung oder fürchte ich eine organische Ursache?
- Habe ich mich medizinisch untersuchen lassen und danach geglaubt, die Fachkraft hätte etwas übersehen?
- Wie oft leide ich unter den erwähnten körperlichen Symptomen?
- Wann treten diese auf?
- Kann ich körperliche Symptome und Gefühle in Einklang bringen oder überwiegt eine Seite?
- Hatte ich Erlebnisse, bei denen es einen Fehlalarm gab?

- Wie habe ich auf diesen Fehlalarm reagiert?
- Wie reagiert mein Umfeld, wenn ich meine Symptome äußere?

Woher kommen Ängste?

Die Frage, wie Ängste entstehen, bewegt wohl alle, die sich mit übermäßigen Ängsten oder einer Angststörung auseinandersetzen müssen. Da Angst ein Mechanismus ist, der auf der ganzen Welt bei gesunden Menschen vorhanden ist und von ihnen zum Überleben genutzt wird, muss davon ausgegangen werden, dass es bestimmte Auslöser gibt, die universell, also überall und allgemeingültig, als Angst auslösend gewertet werden können.

Beispielsweise zeigen gesunde Babys in der Regel ab dem Alter von etwa einem dreiviertel Jahr ein „Fremdelverhalten", die sogenannte **Fremdenreaktion**. Bei dieser zeigen sie gegenüber unbekannten Erwachsenen Angstverhalten und reagieren auch mit körperlichem Stress auf diesen Angstauslöser. Diese angeborenen Ängste wurden auch bei Tests mit Tieren belegt: So hatten Tiere, die nie in der freien Wildnis gelebt hatten, Ängste, wenn sie ein Raubtier witterten.

Zudem kann Angst auch erlernt oder erworben werden, indem wir als Mensch Angsterfahrungen machen. Wird Angst erlernt, spricht man auch von einer **Konditionierung**.

Wir erleben, dass bestimmte Reize, Situationen oder Menschen gefährlich für uns sind und bilden daraufhin eine Angst vor diesen aus. Vielleicht haben wir bei unserem allerersten Referat in der Schule erleben müssen, dass die gesamte Klasse uns ausgelacht hat. Scham und das Gefühl, von der Gruppe ausgegrenzt zu werden – eine sehr tiefsitzende Angst von uns Menschen, da die Zugehörigkeit zur Gruppe früher überlebenswichtig war – haben dafür gesorgt, dass sich diese Situation tief eingebrannt hat.

Sollen wir das nächste Mal vor einer größeren Gruppe sprechen, bemerken wir vielleicht, wie wir nervös werden, die Zunge am Gaumen klebt, die Hände zittern und die Stimme wegbricht. Wir haben gelernt, dass diese Situation nicht neutral oder positiv zu bewerten ist, sondern dass sie für uns bedrohlich war und wieder eine potenzielle Gefahrenquelle darstellt.

Erleben wir dann die Symptome der Angst zusätzlich als unangenehm und hinderlich bei der Bewältigung der Situation und fühlen wir uns dieser noch mehr ausgeliefert und in unserer Angst bestätigt – etwa weil wir vor der Menschenmenge rot werden oder unsere Stimme versagt und wir erneut Scham empfinden – dann kann sich die Angst verfestigen. Wir haben gelernt, dass das Sprechen vor Gruppen gefährlich ist und vielleicht übertragen wir diese Angst auch auf andere soziale Interaktionen.

Auch das **Beobachtungslernen** kann dazu führen, dass wir Angst vor einer Situation, einem Objekt oder einer Person entwickeln. Dazu müssen wir nicht mal direkt betroffen sein. Vielleicht haben wir beobachtet, wie der neue Chef einen Kollegen schikaniert hat, bis dieser zusammengebrochen ist. Auch wenn der Chef zu uns bisher freundlich war und nicht mitbekommen hat, dass wir Zeuge dieses Vorfalls wurden, werden wir durch unsere Beobachtung gelernt haben, dass wir diesem Menschen mit großer Vorsicht begegnen werden. Wir haben gelernt, dass er eine Gefahrenquelle darstellen kann, wir die Übertragungsleistung erbringen und uns in die Situation hineinversetzen können. So werden wir üblicherweise versuchen, die Gefahrenquelle zu meiden oder das Risiko für uns durch andere Verhaltensmaßnahmen gering zu halten.

Dabei muss nicht unbedingt unmittelbar von dir selbst beobachtet worden sein, dass du oder jemand anderes zu Schaden kam. Du kannst Ängste auch von anderen „übernehmen". Das sieht man sehr gut bei Kleinkindern: Hat die Mutter beispielsweise aufgrund von schlechten Erfahrungen in Kindheitstagen Angst vor Hunden, werden ihre Kinder höchstwahrscheinlich ebenfalls Angst vor Hunden haben, auch wenn sie nie einen negativen Kontakt zu den Vierbeinern hatten.

Aber sie haben bei ihrer Mutter beobachtet, dass sie mit Angst auf diese Tiere reagiert und daher Vorsicht angebracht sein sollte. Nun kann es sein, dass die Kleinen diese Angst vergessen, wenn sie mit anderen zusammen sind, etwa auf einem Kindergeburtstag oder in der Kinderbetreuung. Das Spielen mit dem Besuchshund oder dem Haustier der Gastgeber verläuft dann möglicherweise vollkommen unproblematisch – bis Mama erscheint, mit ihrer Angst und der Erinnerung daran, dass man ja Angst haben sollte, auch wenn die eigene Erfahrung zu einem ganz anderen Verhalten führen würde.

Dieses Erlernen oder Beobachten von Angst ist für den Menschen aus evolutionärer Sicht von großer Bedeutung gewesen: Dank des rasch reagierenden Amygdala konnte die Angstneigung den Menschen vor Schäden bewahren, wenn er gesehen hat, dass ein anderer Mensch sich durch das Essen von bestimmten Beeren oder den Kontakt mit einem unbekannten Tier verletzt hatte.

Wissenschaftler sind sich mittlerweile auch sicher, dass es genetische Dispositionen gibt, die Auswirkungen auf das Angstverhalten haben. Zudem wurde herausgefunden, dass Menschen, deren Mutter während der Schwangerschaft starkem und anhaltendem Stress ausgesetzt war, meist selbst ein dauerhaft erhöhtes Stresslevel haben und dadurch anfälliger für Ängste sind.

Ist das autonome Nervensystem – also das, was wir selbst nicht bewusst steuern können – durch Außenreize leicht erregbar, dann ist man auch für das Ausbilden von Ängsten anfälliger.

Diese leichte Erregbarkeit kann genetisch bedingt sein oder auch erlernt werden. Menschen mit einem leicht erregbaren vegetativen Nervensystem spüren die Erregung meist sehr stark körperlich, sie nehmen also die körperlichen Symptome der Angst stark war, was wiederum zu Angst führen kann.

Zudem ist es auch möglich, ehemals positive oder neutrale Reize mit Angst zu besetzen. Wer beispielsweise beim Zelten von einem schrecklichen Gewitter überrascht wurde und das Unwetter überstanden hat, wird danach vielleicht nicht nur Angst vor Blitzen und Donner haben, sondern sich auch nicht mehr in einem Zelt wohlfühlen. In diesem Fall wurde eine Verknüpfung gebildet.

Wenn du einen Hund hast, kennst du das vielleicht vom Hundetraining: Mitunter kann es geschehen, dass der Hund beim Lernen von Kommandos eine Fehlverknüpfung erstellt und ein bestimmtes Verhaltensmuster zeigt, wenn ein Reiz auf ihn einwirkt, der beim Erlernen eindrucksvoller für ihn war, als das, was er lernen sollte.

Personen, die immer gerne Auto gefahren sind, aber während des Autofahrens ihre erste Panikattacke erlebten, haben deshalb plötzlich panische Angst, wieder in ein Auto zu steigen. Schließlich ist dort dieses unberechenbare Gefühl zuerst aufgetaucht. Das Auto wurde also als vermeintlicher Auslöser deklariert und ist nun als Ort der potenziellen Gefahr mit Angst besetzt. Selbstverständlich hätte die Angst auch ganz woanders auftreten können, etwa in der eigenen Küche, im Supermarkt oder im Kino. Dann wäre dies vermutlich der Ort gewesen, der als Ort der Angst eingeordnet und von der betroffenen Person von nun an eher gemieden worden wäre.

Ängste – warum bin ich damit ganz alleine?

Zunächst erst mal ganz wichtig: Auch wenn es sich so anfühlen mag – du bist nicht alleine mit diesem Gefühl der Angst.

Angst ist ein ganz natürliches Gefühl, das für unser Überleben enorm wichtig ist. Jeder von uns verspürt Angst. Der eine öfter, der andere eher seltener.

Das Gefühl, bedroht zu sein, schützt uns vor Gefahren und hat somit eine eindeutige Funktion. Im Laufe der Evolution hat sie dazu beigetragen, dass sich Lebewesen vor bedrohlichen Situationen geschützt haben. Ein risikobehaftetes Verhalten kann durch das Gefühl der Angst gesteuert und eingeschränkt werden. Doch wie kann das Gefühl der Angst hilfreich sein, wenn es dir das Leben so schwer macht und dich so quält?

Es gibt Personen, die aufgrund von krankhaften Veränderungen im Gehirn, meist in der Amygdala, dem Mandelkern, keine Angst verspüren können. Diese haben in der Regel große Schwierigkeiten damit, Risiken rechtzeitig zu erkennen, selbst- oder fremdgefährdendes Verhalten richtig einzuschätzen und die Warnfunktion zu nutzen, die mit Ängsten normalerweise einhergeht. Schließlich ist das Gefühl der Angst, so unangenehm es auch für uns sein mag, ein Mechanismus, der uns dabei hilft, zu überleben. Wir können eine Situation, ein Tier oder einen Menschen als bedrohlich einschätzen und uns dann entsprechend in unserem Verhalten anpassen.

Wer jedoch keine Angst kennt, kann nicht auf den schützenden Mechanismus zurückgreifen. So wird er vielleicht nicht vor einer giftigen Schlange zurückschrecken und diese melden, um sie von Fachkräften entfernen zu lassen, sondern sich dem Tier aus Neugier nähern. Schließlich wird er weder Sorge um sich selbst, noch um andere verspüren und so keine Veranlassung für Vorsichtsmaßnahmen sehen.

Ein Mensch, der keine Angst verspürt, wird, wenn ein Gewitter aufzieht, nicht schauen, dass er schnell einen sicheren Unterschlupf findet, sondern in seiner Tätigkeit unbekümmert fortfahren. Schließlich hat er kein inneres Warnsystem, das ihm bei Blitz und Donner signalisiert „Vorsicht, Gewitter, Lebensgefahr! Zeit, sich einen Ort zu suchen, an dem du vor Blitzen, herunterfallenden Ästen und Gegenständen sicher bist."

Du siehst also, dass es vollkommen normal und natürlich ist, Ängste zu verspüren – und zum Glück ist es auch den meisten Menschen möglich.

Wie ist es aber nun mit übersteigerten Ängsten oder Ängsten, die in die Kategorie der Angststörung fallen? Betroffene fühlen sich damit meist sehr alleine und wie ein „Alien" zwischen all den normal funktionierenden Menschen. Das Gefühl, „unnormal", „nicht ganz richtig" und eine „große, komische Ausnahme" zu sein, beschleicht sehr viele der Betroffenen.

Tatsächlich ist es aber so, dass sehr viele Menschen zu irgendeinem Zeitpunkt in ihrem Leben mit einer als irrational gewerteten Angst oder sogar einer Angststörung zu kämpfen haben.

Einige Ängste sind in unserer Gesellschaft akzeptierter als andere, etwa die Angst vor Krabbeltieren, wie Spinnen oder Insekten. Diese kann man in der Regel offen aussprechen, auch wenn manch einer darüber lächeln wird. Aber sie ist akzeptiert, auch wenn in unseren Breitengraden üblicherweise keine wirklich gefährlichen Insekten leben, die uns etwas anhaben können.

Die Angst vor der Dunkelheit oder dem Arztbesuch wird meist eher bei Kindern toleriert; ab einem bestimmten Alter sollen wir diese Ängste ablegen oder zumindest nicht mehr thematisieren. Der Besuch beim Zahnarzt ist allerdings eine Ausnahme, denn diese Angst ist so verbreitet, dass sie als „normal" gilt.

Viele von uns behalten aber bis ins Erwachsenenalter eine irrationale, nicht als normal geltende Angst oder Unsicherheit. Am weitesten verbreitet sind dabei vermutlich spezifische Ängste oder Phobien, also die Angst vor einem bestimmten Objekt, einer Situation oder einem Tier.

Laut einer Statista-Umfrage aus dem Jahr 2016 gaben mehr als 28 Prozent der Befragten an, Angst vor Spinnen oder anderen Insekten zu haben. Platz zwei belegte die Angst vor großen Höhen, Platz drei der Zahnarztbesuch. Auch die Angst vor dem Alleinsein oder der Einsamkeit, die Angst vor dem Fliegen, vor Clowns, Mäusen oder Ratten und die Angst vor engen Räumen finden sich auf dieser Liste.

In den Vereinigten Staaten von Amerika beträgt der prozentuale Anteil derer, die ein Allgemeinkrankenhaus aufsuchen und dabei auch angeben, eine Angsterkrankung zu haben, beinahe 20 Prozent.

Nach Angaben der *World Health Organisation* lag der Anteil derer, die in einer deutschen Arztpraxis von einer generalisierten Angststörung berichten, bei mehr als 8 Prozent.

Interessanter Fakt: Die *Agoraphobie* und die *Panikstörung* gehören zu den häufigsten psychischen Erkrankungen in Deutschland. Fünf von 100 Menschen erkranken in ihrem Leben mindestens einmal entweder an einer Panikstörung oder an Agoraphobie.

Das Gefühl, ganz alleine mit deinen Ängsten zu sein, trügt also. In der Bundesrepublik Deutschland gibt es ungefähr 1,5 Millionen Personen, die unter einer Panikstörung oder unter Agoraphobie leiden. Andere Angsterkrankungen sind dabei noch gar nicht mitgezählt worden.

Unter den Erkrankten, die statistisch erfasst wurden, liegt der Anteil der weiblichen Patienten doppelt so hoch, wie der Anteil der männlichen Patienten. Aufgrund der hohen Dunkelziffer ist allerdings nicht ganz klar, ob Frauen verstärkt unter Angsterkrankungen leiden oder eher bereit dazu sind, sich professionelle Hilfe zu holen und somit statistisch als Betroffene erfasst werden.

Ganz gleich, wie die Zahlen tatsächlich aussehen - uns mag es dennoch so vorkommen, als wären wir alleine mit unseren Unsicherheiten und Leiden! Denn nur ein geringer Anteil an Personen, die unter einer Angststörung leiden, sucht sich professionelle Hilfe und ein noch geringerer Anteil spricht offen über diese Erkrankung.

Vor allem, wenn es sich um bestimmte Phobien handelt, sehen viele Menschen auch keinen Grund, sich weiter mit der Situation auseinanderzusetzen. Stattdessen meiden sie den Auslöser ihrer Angst im Alltag einfach. Je nachdem, was unsere Ängste triggert, kann dies aber sehr schwierig werden und dazu führen, dass wir unser Leben durch das Vermeidungsverhalten massiv einschränken.

Vielfach führen auch die eigenen Glaubenssätze dazu, dass wir uns mit unseren Ängsten alleine fühlen. Wir denken, dass Menschen ab einem bestimmten Alter keine Angst mehr vor gewissen Dingen haben sollten, oder dass es Teil des Erwachsenseins ist, über den Dingen zu stehen. Vielleicht haben wir auch in unserer Kindheit gelernt, dass es als Zeichen von Schwäche gewertet wird, Angst mitzuteilen. Gerade Männer erleben in dieser Hinsicht oft eine Abwertung und es wird vielfach so kommuniziert, als stünde es ihnen nicht zu, vor etwas Angst zu haben. Doch Angst zu haben ist in unserer Gesellschaft generell wenig angesehen und wird zum Teil sogar als ein richtiges Tabu betrachtet.

Wie ist das bei dir?

- Gestehst du es dir selbst ein, wenn du Ängste verspürst?
- Hast du mögliche Ängste immer wieder verdrängt, bis sie sich nicht mehr ignorieren ließen?
- Fühlst du dich alleine mit deinen Ängsten?
- Kennst du jemand anderen, der auch Ängste hat?
- Gibt es eine Person, mit der du dich über deine Gefühle austauschen kannst?
- Fühlst du dich wie ein Sonderling mit deinen Sorgen?
- Welche Ängste werden in deinem Umfeld akzeptiert, welche nicht?
- Gibt es deiner Meinung nach ein Alter, ab dem man nicht mehr ängstlich sein sollte?
- Durftest du in deiner Kindheit klar kommunizieren, was dir Angst gemacht hat? Wie wurde darauf reagiert?

Angst und Scham

Ein gestandener Mann, der Angst vor Gewitter hat? Eine durchsetzungsstarke Rektorin, die die Dunkelheit fürchtet? Wie soll ich meinen Freunden erklären, dass ich sie nicht mehr besuche, weil ich Angst habe, in den Bus oder ins Auto zu steigen?

Ängste zuzugeben, vor anderen und auch vor uns selbst, fällt uns schwer. Während wir mit unserem Selbstbild hadern, fürchten wir bei den anderen eine Reaktion, die uns aus der Gruppe ausschließen könnte. Wir sorgen uns um unser Ansehen, das schreckliche Gefühl, belächelt, nicht ernst genommen oder als „Spinner" bezeichnet zu werden.

Vielfach haben betroffene Menschen die Erfahrung machen müssen, dass sie für ihre Ängste gehänselt wurden oder dass ihnen die Intensität des Erlebens abgesprochen wurde.

„Das ist doch nicht so schlimm! Reiß dich doch zusammen! Man muss es nur wollen! Du willst dich doch nur drücken!" Genau solch ein Unverständnis - und auch die unterschwelligen oder gar offen ausformulierten Vorwürfe und Unterstellungen, man wolle mit dem Ausdruck der eigenen Angst Aufmerksamkeit erzeugen, sich vor unangenehmen Situationen drücken oder sich einfach nicht genug anstrengen - kann dazu führen, dass die Betroffenen versuchen, die Ängste zu verheimlichen.

Zusätzlich zu der Angst baut sich dann Scham auf: „So wie ich bin, bin ich nicht richtig. Mein Umfeld nimmt mich so nicht an. Mir werden schlimme Dinge, wie Faulheit, Bequemlichkeit oder Aufmerksamkeitsgier, unterstellt, wenn ich davon berichte. Mir wird gesagt, ich würde mich in der Rolle ausruhen. Also darf niemand davon wissen."

Scham ist ein sehr heftiges Gefühl und dient in einer Gesellschaft eigentlich dazu, dass ein Mensch, der eine gesellschaftliche Regel missachtet oder übertritt, den anderen signalisiert: „Schaut her, mir geht es schlecht mit dem, was ich getan habe. Ich weiß, dass ich falsch gehandelt habe. Bitte straft mich nicht noch mehr und nehmt mich wieder in eure Gruppe auf."

Scham führt u. a. dazu, dass Menschen, die ein Bewusstsein für sich selbst haben, heftige, unangenehme Gefühle bekommen, wenn sie Gedanken oder Verhalten bei sich erleben, die in der Gesellschaft nicht akzeptiert sind. Dadurch fungiert die Scham als stabilisierendes Element in der Gesellschaft.

Scham kann, wenn sie immer wieder in hohem Maße erlebt wird, aber auch dazu führen, dass wir uns als unzulänglich und wertlos empfinden. Wer sich seiner Angst schämt und diese nicht „in den Griff bekommt", wird sich dafür noch mehr schämen. Zudem können Schuldgefühle auftauchen, wenn wir (aus unserer Sicht) immer wieder scheitern und andere enttäuschen, unsere Aufgaben nicht mehr wie gewohnt verrichten können und aufgrund unserer Ängste auch unsere sozialen Rollen (als Freundin, Mutter, Physiotherapeutin oder Vereinsvorsitzende) nicht mehr wie gewohnt ausüben können.

Die Angst, ausgeschlossen zu werden, in dem sozialen Gefüge keinen Platz mehr zu haben, gesellt sich so zu der eigentlichen Angst und erweitert diese. Dabei gibt es (evolutionsbedingt) für uns Menschen nichts Schlimmeres, als aus unserer Gruppe, unserer Gemeinschaft ausgeschlossen zu werden. Bedeutete dies in früheren Zeiten den sicheren Tod, ist die Gefahr für uns heute vielleicht nicht mehr so drastisch und unmittelbar spürbar, aber die Angst vor Zurückweisung beschäftigt unser Gehirn auch heute noch sehr.

Natürlich sind wir nicht mehr auf eine Gruppe angewiesen und können relativ autonom existieren, ohne befürchten zu müssen, von einem Wildtier oder von verfeindeten Stammesmitgliedern angegriffen zu werden und diesen, ohne die Hilfe von anderen, schutzlos ausgeliefert zu sein. Unser Gehirn ist aber bis heute sehr empfindlich in diesem Bereich und signalisiert uns, dass ein Ausschluss eine enorme Gefahr für unser Leben bedeutet. Zudem ist die drohende Einsamkeit ein sehr bedrückender und gesundheitsschädigender Zustand, der als sehr belastend empfunden werden kann und daher unbedingt vom Menschen vermieden werden will.

Angst vor der Angst – der Angstkreislauf

Genau hier besteht eine der Gefahren im Umgang mit Ängsten. Wenn wir Angst davor haben, dass unser Umfeld etwas von der Angst mitbekommt, müssen wir zusätzliche Energie aufbringen, um die Angst und ihre Symptome zu verstecken. Wir geraten in Stress, weil wir befürchten, die Angst könnte in einer für uns als peinlich bewerteten Situation auftreten:

„Wie soll ich meiner Professorin erklären, dass mein Herz wie wild klopft und ich zittere wie Espenlaub, weil die Angst kommt? Was ist, wenn sie mich nicht für belastbar und kompetent hält? Was ist, wenn sie an meinen kognitiven Fähigkeiten zweifelt?"

„Was denkt die Bäckereifachverkäuferin, wenn ich keinen Ton heraus bekomme, weil ich Angst habe, zu sprechen, während so viele wartende Kunden hinter mir in der Schlange stehen? Was ist, wenn sie mich für einen Freak hält? Was ist, wenn sich die anderen über mich lustig machen werden?"

„Was werden die Leute im Aufzug denken, wenn ich wieder eine Attacke bekomme, während wir fahren? Was ist, wenn die das merken? Was ist, wenn ich wieder so stark schwitze und unangenehm rieche?"

Genau durch Befürchtungen dieser Art geraten wir in einen sogenannten **Angstkreislauf**. Wir entwickeln Angst vor der Angst. Natürlich ist es nicht die Scham alleine, die wir fürchten. Auch das Gefühl, die Kontrolle zu verlieren, die Angst, körperlich in Gefahr zu sein, vielleicht sogar zu sterben, hilflos zu sein – all das kann Angst vor der Angst erzeugen. Insbesondere die körperlichen Symptome sind oftmals so erschreckend und offenkundig, dass wir sie um jeden Preis vermeiden wollen. Wir beginnen also, Ausschau nach Anzeichen für diese als so schrecklich erlebte Situation zu finden, um ihr rechtzeitig aus dem Weg gehen zu können. Hier funktioniert unser Gehirn eigentlich wie bisher: Wir haben etwas erlebt und reagieren nun mit Vorsicht darauf, um Leib und Leben zu schützen. Im Alltag halten wir aber üblicherweise nicht dauernd Ausschau nach Gefahren. Natürlich, wir schauen links und rechts, bevor wir über die Straße gehen. Wir fürchten aber nicht, dass plötzlich ein Auto in unsere Wohnung oder in das Schwimmbad um die Ecke fährt.

Da Angstattacken oft unvermittelt und wie aus dem Nichts auf uns hereinstürmen, gibt es keinen konkreten Punkt, an dem wir die dabei erlebte Angst festmachen können – außer an uns selbst, unserem Körper und seinen Symptomen.

Nach einer ersten Angstattacke entsteht die Angst vor einer nächsten. Diese Angst wird zur **Erwartungsangst**, die sich auch körperlich niederschlägt: Du erlebst deutlich mehr Stress und stehst unter starker Anspannung. Je nachdem, wie stark du im Angstkreislauf gefangen bist, werden dich Gedanken an eine mögliche nächste Angstattacke gefangen halten und deine volle Aufmerksamkeit beanspruchen. Dadurch ist dein ganzer Körper auf eine mögliche Gefahr eingestellt.

Wie du weißt, setzt bei einer potenziellen Gefahr die Kampf-oder-Flucht-Reaktion oder der Schock-Mechanismus ein. Es treten also Körpersymptome auf, etwa ein schnellerer Herzschlag, ein starkes Schwitzen, Zittern, ein Engegefühl im Hals oder ein Gefühl von Benommenheit. Diese Gefühle werden aufgrund der hohen Anspannung sofort bewertet und als Bestätigung für eine Gefahr deklariert, wodurch noch mehr Stresshormone aktiviert werden und die Angst steigt, bis sie sich zu einer vollen Angst- oder Panikattacke entwickelt.

Alternativ kann sich ein diffuser Zustand der Dauererregung einstellen, in der wir immer in Habachtstellung sind und uns und unseren Körper dahingehend überprüfen, ob es Anzeichen für Angst oder eine Gefahr gibt.

Auch Gedanken oder Erinnerungen an andere überstandene Panikattacken oder Angstsituationen können dafür sorgen, dass dieser Kreislauf einsetzt. Wir erinnern uns, nehmen diese Gedanken wahr, erkennen sie als Gefahr, das Angstprogramm wird aktiviert, wir erleben die starken körperlichen Symptome, die mit Angst einhergehen und fürchten uns nun vor dem Kontrollverlust, dem Tod oder etwas anderem. Dabei müssen die Gedanken nicht einmal uns selbst betreffen. Wir können auch in der Zeitung von einem Menschen in unserem Alter lesen, der aus dem Nichts von seinem Partner verlassen wurde oder beim Sport einen plötzlichen Herzstillstand erlitten hat. Was ist, wenn uns dies auch so geht?

Und schon wird der gesamte Kreislauf wieder in Bewegung gesetzt – und wir sind mittendrin. Vor allem die körperlichen Symptome, die für die Betroffenen oft – insbesondere zu Beginn der Krankheit – unerklärlich sind, verstärken den Angstkreislauf. Ein Mensch, der nicht unter Ängsten leidet, würde vielleicht nicht einmal bemerken, dass das Herz etwas schneller geschlagen hat oder ihm wäre vielleicht kurz schwindelig, aber er würde dem Ganzen keine besondere Bedeutung beimessen.

Wer aber Angst vor der Angst hat und sich, seine Gedanken und seinen Körper ständig überwacht und in jedes Symptom hineinhorcht, wird auch jede kleine Veränderung mitbekommen. Wenn es keine direkte Erklärung dafür gibt, kann diese Veränderung dann Angst machen und dafür sorgen, dass der Angstkreislauf beginnt.

Auch wenn Menschen um ihre Ängste wissen, kann es schwierig sein, die empfundenen Symptome als Teil der Angst zu akzeptieren. Es ist schwierig, in einer sowohl mental als auch körperlich fordernden Situation die Ruhe zu bewahren und sich zu erklären, dass die Symptome zwar unangenehm, aber nicht unmittelbar eine Bedrohung darstellen, sondern nur als Teil der Angst oder Panik auftreten.

Ein Angstkreislauf kann an jeder Stelle seiner einzelnen Komponenten beginnen, wenn er sich erst mal etabliert hat und es kann sehr schwer sein, diesen automatisierten Prozess zu unterbrechen.

Er zeigt sich sehr hartnäckig, auch wenn du vielleicht bereits weißt, dass die klammen Hände daher kommen, weil du gleich eine Rede halten musst und auch dein klopfendes Herz nur ein Symptom deiner Aufregung und nicht ein Zeichen für eine organische Erkrankung ist.

Dennoch ist er zu durchbrechen und auch hierbei hilft es, sich gut zu informieren und den diffusen Gefühlen mit Hintergrundwissen zu begegnen. Je mehr du etwas verstehst, desto leichter fällt es dir, Muster und Zusammenhänge zu erkennen und Dinge, die du erlebst, einzuordnen.

Halte bitte noch mal einen Moment inne und gönne dir eine kurze Pause.

Wenn du soweit bist, schaue dir folgende Fragen an und beobachte, was für Impulse in dir aufsteigen:

- Schämst du dich für deine Ängste?
- Wurdest du wegen der Ängste bereits ausgegrenzt oder belächelt?
- Hat man dich mit deinen Ängsten nicht ernst genommen?
- Wurde dir unterstellt, du würdest Aufmerksamkeit auf dich lenken wollen?
- Hältst du deine Ängste vor anderen geheim? Wenn ja, warum?
- Hast du die Befürchtung, jemand würde deine Hilflosigkeit ausnutzen, wenn du Angst hast und auf Hilfe angewiesen bist?
- Glaubst du, du kannst dich mit deinen Ängsten annehmen?

- Wie fühlt es sich an, wenn du versuchst, Angst zu unterdrücken?
- Wie ist es, wenn du Außenstehenden erklärst, was in dir vorgeht?
- Hast du den beschriebenen Angstkreislauf auch bei dir erlebt?

Kapitel 2 - Ängste einordnen

Auch wenn Informationen dich nicht vor dem Gefühl der Angst schützen, können sie dir dabei helfen, deine Ängste einzuordnen und sie besser zu verstehen.

Wer häufiger unter Symptomen leidet, die zuvor als Symptome von Angst oder Panik aufgeführt wurden, sollte zunächst abklären, ob es eine körperliche Ursache für diese Symptome gibt.

Denn auch hormonelle Schwankungen, Probleme mit der Schilddrüse oder andere organische Erkrankungen können diese Symptome verursachen.

Ganz wichtig ist eine medizinische Abklärung bei dem Gefühl von Atemnot, Herzrasen oder Herzstolpern. Übernimm die Verantwortung für deine Gesundheit und vergewissere dich, bevor du eine Eigendiagnose stellst. Um eine organische Erkrankung, etwa am Herzen, der Lunge oder einem anderen Organ, ganz ausschließen zu können, kannst du dich von deinem Hausarzt gründlich untersuchen lassen und gegebenenfalls auch zu einem Facharzt vermitteln lassen, etwa zu einem Kardiologen oder zu einem Facharzt für Pneumologie.

Mithilfe einer allgemeinen medizinischen Untersuchung sowie weiteren Maßnahmen, wie der Auswertung eines Blutbildes, eines EKG oder einer Lungenfunktionsprüfung, kann ermittelt werden, ob es eine organische Ursache für deine Beschwerden gibt. Ist keine Ursache erkennbar, kann dies einerseits zwar verunsichern („Da ist doch was mit mir? Ich spüre das doch genau. Der Arzt hat nur nicht richtig geguckt. Der nimmt mich nicht ernst!"). Andererseits kann es aber auch eine Chance sein, sich der Situation aus einer neuen Perspektive anzunähern.

Wenn du unsicher bist, ob du dich auf die Erkenntnisse deines Arztes verlassen kannst, steht es dir frei, eine zweite Meinung einzuholen, um sicherzugehen. Dabei ist ganz wichtig: Menschen, die unter Ängsten leiden, können sich sehr schwer damit tun, zu akzeptieren, dass keine organische Ursache für ihre Beschwerden festgestellt werden kann. Sie befürchten, der Arzt würde sie mit ihren Beschwerden nicht ernst nehmen oder sie als Hypochonder bezeichnen. Das kann in seltenen Fällen tatsächlich auch mal der Fall sein. Üblicherweise sind Ärzte jedoch sehr bemüht, sicherzustellen, dass sie keine krankhaften Veränderungen an deinem Körper übersehen.

Wenn du zwei Meinungen eingeholt hast und auch Laborwerte oder technische Untersuchungen nicht erkennen lassen, dass du organische Beeinträchtigungen hast, versuche dies zunächst positiv zu betrachten. Hurra, deine Organe sind soweit gesund! Sicher, das entfernt das Herzrasen oder das Gefühl des Kloßes im Hals nicht. Aber du weißt, dass diese Symptome kein Indikator für eine schwerwiegende Krankheit sind, sondern sich höchstwahrscheinlich als Symptome einer starken körperlichen Erregung einsortieren lassen.

Diese Erkenntnis kann für manche Menschen schon sehr beruhigend sein. Bei anderen verfliegt dieses Beruhigungsgefühl leider recht schnell wieder und sie möchten bei dem nächsten Herzrasen sofort wieder die Bestätigung durch eine Fachkraft haben, dass sie organisch gesund sind. Das kann sich zu einem sogenannten Ärzte-Hopping ausweiten, bei dem die Betroffenen von Arzt zu Arzt ziehen, um immer wieder neue Meinungen einzuholen und sich bestätigen zu lassen, dass mit ihnen alles in Ordnung ist. Leider hält diese Form der Beruhigung dann meist nur bis zur nächsten Angstattacke an und der Betroffene ist in einem zusätzlichen Kreislauf gefangen:

Er braucht konstante Bestätigung von außen, kann sich nicht selbst beruhigen und Symptome nicht einordnen.

Bist du jedoch in der Lage deine Angst zumindest etwas einzuordnen, kannst du trainieren, deine körperlichen Beschwerden als Teil der Angst zu erkennen und sie entsprechend zu bewerten.

In der Regel ist das für die meisten von uns vergleichsweise einfach, zumindest immer dann, wenn der Angstauslöser klar zuzuordnen ist. Gehst du beispielsweise mit deinem Hund spazieren und plötzlich kommt ein Wildschwein aus dem Gehölz auf dich zugestürmt, wirst du kaum eine Herzerkrankung bei dir vermuten, wenn nun dein Herz schneller schlägt. Du erkennst den beschleunigten Herzschlag ganz klar als Symptom deiner Angst, die sich aufgrund der bedrohlichen Situation zeigt. Anders verhält es sich in Situationen, in denen keine klar zu erkennende Gefahr für dich ersichtlich ist. Da muss es dann doch an deinem Körper liegen, oder?

Nein, nicht, wenn es sich um eine Angst- oder Panikstörung handelt oder dir die Ursache für deine Angst aus einem anderen Grund gar nicht bewusst ist. Denn wie du bereits am Anfang dieses Buches erfahren hast, werden die körperlichen Symptome bei Angst durch dein vegetatives Nervensystem ausgelöst. Die Verbindung zwischen den körperlichen Empfindungen und dem, was dein Nervensystem aktiviert hat, muss dir nicht immer bewusst sein.

Sind organische Gründe als Ursache ausgeschlossen worden, wird in der Regel geschaut, ob eine psychische Erkrankung vorliegt. Ist die Angst psychisch bedingt, spricht man von einer Angst- oder Panikstörung.

Nach der ICD-10, also der *Internationalen statistischen Klassifikation der Krankheiten und verwandter Gesundheitsprobleme*, werden folgende Formen von Angst- und Panikstörungen unterschieden:

Phobische Störungen

Bekannte Krankheitsbilder unter den phobischen Störungen sind die **Agoraphobie** und die **Soziale Phobie**.

→ Soziale Phobie

Die Soziale Phobie kann je nach Ausprägung die Furcht vor sozialen Interaktionen verschiedenster Abstufungen bedeuten. Die Betroffenen können dabei die Befürchtung haben, bloßgestellt zu werden, sich peinlich oder ungeschickt zu verhalten, Scham bezüglich des eigenen vermeintlichen Fehlverhaltens erleben oder die Sorge haben, im Zentrum der Aufmerksamkeit der Mitmenschen zu stehen, mit diesen interagieren zu müssen und sich dabei zu blamieren.

→ Agoraphobie

Die Agoraphobie kann ebenfalls verschiedene Aspekte umfassen, etwa die Furcht vor öffentlichen Plätzen oder Menschenmengen, die Furcht, sich vom sicheren Zuhause entfernen zu müssen oder von einem Ort nicht fliehen zu können, etwa aus einer vollen U-Bahn oder aus einem Kinosaal.

→ Spezifische Phobien

Spezifische Phobien sind sehr verbreitet und gesellschaftlich oft auch akzeptierter als andere Angstformen, insbesondere Tierphobien, wie etwa die **Arachnophobie**, also die Angst vor Spinnen oder die **Kynophobie**, die Angst vor Hunden oder die Angst vor Mäusen. Auch die **Flugangst**, die **Höhenangst** oder die **Platzangst** sind relativ weit verbreitet und akzeptiert, da sie auch für Außenstehende klar zuzuordnen und bis zu einem gewissen Grad nachvollziehbar sind. Aussagen, wie „Zum verkaufsoffenen Sonntag mitkommen? Nee, da bekomme ich Platzangst" oder „Wenn ich Blut sehe, kippe ich um" zeigen, wie vergleichsweise unkompliziert diese Phobien in der Gesellschaft akzeptiert werden. Auch die Angst vor *Gewitter*, *Wasser* oder *Spritzen* kann zu den spezifischen Phobien gezählt werden. Es gibt einen konkreten Gegenstand oder eine klar zu benennende Situation, vor dem der Betroffene Furcht empfindet.

Andere Angststörungen

Andere Angststörungen sind die *Panikstörung* und die *Generalisierte Angststörung*.

→ Panikstörung

Die Panikstörung ist eine Störung mit unvermittelt auftretenden starken Angstattacken, also Panik. Diese Panik lässt sich, anders als Phobien, nicht auf einen spezifischen Gegenstand, ein Tier oder eine Situation beziehen und sie kann die Person scheinbar vollkommen unerwartet treffen. Die Angst wird als sehr heftig erlebt und geht in der Regel mit sehr starken körperlichen Symptomen einher. Häufig tritt eine Panikstörung aufgrund ihrer Symptomatik gemeinsam mit einer Agoraphobie oder mit einer Depression auf. Wenn die Betroffenen mehrfach eine Panikattacke erlebt haben, führt dies häufig dazu, dass sie sich zurückziehen und Menschenmassen und öffentliche Plätze meiden, um beim Auftreten einer Attacke schnell Schutz suchen zu können. Somit kann sich eine Agoraphobie entwickeln, denn alleine der Gedanke, in einer Situation festzustecken, aus der während einer Attacke nicht geflohen werden kann, etwa aus der U-Bahn, aus einem Aufzug oder aus einem vollen Kinosaal, kann Angst auslösen und dazu führen, dass die Betroffenen diese Situationen zunehmend meiden.

→ Generalisierte Angststörung

Eine Generalisierte Angststörung geht mit einer anhaltenden Angst einher. Sie ist nicht an bestimmte Auslöser gebunden, wie es bei einer Phobie der Fall ist, und tritt auch nicht vollkommen unerwartet auf, wie die Panikattacke. Stattdessen ist sie nahezu immer gegenwärtig und variiert lediglich in ihrer Stärke. Die Betroffenen erleben diese Angst als schwer kontrollierbar, allgegenwärtig und kräftezehrend. Die Ängste können dabei vollkommen diffus sein oder sich in Sorgen äußern, die sich die Betroffenen um sich selbst, um Angehörige oder auch um die Umwelt allgemein machen. Zentrale Themen sind dabei die aktuelle Arbeitslage, die gesundheitliche Verfassung, das Wohl der Familie oder die finanzielle Situation der Person selbst, ihrer Angehörigen oder ihrer Freunde. Ökonomische Krisen, Epidemien oder politische Krisen können ebenfalls Sorgen und Befürchtungen bei den Betroffenen auslösen. Die Angst zeigt sich hierbei in ganz unterschiedlicher Form: Die Betroffenen leiden häufig unter einer erhöhten Muskelspannung mit den damit verbundenen Schmerzen, einem erhöhten Puls, Schwindel, Bauchschmerzen, Schwitzen oder Zittern. Allgemeine Erschöpfung, Ruhelosigkeit, Probleme, sich zu konzentrieren oder erholsam zu schlafen, sind ebenfalls symptomatisch bei einer Generalisierten Angststörung.

Der ständige Begleiter: Die Angst vor der Angst

Hat sich erst mal die Angst vor der Angst entwickeln können, sind die meisten Menschen rasch in dem bereits zuvor vorgestellten Angstkreislauf gefangen.

Wie wir bereits erfahren haben, besteht ein direkter Zusammenhang zwischen der Erwartungsangst und der erlebten Angst.

Auch wenn der Angstkreislauf bei den meisten Menschen nach dem genannten Muster abläuft, gibt es doch Unterschiede im sogenannten *Angstverhalten*. Der Umgang mit der Angst wird zum Teil erlernt, zum Teil ergibt er sich aus der eigenen Emotionsstruktur, ist also bis zu einem gewissen Grad auch angeboren. Das bedeutet, dass der Mensch eine bestimmte Neigung zu einem Verhalten im Umgang mit Angst haben wird.

Dennoch bist du in der Lage, ein bestimmtes Risikomanagement und einen neuen Umgang mit Angst zu erlernen, ganz gleich mit welcher Emotionsstruktur und Veranlagung du geboren wurdest. Jedoch werden dir manche Dinge schwerer, andere wiederum leichter fallen.

In der Wagnisforschung wird dieses Themengebiet näher erkundet. Der Forscher Siegbert A. Warwitz hat dabei acht verschiedene Verhalten benannt, die sich den Verhaltensbereichen Überhöhung, Fluchtreflex, Verharmlosung oder Angriffshaltung zuweisen lassen.

→ Verdrängungsverhalten

Das Verdrängungsverhalten führt dazu, dass der Betroffene versucht, die empfundenen Angstgefühle zu unterdrücken. So können die Tagesaufgaben weiter ausgeführt werden, während die wahrgenommenen Ängste verdrängt werden.

→ Leugnungsverhalten

Auch hier versucht der Betroffene die Ängste beiseite zu schieben und auszublenden. Anders als beim Verdrängungsverhalten wird aber versucht, die Angst komplett zu leugnen. So wird sie auch vor anderen geheim gehalten und nicht thematisiert. Sie ist nach außen nicht existent.

→ Bagatellisierungsverhalten

Der Betroffene erlebt die Angst, verharmlost jedoch die körperlichen und mentalen Auswirkungen sich selbst gegenüber. Auch seinem Umfeld signalisiert er, dass die Ängste halb so schlimm sind; sie werden bagatellisiert.

→ Vermeidungsverhalten

Der Betroffene erlebt die Angst bewusst, versucht ihr aber auszuweichen, indem er die Situationen, Menschen oder Dinge bewusst meidet, die er als Auslöser für seine Ängste gefunden zu haben glaubt. Das Vermeidungsverhalten kann dazu führen, dass sich der Bewegungsradius des Betroffenen immer weiter einschränkt.

→ Heroisierungsverhalten

Das Heroisierungsverhalten ist dadurch gekennzeichnet, dass die Betroffenen die Angst mit ihren mentalen und körperlichen Auswirkungen annehmen und sie möglicherweise sogar direkt suchen, da mit dem Aushalten der Angst eine außerordentliche, heldenhafte Leistung erlebt wird.

→ Generalisierungsverhalten

Beim Generalisierungsverhalten wird die Angst, auch wenn es sich um starke Ängste oder Panikattacken handelt, als normale Emotion relativiert. Dadurch wird das Erlebte weniger bedrohlich und der Betroffene erlebt sich nicht mehr als außenstehender Sonderfall oder krank.

→ Übertreibungsverhalten

Der Betroffene versucht, die mit der Angst einhergehenden Gefühle und körperlichen Symptome abzumildern, indem bestimmte Sicherheitsvorkehrungen wiederholt angewandt werden. Auch vollkommen übertriebene Maßnahmen sollen die Angst zügeln.

→ Bewältigungsverhalten

Mit dem Bewältigungsverhalten versuchen die Betroffenen realistisch zu erkennen, wie sich die Angst auf sie auswirkt. Zudem versuchen sie, das Ausmaß der Angst an die Situation anzupassen. Dazu bedienen sie sich dem sogenannten **funktionierenden Angstwissen**.

- Wie fühlst du dich, wenn du diese Verhaltenstypen anschaust?
- Hast du dich irgendwo wiedergefunden?
- Haben dich manche der aufgelisteten Verhaltenstypen erstaunt?

Für Personen, die unter ihren Ängsten leiden, ist vor allem das Heroisierungsverhalten meist schwer zu verstehen. Bis zu einem gewissen Grad mag das für manche von uns nachvollziehbar sein:

Fast jeder von uns kennt jemanden, der den Nervenkitzel bei einer Achterbahnfahrt mag, oder es genießt, sich bei einem richtig heftigen Horrorfilm zu gruseln.

Es wird vermutet, dass dies damit zusammenhängt, dass wir in unserer heutigen Gesellschaft kaum mehr realen Gefahren im Alltag ausgesetzt sind. Weder steht bei der Nahrungsbeschaffung plötzlich ein wildes Tier vor uns im Supermarkt, noch müssen wir Angriffe von Mitgliedern eines Nachbarstammes fürchten. Somit verschaffen sich einige Menschen einen Angstkick, indem sie ihre Emotionen auf die typische „Angstachterbahn" schicken.

Wird Angst nämlich erfolgreich überwunden, etwa wenn die Achterbahn am Ziel ankommt, dann fühlt sich der Achterbahnfahrer mutig und beglückt. Er wird mit einem Gefühl der Erleichterung belohnt und mit dem Wissen, dass er etwas geschafft hat, was andere sich nicht trauen.

Dabei ist es relativ egal, ob es sich um reale Angst handelt, weil derjenige wirklich mit der Achterbahn gefahren ist oder um eine fiktive, weil er nur den Figuren einer Geschichte folgt. Das Gehirn sortiert das Ganze als Angstsignal ein, veranlasst die entsprechenden körperlichen Symptome und reagiert danach mit Entspannung.

Wir kennen das auch aus Situationen, in denen wir uns endlich etwas getraut haben, wie den Besuch beim Zahnarzt oder die Präsentation vor dem wichtigen Kunden. Haben wir uns getraut und ist das Ereignis halbwegs gut verlaufen, ohne dass wir stark körperlich oder seelisch gelitten haben, gehen wir beglückt und mit etwas mehr Selbstvertrauen aus der Situation.

Anders verhält es sich allerdings, wenn wir nur schreckliche Angst dabei erleben und das Ganze für uns durchweg fürchterlich ist. Dann greifen wir womöglich zu anderen Verhaltensweisen.

Die zuvor vorgestellten Verhaltensformen müssen nicht zwangsläufig isoliert auftreten; es kann auch Mischformen geben. Zudem kann sich das Verhalten auch ändern, je nach Situation und Angstauslöser. Weiterhin kann es auch davon abhängen, wie sicher wir uns mit den Menschen fühlen, die gerade um uns herum sind. Vor fremden Menschen möchten wir unsere Angst vielleicht weniger zeigen, als vor unseren Herzensmenschen, von denen wir hoffen, dass sie uns unterstützen können.

- Gibt es ein Verhalten, das du gerne im Umgang mit Angst zeigen würdest? Warum?
- Welches Verhalten hat dich instinktiv angesprochen?
- Wurde ein erwähntes Verhalten in deiner Erziehung favorisiert?
- Wünscht sich dein jetziges Umfeld eine der erwähnten Verhaltensweisen? Wenn ja, warum?
- Welches Muster hat dich abgeschreckt?
- Erlebst du bei dir Mischformen?
- Oder zeigst du ein ganz anderes Verhalten, dass du hier nicht zuordnen kannst?

Ängste durch reale Bedrohungen

Wir haben bereits gelernt, dass Angst immer gleich vom Körper wahrgenommen wird – ganz gleich, ob sie einen realen Bezug hat oder nicht.

Dennoch kann sich der Umgang mit der Angst durch reale Bedrohungen maßgeblich von der mit anderen Ängsten unterscheiden – denn hier haben wir nicht nur die Aufgabe, unsere

Emotionen zu besänftigen und gut für uns zu sorgen, sondern wir müssen auch einen Weg finden, mit der realen Gefahr umzugehen.

Natürlich sind auch diffuse oder durch Angststörungen verursachte Ängste, deren Auswirkungen sehr deutlich spürbar sind, eine reale Belastung für die Betroffenen.

Wichtig ist zunächst: Ängste durch reale Bedrohungen haben ihren Grund, sie haben eine gewisse Berechtigung. Auch wenn wir sie als sehr unangenehm empfinden, können sie sehr wichtig für uns sein.

Wir haben bereits gelernt, dass die Ängste durch reale Bedrohungen dazu dienen, dass wir uns vorsichtig verhalten. Sie fungieren als Alarmanlage und beschützen uns somit vor akuten oder langfristigen Gefahren. Daher sollte man auftretende Ängste bei realen Bedrohungen als das wahrnehmen, was sie sind: Als Signal, das den Organismus davor bewahren möchte, Schaden zu erleiden, wenn er keine frühzeitige Maßnahme trifft.

Nehmen wir mal an, du würdest deinen Job verlieren und wärest dabei vollkommen frei von unguten Gefühlen bezüglich deiner Zukunft. Du würdest dir keine Sorgen um deine laufenden Kosten machen, wie du dich versorgst oder was du mit deiner Zeit anfängst. Du wärest frei von jeglichen als negativ wahrgenommenen Gefühlen, die dich normalerweise dazu bringen würden, entsprechende Maßnahmen zu ergreifen.

Wenn absehbar ist, dass dein Job aufgrund einer ökonomischen Krise in Gefahr ist, sorgt die Angst, finanziell nicht mehr unabhängig zu sein, möglicherweise unter normalen Umständen dafür, dass du dich auf andere Stellen bewirbst. Oder du hältst nach anderen Möglichkeiten Ausschau, dich gut versorgen zu können. Du kannst proaktiv handeln, wenn sich eine Krise abzeichnet. Du wirst so zwar nicht die Situation, also die Wegrationalisierung deines Jobs, verändern oder aufhalten, aber deinen Umgang damit so gestalten, dass du weiterhin der aktive Part in deinem Leben bleibst.

Ähnlich lässt sich dieses Beispiel auch auf andere Situationen übertragen: Gibt es immer wieder Familienprobleme, etwa Uneinigkeiten in der Kindererziehung oder Probleme mit dem Lieblingsmenschen, ist die Angst davor, als Familie zu scheitern, real.

Diese Angst erlaubt dir aber auch, die potenzielle Bedrohung frühzeitig zu erkennen und Gegenmaßnahmen zu ergreifen. Du kannst gedanklich verschiedene Optionen durchspielen, die zu einem anderen Ergebnis kommen würden, als das, was deine Angst dir zeigt.

So wirst du auf eine mögliche Krise, die dir schaden könnte, hingewiesen, noch bevor schlimmere Schäden entstehen konnten und du bist in der Lage, zu handeln.

Oft ist es doch so, dass wir, auch wenn wir Schwierigkeiten bemerken, diese für eine ganze Weile ignorieren. Der „innere Schweinehund" ist größer und lässt uns immer wieder vom richtigen Weg abkommen. Bis dann ein großer Schreck dafür sorgt, dass wir uns in Bewegung setzen. Sei es, weil wir Anzeichen eines Erschöpfungszustandes bei uns wahrnehmen und uns nun endlich mit unserer Work-Life-Balance auseinandersetzen oder weil der Arzt eindringliche Worte bezüglich unseres Gewichtes an uns gerichtet hat und wir dieses Thema nun ernster nehmen.

Sich um etwas zu kümmern und aktiv zu werden, ist mit deutlich mehr Arbeit verbunden, als alles zu ignorieren oder sich nur bei der Freundin zu beschweren.

Darum fällt es uns auch so schwer, weil wir unsere Routinen und Bequemlichkeiten so sehr lieben.

Bis dann der Moment kommt, in welchem du wirklich Angst hast – um die Ehe, um die Kinder.

Angst bei realen Bedrohungen kann nach einem ersten Schockmoment oft wie ein Katalysator wirken, der lang geplante Tätigkeiten oder Änderungen aktiviert. Denn wer Angst verspürt, bemerkt, dass die Bedrohung näher rückt und dass es an der Zeit ist, etwas zu tun.

Kapitel 2 - Ängste einordnen

Schwieriger wird es bei Ängsten durch reale Bedrohungen, gegen die wir selbst wenig ausrichten können. Dies könnte etwa eine Krankheitsdiagnose, eine Naturkatastrophe oder eine Epidemie sein. Weder können wir ganz alleine etwas gegen eine diagnostizierte chronische Krankheit ausrichten noch gegen den Klimawandel oder einen Virus, der das Gesundheitssystem herausfordert. Doch auch hier kann man die Angst anerkennen und schätzen, als das, was sie ist: Unser Frühwarnsystem, das uns vor Schäden bewahren soll. Vielleicht gibt es für uns alleine keine Möglichkeit, etwas aufzuhalten – aber auch bei dieser Form von Bedrohung können wir unseren Umgang mit der Angst wahrnehmen.

In den meisten Fällen ist es hilfreich, die Angst nicht zu leugnen oder zu verharmlosen. Sprüche, wie „Alle haben jetzt Angst. Was soll ich mir da einen Kopf machen? Ich sollte mich nicht so anstellen. Eigentlich berührt mich das gar nicht!" können dich sehr unter Druck setzen. Dies ist insbesondere dann der Fall, wenn du die Angst eigentlich sehr deutlich spürst. Meist ist es nach anfänglichen Schwierigkeiten leichter, die Angst anzuerkennen und bewusst wahrzunehmen. Die Herausforderung dabei ist, sich aber trotzdem nicht davon überwältigen lassen.

Stattdessen ist auch hier ein besonnener Umgang mit der Angst und mit der Situation gefragt.

Zunächst einmal ist es völlig normal, im Angesicht einer Pandemie, einer schlimmen Diagnose oder eines schmerzlichen Verlustes starke Angstgefühle, vielleicht sogar Panik zu verspüren.

Erlaube dir diese Gefühle und gib dir Zeit, diese zu verarbeiten. Sie zu verleugnen kann dazu führen, dass sich noch mehr Druck aufbaut und sich die Angst dadurch sogar verstärkt.

Wenn du dir allerdings die Möglichkeit gibst, die Gefühle zu durchleben, hast du irgendwann die Chance, die Situation mit Abstand zu betrachten.

Nachdem du den ersten Schreck, die aufkommende Wut, Trauer oder Fassungslosigkeit überwinden konntest, bist du nun in der glücklichen Position, die Situation analysieren zu können. Durch die Ängste wurde dein ganzer Organismus alarmiert und deine gesamte Aufmerksamkeit wurde auf die Situation, auf das Problem gelenkt. Schaffst du es nun, mit kühlem Kopf in die Situation zu gehen und zu handeln – nicht zuletzt weil du dir auch immer wieder Möglichkeiten zur Verarbeitung der Situation gibst und auftretende Wut oder Angst anerkennst – kannst du aktiv bleiben, anstatt nur irgendwann zu reagieren. Du musst nicht passiv in einer Situation verharren und schauen, was diese mit dir machen wird. Vielmehr hast du die Chance, deine Selbstwirksamkeit zu erkennen und zu nutzen.

Wie fühlst du dich nach dem Lesen dieses Abschnittes? Wie erlebst du Ängste durch reale Bedrohungen? Die folgenden Fragen geben dir die Möglichkeit, über das Gelesene und deine eigene Position nachzudenken:

- Akzeptierst du Ängste als normale Reaktion oder erlaubst du dir diese Emotion nicht?
- Hast du das Gefühl, du dürftest in deiner Position keine Ängste verspüren?
- Wirst du in entsprechenden Situationen von Ängsten überwältigt?
- Ist es dir möglich, nach der ersten Angst wieder einen kühlen Kopf zu bekommen?
- Kannst du Angst auch als nützlich betrachten?
- Hat dir die Sorge um jemanden oder um etwas schon mal den nötigen Antrieb gegeben oder dir neue Kraft geschenkt?
- Kann Angst ein Katalysator sein?
- Ist Angst prinzipiell schlecht?
- Wärst du lieber ein echter Draufgänger, anstatt ängstlich zu sein? Welche Vorteile, welche Nachteile fallen dir ein?

Ängste ohne unmittelbare reale Bedrohung

Wie ist es nun aber mit der sogenannten *unbegründeten* oder *unangemessen starken Angst*?

Mitunter wird diese Angst auch als *nicht reale* oder *falsche Angst* bezeichnet, aber diese Benennung wird dem, der sie spürt, nicht gerecht.

Für die Betroffenen können sich Ängste ohne unmittelbare reale Bedrohungen genauso heftig und vernichtend anfühlen, wie Ängste, die durch eine reale Bedrohung ausgelöst werden. Auch wenn kein wildes Tier vor der Person steht, kann sie trotzdem Todesängste erleben, mit all den körperlichen und mentalen Symptomen. Ein beschleunigter Herzschlag, das Gefühl, keine Luft zu bekommen, in Ohnmacht zu fallen, vor Angst verrückt zu werden oder sich in die Hose machen zu müssen, können dann ebenso auftauchen wie schwitzende Hände, ein trockener Mund oder heftiges Zittern.

Das liegt daran, dass dein Mandelkern ein Angstsignal ausgelöst hat und dein Organismus daraufhin mit dem üblichen Angstprogramm reagiert – je nach Trigger und Situation übernimmt dabei der Sympathikus oder der Parasympathikus; mitunter kann es auch eine bunte Mischung an Symptomen sein. Dein Gehirn möchte dich damit nicht ärgern; es macht nur seinen Job. Es wird eine Gefahr wahrgenommen und daraufhin wird eine Angstreaktion ausgelöst – auch wenn dies unbewusst geschieht und für dich in diesem Moment absolut keinen Sinn macht. Schließlich muss dein Gehirn deinen Organismus vor der Gefahr schützen und deinen Körper darauf vorbereiten, dass er im Notfall kämpfen, fliehen oder sich tot stellen kann.

Wie unterscheiden sich diese Ängste nun aber von denen des vorangegangenen Kapitels?

Wann spricht man von einer *unbegründeten Angst*?

Diese Frage zu beantworten, ist gar nicht so leicht!

Ist es beispielsweise unbegründet, wenn eine Person, die als Schulkind von einem Hund gebissen wurde, danach Angst vor Hunden hat? Manche Menschen würden diese Frage mit ja beantworten, denn schließlich ist ihr danach nie wieder etwas Unangenehmes mit Hunden passiert und die meisten Tiere in ihrem Umfeld sind sehr gut erzogen und freundlich. Andere würden verneinen, denn eine solche Erfahrung setzt natürlich einen Lernprozess in Gang: Die Person nimmt Hunde von nun an in die Kategorie der Dinge, Lebewesen und Situationen auf, die gefährlich sein könnten und die man deswegen meiden sollte.

Oder wie verhält es sich mit jemandem, der große Angst vor dem Zahnarzt hat, weil während einer Behandlung die Betäubung plötzlich nicht mehr gewirkt hat?

Ist es nicht absolut nachvollziehbar, dass er die Befürchtung hat, dass dies wieder geschieht?

Daher wird in der Regel situativ geschaut und es werden mehrere Kriterien hinzugezogen, um zu bewerten, ob und wann eine Angst als *unbegründet* oder *unangemessen* bezeichnet wird.

Ist die Person des Beispiels mit dem Hund vorsichtig im Umgang mit Hunden, wird niemand von einer unangemessenen Angst sprechen. Kann sie aber an keinem Hund vorbeigehen, muss sie deshalb die Straßenseite wechseln und erlebt sie heftige Angstanfälle, wenn sie einen Hund nur sieht, dann ist die Angst in der aktuellen Situation nicht angemessen.

Hält diese Angst dann auch noch länger an, ist also auch noch lange spürbar, nachdem der Hund längst außer Sichtweite ist und beeinflusst sie die Verfassung der Person nachhaltig und mit einer Vehemenz, dann spricht dies ebenfalls dafür, dass es sich um eine unangemessen heftige Angst handelt, die in dieser Form unbegründet ist. Der Hund kann der Person nicht schaden. Er ist nicht mal mehr physisch anwesend. Die Ängste, die die Person belasten, sind zwar real, aber es gibt keine reale Bedrohung.

Es ist ganz wichtig, diesen Punkt zu unterscheiden: Die Angst ist real, aber es gibt keine reale Ursache.

Dieser Umstand macht es für die Betroffenen meist selbst extrem schwer, ihre Gefühlslage zu erklären. Manchmal werden Pseudobegründungen herangezogen, um der Situation nachträglich einen Sinn zu geben, wie „Ich war wegen etwas anderem belastet", „Ich war müde, da habe ich etwas überreagiert" oder „Der Hund war aber aggressiv, das hast du nur nicht gesehen."

Es ist sehr belastend, an sich selbst ein Verhalten oder Gedanken wahrzunehmen und keinen Sinn erkennen zu können. Selbst wenn sich die Betroffenen innerlich zur Ordnung rufen, sich ermahnen oder logisch herleiten, dass es keinen Grund zur Angst gibt („Der Hund ist doch längst weg, warum jammerst du denn noch!?") und dabei teilweise sehr hart mit sich selbst umgehen, sind die Angstreaktionen in der Regel zunächst wenig kontrollierbar.

Dies führt meist zu starken Einschränkungen im Leben der Betroffenen: Der Alltag, die Gefühlswelt, die Pläne, das Miteinander mit anderen – all dies kann durch die Angst gestört werden.

Eine Angststörung hat das Ruder übernommen. Je nachdem, um welchen Typ der Angststörung es sich handelt, sind die Dimensionen unterschiedlich, in denen der Alltag durch Angstzustände belastet wird.

Bei einer spezifischen Phobie kann es sein, dass der Auslöser leicht zu vermeiden ist und dies auch keine gravierenden Auswirkungen auf den Alltag hat. Wer keine Spritzen sehen kann, wird im normalen Alltag kaum damit konfrontiert, schaut beim Check-up während der Blutabnahme zur Seite und wird möglicherweise kein Fan von Arzt-Serien sein.

Schwieriger wird es, wenn die spezifische Phobie als Auslöser etwas umfasst, das im Alltag häufiger auftaucht, wie etwa Hunde aus dem genannten Beispiel.

Eine **Sozialphobie** wirkt sich meist sehr gravierend auf das Leben der Betroffenen aus, denn als Gemeinschaftswesen ist das soziale Miteinander für einen Menschen von besonderer Bedeutung. Sind soziale Interaktionen aber als Angstauslöser besetzt, kann dies zu einem starken Rückzug, Vereinsamung und großen Schwierigkeiten am Arbeitsplatz, in der Familie oder in der Freizeitgestaltung führen.

Auch bei einer **Agoraphobie** oder einer **Panikstörung** sowie bei der **Generalisierten Angststörung** sind die Auswirkungen sehr stark, sodass üblicherweise mit einem immer umfassenderen Vermeidungsverhalten reagiert wird. Dies kann sogar so weit gehen, dass sich die Betroffenen nirgendwo mehr sicher fühlen, nicht einmal mehr in ihren eigenen vier Wänden oder ihrem Körper. Trotzdem wird auch hier meist der Rückzug ins eigene Heim gewählt, um die Wahrscheinlichkeit eines Angstanfalles möglichst gering zu halten und diesem, wenn er dann auftritt, zumindest nicht in aller Öffentlichkeit ausgeliefert zu sein.

Nicht selten entstehen durch das Vermeidungsverhalten auch Abhängigkeiten von beruhigenden Substanzen, wie Alkohol, anderen Genussgiften oder auch zu Menschen. Wer Angst vor einer Attacke hat, wird meist die Gesellschaft einer Vertrauensperson suchen und nicht vermeidbare Aktivitäten – den Zahnarztbesuch, den Termin beim Finanzamt, das Einkaufen – mit dieser Person zusammen nachgehen. Die Begleitperson dient zur Beruhigung und als Sicherheit – „Wenn mir etwas passiert, ist jemand da und kann im Notfall den Arzt rufen/mich retten." Dadurch wird der Kontakt zu der Begleitperson, aber auch zu anderen Menschen in bestimmte Muster gedrängt.

Um zu analysieren, ob die erlebte Angst als unbegründete oder unangemessene (und somit als krankhafte) Angst gewertet werden soll, werden üblicherweise die folgenden Fragen gestellt:

→ Ist die Angst hinsichtlich ihrer Intensität und Auswirkung in der gegebenen Situation angemessen?

→ Ist die Angst für die betreffende Person erklärbar und zu beeinflussen oder kann sie die Angst nicht beeinflussen und ist sie ihr ausgeliefert?
→ Flacht die Angst in einer normalen Zeitspanne ab, oder hält sie länger an, auch wenn der Auslöser schon längst nicht mehr präsent ist?
→ Ist die Person durch die Angst in ihrem alltäglichen Leben eingeschränkt?
→ Beeinflusst die Angst die Person bei Interaktionen mit anderen Menschen?

Um es nochmals zu verdeutlichen: Die Ängste sind dabei nicht fiktiv oder unreal. Für dich, als betroffene Person, sind sie sehr real. Und auch, wenn es nicht immer gleich zu erkennen ist: Die Ängste treten in der Regel nicht grundlos auf. Sie haben irgendwann einen Zweck gehabt. Wie jede Angst sollten sie dich schützen. Die Frage danach, wie diese Form von Ängsten entsteht, kann ebenfalls nicht für alle Menschen gleich beantwortet werden. Wie wir bereits gelernt haben, gibt es grundlegende Dispositionen, die Menschen für Angstgefühle leichter empfänglich machen.

Zudem können in der Schwangerschaft bestimmte hormonelle Voraussetzungen angelegt werden. Menschen, die während ihrer Zeit im Bauch der Mutter enormem Stress ausgesetzt waren, haben häufig eine dauerhaft erhöhte Menge an Stresshormonen im Körper und reagieren daher schneller und intensiver auf Außenreize.

Ängste können, wie wir wissen, auch erlernt werden. Haben wir beispielsweise gravierende Erfahrungen gemacht, ist es nicht selten, dass Ängste als Folge dieser Erfahrung zurückbleiben. Das kann eine schwere Krankheit sein, ein Überfall oder ein anderes traumatisches Erlebnis. Der Organismus reagiert auf diese unfassbare Bedrohung, die erlitten worden ist, mit Angst. Angst als **Coping-Mechanismus** mag für die Betroffenen zunächst vollkommen unsinnig klingen – schließlich leiden sie unter ihren Ängsten. Wie wir aber gelernt haben, dient die Angst als Warnmechanismus, als Hinweis, als Möglichkeit, den Körper in einen Zustand zu bringen, der Leid und Schaden von uns fernhält.

Dadurch, dass die Angst uns dazu bringt, körperliche Belastung zu vermeiden, scheinen wir unseren Körper – zumindest auf den ersten Blick – vor Überbelastung, Schmerzen und Unfällen zu schützen.

Weil wir nicht rausgehen können, ist die Wahrscheinlichkeit eines Überfalles geringer. Da wir bei der kleinsten Regenwolke im Haus bleiben, geraten wir nie mehr unvermittelt in ein schreckliches Gewitter.

Es ist auch möglich, dass wir bestimmte Dinge mit dem Angstgefühl verknüpfen, die eigentlich nichts damit zu tun haben. Diese Verbindungen werden meist unterbewusst gemacht, sodass wir möglicherweise selbst gar nicht verstehen, warum wir plötzlich Angst bekommen, wenn wir jemanden in einer gelben Jacke sehen oder den Geruch eines bestimmten Gemüses wahrnehmen.

Vielleicht trug aber der Fahrer des Autos, das dich letzten Sommer angefahren hat, eine gelbe Jacke. Oder als du diesen schrecklichen Anruf bekommen hast, hattest du gerade grüne Bohnen auf dem Herd. Das Gehirn speichert bestimmte Eindrücke zusammen mit dem traumatischen Erlebnis ab und besetzt sie mit Angst. Später können sie die Erinnerung hervorrufen und der Angstkreislauf wird gestartet. Du hast also nicht wirklich Angst vor grünen Bohnen oder gelben Jacken, sondern vor dem Angstkreislauf, der gestartet wird – aber du versuchst diese Dinge trotzdem zu vermeiden, da du sie als möglichen Auslöser identifiziert hast.

Natürlich führen all diese Verhaltensmuster zu einer massiven Einschränkung der Lebensqualität und auch nicht wirklich dazu, dass Ängste oder Gefahren vermieden werden können.

Das Leben geht mit verschiedensten Erlebnissen und Emotionen einher und wir Menschen müssen akzeptieren, dass alle auftreten können und wir darüber nicht wirklich die Kontrolle haben.

Unangemessene Ängste können zudem auch von anderen übernommen werden. Meist beginnt die Übernahme bereits im Kindesalter.

Wie in dem Beispiel mit der Mutter, die Angst vor Hunden hat und dem Kind, das diese Angst unbegründet übernimmt, geht es vielen von uns. Wir beobachten ein Verhalten bei unseren Liebsten, spüren deren Angst, erlernen, dass das jeweilige Objekt, die Situation oder die Person angstbesetzt sein sollte und wir passen uns an. Auch wenn wir vielleicht selbst bisher gar keine Angst verspürt und neutrale Empfindungen oder sogar positive Emotionen erlebt haben. Geraten wir dann doch einmal in eine Situation, in der uns das Tier oder die Person Angst macht, fühlen wir uns klar in unserer Angstüberzeugung bestätigt und werden noch stärkere Vorsichtsmaßnahmen einleiten.

Hier gilt es, zu schauen, was tatsächlich von dir kommt und was du von anderen übernommen haben könntest.

Das ist nicht immer ganz leicht zu erkennen, da einige Sachen auch beiläufig passieren. Etwa wenn die Mutter jedes Mal vor dem Rausgehen sagt, man solle auf sich aufpassen und sofort anrufen, wenn man bei der Spielfreundin angekommen ist, sie einen vor anderen Menschen warnt und man sich nicht allein außer Haus bewegen darf.

Einerseits ist das Verhalten der Mutter gut nachzuvollziehen. Sie kommt ihrer Aufsichtspflicht nach und sensibilisiert ihr Kind für potenzielle Gefahren. Wird dieses Verhalten aber immer wieder intensiv gezeigt, erlernt das Kind, dass es „da draußen" gefährlich ist, es nicht dazu in der Lage ist, alleine draußen zu überleben und man „den anderen" immer mit Skepsis begegnen sollte. So entstehen grundlegende Ängste, die immer wieder getriggert werden. Das hat selbstverständlich Folgen für die allgemeine Sicht des Kindes auf die Welt und die Menschen.

Die Frage danach, welche Unsicherheit wirklich von dir kommt und welche du nur übernommen hast, ist gar nicht so leicht zu beantworten, insbesondere dann, wenn du die Unsicherheit bereits im Kindesalter erworben hast. Sie wird sich tief in dir festgesetzt haben und vermutlich zu einem Teil von dir geworden sein. Trotzdem kann es hilfreich sein, sich diesen Umstand klarzumachen, um bestimmte Unsicherheiten oder Ängste besser verstehen zu können.

In diesem Punkt kann es hilfreich sein, das Gespräch mit Menschen aus dieser Lebensphase zu suchen, vor allem, wenn du dich selbst vielleicht nicht mehr richtig erinnerst.

Hilfreich ist es, dabei dann im Hinterkopf zu behalten, dass die Menschen, von denen du die Ängste übernommen hast, in den seltensten Fällen etwas Negatives mit ihren Maßnahmen bezwecken wollten. In den meisten Fällen diente ihr Angstverhalten in ihren Augen deiner Sicherheit.

Wütend auf deine Eltern zu sein, die die Angst auf dich übertragen haben, hilft dir nicht wirklich weiter. Zu versuchen, die Ängste der Eltern genauso ernst zu nehmen wie die eigenen und als unverhältnismäßig, aber dennoch sehr belastend einzustufen, kann dabei helfen, diese Form des Angsterwerbes zumindest etwas auszugleichen.

Unverhältnismäßige Ängste können auch durch erlebten Mangel entstehen. Wer als Kind wenig Liebe erfahren hat, wird sich beispielsweise als erwachsene Person mit einer steten Unsicherheit herumschlagen: „Liebt mich die andere Person wirklich? Was ist, wenn sie mich verlässt?", „Hoffentlich ist ihr nichts passiert?", „Was mache ich, wenn ich plötzlich ganz alleine bin?"

Die Angst als Coping-Mechanismus in dieser Situation soll dafür sorgen, dass kein Mangel entstehen kann und die Beziehung zu anderen „unter Kontrolle" ist.

Sie kann sich in ganz unterschiedlicher Form zeigen, präsentiert sich aber häufig in der Form, Angst vor dem Alleinsein zu haben. Der Lieblingsmensch soll immer in der Nähe und verfügbar sein, um die Angst auf einem erträglichen Level zu halten. Eine Bindungsangst kann sich ebenfalls zeigen. Die Angst, Nähe zuzulassen und enttäuscht zu werden, ist vor allem beim Aufrechterhalten von romantischen Beziehungen sehr belastend – sowohl für den Betroffenen als auch für den Partner.

Unverhältnismäßige Ängste können auch als Teil von anderen Krankheiten auftreten, sowohl bei organischen Krankheiten als auch bei psychischen Krankheiten, wie etwa bei der **Posttraumatischen Belastungsstörung**.

Bei dieser spricht man von einer sogenannten **Hypervigilanz**, also einer erhöhten Wachsamkeit. Diese führt dazu, dass die betroffenen Personen stets unter einer erhöhten Anspannung und Angst stehen und die Welt als gefährlichen Ort wahrnehmen. Eine potenzielle Bedrohung scheint immer und überall möglich, auch wenn sie rein sachlich betrachtet ausgeschlossen werden kann.

Wer generell die Grundüberzeugung erworben hat (sei es in der Kindheit oder durch Erfahrungen als Erwachsener), dass die Welt ein gefährlicher Ort ist und auch die Menschen es nicht gut mit einem meinen, für den kann die Angst – aufgrund des stetigen Scannens der Umgebung nach Gefahren – ein dauerhafter Begleiter werden.

Wichtig dabei ist: Ängste, die durch ein Trauma entstanden sind, sollten unbedingt gemeinsam mit einer Fachkraft aufgearbeitet werden. Selbstverständlich kann dir dieses Buch dabei helfen, Angst besser zu verstehen und damit umzugehen. Eine professionelle Behandlung durch eine Fachkraft ist im Falle eines Traumas aber dringend angeraten! Welche Möglichkeiten dir offenstehen, erfährst du in Kapitel 6.

Wie fühlst du dich jetzt gerade? Welche Gedanken steigen in dir auf? Gib dir einen Moment Zeit und beschäftige dich dann, wenn du magst, mit den folgenden Fragen und Impulsen:

- Sind während des Lesens Ängste in dir aufgestiegen?
- Hast du dich in einigen Beispielen wiedererkannt?

- Gibt es Ängste, die du von anderen „übernommen" hast?
- Empfindest du deine Ängste als unangemessen?
- Nimmst du die Welt als gefährlichen Ort wahr?
- Wäre es dumm, keine Angst zu haben?
- Fühlst du dich durch deine Ängste eingeschränkt?
- Kannst du deine Ängste akzeptieren, oder verurteilst du dich dafür, weil sie scheinbar grundlos sind?
- Erlaubst du dir nur Ängste, die reale Ursachen haben?
- Ist der Kontakt zu anderen aufgrund von Ängsten belastet? Benutzt du andere als Sicherheitspersonen, müssen sie immer zur Verfügung stehen, hast du Angst vor dem Alleinsein?

Kapitel 3 - Krisenzeiten - von Gefühlen überwältigt

Krisenzeiten sind eine Herausforderung für jedermann, auch für Personen, die sich sonst eher nicht als leicht zu verunsichern oder ängstlich bezeichnen würden.

Sieht sich ein Mensch aber mit existenziellen Herausforderungen konfrontiert – etwa dem Verlust der Arbeit, dem Ende einer langjährigen Beziehung, einer Wirtschaftskrise, einer schweren Krankheit oder dem Weltgeschehen, dann kann sich auch bei gefestigten Personen Angst entwickeln.

Wer ohnehin eine Neigung zum Dramatisieren oder bereits im Alltag mit Ängsten zu kämpfen hat, der wird in einer Krisenzeit vor eine zusätzliche Herausforderung gestellt. Jetzt gibt es neben den täglichen Ängsten, die möglicherweise unbegründet sind, auch noch Ängste, die nachvollziehbare Gründe haben. Diese kann man nicht als krankhafte Angst oder als Symptom einer Angststörung einsortieren und dadurch zumindest logisch etwas entkräften. Stattdessen muss man akzeptieren, dass diese Angst reale Gründe hat und möglicherweise auch noch von anderen Menschen geteilt wird.

Gerade in Zeiten, in denen große Gruppen von Menschen von einer Krise betroffen sind, sei es durch eine gesundheitliche Bedrohung, ein wirtschaftliches Ungleichgewicht oder politische Streitigkeiten, erleben ängstliche Menschen eine zusätzliche Unsicherheit. Denn nun erleben sie, dass auch verlässliche Personen in ihrem Umfeld von Gefühlen überwältigt und fassungslos werden und nicht mehr unerschütterlich Rückhalt gebend sein können, wie sie es vorher waren.

Kollektive Angst kann das Unsicherheitsempfinden und auch das Gefühl der Macht- und Hoffnungslosigkeit verstärken. Es gibt keine mutigen Helden, die einen sicher aus der Krise führen. Stattdessen kann sich eine allgemeine Panikstimmung verbreiten, die sich auf den Einzelnen, aber auch auf die Gruppe niederschlägt.

Wie kannst du in einer solchen Krise mit deinen Ängsten am besten umgehen?

Wie kannst du dir selbst ein Anker sein, in Zeiten, in denen alle Sicherheiten wegzufallen drohen?

Zunächst kann es helfen, die Situation möglichst sachlich zu betrachten. Das ist zwar schwierig, wenn allgemein ein hohes Angstniveau herrscht, aber versuche das Ganze einmal nüchtern von außen zu betrachten: Was macht die Situation bedrohlich? Welche Gefahren sind vorhanden?

Diese Bestandsaufnahme kann dir schwerfallen und auf den ersten Blick kontraproduktiv wirken, weil dein Angstlevel vielleicht noch ansteigt, wenn du dir klar machst, welche Gefahren die Krise mit sich bringt. Sie bietet dir aber auch die Chance, zu unterscheiden, was möglich und wahrscheinlich ist und was zwar möglich, aber unwahrscheinlich ist.

Musst du eine schwere Trennung erleben, ist es möglich, dass du starke Trauer empfinden wirst und es ist auch sehr wahrscheinlich. Dass du nie wieder einen Menschen finden kannst, den du lieben wirst, ist möglich, aber unwahrscheinlich.

Wird das Land, in dem du lebst, von einer Finanzkrise geschwächt, ist es möglich, dass du finanzielle Einbußen erleben wirst und es ist wahrscheinlich. Möglich, aber sehr unwahrscheinlich ist jedoch die Befürchtung, dass du im Armenhaus enden wirst.

Muss dir ein Weisheitszahn gezogen werden, ist es möglich und wahrscheinlich, dass ein paar unangenehme Tage mit

Schmerzen auf dich zukommen werden. Dass du eine halbseitige Gesichtslähmung bekommst oder andere gesundheitliche Worst-Case-Szenarien eintreten, ist möglich, aber unwahrscheinlich.

Durch diesen Abgleich – was ist möglich, was ist wahrscheinlich – milderst du dramatisierende Gedanken und Horror-Szenarien. Dadurch verlierst du dich nicht in etwas, das vermutlich gar nicht stattfinden wird und du kannst dich auf die Dinge konzentrieren, um die du dich wirklich kümmern solltest.

Ausstieg aus dem Panik-Karussell

Wenn du versuchst, angesichts einer kollektiven Krise aus dem Panik-Karussell auszusteigen, überlege dir, welche Möglichkeiten du hast, um dich zu schützen.

Du wirst sicher erleben, dass die Reaktionen auf eine Krise unterschiedlich sind. Manche Menschen neigen schon bei kleinen Ereignissen zu „Dramen". Dies wird u. a. damit erklärt, dass Personen, die in ihrer Kindheit einem ständigen Wechsel aus Stress und angenehmen Emotionen ausgesetzt waren, diesen Wechsel auch als Erwachsene kreieren, weil die Emotionen für sie aneinandergekoppelt sind. Sie brauchen das Drama, um auch positive Emotionen erleben zu können. Schwierig wird es, wenn diese Personen Dramen kreieren oder an dich herantragen, du dies aber gar nicht möchtest. Bist du aufgrund von Ängsten empfänglich für den Stress, die Aufregung anderer, kann dich dieses Drama mitreißen, umwerfen und überrennen. Du bleibst erschöpft zurück, während die andere Person bester Dinge weiterzieht. Dramen werden sowohl unterbewusst als auch bewusst eingesetzt, um ein Zusammengehörigkeitsgefühl zu kreieren („Wir gegen den Feind"), um andere Menschen auszugrenzen oder um eigene Interessen durchzusetzen.

Du bist diesem Verhalten aber nicht schutzlos ausgeliefert. Es gibt Möglichkeiten für dich, aus dem Drama auszusteigen: Du kannst hinterfragen, was die Menschen sagen. Unterziehe deren Aussagen einem Reality-Check. Erlebst du, dass Personen dich mehrfach in ihr Drama hineinziehen möchten, formuliere klar, dass du an dieser Form von Gespräch nicht interessiert bist.

Spreche andere Themen an. Wird diese Grenze ignoriert, kann es helfen, sich von dem Menschen zurückzuziehen, bis die Krise abflaut.

Du hast es in der Hand, mit wem du dich umgibst und welche Inhalte du dir zuführst. Bist du selektiv und wohlüberlegt in deinem Konsum von Medien und Informationen, dann hältst du Dramen von dir fern. So ist es auch bedeutend leichter, sich nicht von einer Massenhysterie anstecken zu lassen und ruhig und besonnen zu bleiben.

Drama pur – wer profitiert von meiner Angst?

Kritische Zeiten werden dir nicht nur von Menschen mit Hang zum Drama erschwert. Es können sich dir in diesen Zeiten auch andere Herausforderungen präsentieren.

Fake-News, also absichtlich falsch gestreute Nachrichten, können die Angst der Bevölkerung in Krisenzeiten zusätzlich verstärken. Insbesondere heutzutage verbreiten sich Verschwörungstheorien durch die Nutzung von Messengern und Internetplattformen blitzschnell. Problematisch an diesen Theorien ist, dass, selbst wenn sie nüchtern betrachtet vollkommen dubios wirken, sie doch das Stressniveau ansteigen lassen können – schließlich bleibt in Zeiten der Unsicherheit immer die kleine nagende Frage „Und was ist, wenn es doch stimmt?"

Menschen sind Herdentiere und obwohl wir normalerweise sehr individualistisch geprägt sind, lassen wir uns leicht von Massenhysterien anstecken. Wenn alle um uns herum damit beginnen, Panikeinkäufe zu tätigen und Lebensmittel zu bevorraten, als gäbe es kein Morgen, dann macht das etwas mit uns.

Vielleicht grinsen wir am Anfang noch darüber. Aber dann gehen wir in den Supermarkt und sehen die leeren Regale. Wir bekommen die Lebensmittel nicht mehr, die wir brauchen. Ein

Gefühl von Mangel und von realer Bedrohung steigt in uns auf. Und wenn dann eine Ladung mit den ersehnten Waren in unserem Markt eintrifft, passiert etwas für uns Unerwartetes: Wir greifen plötzlich auch mehrfach zu und gehen lieber „auf Nummer sicher" – und schon sind wir in der Dynamik gefangen. Wir haben eine zusätzliche Angst entwickelt, die vorher gar nicht da war. Eigentlich reagieren wir nur auf eine selbstgemachte Bedrohung, aber die Gefühle sind ebenso real, wie die, die durch die eigentliche Bedrohung entstehen.

Aber warum sind wir für solche Abläufe so empfänglich?

Manche Medien arbeiten absichtlich mit reißerischen Titeln, um Emotionen zu wecken. Emotionen sorgen dafür, dass das Interesse des Kunden geweckt wird. Die Aufmerksamkeit wandert wie von selbst zu denen, die am lautesten schreien. Dabei ist es egal, ob es sich um ein Clickbait, also einen Social-Media-Köder, bei einem Video oder um eine abstruse Verschwörungstheorie in der Artikel-Überschrift handelt. Wir Menschen wünschen uns Sicherheit und wer uns diese allem Anschein nach ermöglicht, kann gut verkaufen.

In den sozialen Netzwerken treiben sogenannte *Trolle* nicht selten ihr Unwesen. Das sind Nutzer, die absichtlich Unruhe verbreiten und für schlechte Stimmung sorgen. Aber auch Personen, die sehr auf die Aufmerksamkeit ihrer Follower angewiesen sind, lassen sich teilweise zu sehr drastischen Äußerungen hinreißen. Frei nach dem Motto „Bad news are good news!" wird mit drastischen Schlagworten gearbeitet, um die hart umkämpfte Aufmerksamkeit der Nutzer zu gewinnen.

Diese stete Informationsvermittlung, die sehr ungefiltert und ungeprüft stattfindet, hat natürlich Auswirkungen auf uns. Die Bilder und Emotionen, die beim Konsumieren dieser Inhalte in uns entstehen, hinterlassen Spuren. Sie schaffen Unsicherheiten, die wir dann wieder beruhigen wollen; beispielsweise, indem wir uns noch mehr informieren, um vermeintliche Sicherheit zu erzeugen.

Ein Teufelskreis entsteht, der zu einer dauerhaften Übererregung und Angespanntheit führt.

Trotzdem kennen viele von uns die Sucht-Wirkung, die die sozialen Netzwerke und News-Seiten auf uns haben können. Wir haben Angst, etwas zu verpassen, und nehmen dabei die Angst in Kauf, die sich in uns entwickelt, weil sie auf den ersten Blick nicht immer erkennbar ist.

Schwere Prüfung für „Kontroll-Freaks" – das Loslassen

In nationalen oder auch globalen Krisenzeiten ist es besonders schwer, zu akzeptieren, dass wir nicht alles kontrollieren können.

Insbesondere für Menschen mit Ängsten ist das Gefühl, die Kontrolle aufzugeben, mit erheblichen Herausforderungen verbunden. Unsicherheiten führen meist zu noch mehr Anspannung, einem erhöhten Stresslevel, schnelleren Überreaktionen und einem Minimum an Entspannung.

Ganz wichtig ist dann, sich ehrlich und möglichst realistisch mit der Situation auseinanderzusetzen.

Dabei ist es hilfreich, zu ermitteln, welche Kontrolle man hat. Zieht eine heftige Grippewelle über das Land, kannst du entsprechende Hygienemaßnahmen einhalten und den Kontakt zu anderen Menschen meiden. Du kannst dein Immunsystem stärken, indem du dich gesund ernährst, dich ausreichend bewegst und versuchst, dich so gut es geht zu entspannen.

Schaffst du es dann, auch noch zu akzeptieren, was nicht kontrollierbar ist – etwa das Verhalten deiner Mitmenschen, die Art und Weise, wie sich die Krankheit überträgt, die Dauer, die diese Welle hat – dann kannst du dein Stresslevel unten halten. Das wirkt sich positiv auf deine Stimmung und dein Immunsystem aus.

Wenn du merkst, dass du bei der Auseinandersetzung mit dem Thema die Nerven verlierst, mache eine Pause. Gib dir genügend Zeit und erlaube dir deine Bedenken. Verliere dich aber nicht in ihnen, sondern sieh sie als Zeichen deiner Aufregung an. Versuche, deine Gedanken zu beobachten, wenn es dir nicht gelingt, dich auf dein eigentliches Thema zu konzentrieren.

Bitte sei nachsichtig mit dir und bewerte dich nicht. Gedanken wie „Na toll! Ich soll mich doch nicht aufregen. Jetzt schade ich auch noch meinem Immunsystem und dann eliminiert es mich!" sind wenig förderlich. Habe Mitgefühl mit dir und führe dich immer wieder liebevoll und bestimmt aus dem Kontroll- und Bewertungsverhalten heraus. Auch wenn du nicht dieser (oder keiner) Glaubensrichtung angehörst, kennst du vielleicht das Gelassenheitsgebet von Reinhold Niemuhr, einem amerikanischen Theologen.

Die gängige Übersetzung des Gebetes ins Deutsche lautet folgendermaßen:

„Gott, gib mir die Gelassenheit, Dinge hinzunehmen,
die ich nicht ändern kann,
den Mut, Dinge zu ändern, die ich ändern kann,
und die Weisheit, das eine vom anderen
zu unterscheiden."

Diese Zeilen sind eine wunderbare Erinnerung daran, dass eine Unterscheidung der Dinge, in kontrollierbare und unkontrollierbare, bereits große Erleichterung bringen kann, aber auch Weisheit verlangt. Gestatte dir einen Lernprozess und verurteile dich nicht für Fehler.

Globale Krisen sind eine mentale Herausforderung für jedermann. Personen, die ohnehin durch Ängste belastet sind, erleben meist eine doppelte Belastung und sollten besonders gut für sich sorgen. Hilfreich ist es, zuerst immer bei sich zu schauen: Wenn ich die Situation nicht ändern kann, was kann ich dann tun, damit es mir so gut wie möglich geht? Wie kann ich mit der Krise umgehen? Welche Möglichkeiten habe ich?

Neue Wege, neue Möglichkeiten

Eine Krise ist mit Einschränkungen und unangenehmen Gefühlen verbunden. Das steht außer Frage. Die Möglichkeiten einer kollektiven Krisenzeit sollten aber auch nicht aus den Augen verloren werden. Natürlich zeigen einige schwarze Schafe in einer solchen Zeit ihr wahres Gesicht und entpuppen sich als egoistisch und nur auf ihren Vorteil bedacht.

Auf der anderen Seite aber zeigt sich die Verbundenheit der Menschen, die Hilfsbereitschaft, die Nächstenliebe. Der Willen, die Sache, von der alle betroffen sind, gemeinsam durchzustehen, kann das Gemeinschaftsgefühl stärken, ungeahnte Kräfte wecken und Dinge ermöglichen.

Scheint das bisherige Leben auf den Kopf gestellt, entsteht ein Mangel und wir Menschen werden kreativ. Plötzlich werden Sachen möglich, die vorher undenkbar waren. Es gibt Hilfe und Verständnis für Leute in Not.

Vielleicht entstehen Online-Angebote für Leute, die aufgrund ihrer Einschränkungen nicht immer die Möglichkeit haben, sich außer Haus zu bewegen. Vielleicht entwickelt sich eine Nachbarschaftshilfe. Vielleicht gibt es finanzielle Erleichterungen für Betroffene.

Da jeder Ängste verspürt, ist es für Menschen ohne chronische Angst oder andere Angststörungen leichter, sich in die Gefühlswelt von Betroffenen hineinzuversetzen. Es kann leichter gelingen, ins Gespräch zu kommen und sich mitzuteilen.

Teilweise haben Personen mit Ängsten hier sogar einen kleinen Vorteil, da sie Einschränkungen in ihrem Leben und den Umgang damit schon kennen. Sie sind Angst gewöhnt und können anderen helfen, besser mit dieser umzugehen. Dadurch sind sie nicht mehr in einer Außenseiter-Position, sondern nehmen plötzlich die Rolle eines Experten ein. Sie werden gehört und anerkannt. Das ist ein Umstand, der Angstpatienten, die im Alltag aufgrund der Scham und des Vermeidungsverhaltens quasi non-existent sind, eine ganz ungewöhnliche Erfahrung bietet und mitunter ein echter Motivationskick ist.

So schlimm eine Krise auch sein mag – schaue, ob sich neue Wege für dich eröffnen. Überlege, ob du anderen eine Stütze sein kannst, eben genau weil du weißt, wie massiv sich Angst auf das Leben auswirken kann. Erlaube dir, Hilfsangebote zu nutzen und bleibe offen für das, was sich in dieser schweren Zeit möglicherweise zum Guten entwickelt.

Folgende Fragen können dir helfen, die Inhalte aus diesem Kapitel noch etwas zu vertiefen:

- Macht es mir Angst, wenn meine Vertrauensperson Angst oder Verunsicherung äußert?
- Lasse ich mich leicht von der Angst anderer anstecken?
- Bin ich anfällig für Clickbaits und reißerische Berichterstattungen?
- Verliere ich mich leicht in dramatisierenden Gedanken? Kann ich realistisch einschätzen, was möglich und wahrscheinlich und was möglich und unwahrscheinlich ist?
- Habe ich Menschen in meinem Umfeld, die zu Dramen neigen oder verbreite ich selbst gerne Dramen? Warum? Was würde mir ohne Drama fehlen?
- Wie würde mein Leben und mein Angstniveau ohne Drama aussehen?
- Gibt es etwas, dass ich in einer Krise für andere tun kann?
- Kann ich versuchen, die Idee von vermeintlicher Kontrolle aufzugeben? Was würde dadurch leichter werden?

Kapitel 4 - Stell dich deinen Ängsten

„Blicke der Angst ins Auge und du siehst sie schrumpfen."
„Wenn du Angst vor dem Drachen hast, dann füttere ihn nicht."
„Angst vor der Angst ist schlimmer als die Angst selbst."
„Angst verleiht Flügel."

Es gibt viele Zitate und Aussagen rund um das Thema Angst; insbesondere, wenn es darum geht, die Angst zu vermeiden, oder sich ihr zu stellen.

Warum soll dies aber so wichtig bei Angst sein? Ist es nicht logisch, dass du genau das meidest, was dir ungute Gefühle bereitet? Es würde doch auch niemand versuchen, etwas zu essen, was ihn furchtbar ekelt oder absichtlich Zeit mit Menschen zu verbringen, die er nicht leiden kann, oder?

Diese Gedanken sind gut nachvollziehbar. Leider spielt das Vermeidungsverhalten bei der Entwicklung und Chronifizierung von Ängsten eine nicht zu unterschätzende Rolle.

Vermeidungsverhalten bei Ängsten

Was genau ist das Vermeidungsverhalten, das sich oft bei Angstpatienten einstellt?

Damit ist gemeint, dass die Betroffenen ihren Angstauslösern ausweichen.

Bei einer *Sozialangst* kann sich das so ausdrücken, dass die Person es vermeidet, auf Partys zu gehen, Feste und Märkte zu besuchen oder im Restaurant das Essen zu bestellen. Alle Aktivitäten, die die Aufmerksamkeit der Mitmenschen auf die betroffene Person ziehen könnten, werden unterlassen. Sie werden an Begleitpersonen übergeben. Diese fragen nach der richtigen Größe beim Schuhkauf, geben eine Bestellung auf oder nehmen Telefongespräche entgegen. Auch das Gespräch mit der Kassiererin im Supermarkt oder der Small-Talk mit dem Nachbarn können in diesen Bereich fallen. Gibt es keine Möglichkeit, diese Dinge von anderen erledigen zu lassen, werden sie aufgeschoben. Sie werden „vergessen", man hat „keine Zeit", „keine Lust" oder findet einen anderen wichtigen Grund, warum es jetzt gerade nicht passt.

Das bedeutet nicht, dass die Betroffenen keine Lust auf die anderen Personen haben. Viele sehnen sich nach Kommunikation und Austausch. Aber die Angst ist einfach zu groß.

Jemand, der seine erste Panikattacke in einer vollbesetzten Bahn hat, wird vielleicht versuchen, nur noch zu Uhrzeiten unterwegs zu sein, in der die Bahn nicht gefüllt ist. Möglicherweise war die Angsterfahrung aber auch so stark, dass er das Fahren mit der Bahn generell meidet und andere Wege der Fortbewegung bevorzugt. Erlebt derjenige dann aber auch im eigenen Auto eine Angsterfahrung, vermeidet er vielleicht Fahrzeuge generell und hält sich nur noch in einem Bewegungsradius auf, den er zu Fuß bewältigen kann.

Somit schränkt das Vermeidungsverhalten die Handlungsoptionen der Betroffenen immer weiter ein. Das Paradoxe daran ist, dass das Vermeidungsverhalten zunächst angewandt wird, um Gefahren von vornherein aus dem Weg zu gehen und den Betroffenen zu schützen. Es handelt sich also um einen Coping-Mechanismus, der die Person kurzfristig vor unangenehmen Erlebnissen bewahrt. Für den Betroffenen scheint der Nutzen zunächst klar zu überwiegen: Steigt er nicht in die Bahn, kann er dort keine Panik bekommen. Die

Angst setzt nicht ein. Die Bewältigung der Situation scheint erfolgreich gewesen zu sein.

Forscher unterscheiden das Vermeidungsverhalten jedoch klar von einem sinnvollen **Sicherheitsverhalten**.

Das Sicherheitsverhalten wird in einer Gefahrensituation angewandt, während das Vermeidungsverhalten vorab genutzt wird, um eine potenzielle Gefahrensituation zu vermeiden. Ob die Gefahr wirklich vorhanden ist oder nur befürchtet wird, ist hierbei für die Person egal. Sie geht von der erlebten Situation aus, die zu diesem Verhalten geführt hat.

Dadurch verhindert der Betroffene zwar ein erneutes Eintreten der Situation, wie etwa die Angstattacke in einer vollen Bahn oder die Unsicherheit beim Gespräch mit der Kassiererin, aber er kann auch nicht erleben, dass diese Aktivitäten auch ohne Angst einhergehen können. Neue Erlebnisse und Erfahrungen werden so verhindert. Es kann nicht zum Umlernen einer Situation kommen. Stattdessen wird die Situation oder Tätigkeit durch das permanente Vermeiden emotional aufgeladen. Der Betroffene hat die Aktivität nur noch angstbesetzt in Erinnerung und fürchtet eine Wiederholung dieser Erfahrung, sodass er noch mehr daran setzt, diese zu vermeiden.

Dadurch kommt es zu einer Selbstverstärkung des Vermeidungsverhaltens. Diese begünstigt eine sogenannte **Pathologisierung** von Angst, also eine krankhafte Form der Angst.

Dem Betroffenen reicht allein schon die Erinnerung an die Situation aus, um Angst zu fühlen und diese durch eine Vermeidung gering zu halten. Da die Angstreize so immer schneller auftreten und das Vermeidungsverhalten immer mehr auf andere Bereiche ausgeweitet wird, verkleinert sich der Handlungsspielraum der Betroffenen meist sehr schnell um ein Vielfaches. Dies kann dazu führen, dass Personen mit Sozialangst gar keinen Kontakt mehr zu anderen außerhalb ihrer Vertrauenspersonen unterhalten können oder Menschen mit Agoraphobie die Wohnung, teilweise sogar nicht mal mehr ein bestimmtes Zimmer verlassen. Sie sind sowohl mobil als auch mental durch das erlernte Vermeidungsverhalten extrem stark eingeschränkt worden. Die Angst konnte sich generalisieren.

Das klassische Vermeidungsverhalten wird jedoch auch von anderen Vermeidungs- oder Ausweichstrategien beeinflusst. Ausprägungen können u. a. darin bestehen, dass Ängste vor sich selbst und vor anderen verleugnet oder aktiv bagatellisiert werden. Das Erlebte und das Kommunizierte passen hier dann nicht überein, was zu Spannungen führen kann. Zudem ist das konstante Unterdrücken von Gefühlen sehr anstrengend für Geist und Körper. Meist werden neben der Angst irgendwann auch andere Gefühle mit unterdrückt und das Spannungslevel steigt.

Es ist zwar möglich, Ängste für eine gewisse Weile zu ignorieren, aber oft kommen sie – wie andere Gefühle auch – doch irgendwann an die Oberfläche. Sie dann zu erkennen und zuzuordnen kann schwer sein, denn nicht immer präsentieren sie sich klar erkennbar als Angst. Hast du deine Angst vor Gewitter tief in dir vergraben, weil es doch kindisch ist, kann es sein, dass du irgendwann bei einem Sturm in Tränen ausbrichst. Oder du wirst gereizt und ungehalten, wenn du merkst, dass ein Gewitter aufzieht. Trauer oder Wut können dann ein Anzeichen für die unterdrückte Angst sein.

Was bedeutet es, sich seinen Ängsten zu stellen?

Sich seinen Ängsten zu stellen, ist nicht nur der häufigste Rat, den man erhält, wenn man mit Menschen aus dem Umfeld spricht. Auch in der Psychotherapie hat sich diese Methode für viele Personen als sinnvoll erwiesen.

„Den Stier bei den Hörnern packen", „Dem Sturm ins Auge blicken", „Einfach rein und mitten durch" – und danach ist alles besser. So präsentiert der Volksmund die Situation. Aber ist das wirklich so? Warum sollten sich Betroffene genau dem aussetzen, was sie quält, was ihnen so viel Angst macht? Ist das sinnvoll? Und funktioniert es für jeden?

Psychologen nennen dieses Verfahren **Konfrontationstherapie**. Es handelt sich um ein sogenanntes *Interventionsverfahren*, das in der Verhaltenstherapie eingesetzt wird.

Die Betroffenen setzen sich gezielt dem angstbesetzten Reiz aus, sie konfrontieren sich mit ihm. Die Idee hinter der Methode besteht darin, dass die Betroffenen die Angst unbewusst erlernt haben. Somit können sie diese mit dem Prinzip der Gewöhnung auch wieder verlernen beziehungsweise neue Wege im Umgang mit dem Reiz erkennen.

Laut den Vertretern dieser Behandlungsform nimmt die Angst bei dem Betroffenen ab, wenn er sich ihr konsequent und regelmäßig stellt.

Diese Behandlungsform wird vor allem bei spezifischen Ängsten, also Phobien angewandt, aber sie kommt auch bei der Behandlung von anderen Ängsten zum Einsatz.

In der Praxis werden zwei Methoden angewandt:

Die **Desensibilisierung** und das **Flooding** (auch **Fluten**).

Bei der **Desensibilisierung** erfolgt die Gewöhnung an den angstbesetzten Reiz Schritt für Schritt. Zunächst stellt sich der Betroffene den Reiz nur vor, dann schaut er ein Bild oder eine Videoaufnahme an, bis er sich (zunächst in Begleitung einer Vertrauensperson, später alleine) dem Reiz aussetzt. Die Belastungsgrenze wird dabei immer weiter erhöht. Die systematische Desensibilisierung hat ihre Anfänge in den 1960ern, als der Psychiater Joseph Wolpe das Verfahren als Behandlungsmethode für an Angststörungen erkrankten Patienten vorstellte. Seine Ursprünge hat diese Art der Behandlung in der Lerntheorie. Ging Wolpe noch davon aus, dass angstdämpfende Methoden der Entspannung als Unterstützung unablässig wären, wird heute auch ohne diesen Zusatz gearbeitet. Wichtig ist, dass die Betroffenen der angstauslösenden Situation ohne starke Angstreaktion begegnen können.

Wolpes Ziel bei dieser Methode der Verhaltenstherapie war die angstfreie Bewältigung des Angstreizes. Somit würde die Verbindung zwischen dem Auslöser und der Angst als Reaktion geschwächt. Als Entspannungsverfahren wurde die **Progressive Muskelentspannung** gewählt, aber auch andere Methoden, wie **Biofeedback** oder **Autogenes Training**, werden genutzt.

Üblich ist das Arbeiten mit einer sogenannten *Angsthierarchie*.

Wenn du also beispielsweise Angst vor Hunden hast, kannst du innerlich oder schriftlich eine kleine Hierarchie von 1 bis 6 oder von 1 bis 10 erstellen. Dabei steht die 1 für eine Situation, in der du nur leicht Angst verspürst, etwa, wenn du dir einen Hund in der Ferne vorstellst. Bemerkst du, dass dein Angstlevel steigt, wenn du dir vorstellst, wie er auf dich zugeht, ist dies vielleicht eine 3; eine 7 wäre ein echter Hund auf der anderen Straßenseite, 10 wäre der körperliche Kontakt mit dem Tier.

Die jeweils folgende Stufe wird erst geübt, wenn sich der Betroffene in der Situation der vorherigen Stufe sicher fühlt. Gearbeitet werden kann hier mit der Vorstellung, mit Bildern, Videoaufnahmen, Geräuschen und realen Expositionen.

Der Betroffene kann bei dem Verfahren an seine individuelle Belastungsgrenze gehen. Er muss in seinem eigenen Ermessungsspielraum entscheiden, wann ihm die Empfindungen zu viel werden. Es sollte aber mit der Bereitschaft gearbeitet werden, die Ängste entstehen und aufkommen zu lassen. Der Lerneffekt der Übung tritt nur dann ein, wenn die Angst auftaucht, sich aber nicht einstellt, was befürchtet wird.

Bei den meisten Menschen dreht sich die Angst weniger um den Angst auslösenden Reiz, sondern um einen Kontrollverlust. Sie haben Angst, den Verstand oder ihr Gesicht zu verlieren oder zu sterben. Schaffen sie es immer wieder, die Situation zu durchleben, ohne dass eine der befürchteten Schreckensszenarien eintritt, dann kann die Angst abebben. Es wird eine neue Lernerfahrung gemacht: Das, was ich erlebe, mag nicht angenehm sein

– aber es ist nicht so bedrohlich, wie ich es empfinde. Und es geht vorbei.

Durch dieses Bewusstsein ist es oftmals möglich, viel eher aus dem Angstkreislauf auszusteigen und die körperlichen Reaktionen nicht noch zusätzlich durch Angstgedanken zu fördern.

Diese Methode wird nicht nur in therapeutischen Umgebungen, sondern auch in der Selbsthilfe gerne genutzt, da sie für die Betroffenen eine weniger große Überwindung erfordert als beispielsweise das Fluten. Das Erregungsniveau bleibt immer auf einem Niveau, mit dem man umgehen kann, und die Anwender haben das Gefühl von Selbstwirksamkeit und Entscheidungsfreiheit.

Beim **Flooding** (oder **Fluten**) setzt sich der Betroffene einer gezielten Reizüberflutung aus. Anders als bei dem gestuften Verfahren findet hier also keine schrittweise Gewöhnung statt, sondern es wird gezielt mit dem Worst-Case-Szenario gearbeitet. Diese Methode sollte, da sie sowohl für den Geist als auch für den Körper sehr herausfordernd ist, immer in Begleitung einer Fachkraft stattfinden. Diese kann der Person helfen, mit dieser Erfahrung konstruktiv umzugehen und sie im Bedarfsfall aufzufangen.

Beim Flooding wird der Mensch massiv seiner Angst ausgesetzt, weshalb die Methode eine gewisse emotionale und körperliche Stabilität voraussetzt. Der Betroffene soll lernen, mit seiner Panik in den angstbesetzten Situationen umzugehen. Ferner erfährt er, dass die erwarteten Schreckensszenarien nicht eintreten.

Für viele Menschen kann diese Form der Verhaltenstherapie einen klaren Durchbruch darstellen. Wenn sie realisieren, dass sie ihre Angst vor dem Tod nicht umbringt, verliert sie für viele zumindest teilweise ihren Schrecken. Die Angstpatienten sind bereit, sich wieder vermehrt angstbesetzten Situationen auszusetzen. Dadurch wird das Vermeidungsverhalten abgebaut und der Handlungsradius erweitert sich wieder.

Was ist nun aber mit Menschen, die keine spezifische Phobie haben? Wer keine Angst vor Schlangen, Hunden oder großen

Höhen hat, kann Techniken, wie die **gestufte Desensibilisierung** oder das *Flooding*, trotzdem anwenden, um die Angst vor der Angst zu verlieren und wieder Vertrauen in den eigenen Körper und Geist aufzubauen.

Sich der Angst stellen – alleine oder mit (professioneller) Unterstützung?

Die Frage, ob man sich seiner Angst alleine oder mit (professioneller) Unterstützung stellen sollte, ist nicht einfach zu beantworten. Die Entscheidung sollte von der Wahl der Methode, der Schwere der Einschränkung und der erlebten körperlichen und mentalen Belastung abhängig gemacht werden. Ideal ist eine Kombination aus alleinigem Training und einer Begleitung durch eine geschulte Fachkraft.

Herausfordernde Verfahren, wie das *Fluten*, sollten (wie erwähnt) immer im Beisein einer Fachkraft praktiziert werden.

Die **gestufte Desensibilisierung** eignet sich aber gut für das eigenständige Arbeiten.

Wichtig für Personen mit Ängsten ist nämlich, dass sie wieder Vertrauen in sich selbst bekommen. Zwar ist die therapeutische Begleitung sinnvoll, etwa um die Methoden kennenzulernen, sich über die Ziele und das Vorgehen klar zu werden und hilfreiches Feedback zu bekommen, aber es darf auch nicht darauf hinauslaufen, dass die Konfrontation mit der Angst nur in Begleitung erfolgt.

Sonst bleibt die betroffene Person von anderen abhängig und muss sich, statt des Therapeuten, in der Freizeit eine andere Begleitung, etwa den Partner, oder andere Hilfsmittel besorgen. Zu Beginn ist dies vollkommen in Ordnung. Das Ziel sollte jedoch sein, seinen Radius zu erweitern, ohne sich abzusichern durch eine andere Person, ein Medikament oder das Handy in der Hand, mit dem man im Notfall schnell Hilfe rufen könnte.

Hier sind auch die Menschen in deiner Umgebung gefragt. Es geschieht leicht, dass sich eine ungesunde Beziehungsdynamik einschleicht und du in einer hilflosen Position verbleibst, weil du auch durch andere dazu ermuntert wirst.

Die meisten Menschen meinen es sicher sehr gut mit dir, wenn sie dir helfen wollen – aber schaue auch mal, wer vielleicht indirekt oder direkt davon profitiert, wenn du in deiner Angst bleibst: Bist du dadurch leichter zu steuern? Kannst du in einem Abhängigkeitsverhältnis gehalten werden? Hat jemand anderes dadurch mehr Macht über dich und kann über deinen Kopf hinweg entscheiden?

Solch ein Verhalten muss nicht einmal aus bösem Willen sein, es kann schleichend entstehen. Achte aber gut auf dich. Nur weil dir jemand hilft und dich unterstützt, bist du ihm nicht verpflichtet. Die Hilfe erfolgt auf freiwilliger Basis und du musst nichts zurückzahlen oder dir bestimmte Sachen gefallen lassen, weil du ja abhängig bist oder ähnliches.

Als Mensch mit Ängsten ist der Gedanke, mit den angstbesetzten Situationen alleine dazustehen zwar unheimlich schlimm – aber überlege dir, ob die Sicherheit, die du dadurch vermeintlich gewinnst, es wert ist, dass du dich schlecht behandeln lässt. Auch als Mensch mit Ängsten bist du wertvoll, verdienst Respekt und ein Miteinander auf Augenhöhe. Wer beginnt, dich wie ein Kind zu behandeln, über dich hinweg zu entscheiden, dich zu bevormunden und dir nur unter der Bedingung weiterhilft, wenn du gehorchst – auf den kannst du dankend verzichten!

Diese Beziehung wird dein Selbstvertrauen nämlich keineswegs stärken. Zudem ist es genau das, was im Mittelpunkt deiner Angstkonfrontation stehen sollte.

Der österreichische Psychotherapeut und Autor Hans Morschitzky wirft die Frage auf, womit sich der Angstpatient während der Konfrontation eigentlich auseinandersetzt. In den seltensten Fällen ist wirklich die Angst vor dem Hund, dem engen Raum oder der Höhe das alleinige Problem.

Sich den eigenen Gefühlen so unausweichlich gegenübergestellt zu sehen, sich (gefühlt) anderen Menschen „auszuliefern" und in all der eigenen Verletzlichkeit zu präsentieren, das Erleben von Kontrollverlust und das Aushalten von unangenehmen Körperempfindungen sind nur einige der Punkte, die Morschitzky aufzählt.

Dadurch wird klar, dass die Konfrontation immer mit dir selbst stattfindet und dass dir Personen von außen eine gute Hilfestellung geben können, du jedoch die eigentliche Arbeit, die Auseinandersetzung, selbst vollbringen musst. Es gibt also auch keine Abkürzung, wenn du mit einer anderen Person zusammenarbeitest.

Sicher kann dir eine Person an deiner Seite dabei helfen, dein Selbstvertrauen zurückzugewinnen. Insbesondere, wenn du in deinen Fundamenten sehr erschüttert bist, ist es zu Beginn einfacher, eine zweite Meinung zu hören und Beruhigung und Bestätigung von außen zu erfahren.

Dies setzt voraus, dass sich die begleitende Person ihrer Verantwortung bewusst ist und es dir ermöglicht, eine vertrauensvolle Beziehung aufzubauen. Zudem sollte sie daran interessiert sein, dich zu begleiten, aber nicht in einer bedürftigen Position zu halten. Stattdessen sollte sie deine positive Entwicklung fördern und bekräftigen. Sie darf deine Situation nicht ausnutzen und dich nicht in einem Abhängigkeitsverhältnis halten. Wenn du mit starken Ängsten kämpfst, ist es nur natürlich, dass du auch Hilfe im Außen suchst. Achte aber bitte sehr gut auf dich und wähle genau aus, wen du mit der Aufgabe betraust. Kläre zudem vorab, ob die Person dieser Aufgabe überhaupt gewachsen und auch bereit dazu ist.

Bei einer Fachkraft solltest du auch genau hinschauen, aber vor allem im privaten Rahmen solltest du achtsam mit dir und den anderen sein. Anders als die Fachkraft, hat sich die Person diese Aufgabe nicht ausgesucht und sie ist auch nicht entsprechend geschult. Wenn du einen Verbündeten hast, der dich unterstützen möchte, informiert euch gemeinsam. So kann die andere Person darauf achten, sich oder dich nicht zu überfordern oder versehentlich andere Dinge zu tun oder zu sagen, die eurem gemeinsamen Ziel abträglich sind.

Wenn du schon länger unter Ängsten leidest, wirst du vielleicht auch erlebt haben, dass deine Umwelt genervt davon ist, dass du bestimmte Dinge nicht tun kannst oder Ängste erlebst. Oder eine Beziehung verändert sich aufgrund der Position, in der die begleitende Person gebracht wird. Wird dein Mann oder deine Mutter von dir zum Therapeuten gemacht, erlauben sie sich möglicherweise ein Verhalten bei dir, das sie sich vorher nicht erlaubt hätten. Behalte dies im Hinterkopf, ebenso wie die Tatsache, dass solche Dinge nicht immer absichtlich passieren, sondern auch die anderen überfordert sein können. Hast du eine Person gefunden, mit der du gut Fortschritte machst, nimm ihre Hilfe nur so lange in Anspruch, wie es auch wirklich nötig ist – auch wenn es anders bequemer und weniger anstrengend ist.

Wichtig ist nämlich, dass du durch deine körperliche und mentale Auseinandersetzung mit deinem Erleben in den angstbesetzten Situationen wieder lernst, dass du auf dich und deinen Körper vertrauen kannst – ganz ohne Hilfe von außen! Das Erleben dieser Selbstwirksamkeit wird dir auch in herausfordernden Situationen eine ganz neue Kraft geben.

Chancen und Grenzen der Konfrontationstherapie

Die ***Expositionstherapie*** bietet vielen Menschen eine gute Chance, wieder besser mit Angstreizen umzugehen und ihr Vermeidungsverhalten zu korrigieren.

Wenn sie bei dir nicht geklappt hat, bedeutet das allerdings keinesfalls, dass du dich nicht genügend angestrengt hast oder dass du an deiner Krankheit festhalten willst.

Die Konfrontationstherapie ist eine Behandlungsmethode, die bei einigen Ängsten besser funktioniert, bei anderen weniger.

Auch kann sie sich je nach Mensch und persönlicher Geschichte als geeignet oder eher ungeeignet erweisen.

Für viele Menschen ist die erste erlebte Panikattacke vergleichbar mit einer Nahtod-Erfahrung. Morschitzky spricht davon, dass diese Panikerfahrung eine traumatische Erfahrung ist, sodass es hilfreich sein kann, Menschen mit diesem Krankheitsbild entsprechend zu behandeln.

Wer erlebt, dass er immer wieder vernichtende Ängste erfährt, sobald er sich seinem Angstreiz stellt, kann eine **Retraumatisierung** erleben. So wird er nicht lernen, dass die Ängste nicht schlimm und gut zu überstehen sind, sondern vielleicht noch stärkere Angst entwickeln.

Des Weiteren kann sich diese Behandlungsform als kontraproduktiv erweisen, wenn keine gute Unterstützung durch den Behandler gegeben ist. Wird der Betroffene mit seinen Ängsten allein gelassen und kann sich nicht auf sein Gegenüber verlassen, wächst die Unsicherheit möglicherweise. Wichtig ist aber, dass der Angstpatient sich zunächst auf die Vertrauensperson stützen kann, um dann anschließend wieder Vertrauen zu sich selbst aufbauen zu können.

Laut Morschitzky sollten u. a. Menschen mit Panikstörungen oder starken gesundheitlichen Belastungen, sowie Personen, die bereits psychotische Zustände erlebt haben, unter Zwängen leiden oder ein starkes Leistungsverhalten haben, keine Reizkonfrontation wählen, also kein Fluten. Stattdessen sollten sie ein gestuftes Vorgehen bevorzugen.

Wichtig ist auch, sich bei dem Vorhaben, sich der eigenen Angst zu stellen, mit seinen eigenen Gegebenheiten auseinanderzusetzen und eigene Charakterzüge einzubeziehen.

So sind Menschen, die einen hohen Anspruch an sich selbst haben, mitunter gefährdet, sich bei der Konfrontation zu übernehmen. Der Wunsch, die an sich selbst gestellte Aufgabe so gut wie möglich zu bewältigen und alles dafür zu tun, wieder gesund zu werden, endet dann in einer massiven mentalen und körperlichen Überforderung. Dieser zusätzliche Druck ist aber einer Entspannung der Gesamtsituation nicht zuträglich. Wer sich immer nur zusammenreißt, sorgt für noch mehr Gegendruck, der sich irgendwann entladen wird.

Zeigst du ein leistungsbezogenes Denken und Verhalten aufgrund deiner Erziehung, kann es auch zu einer Retraumatisierung kommen. Wenn du Situationen wiederholst, die du früher mit deinen Eltern erlebt hast, z. B. sich um jeden Preis zusammenreißen zu müssen und zu funktionieren, können sich alte Wunden öffnen und auch neue hinzukommen.

Überprüfe daher unbedingt vorab, welche Methode für dich geeignet ist. Akzeptiere und respektiere deine aktuellen Grenzen und sorge bitte stets gut für dich.

Die Löffel-Theorie

Sich seinen Ängsten zu stellen, ist eine Herausforderung, die dir – je nach Intensität deiner Ängste – jeden Tag erneut viel abverlangt.

Ein konstruktiver Umgang mit der eigenen Angst ist etwas, das du durchhalten musst. Er erfordert Entschlossenheit, Ausdauer und Standfestigkeit. Du kannst nicht einfach nach Lust und Laune entscheiden. Nur durch eine kontinuierliche Herangehensweise werden sich Verbesserungen abzeichnen. Das ist ähnlich wie beim Sport. Hast du dir ein gutes Sportprogramm erarbeitet und deine Ausdauer verbessert, hält der Effekt natürlich auch an, wenn du zwei, drei Tage die Sportschuhe in der Ecke stehen lässt. Werden aus zwei, drei Tagen aber zwei, drei Wochen, lassen die Effekte nach. Deine Ausdauer nimmt ab.

Das Gleiche gilt für die Aufgabe, sich seinen Ängsten zu stellen. Es ist ein konstanter Prozess. Da viele von uns bereits mehrfach erlebt haben, wie eng der Radius wieder wird, wenn das Üben und Auseinandersetzen mit der Angst vernachlässigt wird, entsteht ein gewisser Druck: Du willst dein Ziel nicht aus den Augen verlieren und möchtest daher nicht nachlassen.

Doch Druck erzeugt in den meisten Fällen Gegendruck. Die Angst verstärkt sich.

Du solltest unbedingt darauf achten, dich nicht zu überfordern – auch wenn du hoch motiviert bist! Es ist nachvollziehbar, dass du deine Situation verbessern möchtest. Auch ist es bemerkenswert, dass du nicht nachlässt und dein Ziel weiterverfolgst. Aber du solltest dir auch Pausen gönnen.

Insbesondere Personen, die unter starken Ängsten leiden und es nur mit viel Aufwand schaffen, das Haus zu verlassen, sich mit einer anderen Person zu unterhalten oder einen Hund an sich vorbeigehen zu lassen, sind nach der überstandenen Situation oft sehr hart zu sich selbst: „Super, ich habe etwas geschafft, das jedes Baby kann. Soll ich mir jetzt applaudieren, oder was?"

Ja, genau, das sollst du! Weil du eben nicht „jeder" bist. Du bist jemand, der Ängste hat und für den dieser Moment eine große Herausforderung darstellt, die Auswirkungen hat.

Eine sehr gute Analogie, um sich das Ganze klarer zu machen, ist die der Bloggerin und Schriftstellerin Christine Miserandino. Sie ist an Lupus erkrankt, einer chronischen, rheumatischen Krankheit. Um ihren Mitmenschen verständlich zu machen, wie sich die chronische Krankheit auf ihr Leben auswirkt, hat sie die **Spoon-Theory** (die *Löffel-Theorie*) entwickelt.

Sie führte ein Gespräch mit ihrer besten Freundin, in welchem sie ihr einige Löffel gab und ihr erklärte, dass sie – als Person mit einer chronischen Krankheit – nur eine bestimmte Anzahl an Löffeln zur Verfügung hätte. Die Löffel symbolisierten Tätigkeiten, die sie über den Tag ausführen wollte. Während gesunde Menschen auf einen scheinbar unerschöpflichen Vorrat an Löffeln zurückgreifen können und somit in ihrer Tagesgestaltung nicht eingeschränkt sind, muss Miserandino genau planen. Bereits vor dem Frühstück sind einige Löffel verschwunden, da Aktivitäten, wie z. B. das Ankleiden, die Einnahme von Medikamenten und ins Bad gehen, Energie ziehen. Je nachdem, wie die äußerlichen Bedingungen sind, die die Krankheit beeinflussen sowie ihre aktuelle gesundheitliche Verfassung, muss sie zudem mit weniger Löffeln auskommen, als ihr ohnehin schon zur Verfügung stehen.

Sie muss also genau abwägen, was sie wann macht und wie sie sich ihre wenigen Löffel einteilt, um normale Herausforderungen, die an sie gestellt werden, überhaupt bewältigen zu können. Für schöne Erlebnisse bleibt dann oft gar keine Kraft mehr übrig.

Die Löffel-Theorie zeigt, dass Miserandinos Verhalten nichts mit Bequemlichkeit, Ignoranz oder Faulheit zu tun hat, sondern einfach mit einem anderen Level an Kraft, das für sie zugänglich ist.

Auch du mit deiner Angst wirst merken, dass dein Leben nicht mehr so ist, wie „vor der Angst".

Du musst abwägen, ob du dich traust, ohne deinen Partner in den Supermarkt zu gehen, weil du deine Unabhängigkeit üben willst, oder ob du es ganz sein lässt, weil nachher noch der Geburtstag deines Patenkindes ist, dass du nicht wieder enttäuschen willst. Zwei Angstanfälle hältst du nach der gestrigen großen Panikattacke und der kurzen Nacht einfach nicht aus. Du bist ohnehin schon sehr angespannt, weil sich der Besuch beim Zahnarzt wirklich nicht mehr aufschieben lässt.

Du bist also darauf angewiesen, sorgsam mit deiner Energie umzugehen.

Du kannst, ebenso wie jemand mit einer körperlichen chronischen Krankheit, nicht mal eben einen Tag Pause einlegen. Es gibt kein „Wochenende" von deinen Symptomen, keine Auszeit, die du dir beliebig nehmen kannst. Du kannst dir aber selbst Freiräume schaffen, indem du dir Auszeiten von deinem Training, von deiner Konfrontationstherapie gönnst.

Erinnere dich an das Beispiel mit dem Sport: Du verlierst deinen Trainingszustand nicht, wenn du mal einen Tag auf der Couch liegen bleibst. Das Gleiche muss zwar hinsichtlich der Angst nicht für dich gelten, aber es ist absolut in Ordnung, wenn du mal einen Tag aussetzt. Natürlich musst du aufpassen, dass sich das Vermeidungsverhalten nicht einschleicht. Aber wenn du einfach mal sagst: „Nein, heute übe ich nicht. Heute gehe ich den Weg des geringsten Widerstandes, mache nur etwas, das mir gefällt und zwinge mich zu nichts!", dann kann das eine enorme Erleichterung bringen. Du kannst ein wenig Abstand gewinnen und so neue Kräfte für den nächsten Sprung ins Ungewisse oder für dein nächstes Abenteuer auf deiner Reise sammeln.

Möglicherweise fällt es dir am Folgetag dann sogar ein wenig leichter, weil du nicht immer direkt am Limit arbeitest.

Probiere dich einfach mal aus und erlaube dir Pausenzeiten. Gib dir immer wieder Möglichkeiten zum Erholen. Angst ist anstrengend – körperlich und mental. Erkenne diese Anstrengung an und pflege dich gut, damit du am nächsten Tag weitermachen kannst.

Das ist nicht immer leicht. Schnell können dir die eigenen Ansprüche in die Quere kommen oder die Vergleiche mit dem, was du früher schaffen konntest. Da andere Menschen die Angst nicht sehen, gibt es vielleicht auch vom Umfeld fordernde Kommentare. Bleibe dann ganz bei dir. Mache dir klar, dass niemand einen Anspruch auf eine Begründung von dir hat. Du entscheidest, wen du in welchem Umfang an deinem Genesungsprozess teilhaben lässt. Du kannst dich für das Interesse der anderen Person bedanken, aber du bist nicht verpflichtet, deinen Konfrontationsplan oder deine heutigen Bemühungen offenzulegen. Es reicht vollkommen aus, wenn du sagst, dass du übst und an dir arbeitest. Wenn jemand aufrichtiges Interesse an dir hat und du das Thema erörtern möchtest, kannst du das natürlich gerne tun.

Möchte dir aber jemand ein schlechtes Gewissen einreden, dir indirekt mitteilen, dass du dich mehr anstrengen müsstest oder du zu lange für den ganzen Prozess brauchst, traue dich, für dich einzustehen. Oder gehe solchen Situationen von vornherein aus dem Weg, indem du bestimmte Themen nicht diskutierst. Das bedeutet nicht, dass du nicht offen für konstruktive Kritik deiner Liebsten oder deinen behandelnden Therapeuten bist. Aber nicht jedermann muss dir seine Meinung mitteilen, dir vorschreiben, wie du dich wann zu fühlen hast und was du nur ändern musst, damit es dir endlich besser geht. Natürlich ist es verlockend, so die Verantwortung etwas abzugeben und das zu machen, was andere dir sagen. Wichtig ist aber, deinen eigenen Weg zu finden, deine Grenzen zu erkennen und mit dem zu arbeiten, was dir aktuell zur Verfügung steht.

Es dauert ein wenig, bis man die feine Linie zwischen dem Fordern, Fördern und der Überforderung gefunden hat, aber es lohnt sich!

Wie ist das bei dir? Stelle dir einmal die folgenden Fragen, um herauszufinden, ob du dazu neigst, dich zu überfordern:

- Fällt es dir leicht, dir Pausen zu gönnen oder musst du erst etwas geleistet haben?
- Lebst du nach dem Motto „Ohne Fleiß keinen Preis"?
- Bist du in einer sehr leistungsbezogenen Familie aufgewachsen?
- Hältst du Ruhepausen für sinnvoll oder für Zeitverschwendung?
- Möchtest du nahezu jede Minute deines Lebens so produktiv wie möglich gestalten?
- Frustriert es dich, dass du nicht mehr so belastbar bist, wie vor der Angst?
- Hast du dadurch auch neue Ansichten hinsichtlich der erzwungenen Ruhepausen gewinnen können?
- Fällt es dir schwer, weniger als andere tun zu können?
- Hast du das Bedürfnis, dich erklären und rechtfertigen zu müssen, weil man dir dein Problem nicht ansieht?
- Denkst du, Ängste sind kein Grund für Erschöpfung?
- Wann hast du genug geübt oder genug getan? Was müsstest du schaffen, um mit dir zufrieden zu sein?

Kapitel 5 - Methoden für den Umgang mit Angst

Es gibt viele verschiedene Dinge, die du tun kannst, um dir in Angstsituationen Erleichterung zu verschaffen. Zudem gibt es Techniken, die ein ausgeglichenes Gemüt begünstigen.

Wenn du auf der Suche nach der richtigen Methode bist, um deiner Angst zu begegnen, solltest du immer schauen, was in der Situation aktuell im Vordergrund steht: Was möchte ich erreichen? Suche ich Ablenkung, Selbstberuhigung oder Auseinandersetzung mit den Gründen meiner Angst?

Möchte ich aktiv werden, um Spannungen abzubauen oder soll es etwas Ruhiges sein, um mein aufgebrachtes Nervensystem zu entspannen? Ist mir nach Kontakt und Austausch oder nach Rückzug? Möchte ich neue Wege entdecken, um mich eigenständig und ohne fremde Hilfe selbst beruhigen zu können?

Sich die eigenen Bedürfnisse und das eigene Verhalten während verschiedener Zustände klarzumachen, ist sehr hilfreich, denn so findest du schneller etwas, das dir in diesem Moment hilft. Bei allgemeiner Besorgtheit kann ein lustiges Gespräch mit deinem Liebsten helfen, um die Bedenken zu zerstreuen, während bei einer heftigen Panikattacke vielleicht gar kein Gespräch mehr möglich ist und du lieber zu Atem- oder Zentrierungstechniken greifen solltest.

Tipps und Ideen für den Umgang mit der Angst

Neben der Auseinandersetzung mit der Angst, dem Aufarbeiten von alten Glaubenssätzen oder negativen Erfahrungen, der Expositionstherapie sowie anderen Maßnahmen aus dem psychotherapeutischen Bereich, gibt es natürlich auch diverse andere Methoden, um mit der Angst umzugehen.

Bei diesen Aktivitäten handelt es sich sowohl um Ideen für die Akuthilfe – etwa, wenn dich eine Panikattacke zu überrollen droht oder dich die innere Unruhe gefangen hält – als auch um langfristige Maßnahmen, mit denen du deinen Geist und Körper stärken kannst.

Auch in therapeutischen Umgebungen wird Ängsten nicht nur auf mentaler Ebene, sondern auch über den Körper begegnet. Bei Ängsten ist dein Körper stark involviert; aus dem Angstkreislauf kennst du die starken Auswirkungen, die das Wahrnehmen von körperlichen Symptomen für manche Angstpatienten haben kann.

Fühlen sie bei sich einen Schmerz oder einen beschleunigten Pulsschlag, kann dies bereits die Angst triggern und den Kreislauf aktivieren. So entstehen starke Ängste oder sogar Panikattacken – nur aufgrund der körperlichen Symptome. Es muss nicht mal mehr ein Auslöser von außen vorhanden sein. Der Körper mit seinen psychosomatischen Symptomen reicht bereits dazu aus, den Organismus in Aufregung zu versetzen.

Daher legen Ärzte bei einer umfassenden Behandlung auch viel Wert darauf, dass die Betroffenen wieder Vertrauen in ihren Körper gewinnen.

Wer Angst vor seinen körperlichen Symptomen hat, neigt dazu, sich immer mehr zu schonen. Der Körper baut ab, Ausdauer und Stärke lassen nach. Dadurch werden leichtere Tätigkeiten immer anstrengender; der Körper reagiert mit Belastungsanzeichen, was für den Betroffenen wiederum ein Signal ist, sich körperlich noch mehr zu schonen.

Es ist enorm hilfreich, wenn du deinen Körper nicht mehr nur als dysfunktionales Etwas wahrnimmst, das dich mit seinen Fehlsignalen quält, sondern wenn du verstehst, warum welche Symptome entstehen.

Dann kannst du zwei Wege nutzen, um die Verbindung zu deinem Körper sowie deinen Körper selbst zu stärken: Einerseits kannst du dich deinem Körper auf liebevolle Weise annähern. Es gibt verschiedene Techniken, um sich Körperprozesse zu verdeutlichen. Wenn also plötzlich ein Stechen in der Brust wahrgenommen wird, kannst du vielleicht feststellen, dass dieser Schmerz kein Signal für eine schlimme Erkrankung, sondern eine Folge deiner Anspannung ist.

Zudem ist es wichtig, deinem Körper Möglichkeiten zur Entspannung zu bieten. Insbesondere dann, wenn du viel an deinen Ängsten arbeitest, forderst du ihn sehr heraus. Stetige Anspannung, Herzrasen und eine flache Atmung sind ermüdend und können dich sowohl mental als auch körperlich schwächen. Wenn du durch ein Entspannungstraining wieder lernst, deinem Körper Pausen zu ermöglichen (und damit auch indirekt deinem Geist), wird sich auch dein Stressniveau senken.

Folgende Methoden gelten als sehr zielführend, wenn es darum geht, mithilfe des Körpers zu arbeiten:

Sport

Stärkst du deinen Körper mit Sport, wirkt sich dies natürlich sehr positiv auf deine Gesundheit aus. Wir alle kennen die vielfältigen Vorteile eines regelmäßigen Trainings. Wenn du aber eine Herzneurose hast, dich kaum aus dem Haus traust oder schon in Panik gerätst, sobald du deinen Atem beschleunigt wahrnimmst, kann es schwierig sein, ein geeignetes Sportprogramm zu finden.

Festzustellen, dass die eigene Fitness drastisch abgenommen hat, ist zudem etwas, was viele Menschen nur schwer ertragen können – insbesondere dann, wenn sie sehr leistungsorientiert sind.

Erlaube dir in diesem Fall, dort anzufangen, wo du gerade stehst. Du kannst nur ein paar Schritte gehen? Dann gehe diese paar Schritte. Immer wieder. Immer öfter. Wenn du Angst hast, rauszugehen, gehe in deiner Wohnung auf und ab. Schaue, ob alternative Bewegungen für dich funktionieren, wenn du durch etwas abgelenkt bist, das dir Spaß macht: Jonglieren, mit dem Hund toben, mit den Kindern spielen, balancieren, backen usw.

Nutze die Chance, dich im Alltag ausufernd zu bewegen, vergrößere deine Gesten. Lasse Bewegungsabläufe ganz langsam und bewusst stattfinden, wenn dir etwas zu schnell geht und du Angst vor Herzklopfen hast. Probiere aus, ob dir eine andere Form der Bewegung Freude bereitet, wie etwa das Tanzen, Spazierengehen oder Yoga.

Yoga ist eine sehr gute Wahl, wenn du dazu neigst, bei Belastung die Luft anzuhalten. Es wird viel Wert darauf gelegt, Atmung und Bewegung in Einklang zu bringen. Bei der großen Auswahl an Yogastilen findest du sicher eine Richtung, die für dich und dein aktuelles Fitnesslevel geeignet ist. Traust du dich noch nicht, an einer Yogastunde teilzunehmen, dann kannst du überlegen, ob eine Einzelstunde die richtige Wahl ist, um dir beim Einstieg die richtigen Basics zu vermitteln.

Ansonsten kannst du auch erst mal vorsichtig mit Videos oder Büchern anfangen, und auf diese Weise mit dem Yoga beginnen. Im Internet findest du eine große Auswahl. Scheue dich nicht, nach Angeboten für Senioren oder Menschen mit mobilen Einschränkungen Ausschau zu halten. Du kannst so einen zugänglicheren Einstieg für dich finden. Zudem findest du im Internet auch Yogaprogramme gegen Angstzustände, die beruhigende Asanas, also Körperhaltungen, und Atemübungen miteinander verbinden.

Tai-Chi und Qigong sind ebenfalls geeignete Bewegungsformen, da die Bewegungsabläufe sehr bewusst ausgeführt werden und du viel Konzentration aufbringen musst. Dadurch können nicht so leicht Angstgedanken aufkommen und den Angstkreislauf aktivieren.

Kannst du dich problemlos bewegen und Sport treiben, nutze diese Möglichkeit, um deine Beunruhigung abzubauen und deinen Hormonhaushalt zu regulieren. Ganz wichtig dabei ist, nicht übermäßig zu trainieren, da auch dies belastend sein kann.

Power-Posen

Du hast sicherlich schon mal indirekt die Erfahrung gemacht, dass deine Haltung deine Stimmung widerspiegelt: Als du ein Spiel gewonnen hast, hast du vielleicht die Hände vor Freude in die Luft gerissen. Oder als du traurig warst, hast du den Kopf hängen lassen und die Schultern nach oben gezogen. Deine Stimmung beeinflusst deine Haltung. Aber wusstest du auch, dass deine Haltung deine Stimmung beeinflussen kann? Diesen Umstand machst du dir durch sogenannte **Power-Posen** zunutze.

Amy Cuddy, von der Harvard Business School, setzt sich mit diesem Thema in ihrer Forschungsarbeit intensiv auseinander und hat neben den Power-Posen auch die Auswirkung von Mimik auf die Stimmung der Probanden untersucht. In einer ihrer Stellungnahmen zum Thema „Power Poses" berichtet sie, dass sich sowohl das einfache Lächeln positiv auf unsere Stimmung auswirkt als auch das Einnehmen von bestimmten Posen. Die Siegerpose, bei der du die Arme ausgestreckt in die Höhe reckst und dich aufrichtest, kann das Stresshormon Cortisol senken – bei zwei Minuten Halten der Pose um bis zu 24 Prozent. Wenn du hingegen den Kopf und die Schultern hängen lässt, kann dein Cortisol-Spiegel ansteigen.

Die Neurologin und Autorin Claudia Croos-Müller hat sich ebenfalls mit dem Wechselspiel zwischen Körper und Emotionen beschäftigt und die **Body2Brain-Methode** entwickelt. Diese macht sich das Wechselspiel durch das Einnehmen und Halten von bestimmten Körperhaltungen oder das Ausführen von Bewegungen zunutze. Die Stimmung wird so über den Körper aktiv beeinflusst. Die Methode wird bei Ängsten oder Depressionen, aber auch bei anderen emotionalen Herausforderungen angewandt. In ihrem Buch *Nur Mut! Das kleine Überlebensbuch* stellt Claudia Croos-Müller 12,5 Übungen vor, die Personen bei drohender Panik oder bei Ängsten anwenden können, um sich zu erden. Auch als präventive Maßnahme sind die Übungen geeignet. Croos-Müller empfiehlt, die Übungen regelmäßig durchzuführen, damit sie ihre volle Wirksamkeit entfalten können.

Die Aktivitäten, etwa das Schnippen mit den Fingern oder das breitbeinige Gehen, lassen sich auch in sehr fordernden Situationen durchführen; einige sind sogar so unauffällig (z. B. die Zunge im Mund zu bewegen), dass sie in der Öffentlichkeit durchgeführt werden können. Ziel ist es, die aufkommenden Emotionen zu regulieren und auch zu stabilisieren.

Body-Scan

Dir bewusst zu machen, wie es aktuell in deinem Körper aussieht, wo er möglicherweise verspannt ist und wo er schmerzt, kann schon dabei helfen, psychosomatischen Problemen auf den Grund zu gehen. Ängste sorgen für Spannungen im Körper. Ein dauerhaft erhöhter Muskeltonus kann zu Fehlhaltungen und Schmerzen führen. Bemerkst du die Verspannungen frühzeitig und kannst du gegensteuern, ersparst du dir unangenehme Momente. Wer allerdings in Angstgedanken gefangen ist, hat oft den Zugang zum eigenen Körper verloren und nimmt ihn nur noch wahr, wenn er mit Herzrasen oder Schwindel auf sich aufmerksam macht. Eine gute Methode, sich dem Körper anzunähern, ist der Body-Scan. Bei dieser Achtsamkeitsübung, die aus buddhistischen Traditionen weiterentwickelt wurde, gehst du gedanklich durch den Körper und beobachtest, welche Empfindungen du wahrnimmst. Du gehst Körperteil für Körperteil entlang. Dabei versuchst du, nur wahrzunehmen, was ist. Du sollst weder versuchen, Gegenmaßnahmen einzuleiten (z. B. wenn du merkst, dass du verspannt bist), noch sollst du bewerten, was du bemerkst. Du beobachtest einfach wertfrei und gehst dann mit den Gedanken weiter. Diese Übung kann nicht nur sehr entspannend wirken, sondern dir auch helfen, dein Körpergefühl zu verbessern. Das Scannen des Körpers zeigt auf, wo sich die

Angst in deinem Körper durch Schmerzen oder Anspannung zeigt. Diese Auswirkungen bewusst wahrzunehmen, ist sehr hilfreich, um in Akutsituationen aus dem Angstkreislauf aussteigen zu können. Zudem kannst du so üben, nicht sofort auf einen Reiz zu reagieren. Wenn du es schaffst, auf einen kleinen Stich in der Brustgegend nicht sofort mit Panikgedanken zu reagieren („Das ist bestimmt ein Herzinfarkt. Jetzt trifft es mich!"), gerätst du nicht so leicht in den erwähnten Angstkreislauf. Du kannst gelassen bleiben und die Situation erst mal in Ruhe beobachten. Du handelst aktiv, anstatt nur zu reagieren.

Entspannungstraining

Entspannung ist sehr wichtig für Menschen mit Ängsten, da sowohl die mentale als auch die körperliche Anspannung meist sehr hoch ist. Beliebte Techniken sind die **Progressive Muskelentspannung** und das **Autogene Training**. Beide Techniken können in Kursen erlernt werden. Häufig werden diese von der Krankenkasse bezuschusst. Gibt es keinen Kurs in deiner Nähe oder traust du dich nicht, an einem solchen teilzunehmen, kannst du beide Techniken auch leicht mittels DVDs, Büchern oder Online-Tutorials erlernen. Viele Krankenkassen bieten sehr gute Videos an, mit denen du arbeiten kannst.

Die **Progressive Muskelentspannung**, auch bekannt unter dem Begriff **Progressive Muskelrelaxation** oder unter der Kurzform **PME** wurde von Edmund Jacobsen entwickelt. Der amerikanische Physiologe bemerkte bei seinen Arbeiten die Auswirkungen von Angst und Erregung auf den Muskeltonus. Er leitete daraus die Vermutung ab, dass durch eine gezielte Entspannung der Muskeln auch eine Entspannung des Geistes entstehen müsste. Während sein Verfahren noch sehr aufwendig zu erlernen war, gibt es heute leichte Kurzvarianten. Je nach Vorliebe findest du Anleitungen für eine Durchführung im Sitzen oder im Liegen.

Du spannst nach und nach jeden Körperteil bewusst bis zur maximalen Belastungsgrenze an, hältst die Anspannung und löst die Spannung anschließend wieder. Empfohlen wird, die Spannung für 5 bis 10 Sekunden zu halten. Die Entspannungsphase sollte etwas länger andauern, etwa 30 Sekunden.

Dadurch erlebst du den Spannungs- und den Entspannungszustand ganz bewusst. Du kannst beide erkennen und unterscheiden – und mit etwas Übung auch bewusst Spannungszustände abbauen.

Dadurch lockern sich die Muskeln, die Atmung und der Puls beruhigen sich und auch der Geist kommt zur Ruhe.

Es wird empfohlen, die Methode zu Beginn 20 bis 30 Minuten durchzuführen. Bei einem Durchlauf gehst du – je nach Variante – gedanklich von oben nach unten oder von unten nach oben durch den Körper. Dabei spannst du die einzelnen Muskelgruppen, etwa die Wadenmuskeln, dann die Oberschenkelmuskeln usw., nach und nach an und lässt anschließend wieder los.

Wenn du etwas geübter bist, reichen auch Kurzvarianten, die du in wenigen Minuten durchführen kannst. Bemerkst du im Alltag Spannungszustände – etwa in der Bahn oder bei der Arbeit – kannst du auch Mini-Übungen durchführen: Balle deine Hände zu Fäusten, bis zur individuellen Belastungsgrenze. Dann lasse los und spüre, wie sich die Entspannung und die Wärme in dir ausbreiten. Übst du regelmäßig, hat dein Gehirn diese Bewegung mit einem tiefen Gefühl der Entspannung verknüpft. Die Bewegung ist sehr unauffällig, sodass du sie wunderbar zwischendurch für dich nutzen kannst, um Stress abzubauen.

Das **Autogene Training** ist ein Entspannungsverfahren, das auf der sogenannten **Autosuggestion** basiert. Seinen Ursprung hat das Autogene Training in der Hypnose. Zu Beginn des 20. Jahrhunderts wurde dieses Verfahren von dem deutschen Psychiater Johannes Heinrich Schultz entwickelt. Heute wird es in psychotherapeutischen Umgebungen angewandt. Es kann den Patienten beim Entspannen helfen und ihnen ein Gefühl von Selbstwirksamkeit vermitteln. Diese Methode wird von vielen Anwendern mit einem Trainer oder einer CD erlernt. Die Idee dahinter ist jedoch, dass die Entspannung von innen heraus erzeugt werden kann. Das Training wird in mehrere Stufen gegliedert. Gearbeitet wird mit Suggestionen, die gedanklich in immer gleichbleibender Formulierung wiederholt werden, wie etwa „Ich bin ganz ruhig." Am Ende eines Durchganges erfolgt das sogenannte *Zurücknehmen*, mit dem der Körper und der Geist wieder aktiviert werden sollen.

Meditation und Traumreisen

Meditation hat längst einen festen Platz im Bereich Selbstfürsorge erobert. Eine regelmäßige Meditationspraxis kann nicht nur dein Stresslevel drastisch senken. Du kannst dich auch besser auf Dinge fokussieren, auf die du deine Aufmerksamkeit wirklich lenken möchtest. Das berühmt-berüchtigte „Monkey-Mind", bei dem die Gedanken wie wilde Äffchen hin und her springen, kann leichter zur Ruhe gebracht werden. Das Wohlbefinden steigert sich, weil deine innere Unruhe abnimmt. Stattdessen ist Raum für Klarheit und neue Gedanken. Vor allem für Menschen mit einer **Generalisierten Angststörung** oder für Personen, die sich schnell in Sorgenspiralen verlieren, sind Meditationen gut geeignet. Mittlerweile wurde auch wissenschaftlich nachgewiesen, dass sich Meditationen positiv auf Angstpatienten auswirken. Deine Gehirnleistung kann sich verbessern und es können sich sogar bestimmte Strukturen im Gehirn verändern. Neue Gedanken und neue Angewohnheiten können den Platz von alten Angstgedanken einnehmen.

Es gibt verschiedene Formen der Meditation.

Für Menschen mit starken Sorgen oder Ängsten kann eine **Sitzmeditation** in Stille zu herausfordernd sein. Versuche dann doch einfach mal eine **Gehmeditation**, bei der du dich ganz auf das Gehen konzentrierst. Achte auf deinen Bewegungsablauf, die Wahrnehmungen unter deinen Sohlen und an deinen

Beinen, auf die Beschaffenheit des Bodens sowie auf deinen Atem. Versinke ganz im Augenblick. Hast du die Möglichkeit, diese Übung barfuß auszuprobieren, kannst du noch mehr auf den Boden unter deinen Füßen achten. Ist er warm oder kalt, rau oder glatt, ebenmäßig oder gibt es eine leichte Steigung?

Kleiner Tipp: Wähle für deine ersten Gehmeditationen ruhige, unbelebte Orte, an denen du dich ganz auf dich konzentrieren kannst. Stelle zudem sicher, dass du weder dich noch andere, durch dein konzentriertes Gehen, im Straßenverkehr behinderst oder gefährdest.

Geführte Meditationen können ebenfalls einen wunderbaren Einstieg in die Welt der Meditation bieten. Im Buchhandel sind entsprechende Literatur, CDs und Videos rund um dieses Thema erhältlich. Die große Auswahl an Angeboten umfasst mittlerweile auch speziell auf Ängste zugeschnittene Meditationen, die du bei innerer Unruhe oder einer Panikattacke zur Selbstberuhigung nutzen kannst.

Manche Menschen profitieren auch davon, mit einem **Mantra** zu beten, also einem Wort oder einem Satz. Das Mantra wird innerlich oder laut gesagt – so kehrt man immer wieder mit der Aufmerksamkeit zum Mantra zurück.

Vielleicht möchtest du auch eine **Mala** ausprobieren? Diese buddhistische Gebetskette hat 108 Perlen. Die Perlen lässt du einzeln zwischen deinen Fingern hindurchgleiten. Pro Perle sagst du deinen Satz oder dein Wort einmal. Die Kombination aus Bewegung und Mantra hilft dir, deine Gedanken zu kontrollieren und dich zu fokussieren.

Möchtest du dich weniger fokussieren und mehr entspannen, können auch sogenannte **Traum- oder Phantasiereisen** etwas für dich sein. Dieses imaginative Verfahren wird auch in der Psychotherapie zum Entdecken von eigenen Kraftquellen oder zum Entspannen eingesetzt. Lasse dir eine beruhigende Geschichte erzählen und entspanne dabei vollkommen.

Genusstraining

Wer in steter Anspannung lebt, wird meist nicht nur räumlich und gedanklich eingeschränkt, sondern auch sinnlich. Wenn du Angst um deine Gesundheit, deine Liebsten oder die Zukunft hast, fällt der Fokus auf all das, was schön ist, schwer. Daher ist es so wichtig, Ängste nicht nur zu bearbeiten, sondern parallel auch etwas für die Sinne und das Wohlbefinden zu tun. Diese Tätigkeiten werden in der Psychotherapie meist unter dem Oberbegriff *Genusstraining* zusammengefasst. Die Anwender des Trainings sollen wieder lernen, zu genießen, angenehme Gefühle wahrzunehmen und zu zelebrieren.

Wer in starken Angstkreisläufen gefangen ist, kann mitunter gar nicht mehr unterscheiden, ob die Erregung, die er fühlt, positiv oder negativ ist – sie wird sofort mit Angst gleichgesetzt. Aber vielleicht klopft das Herz vor lauter Vorfreude auf einen lieben Menschen. Vielleicht ist der Kloß im Hals ein Zeichen für Rührung während eines sehr ergreifenden Momentes.

Das Genusstraining zielt darauf ab, dass du dir deiner fünf Sinne wieder in einem positiven Kontext bewusst wirst. Dadurch kannst du kleine Genussmomente im Alltag erkennen und auch bewusst kreieren. So schaffst du einen wichtigen Ausgleich zu dem Stress, den du durch deine Ängste erlebst. Ferner kannst du aktiv etwas für dein Wohlbefinden tun und die passive Angsthaltung verlassen.

Das **Riechen** ist sehr mächtig hinsichtlich der Emotionskontrolle: Viele Düfte sind beruhigend, erinnern dich an deine Kindheit oder an glückliche Zeiten und können so bewusst genutzt werden, um deine Stimmung zu heben. Wenn es dich interessiert, beschäftige dich doch mal mit der *Aromatherapie*. Hier gelten der Duft von Rose und Lavendel als beruhigend, Orange als belebend. Probiere dich aus und schaue, was dir gut tut. Falls du mit ätherischen Ölen arbeiten willst, ist es wichtig, nur hochwertige und reine Produkte zu verwenden. Sei sparsam in der Dosierung und teste vorab, welche Öle du verträgst.

Auch das bewusste Wahrnehmen von frisch aufgebrühtem Kaffee, selbst gebackenem Brot oder einem Strauß Schnittblumen kann deine Laune heben. Werde zum Duft-Detektiv und mache dich auf die Suche nach tollen Gerüchen in deiner Umgebung. Durch diese Aufgabe wirst du von deinen Angstgedanken abgelenkt.

Dein **Hörsinn** kann ebenfalls wunderbar genutzt werden, um dir Genuss zu verschaffen. Arbeite mit Musik, Geräuschen und Klängen. Ist das Rausgehen aktuell schwierig, unterstütze dich beim Spazieren mit beruhigenden Instrumentalstücken oder einem absoluten Power-Song. Wichtig hierbei ist, die Lautstärke so regulieren, dass du deine Umwelt noch gut mitbekommst. Sind Menschenansammlungen schwierig, kannst du auch bewusst Geräusche abdämpfen und durch angenehme Klänge ersetzen, bis du dich wieder daran gewöhnt hast. Merkst du, dass eine Panikattacke aufsteigt, kannst du auch Hörbücher oder geführte Meditationen einsetzen. Die Stimme im Ohr unterstützt dich dann darin, dich der Situation zu stellen. Erstelle dir Playlists zum Entspannen und zum Motivieren, vielleicht sogar zum Tanzen. Probiere Neues aus und gönne dir spannende Hörerfahrungen zum Genießen.

Dein **Sehsinn** ist ein wunderbarer Begleiter, der dir deine Umgebung von ihrer besten Seite zeigen kann. Umgib dich mit Farben, die du magst. Falls du kannst, begib dich in die Natur und genieße die beruhigende Wirkung der Bäume, Gräser und Wiesen. Schaffe dir in deinen eigenen vier Wänden Bereiche, auf denen dein Auge gern verweilt. Finde heraus, was dich optisch anspricht und gib dir immer wieder die Möglichkeit, mit deinem Sehsinn auf Entdeckungsreise zu gehen. Bist du gerade sehr eingeschränkt, kannst du dir schöne Bildbände ansehen, Filme schauen oder dir Bücher mit kunstvollen Illustrationen zur Hand nehmen. Auch Comics und Karikaturen, die dich zum Lachen bringen können, Katzenvideos oder Slapstick-Filme können dein Genussrepertoire im Bereich des Sehens erweitern. Möchtest du selbst aktiv werden? Dann greife zu Pinsel und Farben und beginne, zu malen.

Dein **Tastsinn** ist hervorragend dafür geeignet, dir sinnliche Momente im Alltag zu verschaffen. Wähle Kleidung aus, die deiner Haut schmeichelt. Achte auf die Beschaffenheit und die Textur von Dingen, die du dir zum Essen zubereitest. Fühle das weiche Fell deines Haustieres. Gönne dir eine Eigenmassage, vielleicht sogar mit einem gut duftenden Öl. Mache aus der Haarpflege ein Verwöhn-Programm. Du kannst eine Meditation mit einer Mala praktizieren, die du durch deine Hände gleiten lässt. Auch ein Handschmeichler ist ein guter Begleiter, der dir hilft, deine Aufmerksamkeit auf das Gefühl in deinen Händen zu lenken. Hast du die Möglichkeit dazu, kann auch Gärtnern sehr gut dazu geeignet sein, mit deinem Tastsinn in Berührung zu kommen. Fühle die kühle, schwere Erde, die sanften Blüten, die ledrigen Blätter und die Sonne auf deiner Haut.

Schmecken ist etwas, dass viele Menschen mit Ängsten instinktiv zur Emotionskontrolle nutzen. Sie gönnen sich leckere Speisen, allerdings oft mit viel Fett oder Zucker. Gerichte, die uns an unsere Kindheit erinnern, werden oft als tröstlich wahrgenommen. Versuche, deine Mahlzeiten bewusst zu schmecken, die feinen Noten und Aromen wahrzunehmen. Durch eine gesunde und regelmäßige Nahrungszufuhr bleibt zudem dein Blutzuckerspiegel konstant. Meist hilft dies schon, Symptome zu minimieren, die an Angst erinnern, wie beispielsweise Nervosität oder Schwindel. Versuche, dir neue Geschmackswelten zu eröffnen. Teste ausgefallene warme Getränke als „Bauchstreichler" und frische Speisen, die dir Energie geben.

Affirmationen

Mittlerweile kennst du die Kraft negativer Schreckensbilder. Wenn du dir Horror-Szenarien vorstellst, kann das direkte Auswirkungen auf deine Psyche haben. Genauso verhält es sich allerdings auch mit positiven Bildern und Gedanken. Wenn du magst, probiere daher einfach mal, mit Affirmationen zu arbeiten. Diese kannst du dir über den Tag verteilt vorsagen, an den Spiegel hängen, sie kunstvoll ausgestalten und in deinem Tagebuch porträtieren. Du kannst sie als Rettungsanker in akuten Angstsituationen einsetzen und gebetsmühlenartig wiederholen, bis du dein Gehirn davon überzeugen konntest, dass du nicht wirklich in Gefahr bist.

Hast du regelmäßig wiederkehrende negative Gedanken, kannst du auch eine kleine Tabelle anlegen. In dieser stellst du dem negativen Gedanken eine positive Affirmation gegenüber. Kommt der negative Gedanke auf, hältst du mit dem positiven Glaubenssatz dagegen:

„Ich kenne bei dem Treffen niemanden, mich wird bestimmt niemand mögen."

vs.

„Ich kenne bei dem Treffen noch niemanden. Ich habe die Chance, interessante Begegnungen zu machen."

oder

„Wenn ich jetzt rausgehe, bekomme ich bestimmt einen Herzinfarkt."

vs.

„Ich werde sehr aufgeregt sein, wenn ich rausgehe. Aber das kenne ich ja schon und ich weiß, wie ich damit umgehen kann und dass es nicht anhält."

Stelle dir diese Gedanken wie einen Weg vor: Deine negativen Gedanken sind die geteerte Autobahn. Deine neuen Gedanken sind ein überwucherter Feldweg. Natürlich nimmt dein Gehirn am ehesten die Negativ-Autobahn. Diesen Weg kennt es. Hier hat es freie Fahrt. Um den Weg für dein Gehirn einfacher zu machen, musst du den überwucherten Feldweg immer wieder bewusst entlanggehen, bis all das Unkraut zertreten wurde und sich der Platz zum Gehen verbreitert hat. Je öfter du diesen Weg beschreitest, desto vertrauter ist er dir und desto leichter ist er zu gehen.

Schreiben

Es kann sehr hilfreich sein, seine Gedanken schriftlich zu sortieren. Mit dem Schreiben kannst du dir selbst Mut zusprechen, Druck ablassen, alle Befürchtungen loslassen und Sachen thematisieren, ohne dass dir jemand hineinredet oder deine Befürchtungen abwertet.

Dieses freie Schreiben bietet dir die Möglichkeit, dich auszudrücken, auch wenn es dir sonst schwerfällt oder unangenehm ist. Zudem kannst du deine Ängste klar formulieren. Sind sie niedergeschrieben, kannst du sie zur Seite legen und dir sagen, dass sie jetzt sicher verwahrt sind.

Du kannst dir auch selbst **Briefe** schreiben und dich darin motivieren, loben oder beruhigen.

Ein **Glückstagebuch** greift die Idee des Genusstrainings auf und hilft dir, auch auf das Schöne in deinem Leben zu achten. Schreibst du die Glücksmomente – egal, wie klein sie auch sein mögen – in all ihrer Schönheit und Pracht auf, erweckt das wieder neue positive Gefühle. Diese kannst du immer wieder aufsteigen lassen, wenn du sie durchliest. Zudem bemerkst du, dass dein Leben nicht nur aus einer Aneinanderreihung von Angst und schlimmen Momenten besteht.

Ein **Symptomtagebuch** kann dich dabei unterstützen, Muster und Trigger zu erkennen. Sind die Ängste schlimmer, wenn du unausgeschlafen bist oder wenig gegessen hast? Wie wirkt sich dein körperlicher Allgemeinzustand auf deine Stimmung aus? Taucht die Angst verstärkt auf, wenn der Besuch dieser einen Tante ansteht? Warum ist das so?

Wenn du dir die Notizen durchliest, fällt es dir vielleicht auch leichter, den Vorteil von Routinen zu erkennen. Hast du eine feste Morgen- und Abendroutine sowie feste Essenszeiten, sorgst du für stabile Bereiche in deinem Leben, an denen du dich orientieren kannst. Wenn die Angst dich zu überwältigen droht, kann schnell alles außer Kontrolle geraten, weil du dich darin verlierst. Hast du feste Marker in deinem Leben, die dafür sorgen, dass du genug isst, ausreichend Sonne bekommst und hydriert bleibst, hast du schon mal deine Grundbedürfnisse erfüllt.

Eine weitere Möglichkeit, die du schriftlich ausprobieren kannst, ist die sogenannte **Anxious Reappraisal**, also die **Angst-Neubewertung**. Bei dieser Technik arbeitest du nicht mit Selbstberuhigung, sondern du bewertest die Angst neu. Menschen, die unter Lampenfieber leiden, sagen sich beispielsweise, dass dieses Lampenfieber ihre Sinne schärft und ihre spätere Performance auf der Bühne verbessern wird. Dadurch können sie die Angst, die sie spüren, besser akzeptieren. Sie verausgaben sich nicht mit dem Bekämpfen dieser Angst, sondern geben ihr durch die Neubewertung einen nachvollziehbaren Sinn.

Die Angst wird also von der Bedrohung zur Chance, selbst wenn die körperlichen Symptome – beim Lampenfieber Herzklopfen oder ein trockener Mund – die gleichen bleiben. Die Technik ist eine interessante Alternative für Personen, die sich nicht gut selbst beruhigen können. Dies ermöglicht es, mit auftretender Angst ohne Hilfe von außen umgehen zu können.

Spannungen abbauen

Manchmal tut es gut, einfach nur Druck abzulassen. Wer Angst erlebt, insbesondere wenn es dauerhafte Ängste sind, baut oftmals starke Spannungen auf. Diese können sich nicht immer auflösen – sei es, weil es keinen genau erkenntlichen Grund dafür gibt, weil du deine Ängste mit aller Macht unterdrückst oder weil du sie vor dir selbst nicht zugeben möchtest. Vor allem, wenn du dich darum bemühst, in deinem Alltag so wenig wie möglich mit deinen Ängsten aufzufallen, kann das zusätzlichen Druck aufbauen.

Dann fühlst du dich am Ende des Tages vielleicht wie ein kleiner Dampfkessel, der kurz vor dem Überkochen ist. Wenn du dann auf eine mögliche Panikattacke wartest, bereitest du dir zusätzlichen Stress.

Früher haben die Menschen in einer Angstsituation meist körperlich reagiert. Sie haben gekämpft oder sie sind geflohen. Nun möchtest du sicherlich weder deinen Zahnarzt angreifen, noch von deinem ersten Date mit dem netten Nachbarn fliehen. Die Bedrohung ist nicht direkt körperlicher Natur, sondern mental. Trotzdem hat dein Körper die angestaute Energie in sich. Aufgrund der körperlichen Begleiterscheinungen, wie Schwitzen oder Herzklopfen, vermeiden jedoch viele Menschen, die unter Ängsten leiden, körperliche Anstrengungen um jeden Preis. Wenn du keine Angst davor hast, kannst du dich nach einer herausfordernden Situation ordentlich beim Sport austoben, um deinen Stress abzubauen.

Ist Sport aktuell keine Option für dich, versuche, deine Spannungen anderweitig abzulassen. So stellst du sicher, dass deine körperliche Erregung nicht anhält und du diese nicht fehlinterpretierst.

Denn nicht immer ist innere Unruhe ein Zeichen für die nächste Panikattacke. Stattdessen kann sie einfach nur anzeigen, dass du dich nicht genug bewegt hast oder dass Gefühle in dir vorhanden sind, die rausgelassen werden wollen.

Je nach Situation und Aufenthaltsort, kannst du dann zu verschiedenen Tricks und Maßnahmen greifen: Bist du in der Stadt unterwegs, kannst du natürlich nicht wild herumschreien, um Druck abzulassen. Das ginge gut, wenn du im Auto fährst oder zwischen den Feldern spazieren gehst. Einmal ausgelassen zu schimpfen, wild mit den Armen zu fuchteln und richtig schlimme Wörter zu sagen, kann von Zeit zu Zeit sehr befreiend sein.

In der Öffentlichkeit magst du mit großer Wahrscheinlichkeit eher dezenter vorgehen. Stampfe einmal kurz mit dem Fuß auf, oder tue so, als müsstest du etwas von deinem Schuh abstreifen oder abtreten. Das baut ebenfalls Spannungen ab und ist in wenigen Augenblicken geschehen. In der Bahn kannst du einen Stressball in deine Manteltasche stecken und ihn unauffällig knautschen. Presse ihn ganz fest zusammen und lasse anschließend wieder los. Dies hat einen ähnlichen Effekt wie die

Progressive Muskelentspannung und ist hervorragend geeignet, um überschüssige Energie abzubauen.

Bist du in deinem eigenen Zuhause, kannst du laut Musik anmachen und wild tanzen.

Da sich Wut und Angst häufig mischen oder Wut sich als Angst „verkleidet" – insbesondere bei Menschen, die sich keine Wut erlauben („Auf X oder Y darf ich doch nicht wütend sein.") – wäre ein Training am Boxsack gut geeignet. Aber die wenigsten von uns besitzen einen. Schnappe dir stattdessen ein Kissen und schlage darauf ein. Wenn du dafür deine Hände nimmst, pass bitte gut auf deine Gelenke auf. Alternativ kannst du auch einen Tennisschläger oder einen Kochlöffel verwenden.

Vielleicht willst du auch auf eine andere Art und Weise laut sein? Auf Sachen herumtrommeln, stampfen, alte Wurfsendungen zerreißen und sich bei dem herrlichen Geräusch des reißenden Papieres vorstellen, dass so auch alle Sorgen zerrissen werden – das kann wunderbar befreiend sein.

Vielleicht möchtest du auch mal nicht beherrscht und erwachsen sein, sondern dich wie deine dreijährige Tochter bei einem Tobsuchtsanfall auf dem Boden herumrollen? Auch das ist in einem geschützten Umfeld sehr gut möglich.

Bist du dann richtig ausgepowert, sei gut zu dir. Hast du geschimpft, trinke etwas, das deine Stimmbänder beruhigt und hydriere dich. Sei stolz auf dich, dass du kontrolliert „Dampf abgelassen" hast und spüre nach. Wie geht es dir danach? Was ist anders? War es befreiend?

Zentrierungs- und Wahrnehmungsübungen

Eine der bekanntesten Zentrierungs- und Wahrnehmungsübungen ist die *5-4-3-2-Methode*. Dabei benennst du nacheinander 5 Dinge, die du siehst, 4 Dinge, die du hörst, 3 Dinge, die du spürst und 2 Dinge, die du schmeckst. Deine Aufmerksamkeit wird von den Angstgedanken auf deine Umwelt gelenkt. Du kannst dich wieder besser im Hier und Jetzt verorten und wirst nicht von einer Emotionswelle mitgerissen. Dein alarmierter Mandelkern muss sich deine Gehirnleistung mit anderen Bereichen teilen, die jetzt von deinen Sinnen beansprucht werden. Wenn du alleine bist, kannst du die Dinge auch laut benennen.

Eine weitere Zentrierungsübung ist das **Rückwärtszählen**. Dies läuft nicht so automatisiert ab wie das Vorwärtszählen – also muss sich dein Gehirn etwas anstrengen und Energie vom erschreckten Mandelkern abziehen. Zahlen sind eine feste Größe und meist wenig emotionsgeladen, sodass sie perfekt als Objekt zum Fokussieren geeignet sind. Wenn das Rückwärtszählen zu leicht ist, kannst du auch in 7er-Schritten zählen oder dich zusätzlich – falls die Knie nicht zu wackelig sind – auf ein Bein stellen.

Ein *fester Stand* ist ohnehin eine der besten Übungen, um sich zu erden. Nimm dazu die **Berghaltung** aus dem Yoga ein, auch bekannt als *Tadasana*. Diese Haltung gilt als eine der wichtigsten im Yoga, auch wenn es sich eigentlich „nur" um ein Stehen handelt.

Die Schultern und Arme hängen locker, deine Wirbelsäule ist aufgerichtet. Der Nacken ist gerade, der Kopf thront darauf. Du atmest entspannt und gleichmäßig ein und aus, der Blick ist nach vorne gerichtet. Spüre, wie sich dein Gewicht gleichmäßig auf deine Fußsohlen verteilt und von dort sicher in den Boden abgegeben wird. Achte bitte darauf, nicht die Zehen in den Boden zu krallen oder dein Gewicht nur auf die Ferse oder die Außenkanten zu legen. Stehe sicher und stabil wie ein Berg. So kann dich nichts so leicht erschüttern.

Ist die Angst während des stillen Stehens zu groß, kannst du dich zum Erden auch einfach auf den Boden legen. Fühle, wie sicher dich der Untergrund trägt und dich von unten hält. Du bist sicher und geborgen.

Bist du in der Bahn unterwegs, kannst du deine Füße ganz bewusst auf den Boden vor dir abstellen. Bei Bedarf führe die Bewegung mehrmals aus – das merkt keiner. Drücke deine Füße leicht in den Boden und spüre den Widerstand. Dadurch werden deine Oberschenkel auch leicht angespannt und dir wird deine Sitzunterfläche bewusst. Fühle den sicheren Boden unter dir. Wenn du noch mehr Unterstützung brauchst, suche dir einen Gegenstand in deiner Umgebung und beschreibe ihn so genau wie du kannst. Welche Farbe hat er? Welche Größe? Welches Material? Ist er trocken, glatt, handlich?

All diese Aktivitäten helfen dir dabei, deine Wahrnehmung auf etwas anderes als deine Angst zu lenken. Zudem kannst du dich wieder besser im Hier und Jetzt verorten und dich gegen überwältigende Gefühlswellen wehren.

Singen oder Gedichte rezitieren

Wusstest du, dass viele Leute bei Angst anfangen, zu singen? Singen aktiviert das Immunsystem, schüttet das Kuschelhormon Oxytocin aus und hat eine stresslindernde Wirkung. Du atmest anders, was sich positiv auf Gefühle, wie Beklemmungen oder Erstickungsangst, auswirken kann. Der Rhythmus, den du beim Vortragen von Gedichten oder beim Singen verwendest, kann sich beruhigend auf dich auswirken und einen weiteren Anker für deinen Atem bilden. Zudem wird dein gesamter Körper anders genutzt. Es entsteht eine gewisse Weite, die der Angst den Platz streitig macht. Es ist völlig egal, was du singst oder rezitierst: Es kann ein Gute-Laune-Song sein, ein Kindheitslied oder du fasst das, was du gerade fühlst, in Worte.

Wenn du magst, kannst du beim Singen oder Sprechen auch etwas mit der Angst spielen. Lege all deine Dramatik in deine Stimme – wie bei einer Arie in der Oper. Blase deinen Frust über deine Angst hinaus. Oder trage sie mit einer Donald-Duck-Stimme vor. Töne vor dich hin, summe oder singe ein Mantra. Dein Körper wird mit Sauerstoff versorgt, dein Gehirn hat jede Menge anderes zu tun, als nur dem Mandelkern Energie zur Verfügung zu stellen. Zudem sorgen „Quietsche-Stimmchen" oder Hochdramatik vielleicht sogar dafür, dass du der ganzen schwierigen Situation eine gewisse Komik abgewinnen kannst – und lachen entspannt erst recht!

Atemübungen

Atemübungen sind wie geschaffen dafür, bei Angst oder Panik beruhigend auf dich einzuwirken. Am besten ist es, wenn du die Atemübungen in einem möglichst entspannten Zustand einübst, um sie dann bei Bedarf anwenden zu können. Die meisten Übungen zielen darauf ab, deinen Atem zu beruhigen und in einen gleichmäßigen Fluss zurückzubringen. Wenn du Angst hast, hältst du oft den Atem an. Dadurch kann dir schwindelig werden.

Wenn dir der Atem stockt, versuche, deine **Bauchatmung** zu aktivieren. Dafür atmest du nicht nur in den oberen Rumpf, sondern lässt den Atem tief in deine Lungen strömen. Dein Bauch dehnt sich wie ein kleiner Ballon aus und senkt sich dann wieder ab. Dieses Wechselspiel erfolgt in stetiger Gleichmäßigkeit, wie Wellen, die an den Strand rollen.

Bist du sehr verspannt, kann es sein, dass dir eine tiefe Bauchatmung nicht gleich möglich ist. Versuche immer wieder, deine Atemmuskeln zu aktivieren, aber lasse dir Zeit.

Wenn du merkst, dass du aufgrund von Atemangst zu schnell zu viel Luft einatmen willst und du zu hyperventilieren drohst, kann es hilfreich sein, in einen Schal oder die Armbeuge zu atmen. So wird die Sauerstoffzufuhr etwas gesenkt. Zudem kannst du die **Lippenbremse** einsetzen und so deine Ausatmung in die Länge ziehen. Atme ein – um dich noch mehr zu beruhigen, kannst du dir auch vorstellen, du würdest einen angenehmen Duft in die Nase ziehen – und dann atme durch die leicht geschlossenen Lippen aus.

Auch das **Abschnauben** funktioniert ebenfalls nach dem Prinzip. Dabei erfolgt die Ausatmung durch die sanft geschlossenen Lippen – jedoch nicht vorsichtig, sondern du lässt die Lippen wie ein Pferd vibrieren. Dies baut zudem wunderbar Spannungen im Gesicht ab, die dein Wohlbefinden beeinträchtigen können, wenn du starke Angst hast. Das Abschnauben ist eher für die Momente geeignet, in denen man alleine ist, während die

Lippenbremse auch unauffällig in der Öffentlichkeit eingesetzt werden kann.

Die **Box-Atmung** kann auch sehr hilfreich sein, wenn du akut Angst verspürst. Stelle dir ein Rechteck oder eine Box vor. Gehe während des Einatmens gedanklich die kurze Seite entlang und zähle dabei bis 4. In der Atempause kannst du bis 2 zählen und anschließend die Ausatmung entlang der langen Seite bis 6 oder 8 ausdehnen. Da du deine Ausatmung verlängerst, beruhigt sich dein Atemrhythmus. Du atmest deine verbrauchte Luft vollständig aus, dein Kopf wird wieder klarer.

Kapitel 6 - Angst- und Panikstörungen: Professionelle Begleitung

All die vorgestellten Techniken und Tipps können auch bei Angst- und Panikstörungen wertvolle Unterstützung bieten. Wer jedoch unter einer solchen Störung leidet oder vermutet, unter dieser zu leiden, sollte in Erwägung ziehen, professionelle Hilfe in Anspruch zu nehmen.

Dieser Gedanke kann – wie könnte es anders sein – Angst machen:

Bin ich dann verrückt? Komme ich dann in die Psychiatrie? Muss ich Medikamente nehmen?

Das Wichtigste vorweg: Nein, du bist nicht verrückt. Und du musst nichts machen, was du nicht möchtest.

Stelle dir vor, du kommst mit einem Schnupfen von der Arbeit. Naja, es ist Wochenende – du wirst dich etwas schonen, dann wird das schon wieder. Nun merkst du an den nächsten Tagen, dass es nicht besser wird. Also beschließt du, die alten Hausmittelchen zu bemühen: Heißen Tee trinken, Ruhen auf der Couch, Vitamin-Kicks durch Obstsalat und natürlich auch heiße Zitrone und Ingwer. Der Schnupfen wird aber nicht besser, auch nach ein paar Tagen nicht. Stattdessen kommen weitere Symptome hinzu und dir geht es richtig schlecht. Wie verhältst du dich in dieser Situation?

Die wenigsten von uns suchen wegen einer Kleinigkeit gleich einen Arzt auf und sicher ist es auch gut, seinem Körper erst mal die Chance zu geben, sich selbst zu regenerieren. Wenn Beschwerden aber anhalten oder sich sogar verschlimmern, entscheiden sich jedoch die meisten von uns dafür, doch mal bei einem Arzt vorstellig zu werden. Wenn der Hausarzt nicht weiterhelfen kann, lassen wir uns zu einer Fachkraft überweisen, etwa zu einem HNO-Arzt.

Genauso könnten wir uns auch in der Situation verhalten, wenn wir merken, dass wir gesundheitliche Probleme haben, die unsere Psyche betreffen. Hier fühlen aber viele Menschen Hemmungen. Befürchtungen, man könne sich bloßstellen, würde als verrückt wahrgenommen, mit seinen Beschwerden nicht ernst genommen oder belächelt werden, sind oftmals der Grund dafür. Auch der Umstand, sich selbst einzugestehen, dass man in diesem Bereich Hilfe von außen braucht, kann für manchen schwer anzunehmen sein.

Aber genauso wenig, wie du von dir selbst erwartest, ein gebrochenes Bein schienen zu können, solltest du von dir erwarten, psychische Beeinträchtigungen alleine behandeln zu können, wenn sie eine Intensität erreicht haben, bei der du klare Unterstützung von außen brauchst.

Bleiben Angst- oder Panikerkrankungen unbehandelt, können sie sich festsetzen und einen chronischen Verlauf einnehmen. Auch wenn du schon lange unter Beeinträchtigungen dieser Art leidest, kann die Unterstützung durch eine Fachkraft sinnvoll sein.

Es gibt viele verschiedene Möglichkeiten, sich Hilfe zu besorgen, die zum Teil recht niedrigschwellig, zum Teil mit mehr Arbeit verbunden sind.

Sehr leicht zugänglich ist der Kontakt zu Hotlines, wie z. B. der Telefonseelsorge, die sowohl telefonisch als auch per Chat und E-Mail Beratung anbieten. Die Kontaktaufnahme kann in einer akuten Angstsituation lindernd wirken, wenn es um eine emotionale Erleichterung geht. Zudem kann sie auch dabei helfen, Lösungsansätze zu entwickeln.

Außerdem bieten viele Träger (kirchliche und säkulare) Beratungsdienste an, an die sich Personen in Notsituationen wenden können, um eine erste Anlaufstelle zu haben.

Auch wenn hier in der Regel keine umfassende Therapie möglich ist, ist es doch hilfreich, zunächst einmal eine emotionale Entlastung durch den zwischenmenschlichen Kontakt und das Gespräch zu erfahren.

Oft besteht auch die Möglichkeit, sich Kontaktadressen geben zu lassen oder Unterstützung bei der Beantragung entsprechender Hilfsmaßnahmen zu bekommen.

Bist du an einer Therapie interessiert, ist der übliche Schritt ein erstes Gespräch mit deinem Hausarzt, der dich dann an eine Psychotherapie-Praxis oder an einen Psychiater überweisen kann.

Ein **Psychiater** ist ein Arzt, der eine Fachausbildung für Psychotherapie und Psychiatrie absolviert hat. Er kann mit dir gemeinsam ermitteln, welche Ängste du hast und wie schwer sich deine Angsterkrankung zeigt und dich in deinem Alltag belastet.

Ferner könnt ihr dann besprechen, ob der Einsatz von Medikamenten bei der Behandlung deiner Erkrankung hilfreich sein kann. Ihr könnt die Behandlung gemeinsam auf deine Bedürfnisse abstimmen und einen entsprechenden Behandlungsplan erstellen.

Bei Angsterkrankungen sollen Medikamente in der Regel nur als ergänzende Maßnahme eingesetzt werden. Im Vordergrund steht die Psychotherapie, die dir hilft, einen guten Umgang mit den Ängsten zu erlernen. Verlässt du dich nur auf die Medikamente, kann es sein, dass die Ängste, wenn du dich nicht mit ihnen auseinandersetzt, nach dem Absetzen der Medikamente, immer wiederkommen. Eine Dauerbehandlung mit Medikamenten ist normalerweise nicht vorgesehen, da sie, je nach gewähltem Mittel, einerseits ein Abhängigkeitspotenzial aufweisen und andererseits Nebenwirkungen hervorrufen können. Vielmehr sind Medikamente als Unterstützung gedacht, um dir eine Auseinandersetzung mit deinen Beschwerden und dem Erlernen eines sinnvollen Umgangs mit diesen zu ermöglichen.

Die Medikamente können dann sinnvoll sein, wenn dein Angst- und Erschöpfungslevel aufgrund der Ängste so hoch ist, dass eine Therapie zu anstrengend oder gar nicht möglich ist.

Meist werden Medikamente verordnet, die eine angstlösende und beruhigende Wirkung haben, wie z. B. Antidepressiva aus der Gruppe der selektiven Serotonin-Wiederaufnahmehemmer und der selektiven Serotonin-Noradrenalin-Wiederaufnahmehemmer.

Wer sehr stark körperlich reagiert, kann beispielsweise auch Betablocker verordnet bekommen, um den Angstkreislauf zwischen den körperlichen Reaktionen und der Panik zu durchbrechen und den Körper zu entlasten.

Ein **Psychotherapeut** ist ein Psychologe, der die Zulassung erhalten hat, psychische Krankheitsbilder mit wissenschaftlich anerkannten Methoden der Psychotherapie zu behandeln.

Die gängigen Therapieformen sind die ***Verhaltenstherapie***, die ***Gesprächstherapie*** und die ***Psychoanalyse***.

Die ***Kognitive Verhaltenstherapie*** wird dazu genutzt, dass dir Verhaltensweisen und Denkmuster klar werden, die deine Ängste verstärken. Darüber hinaus wird meist mit Konfrontationsverfahren gearbeitet, da die Ängste das Leben des Klienten durch Vermeidungsverhalten immer mehr einschränken und auch stärker werden. Die gängigsten Konfrontationsverfahren sind auch hier die ***Gestufte Konfrontation***, bei der der Klient Stück für Stück mit seinen Ängsten konfrontiert wird und so lernt, dass die Ängste unbegründet und unbeschädigt zu überstehen sind.

Begonnen wird sehr niedrigschwellig. Wer beispielsweise eine ausgeprägte Spinnenphobie hat, stellt sich möglicherweise zunächst nur eine Spinne vor und hält die Angst aus, die bei der Vorstellung aufkommt. Erlebt er dann, dass die Angst wieder abflacht, ohne dass etwas Schlimmes passiert ist, fühlt er sich vielleicht anschließend dazu bereit, sich das Bild einer Spinne anzuschauen. Der nächste Schritt wäre dann vielleicht eine Videoaufnahme, dann eine Spinne aus der Ferne usw.

Die stufenartige Annäherung ist ideal geeignet für einen sanften Zugang. Sie ermöglicht dem Klienten, wieder Kraft aufzubauen und Vertrauen in den eigenen Körper und den eigenen Geist zu entwickeln.

Eine andere Form der Konfrontation, die allerdings nur in Begleitung einer Fachkraft ausgeführt werden sollte, ist das sogenannte *Flooding* (oder *Fluten*).

Der Klient geht gemeinsam mit seiner Vertrauensperson, also dem Therapeuten, direkt in die Angstsituation hinein und lernt, mit der starken Angstreaktion oder der Panik umzugehen. Die Angst ist dabei in der Regel deutlich stärker als bei der Gestuften Konfrontation, aber wenn der Klient spürt, dass sie auch hier nachlässt, ohne dass etwas Schlimmes passiert ist, dann kann die Behandlung, je nach persönlicher Verfassung des Patienten und seiner Angstgeschichte, gut funktionieren.

Auch wenn die Kognitive Verhaltenstherapie als die wirkungsvollste Methode bei Ängsten gilt, kann die *Gesprächstherapie* sehr hilfreich sein – vor allem dann, wenn es sich um chronifizierte oder versteckte Ängste handelt oder die Angsterkrankung komplexer ist und beispielsweise mit anderen Krankheitsbildern, wie einer Depression, einhergeht.

Je nachdem, wie sich deine Ängste äußern und wie sie begründet sind, kann eine Therapieform der anderen vorzuziehen sein. Wer eine spezifische Phobie hat, kann meist mit der Verhaltenstherapie sehr gute Fortschritte erzielen. Handelt es sich um diffuse Ängste oder durch ein Trauma hervorgerufene Angstattacken, können auch die Gesprächstherapie oder die *Psychoanalyse* sehr hilfreich sein.

Die Entscheidung für eine bestimmte Behandlungsform ist sehr persönlich und sollte nach dem Gespräch mit der Fachkraft getroffen werden. Im Idealfall ist diese auf Ängste spezialisiert und kann in diesem Bereich Erfahrungen vorweisen. Bringt eine Therapieform nicht den gewünschten Erfolg oder widerstrebt sie dir zutiefst, kannst du gemeinsam mit deinem Behandler besprechen, ob eine andere Therapieform besser für dich geeignet wäre. Dabei sollte natürlich unterschieden werden, ob dir ein Verfahren einfach nur unangenehm ist, weil es mit Angstreaktionen und Anstrengung einhergeht, oder ob du wirklich den Eindruck hast, dass es dir mehr schadet als nützt.

Vielleicht bist du nicht der Typ für eine Einzeltherapie und erzielst viel bessere Erfolge in einer Gruppentherapie. Möglicherweise ist bei einer Kognitiven Verhaltenstherapie das Fluten nicht das Richtige für dich, weil es dich so belastet, dass du deinen Alltag neben der Therapie dann nicht mehr bewältigen kannst. Erlaube dir, dich auszuprobieren, auch wenn dir gesagt wird, du solltest froh sein, dass du überhaupt einen Therapieplatz gefunden hast.

Ein Behandlungskonzept, dass dir nicht gut tut, wird nicht den gewünschten Erfolg haben, sondern kann im schlimmsten Fall zu Retraumatisierungen oder dem Verstärken der Angstmuster führen.

Übernimm hier ganz klar die Verantwortung für dich selbst und erwarte nicht, dass die Behandler dich jetzt heilen sollen. Sie können dir Dinge anbieten, aber es liegt an dir, mitzuteilen, was davon dir gut tut und was du für weniger geeignet hältst.

Wer eine engmaschigere Unterstützung wünscht, kann auch eine **Reha** beantragen. Bei dieser Rehablitationsmaßnahme handelt es sich um eine Form der stationären Psychotherapie in einer Klinik, die eine entsprechende Fachabteilung hat, meist eine Abteilung für Psychosomatik.

Je nach Konzept der Klinik finden psychologische Einzelgespräche mit einem Bezugstherapeuten und Gruppensitzungen statt, in denen der Klient lernt, die Angststörung besser zu verstehen.

Psychoedukation, also Informationen über das Krankheitsbild, sind ebenso ein wichtiger Bestandteil wie verschiedene Techniken, um zu lernen, besser mit der Angst umzugehen. Da Angst oft mit einem erhöhten Muskeltonus und einem flacheren Atem einhergeht, können dies etwa Atem- und Bewegungstherapie sowie das Erlernen von Entspannungsmethoden sein.

Auch **Mal- und Beschäftigungstherapien** werden angeboten, ebenso wie **Sozialtrainings**, etwa für Personen, die unter einer Sozialphobie leiden und für die soziale Interaktionen eine Herausforderung darstellen.

Der Aufenthalt kann (je nach Träger und Klinik) drei bis sechs Wochen oder auch länger dauern.

Ein **Klinikaufenthalt** kann sinnvoll sein, wenn die Ängste sehr stark sind und dich in deiner Lebensqualität massiv einschränken. Ein räumlicher Abstand zu deinem täglichen Umfeld kann sehr hilfreich dabei sein, schädigende Verhaltensmuster aufzudecken oder toxische Beziehungen oder andere Stressoren zu erkennen, die die Ängste fördern.

Zudem bist du in der Klinik auf dich alleine gestellt und kannst dich nicht hinter Bezugspersonen verstecken, die du in deinem Alltag vielleicht sogar ganz unbewusst einspannst, um dein Vermeidungsverhalten zu ermöglichen. Das muss weder von dir noch von deinen Bezugspersonen in böswilliger Absicht geschehen, kann aber dazu führen, dass Ängste aufrechterhalten werden, denen du dich sonst stellen müsstest.

Bist du dir unsicher, ob ein Klinikaufenthalt das Richtige für dich ist, beratschlage dich in aller Ruhe mit deinem behandelnden Facharzt und stelle alle Fragen, die dir wichtig erscheinen. Überlege dir auch ganz realistisch, ob du stabil genug für eine Klinikumgebung bist.

Wer einen Zwischenweg zwischen ambulanter Psychotherapie und Klinikaufenthalt sucht, ist möglicherweise mit einer **Tagesklinik** gut beraten. Hier nehmen die Klienten an den Werktagen an einem Tagesprogramm teil, das meist einen Arbeitstag, also sieben bis acht Stunden dauert – natürlich mit Pausen. Sie kehren danach aber wieder in ihr heimisches Umfeld zurück.

Diese Option ist ideal, wenn du dich für eine Klinik-Umgebung nicht stabil genug fühlst oder wenn du dein räumliches Umfeld während deiner Therapie nicht verlassen möchtest, etwa weil du deine Kinder oder dein Haustier betreuen oder deinem Lieblingsmenschen nahe sein möchtest.

Überlege dir aber auch, ob du bei dieser Form der Therapie genug Abstand zu den Dingen hast. Wer nach einem langen Therapietag zu Hause voll und ganz in den Familienalltag eingebunden wird, Hausarbeit und Kinderbetreuung übernehmen und das Wohl der Liebsten regeln muss, der kann möglicherweise nicht die Ruhezeiten finden, die er benötigt, um die Therapieinhalte zu verarbeiten.

Therapieplätze, sowohl stationär als auch ambulant, sind meist nicht leicht zu bekommen. Lass dich davon aber nicht entmutigen. Selbstverständlich ist es gerade in einer schweren Angstzeit eine zusätzliche Herausforderung, sich um einen Platz zu bemühen, immer wieder bei Praxen anzurufen oder Anträge abzuschicken – aber du wirst das schaffen. Merkst du, dass es dir schwer fällt, alleine dranzubleiben, bitte eine Vertrauensperson um Unterstützung. Lass dich auf Wartelisten setzen, mache dein Anliegen dringlich und zeige, dass es dir ernst ist.

In einer schweren Krise kann auch der örtliche **_psychosoziale Krisendienst_** Unterstützung bieten. Mitarbeiter können dich beispielsweise dabei unterstützen, das Einkaufen oder Rausgehen bei einer Agoraphobie zu üben, wenn du noch auf einen Therapieplatz wartest. Oder sie können dir dabei helfen, einen Ansprechpartner zu finden, wenn du stärkere Probleme hast, und dich an die passende Adresse verweisen.

Eine weitere unkomplizierte Form der Unterstützung können **_Selbsthilfe-Gruppen_** sein.

Informiere dich am besten vorab über die Ziele und die Organisation dieser Gruppe und schaue, ob diese für dich und dein Problem passend ist.

Mitunter kann es in solchen Gruppen dazu kommen, dass das eigene Schicksal gemeinsam mehr bedauert wird, anstatt proaktiv damit zu arbeiten.

In solch einem Fall kann sich die Gruppe negativ auf deine Beschwerden auswirken und ist eher ungeeignet, um an deinen Ängsten zu arbeiten. Selbstverständlich ist es angenehm, im Austausch mit anderen Betroffenen zu stehen und nicht immer alles erklären zu müssen, sondern sich angenommen zu fühlen. Auch der Gedanke, mit der Krankheit nicht alleine, nicht außergewöhnlich, nicht verrückt zu sein, kann sehr beruhigend wirken. Wichtig ist aber, dass der sinnvolle Umgang mit den Einschränkungen im Vordergrund steht. Selbsthilfe-Gruppen gibt es sowohl online als auch im realen Leben.

Ganz wichtig ist: Du entscheidest für dich, welche Behandlung richtig für dich ist. Du bist nicht verpflichtet eines der Angebote zu nutzen. Du kannst für dich auswählen, welche Behandlung dir sinnvoll erscheint. Was dem einen hilft, muss nicht zwingend zu dir und deiner Problematik passen. Das Gleiche gilt für die Menschen, mit denen du zusammenarbeitest. Ja, es ist schwierig, einen Therapieplatz zu bekommen – aber der Erfolg einer Therapie hängt auch maßgeblich mit davon ab, ob du dem Therapeuten vertrauen kannst und er dir als Mensch angenehm ist. Nicht immer wird dir alles recht sein, was der Therapeut sagt. Das ist auch gar nicht nötig. Es ist auch möglich, dass es zu Formen der Übertragung kommt und du deinen Therapeuten mal ganz schrecklich findest.

Aber eine gewisse Sympathie, das Gefühl, verstanden zu werden und den anderen auch verstehen zu können, ist wichtig. Du darfst dabei auf dein Bauchgefühl hören. Das ist mitunter schwierig, wenn alles andere von Angst überdeckt ist, aber wenn du tief in deinem Inneren merkst, dass dir der Mensch nicht gut tut, etwa weil er deine Grenzen nicht respektiert oder dich zu etwas drängt, was sich für dich nicht stimmig anfühlt, dann darfst du, wie bei jedem anderen Menschen, „Stopp!" sagen.

Damit ist natürlich nicht gemeint, dass du jeder unangenehmen Situation in der Therapie ausweichen sollst. Therapie ist Arbeit und anstrengend und nicht immer angenehm – schließlich stellst du dich deinen Ängsten. Aber du solltest diese schwere Arbeit in einem sicheren Rahmen tun dürfen, mit einer fachkundigen Person an deiner Seite, der du guten Gewissens vertrauen kannst.

Bei Therapeuten gibt es daher nach dem Erstgespräch die Möglichkeit, einige Probesitzungen zu absolvieren, bei denen beide Seiten (du und dein Gegenüber) ausprobieren können, ob die Zusammenarbeit funktioniert.

Probiere aus, was für dich passt und gib nicht auf! Es lohnt sich!

Hast du noch Zweifel, welche Optionen für dich interessant oder geeignet sein könnten, setze dich doch mal mit folgenden Fragen auseinander:

- Welche Assoziationen hast du, wenn du an das Wort *Therapie* denkst?
- Fällt es dir generell schwer, Hilfe von außen anzunehmen?
- Denkst du, es besteht ein Unterschied darin, ob man eine Fachkraft bei körperlichen oder seelischen Beschwerden aufsucht? Falls ja, worin?
- Dürfen nur Verrückte die Behandlung eines Psychiaters oder eines Psychotherapeuten erfahren?
- Glaubst du, dass dir die Zusammenarbeit mit einer Fachkraft gut tun würde?
- Wäre es dir unangenehm, wenn andere davon erfahren würden, dass du therapeutische Hilfe in Anspruch nimmst?
- Fändest du es hilfreich, dich mit anderen Betroffenen auszutauschen?

- Hat dich eine der vorgestellten Möglichkeiten spontan angesprochen? Was hast du gefühlt?
- Was müsste eine Person für Qualitäten haben, damit du bereit wärest, mit ihr an deiner Angst zu arbeiten?
- Was würdest du dir von einer therapeutischen Unterstützung erhoffen?
- Wäre es gut für dich, mal Abstand zu den Dingen zu gewinnen und an einem anderen Ort eine Reha-Maßnahme auszuprobieren?
- Kannst du dir vorstellen, in einer Gruppentherapie an deinen Ängsten zu arbeiten oder würdest du einen Eins-zu-eins-Kontakt bevorzugen?

Kapitel 7 - Angst in Stärke verwandeln

Angst und Stärke? Das scheinen für dich zwei Worte zu sein, die nicht zusammen in einem Satz stehen sollten; vielleicht nicht mal auf einer Seite?!

Und dennoch sind Ängste etwas, das dir bewusst machen kann, wie viel Kraft in dir steckt.

Vielleicht kennst du den berühmten Ausspruch des indischen Politikers Mahatma Ghandi: „Es ist nicht der mutig, der keine Angst hat, sondern der, der seine Angst überwindet."

Wenn du über diesen Satz nachdenkst, wird dir vielleicht auch klar, dass die Ängste nicht nur eine schwache, sondern auch eine sehr starke Seite in dir zum Vorschein bringen.

Panik ist nichts für Angsthasen: Immer wieder aufs Neue Todesängste aushalten, sich überwinden, mit einem schmerzenden Körper, der von all der Anstrengung nur noch weh tut, einem müden Geist, der trotzdem hellwach sein und funktionieren muss und all den Auswirkungen, die die Ängste in anderen Lebensbereichen auf sich haben. Die Stärke, die der Umgang mit Ängsten erfordert, ist enorm.

Jeden Tag musst du dich erneut Herausforderungen stellen, die nur ein Betroffener wirklich nachvollziehen kann. Du musst deine Aktivitäten planen, sodass du trotz möglicher Angstanfälle oder körperlicher Erscheinungen alles koordiniert bekommst. Du musst dich um deine Liebsten kümmern, denn sie sollen ja nicht unter deinen Problemen leiden und du willst eine liebevolle Beziehung zu ihnen pflegen. Je nachdem, wo du gerade stehst, während du dieses Buch liest, ist vielleicht schon das Aufstehen schwer, weil die Angst schon erdrückend und dunkel auf deiner Brust sitzt und dir das Atmen mühsam scheinen lässt. Und trotzdem bist du noch da. Trotzdem stehst du auf. Du isst, redest, liebst, gehst, nimmst Anteil.

Erzählt dir jemand anderes von einem gruseligen Erlebnis und seiner enormen Angst, von der er sich jetzt erst mal ein bis zwei Tage erholen muss, kannst du nicht mal mehr nachvollziehen, wie ihm zumute ist. Wie geht das? Erholen? Wie ist das, wenn die Angst nicht der Normalfall ist?

Was zeigen dir deine Ängste also über dich? Dass du ein unheimlich großes Durchhaltevermögen hast, eine innere Stärke, die du dir womöglich niemals zugetraut hättest.

Natürlich fühlen sich Ängste nicht angenehm an und du könntest gerne darauf verzichten. Was sich aber gut anfühlt, ist das Überwinden von Ängsten, das Gefühl, etwas geschafft zu haben. Du verschaffst dir dieses Gefühl immer wieder, denn du stellst dich tagtäglich einem Leben mit besonderen Herausforderungen.

Dieses Potenzial, dass da in dir steckt, kannst du auch in anderen Bereichen deines Lebens für dich nutzen. Unabdingbar dafür ist allerdings, dass du es zunächst erkennst und wertschätzen kannst.

Stellst du dich deinen Ängsten, wirst du zudem einige wertvolle Handlungsstrategien und Denkmuster erwerben, die dir auch außerhalb deiner Angstbewältigung im Alltag gute Dienste leisten werden.

Du wirst wissen, wie wichtig es ist, sich nicht nur von außen abhängig zu machen, sondern auch in schwierigen Situationen zu versuchen, in die eigene Kraft zu kommen.

Aufgrund deiner Ängste bist du es gewohnt, mit Beeinträchtigungen umzugehen und die Situationen trotzdem zu überwinden. Du bist geübt darin, deinen Handlungsspielraum und die möglichen Gestaltungs- und Beeinflussungsmöglichkeiten zu erkennen.

Mache dir diese Qualitäten bewusst, sodass du sie in anderen Bereichen erfolgreich nutzen kannst.

Eigenverantwortung und Selbstwirksamkeit sind wichtige Schlüsselbegriffe für dich im Umgang mit der Angst. Diese kannst du auch auf anderen Gebieten leben und somit souveräner und entspannter agieren - sowohl im Job als auch im Kontakt mit anderen Menschen.

Viele von uns werden erst durch die Angst in eine Art Generalüberprüfung gezwungen. Wenn nichts mehr geht, sind wir gezwungen, hinzuschauen: Fühlen wir uns wohl, wo wir sind? Tun uns die Kontakte zu den Menschen, die uns umgeben, gut? Gefällt uns das, was wir tun?

Anhaltender Stress, z. B. aufgrund von Streitigkeiten oder Unzufriedenheit, kann Ängste begünstigen. Wenn wir diese im Rahmen unserer Auseinandersetzung mit der Angst als Alarmanlage, als Hinweis verstehen und unsere Lebenssituation hinterfragen, werden wir angeregt, aufzuräumen. Maßnahmen, wie klare Grenzen zu setzen, toxische Kontakte zu beenden und sich aus Abhängigkeiten zu lösen, sind häufig wichtige Schritte, um die Angst zu überwinden.

Aber solche Entwicklungen wirken sich nicht nur gut auf unser Angstlevel aus. Sie beeinflussen auch andere Bereiche des Lebens, wie den Beruf, die Partnerschaft und das häusliche Leben.

Nutze diese neuen Fähigkeiten für die Gestaltung eines Lebens nach deinem Geschmack. Wenn du deine Angst alleine bewältigen kannst (und nur du alleine kannst dies wirklich tun), dann bewerkstelligst du andere Herausforderungen erst recht!

Eine weitere Chance für dich ist sicher auch die veränderte Eigenwahrnehmung. Im Auge der Angst gibt es keine Eitelkeiten mehr; das Aufrechterhalten einer Scheinidentität bricht zusammen wie ein Kartenhaus im Wind. Du kannst diese wesentliche Erfahrung für dich nutzen und dein wahres Ich zum Vorschein kommen lassen. Du hast gelernt, dass du keine Rolle spielen musst. Die Menschen, die dich wirklich lieben, nehmen dich so an, wie du bist – mit all deinen Stärken und all deinen Schwächen. Und auch vor dir selbst musst du keine Rolle spielen, denn am besten geht es dir ohnehin, wenn du authentisch bist und Erleben und Verhalten übereinstimmen.

Du hast dich in sehr schwachen, verzweifelten Momenten kennengelernt und hast verschiedene Möglichkeiten ausprobiert, dir dann selbst zu begegnen. Warst du früher möglicherweise sehr streng mit dir selbst und hast gnadenlos Produktivität und Leistung eingefordert, kannst du dir jetzt vielleicht gütiger gegenübertreten. Gelebtes Selbstmitgefühl (anstatt Härte) ist eine wichtige Fähigkeit, die dir auch bei Krisen und Verlusten anderer Art eine wertvolle Begleitung sein wird.

Ein neuer Umgang mit der Angst verschafft dir auch in deiner Rolle als Mutter neue Möglichkeiten. Dir eröffnet sich die Chance, deinen Kindern einen gesunden Umgang mit Ängsten beizubringen.

Hat dein Jüngster schon wieder Angst vor dem Monster unter dem Bett, wirst du ihn nicht mit einer ablehnenden Antwort fortjagen. Du kannst ihn mit seinen Empfindungen ernst nehmen, denn du weißt, wie schlimm sich Angst anfühlen kann. Zudem hast du die Möglichkeit, deinen Kindern zu vermitteln, dass es in Ordnung ist, Angst zu haben.

Viele von uns mussten als Kind die niederschmetternde Erfahrung machen, dass wir mit unseren Ängsten nicht ernst genommen wurden. Wir sollten uns „zusammenreißen", uns „nicht so anstellen", einfach mal „über unseren Schatten springen" oder eben an etwas Schönes denken. Solche Gespräche wirst du deinem Nachwuchs ersparen können, denn du weißt, dass solche Äußerungen bei Angst wenig hilfreich sind.

Stattdessen kannst du ihnen von klein auf vermitteln, dass jeder Mensch Angst hat und dass diese eine bestimmte Funktion hat.

Du kannst ihnen zeigen, dass Ängste kein Zeichen von Schwäche sind, sondern dass sie uns schützen sollen. Gemeinsam mit dir können sie lernen, ihre Ängste zu erkennen, zu akzeptieren und an ihnen zu arbeiten, wenn sie sie einschränken. Diese Fähigkeit wird sie dabei unterstützen, eigenständig und verantwortungsvoll im Umgang mit sich selbst und anderen zu agieren.

Denn darin zeigt sich noch eine weitere Chance für dich: Als betroffene Person weißt du, wie es ist, wenn man plötzlich ganz alltägliche Aktivitäten nicht mehr tun kann. Dich haben die Ängste gehemmt – vielleicht hemmen sie dich immer mal wieder – und du kennst all die einfältigen Sprüche, die dir in deinem Kampf gegen die Angst begegnet sind.

Du weißt, wie es ist, wenn man nicht ernst genommen wird oder wenn einem Faulheit oder Bequemlichkeit unterstellt wird. Du weißt, wie verletzend solche Aussagen sein können.

Dieses Wissen, dieses Erleben kann dazu beitragen, dass du mehr Verständnis im Umgang mit anderen und deren individuellen Einschränkungen entwickelst.

Vielleicht zeigt sich dies im Alltag an der Kasse im Supermarkt, wenn die ältere Dame vor dir zehn Minuten braucht, bis sie ihre vier Äpfel bezahlt hat und du – anstatt innerlich zu explodieren – einfach Mitgefühl für die offensichtlich eingeschränkte Dame empfindest.

Oder du hast mehr Geduld, wenn die Praktikantin wie ein Schatten ihrer Selbst vor dem Computer sitzt, gelähmt von der Angst, etwas falsch zu machen, und du dadurch nicht rechtzeitig in die Pause kommst. Möglicherweise fällt es dir in Krisensituationen leichter, ruhig zu bleiben, weil du erkennst, dass wir alle Ängste und Einschränkungen haben – nur eben auf unterschiedlichen Gebieten.

Du bist geübt in diversen Selbstberuhigungstechniken und kannst damit auch anderen in schwierigen Situationen helfen. Empathie, mehr Geduld und mehr Akzeptanz für das, was ist, machen dich zugänglicher für andere und bescheren dir viele besondere Momente mit lieben Menschen.

Abschluss und Ausblick

Ein Sprichwort sagt: „Eine Reise beginnt mit dem ersten Schritt."

Du hast deine Mut-Reise schon begonnen, als du dich aktiv dafür entschieden hast, dich mit deinen Ängsten auseinanderzusetzen.

Dieses Buch unterstützt dich darin gerne mit vielen Informationen, Anregungen und Ideen.

Du hast erfahren, wie sich Angst zeigt, wofür sie gut ist, wie sie dich aber auch belasten kann und welche Wege es gibt, um deine Lebensqualität wieder zu verbessern.

Ganz gleich, für welchen Weg du dich entscheidest – sei stolz auf dich! Du hast dich entschlossen, aktiv zu werden und dafür solltest du dir den nötigen Respekt entgegenbringen. Je nachdem, wie stark deine Ängste sind, kann es schon eine Herausforderung sein, sich gedanklich mit ihnen zu befassen oder über das Thema Angst zu lesen!

Also ein großes Kompliment für deinen Mut und deinen enormen Willen, deine Situation zu verbessern! Du darfst dich auf neue Erlebnisse, schöne Momente und neue Erkenntnisse über dich selbst freuen, wenn du dich auf deine Mut-Reise begibst. Manchmal wirst du schnell vorankommen, manchmal einen Umweg gehen. Vielleicht landest du auch mal in einer Sackgasse. Aber du bist losgegangen und das ist ein ganz besonderes Geschenk, das du dir selbst gemacht hast.

Sei geduldig mit dir und behalte das Leben lieb. Es lohnt sich!

Eine kleine Bitte

Liebe Leserin,

lieber Leser,

nun sind wir am Ende dieses Buches angelangt. Ich hoffe sehr, dass ich dir weiterhelfen und positive Veränderungen in dein Leben bringen konnte.

Als Autorin ist es mir sehr wichtig, Bücher zu schreiben, die Menschen wirklich helfen. Konstruktives Feedback meiner Leserinnen und Leser hilft mir am meisten dabei meine Werke immer weiter zu verbessern.

Falls du mir also persönliches Feedback oder Verbesserungsvorschläge zum Inhalt geben möchtest, dann schreibe mir gerne unter info@stefanielorenz.com. Ich freue mich über jede E-Mail und werde zeitnah antworten.

Für den Fall, dass dir mein Buch wirklich geholfen hat und du sonst keine Fragen hast, dann würde ich mich freuen, wenn du eine positive Rezension für mein Buch auf Amazon hinterlassen kannst. Es dauert wirklich nur wenige Sekunden und du hilfst anderen Menschen und mir ungemein.

Ich weiß all deine Liebe und Unterstützung wirklich zu schätzen.

Falls noch Fragen offen sind, einfach bei mir melden!

Stefanie

Quellen und weiterführende Literatur

Allen, J. (2020). *Get Out of Your Head: Stopping the Spiral of Toxic Thoughts*. WaterBrook.

Brahmbhatt, A., Richardson, L., & Prajapati, S. (2020). Identifying and Managing Anxiety Disorders in Primary Care. *The Journal for Nurse Practitioners*, *17*(1), 18–25. https://doi.org/10.1016/j.nurpra.2020.10.019

Brewer, J. (2021). *Unwinding Anxiety: New Science Shows How to Break the Cycles of Worry and Fear to Heal Your Mind*. Avery.

Burns, D. D. (2020). *Feeling Great: The Revolutionary New Treatment for Depression and Anxiety*. PESI Publishing & Media.

Croos-Müller, C. (2011). *Kopf hoch – das kleine Überlebensbuch: Soforthilfe bei Stress, Ärger und anderen Durchhängern*. Kösel-Verlag.

Dorsch - Lexikon der Psychologie. (2017). Hogrefe AG.

Farrell, P. (2004). *How to Be Your Own Therapist: A Step-by-Step Guide to Taking Back Your Life*. McGraw-Hill Education.

Frobeen, A. (2021). *Progressive Muskelentspannung MP3-Datei zum Download*. Die Techniker. https://www.tk.de/techniker/magazin/life-balance/aktiv-entspannen/progressive-muskelentspannung-zum-download-2021142

Haimerl, C. (2015). *Frei von Angst und Panikattacken in zwei Schritten*. Graefe und Unzer Verlag.

Hansch, D. (2017). *Angst selbst bewältigen: Das Praxisbuch*. Knaur MensSana HC.

Howell, D. (2020). *Ängste effektiv besiegen: 42 wirksame Techniken zur Bewältigung von Angstzuständen. So finden Sie endlich Ihren inneren Frieden*. Inner Growth Media.

Huther, G. (2020). *Wege aus der Angst: Über die Kunst, die Unvorhersehbarkeit des Lebens anzunehmen: Über die Kunst, die Unvorhersehbarkeit des Lebens anzunehmen*. Vandenhoeck & Ruprecht GmbH & Co.KG.

Kalin, N. H. (2020). The Critical Relationship Between Anxiety and Depression. *American Journal of Psychiatry*, *177*(5), 365–367. https://doi.org/10.1176/appi.ajp.2020.20030305

Karven, U. (2019). *Diese verdammten Ängste: . . . und wie wir an ihnen wachsen*. Graefe und Unzer Verlag.

Katz, D. (2019). *Angst kocht auch nur mit Wasser: Wie wir durch Denken in Bildern die eigenen Ängste besiegen können*. MVG Moderne Vlgs. Ges.

Lecturio. (2021). *Angst | Medizin-Lexikon | Online Lernen mit Lecturio*. https://www.lecturio.de/lexikon/angst

PhD, W. J. (2019). *Be Calm: Proven Techniques to Stop Anxiety Now*. Althea Press.

Pittman, C. M. (2015). *Rewire Your Anxious Brain: How to Use the Neuroscience of Fear to End Anxiety, Panic, and Worry*. New Harbinger Publications.

Riemann, F. (2019). *Grundformen der Angst*. Reinhardt Ernst.

Robinson, O. J., Vytal, K., Cornwell, B. R., & Grillon, C. (2013). The impact of anxiety upon cognition: perspectives from human threat of shock studies. *Frontiers in Human Neuroscience, 7*. https://doi.org/10.3389/fnhum.2013.00203

Ströhle, A., Gensichen, J., & Domschke, K. (2018). The Diagnosis and Treatment of Anxiety Disorders. *Deutsches Aerzteblatt Online*. Published. https://doi.org/10.3238/arztebl.2018.0611

Thibaut, F. (2017). Anxiety disorders: a review of current literature. *Generalized Anxiety Disorders, 19*(2), 87–88. https://doi.org/10.31887/dcns.2017.19.2/fthibaut

Resilienz entwickeln

„Ich schaffe das!"

Wie du deine innere Stärke entfaltest, um an Stress, Krisen und Schicksalsschlägen nicht zu zerbrechen

Stefanie Lorenz

Inhaltsverzeichnis

Einführung 137

Kapitel 1 - Was ist Resilienz? 141
    Wie kann Resilienz dir gerade heute helfen? 145
    Herausforderung für die Resilienz – Stressoren im Alltag 151
    Eigenschaften von Menschen mit starker Widerstandsfähigkeit 154

Kapitel 2 - Bin ich eine resiliente Persönlichkeit? 159
    Resilienz – Eigenwahrnehmung und Fremdwahrnehmung 163
    Aber ich bin nicht stark... 165
    Resilienz und die Kindheit 167
    Rückblick in die eigene Kindheit 171

Kapitel 3 - Kann man Resilienz lernen? 175
    Resilienz-Konzepte und Schutzfaktoren 178
    Die sieben Säulen der Resilienz 180
    Resilienz – eine dynamische Stärke 182
    Was Resilienz nicht ist 185

Kapitel 4 - Resilienz-Training – Chancen und Gefahren 189
    Wie sieht ein Resilienz-Training aus? 189
    Lässt sich Resilienz allein trainieren? 190
    Chancen durch dein Resilienz-Training 193
    Training, aber kein Fortschritt – was ist da los? 194
    Alleskönner Resilienz-Training? 197
    Resilienz-Training mit professioneller Unterstützung
    durch eine Fachkraft 200
    Äußere Grenzen des Resilienz-Trainings 202

Kapitel 5 - Jetzt geht's los – Praktische Empfehlungen zur Stärkung der Resilienz 209
    Die Pfeiler des Wiener Modells in Einklang bringen 211
    Die 7 Säulen stärken – Tipps zum Ausbau der einzelnen
    Schutzfaktoren 216

Kapitel 6 - Rahmenbedingungen schaffen **235**
  Dem inneren Kritiker begegnen – aktiv neue Gedankenwege
  beschreiten 237
  Umgang mit Mitmenschen während des Prozesses.............................238

Kapitel 7 - Dein Potenzial bestmöglich entfalten **241**
  Resilienz in der Familie 246
  Resilienz bei chronischen Erkrankungen 248

Abschluss und Ausblick **261**

Eine kleine Bitte **263**

Quellen und weiterführende Literatur **265**

Einführung

„ **G**laube ist der Vogel, der singt, wenn die Nacht noch dunkel ist." Rabindranath Tagore

Manchmal scheint alles auf einmal über uns hereinzubrechen: Zuerst hattest du Streit mit deinem Lieblingsmenschen und dann bat dich die Klassenlehrerin deiner Tochter um ein Gespräch, weil deine Kleine möglicherweise nicht in die nächste Klasse versetzt werden kann. Jetzt deutet deine Chefin an, dass es bei der anhaltenden schlechten wirtschaftlichen Lage möglicherweise personelle Umstrukturierungen in der Firma geben wird. Und dann ist da auch noch dein Vater, der mit Oberschenkelhalsbruch im Krankenhaus liegt und um den du dich sorgst.

Du weißt kaum, wie du noch Luft holen sollst und hast das Gefühl, du würdest unter all dem Druck langsam in winzig kleine Einzelteile zerbröckeln. Gerade willst du deiner besten Freundin eine richtige Frust-Nachricht schicken, um dir alles von der Seele zu schreiben, als dir einfällt, dass diese ja selbst genug auf ihren Schultern hat: Eine Krebsdiagnose in der Familie, Probleme mit dem Vorgesetzten und dann auch noch der Unfall neulich, bei dem das Auto einen Totalschaden erlitt.

Trotzdem hast du zuerst an deine Freundin gedacht, als du dir deinen Kummer von der Seele schreiben und ein aufmunterndes Wort hören wolltest – und das natürlich nicht, weil du ein grober Klotz bist und keine Rücksicht auf die Gefühle anderer nimmst, sondern weil deine Freundin eine von denen ist, an denen irgendwie alles abzuperlen scheint. Sie ist zwar auch kein Natursonnenscheinchen, aber irgendwie kann sie keine Krise der Welt so nachhaltig erschüttern, dass sie sich nach einem Schreckmoment nicht wieder selbst am Schopfe aus dem Sumpf ziehen und das Beste aus der Situation machen könnte.

Hast du dich auch schon mal gefragt, wie Menschen wie sie das machen? Wie sie den Kopf über Wasser halten können, während andere schon im Morast von Sorgen und Kummer versinken? Wie kommt es, dass manche Menschen auf Schicksalsschläge mit tiefer Erschütterung reagieren und in ihren Grundfesten verunsichert sind, während andere wiederum gut damit umgehen können? Wieso überstehen manche Personen dramatische Lebenseinschnitte wie eine schwere Krankheit, den Tod eines geliebten Menschen, einen Überfall oder eine andere schreckliche Erfahrung ohne nennenswerte Folgen, während andere Personen sich danach u. a. mit Ängsten, Grübeleien, Trauer oder Vertrauensverlust konfrontiert sehen? Was ist das Geheimnis dieser Menschen, die so stark wirken, und: Kann man diese Stärke lernen?

Dieses Buch möchte dich dazu einladen, dich auf eine Reise zu begeben und dich dieser Stärke zu nähern, sie kennenzulernen und auch in dein Leben zu holen – diese Fähigkeit namens Resilienz.

In der Psychologie und auch in den Medien ist der Begriff Resilienz mittlerweile ein echter Dauerbrenner und er ist dir daher sicherlich schon mal in deinem Alltag begegnet.

Im Folgenden erfährst du, was genau Resilienz ist, wie sie sich in Krisensituationen, aber auch in deinem normalen Leben zeigt und wieso sie genau jetzt so wichtig für uns ist. Du bekommst Einblicke in das Verhalten und die Gewohnheiten von resilienten Menschen und erfährst dadurch, welche Tätigkeiten Resilienz begünstigen und welche diese Fähigkeit eher behindern. Auch der wichtigen Frage, ob sich Resilienz erlernen lässt und ob du aus eigener Kraft für mehr Stärke in deinem Leben sorgen kannst, wird nachgegangen.

Wenn du im Laufe deines Leseprozesses merkst, dass du dir gerne noch zusätzliche Unterstützung in puncto Selbstfürsorge holen möchtest, um noch bessere Voraussetzungen für ein resilientes Leben zu schaffen, kannst du dir den zu diesem Buch erhältlichen Bonus besorgen. In diesem findest du eine Sammlung an wertvollen Entspannungstipps und -techniken, die du nutzen kannst, um deine Gefühlslage zu harmonisieren. Sie sind eine wunderbare Unterstützung, um deine Resilienz täglich zu

Einführung

stärken, weil du dein Stressniveau ausgleichen und dir selbst auf einfache Weise etwas Gutes tun kannst.

Während der Lektüre des Buches wirst du immer wieder auf Fragen stoßen, die dir beim Reflektieren und eigenen Verorten helfen sollen. Wenn du magst, kannst du dir ein schönes Notizbüchlein besorgen und deine Antworten darin aufschreiben. Auf diese Weise hast du deine Gedanken, Ideen und Emotionen immer schriftlich parat und kannst auch beobachten, wie sich möglicherweise während des Lesens bestimmte innere Gedankenmuster verändern oder du durch den neuen Input eine andere Perspektive einnehmen kannst. Dies kann vor allem rückblickend sehr spannend sein und dir dabei helfen, die gelesenen Worte zu verarbeiten und auch mit ihnen zu arbeiten.

Ein wichtiger Hinweis vorweg: Dieses Buch soll dich auf deinem Weg in ein stabileres, harmonischeres und ausgeglicheneres Leben unterstützen und wird dir Informationen und Denkanstöße zu dem komplexen Thema Resilienz anbieten. Solltest du aktuell starke psychische Beeinträchtigungen oder andere gesundheitliche Probleme haben, sei dir bitte bewusst, dass dieses Buch nicht die Zusammenarbeit mit einer ausgebildeten Fachkraft, etwa einer Ärztin oder Psychotherapeutin, einem Coach oder einem Heilpraktiker ersetzen kann. Selbstverständlich kannst du die Lektüre und die Arbeit mit diesem Buch ergänzend zu deinem Heilungsprozess durchführen. Wenn du unsicher sein solltest, sprich am besten vorab mit deiner Ärztin oder deiner Therapeutin. Solltest du noch keine professionelle Unterstützung haben, aber merken, dass du diese brauchen könntest, scheue dich nicht, diese für dich zu suchen und in Anspruch zu nehmen.

Resilienz ist kein Allzweckwerkzeug und Resilienz bedeutet auch nicht, dass du alles jederzeit allein schaffen musst!

Kapitel 1 - Was ist Resilienz?

Bestimmt ist dir auch schon mal ein Buchtitel mit dem Begriff Resilienz ins Auge gesprungen. In Zeitschriften gibt es Tipps zur Stärkung der Resilienz, in Podcasts erfahren wir, wie Menschen ihr persönliches Schicksal mit erstarkter Resilienz besser bewältigen konnten, und auch im Fernsehen oder auf Youtube begegnet uns der Begriff immer wieder. Aber was genau bedeutet Resilienz denn eigentlich?

Das Wort hat seinen Ursprung in dem lateinischen Wort „resilire". Dieses lässt sich mit Begriffen wie abprallen, zurückprallen, zurückspringen übersetzen und zeigt dadurch schon an, welche Eigenschaften mit dem Wort Resilienz in Verbindung gebracht werden.

Stangl definiert im Online-Lexikon für Psychologie und Pädagogik den Begriff folgendermaßen:

„Als Resilienz bezeichnet man in der Psychologie die Fähigkeit zu Belastbarkeit und innerer Stärke. Vor allem in der therapeutischen Arbeit wird verstärkt Wert darauf gelegt, Resilienz auszubilden und damit psychischen Störungen und anderen persönlichen Problemen vorzubeugen. Resilienz bezeichnet zunächst in der Entwicklungspsychologie die Widerstandsfähigkeit von Kindern, sich trotz belastender Umstände und Bedingungen normal zu entwickeln. Ganz allgemein betrachtet ist Resilienz die Fähigkeit von Menschen, auf wechselnde Lebenssituationen und Anforderungen in sich ändernden Situationen flexibel und angemessen zu reagieren und stressreiche, frustrierende, schwierige und belastende Situationen ohne psychische Folgeschäden zu meistern, d. h., solchen außergewöhnlichen Belastungen ohne negative Folgen standzuhalten. Individuelle Unterschiede in der Resilienz können dann erklären, warum es bei manchen Menschen trotz vergleichbarer Belastung nicht zu solchen Folgen kommt, womit das Thema Resilienz im weitesten Sinn zum Themenbereich der Positiven Psychologie gerechnet werden kann."

Wir sehen also, dass der Begriff Resilienz sich im Grunde auf die Fähigkeit des Menschen bezieht, auf konstruktive Art mit schwierigen Situationen und Stress umzugehen. Gerne wird synonym auch die Bezeichnung psychische Widerstandsfähigkeit verwendet. Bei der Resilienz geht es allerdings nicht nur darum, flexibel oder schlicht besonders belastbar zu sein. Es geht vielmehr darum, dass ein resilienter Mensch in der Lage ist, Krisen oder Härten des Lebens – ganz gleich, ob sie durch innere Prozesse oder Einflüsse von außen ausgelöst werden – ohne dauerhaften Schaden zu überstehen, durch ein Anpassen an die Situation. Der Mensch zerbricht an dieser Krise nicht, sondern ist im besten Fall sogar noch in der Lage, daran zu wachsen.

Du kannst dir das Ganze wie eine Art seelisches Immunsystem vorstellen. Während deine Abwehrkräfte dafür sorgen, dass du nicht jede Grippewelle mitnimmst, kann dein seelisches Immunsystem dafür sorgen, dass dich nicht jede kleine oder große Herausforderung tiefgreifend erschüttert. Zudem erholen sich Menschen mit gesundem Immunsystem in der Regel schneller von Infekten und auch bei einer entsprechend ausgebildeten seelischen Widerstandsfähigkeit ist davon auszugehen, dass Personen schneller ihr Gleichgewicht zurückerlangen und wieder ein glückliches Leben führen können.

Resilienz ist zunächst in der frühkindlichen und kindlichen Entwicklung des Menschen von besonderer Bedeutung, damit die Kinder sich trotz möglicher Herausforderungen und Belastungen wie der Trennung der Eltern, Mobbing, dem Tod eines

Verwandten oder anderer einschneidender Erlebnisse altersgerecht entwickeln können und ein normal ausgeprägtes Urvertrauen aufgebaut werden beziehungsweise erhalten bleiben kann. Die Kinder lernen im Idealfall, auf schwierige Situationen oder unerwartete Hindernisse angemessen und besonnen zu reagieren und können sie auf diese Weise sowohl körperlich als auch seelisch unbeschadet überstehen. Dabei werden bestimmte Fertigkeiten und Einstellungen ausgebildet, die sogenannten Schutzfaktoren. Wie sehr die Kindheit eine Schlüsselrolle beim Ausbilden der persönlichen Resilienz einnimmt, werden wir uns in „Bin ich eine resiliente Persönlichkeit?" näher ansehen.

In der psychotherapeutischen Arbeit wird dem Bereich Resilienz ebenfalls viel Aufmerksamkeit geschenkt, bietet diese Fähigkeit psychisch erkrankten oder beeinträchtigten Menschen doch die Möglichkeit, besser mit Belastungen umzugehen und Ängste, Wut oder Trauer besser managen zu können. Die Stärkung der eigenen Resilienz kann dabei sowohl vorbeugend erfolgen als auch während einer Erkrankungsphase im Leben der betroffenen Person.

Neben der Möglichkeit, herausfordernde Lebenssituationen mit der nötigen Portion Widerstandskraft besser akzeptieren, hinnehmen und gegebenenfalls bearbeiten zu können, bietet die Resilienz in der psychotherapeutischen Praxis auch die Chance, dass die Personen ihre Selbstwirksamkeit wahrnehmen, sich in Krisen nicht von ihren Gefühlen überrennen lassen und die Möglichkeit in Betracht ziehen, selbst etwas zur Verbesserung ihrer Situation beizutragen.

Auch im Alltag wirst du erleben, dass, wie in der Einleitung beschrieben, einige Menschen weitaus gelassener mit Schicksalsschlägen umgehen können, sich von ihnen nicht entmutigen oder überwältigen lassen und auch in sehr herausfordernden Momenten weder die Opferrolle einnehmen noch das Handtuch werfen.

In Deutschland befasst sich die Resilienzforschung mit dieser besonderen Fähigkeit. Sie untersucht, wieso manche Menschen widerstandsfähiger als andere zu sein scheinen, inwiefern sich diese resilienten Menschen von ihren Mitmenschen unterscheiden und ob und wie sich Resilienz erlernen lässt. Dafür ist unter anderem das Leibnitz-Institut für Resilienzforschung mit Sitz in Mainz zuständig. Das LIR versteht unter dem Begriff Resilienz treffend und einprägsam „die Fähigkeit zur Aufrechterhaltung oder Wiederherstellung psychischer Gesundheit während oder nach stressvollen Lebensereignissen."

Die Konzepte rund um das Thema Resilienz haben sich im Laufe der Zeit gewandelt, da immer mehr über diese Fähigkeit herausgefunden wurde und alte Mythen, die sich teils hartnäckig hielten, widerlegt werden konnten. Einig ist man sich mittlerweile insofern, dass davon ausgegangen wird, dass Resilienz mit der Fähigkeit einhergeht, sich an kritische Umstände anzupassen. Diese Anpassungsfähigkeit kann zwar je nach Situation variieren, aber eine bessere Anpassungsfähigkeit sorgt dafür, dass trotz schwieriger Umstände oder einschneidender Erlebnisse die menschliche Psyche nicht stark oder gar dauerhaft in Mitleidenschaft gezogen wird.

Damit ist nicht gemeint, dass ein Schicksalsschlag nicht traurig, betroffen oder wütend machen kann. Diese Gefühle sind vollkommen normal und auch gesund. Resilienz bedeutet nicht, dass keine Gefühle mehr auftreten und man in einer Rüstung steckt, die alle emotionalen Regungen überflüssig macht. Es geht vielmehr darum, dass ein resilienter Mensch sich bedingt durch seine Anpassungsfähigkeit und ein gewisses Set an Rüstwerkzeugen – gemeint sind damit die schon erwähnten Fähigkeiten und Einstellungen, die als Schutzfaktoren bezeichnet werden – nicht von Schicksalsschlägen niederreißen lässt, sondern diese sinnvoll in sein Leben integrieren und gut damit leben kann. Zudem können auch kleinere Stressoren besser ertragen werden und die generelle Lebenssituation wird als beständiger und angenehmer wahrgenommen.

Bevor du nun zum nächsten Absatz übergehst, lege, wenn du magst, eine kleine Pause ein und überlege dir, was Resilienz für dich bedeutet.

- Welche Attribute fallen dir dazu ein?
- Was verbindest du mit dem Wort?
- Ist es dir im beruflichen Kontext schon mal begegnet?
- Welche Chancen siehst du für Personen mit einer starken psychischen Widerstandskraft?
- Wen hast du vor deinem inneren Auge, wenn du an eine resiliente Person denkst?

Wie kann Resilienz dir gerade heute helfen?

Mitunter denken Menschen, dass Resilienz etwas ist, das für sie keine Rolle spielt, da sie ja keinen so einschneidenden Schicksalsschlägen wie der Diagnose einer unheilbaren Krankheit ausgesetzt sind und nicht in einem von Krieg oder Hunger bedrohten Land leben. Resilienz ist aber keinesfalls nur etwas, was sich bei höchst dramatischen Lebensumständen positiv auf unsere Lebensqualität auswirken kann, sondern sie kann schon viel früher greifen.

In unserer heutigen Zeit sind wir bewusst und unbewusst verschiedensten Herausforderungen ausgesetzt. Die technischen und wissenschaftlichen Entwicklungen und Neuerungen sorgen zum einen dafür, dass wir immer mehr körperliche Arbeit abgeben können – zum anderen führen sie aber auch zu einer immer stärker empfundenen Schnelllebigkeit, mit der Schritt gehalten werden muss. Im Vergleich zu den Generationen vor uns müssen wir uns mit rasanten Entwicklungen in den verschiedensten Bereichen unseres Lebens auseinandersetzen. Die Medien durchdringen mittlerweile jeden Teil unseres Alltags, was zwar zum einen zu mehr Unabhängigkeit und Mobilität, zum anderen aber zu einem hohen Maße an Stress geführt hat, da wir uns mit Herausforderungen wie Reizüberflutung, Nicht-abschalten-können-oder-dürfen und vielen anderen Stressoren konfrontiert sehen. Wir müssen immer erreichbar und up to date sein.

Wir haben zwar viel mehr als früher die Möglichkeit, uns zu bilden und zu informieren, aber wir werden auch mit zahlreichen

Dingen konfrontiert, von denen unsere Urahnen noch keine Ahnung hatten. Soziale Spannungen und Krisen erleben wir nicht nur im Privaten und vor unserer eigenen Haustür, sondern auf der gesamten Welt. Globale Wirtschaftskrisen oder gesundheitliche Bedrohungen wirken sich auch auf uns aus.

Gerade Frauen erleben immer wieder das Problem der Doppelbelastung durch Erwerbs- und Hausarbeit sowie die Versorgung von Kindern, älteren Verwandten oder gesundheitlich beeinträchtigten Familienmitgliedern. Eine mangelnde Unterstützung im direkten Umfeld – vielleicht sind deine Freunde durch berufsbedingte Umzüge auf der ganzen Welt verteilt, vielleicht stammst du aus einer sehr kleinen Kernfamilie oder du hast in deinem Umfeld keine Personen, die du um Hilfe bitten magst oder kannst – kann diese Doppelbelastung besonders deutlich hervortreten und das Leben zum Balanceakt zwischen Arbeit, Kindererziehung, Pflege und Haushalt werden lassen.

Zudem haben wir heute im Vergleich zu früheren Generationen viel mehr Entscheidungsoptionen: Wo möchte ich leben? Was möchte ich lernen? Mit wem möchte ich wann wie meine Zeit verbringen? Welche Medien möchte ich nutzen? Welche muss ich nutzen? Die Möglichkeit, sich entscheiden zu können, bringt auch eine gewisse Form von Entscheidungsdruck und das Bedürfnis, sich umfassend informieren zu müssen, um eine fundierte Entscheidung treffen zu können.

Mittlerweile können wir viele Dinge bequem selbst mit unseren Smartphones erledigen, etwa eine Rechnung begleichen, einen Flug buchen oder unsere Steuererklärung machen. Früher mussten wir dafür je nach Situation zur Bank, ins Reisebüro oder zum Steuerberater. Jetzt können wir die Mail an die Chefin beim Warten auf die U-Bahn tippen, die Rechnung für das im Internet bestellte Hundefutter in der Schlange im Supermarkt begleichen und die besten Hotels in Berlin im Aufzug suchen. Wir nutzen unsere Zeit effektiv und davon jede Minute.

Dadurch haben wir aber eben auch keine Minute frei, etwa für Müßiggang und Gedankenpausen. Wann hast du das letzte

Mal einfach so ins Blaue geschaut? Und das nicht, weil du vor lauter Kopfkarussell nicht mehr auf den Bildschirm schauen konntest?

Genau wegen der oben aufgezählten Veränderungen in unserer Gesellschaft ist Resilienz heute besonders wichtig. Wir sind mit einem immer schnelleren Tempo des Fortschritts konfrontiert und sollen in der Lage sein, uns immer wieder erfolgreich und unbeeindruckt an neue Situationen anzupassen. Wir sollen mobil sein und ohne soziales Netz auskommen, aber doch bitte auch erfolgreich Familie und Freunde managen und natürlich fest im Beruf stehen und uns selbst verwirklichen. Und das soll noch recht mühelos aussehen und uns auf keinen Fall in Stress versetzen.

Gerade weil wir in einer so schnelllebigen Zeit leben, alte soziale Strukturen durch Mobilität und andere kulturelle Veränderungen aufbrechen und viele Menschen nicht mehr so fest in Gemeinschaften vor Ort eingebunden sind wie früher, wir globale Probleme und deren Auswirkungen viel bewusster und direkter mitbekommen und wir statt einem vorgefertigten Lebenslauf – Schule, Heirat, Kinder – selbst entscheiden und mitwirken wollen und sollen, müssen wir die nötigen Kompetenzen und die nötige Stärke dafür haben.

Dabei ist es wichtig, dass wir im Alltag eine gewisse Balance etablieren können zwischen Aktion und Erholung, Arbeit und Pause und uns eine gewisse Standfestigkeit aufbauen, die es uns erlaubt, mit Rückschlägen oder Gegenwind auf konstruktive Weise umzugehen.

Jeder von uns wird sicherlich schon einmal einen Tag wie in der Einleitung erlebt haben, an dem scheinbar alles zusammenkommt. Haben wir einen konstruktiven Umgang mit Problemen und Hindernissen etablieren können, wird der Tag dadurch zwar nicht unbedingt schöner, aber wir fühlen uns unseren Lebensumständen nicht ohnmächtig ausgeliefert. Wir verlieren dadurch nicht das Vertrauen in unser Lebensglück und unsere eigenen

Fähigkeiten und können immer noch darauf bauen, dass wir unser Möglichstes tun, um unsere Situation wieder zu verbessern.

Haben wir hingegen keinerlei Frustrationstoleranz aufgebaut, fühlen wir uns bei jeder Kritik sofort gekränkt, bei jedem Unfall persönlich angegriffen, bei jedem Fehler in unseren Grundfesten verunsichert und sind in unserem Handeln und in unserem Erleben sehr eingeschränkt. Wir werden uns immer wieder mit großen und kleinen Problemen und Krisen herumschlagen müssen. Ganz gleich, ob diese von außen an uns herangetragen werden, ganz ohne unser Zutun, oder ob wir selbst verantwortlich sind – Fehler und Krisen sind Teil unseres Lebens. Damit wir aber unangenehme Situationen möglichst unbeschadet überstehen, ist Resilienz wichtig.

Wer Schwierigkeiten immer aus dem Weg geht oder Probleme ignoriert, verschlimmert diese meist nur unbeabsichtigt und bringt sich auch um das wertvolle Erleben der eigenen Selbstwirksamkeit. Resilienz erlaubt uns, auch schwierige Erlebnisse sinnvoll in unsere eigene Lebensbiografie zu integrieren und nicht daran zu verzweifeln oder erstarrt in die Opferrolle zu fallen.

„Bewahre mich vor dem naiven Glauben, es müsste im Leben alles gelingen. Schenke mir die nüchterne Erkenntnis, dass Schwierigkeiten, Niederlagen, Misserfolge, Rückschläge eine selbstverständliche Zugabe zum Leben sind, durch die wir wachsen und reifen." - Antoine de Saint-Exupéry

Wenn wir aktiv bleiben können, vielleicht auch erst nach einem Schockmoment, dann haben wir die Chance, das Hindernis, welches sich uns entgegenstellt, aus dem Weg zu räumen. Wir können es aus einer neuen Perspektive betrachten und neben all dem Unangenehmen und Schrecklichen vielleicht auch die im oben genannten Zitat von Antoine de Saint-Exupéry erwähnte Chance zum Lernen und Wachsen entdecken.

Natürlich wäre es vermessen und auch viel zu viel verlangt vorauszusetzen, in jeder Situation den Nutzen, Lehrwert oder die Chance erkennen zu können. Aber wenn du prinzipiell um diese Option weißt und du die Erfahrung machen konntest, dass dich das Leben mit seinen großen und kleinen Schicksalsschlägen nicht kleinkriegen kann – dann kannst du in unbekannte und auch unangenehme Situationen viel selbstsicherer hineingehen. Du weißt, dass du die Kapazitäten hast, schwierige Momente auszuhalten, aus Krisen gestärkt hervorzutreten und zu wachsen – möglicherweise mit Wachstumsschmerzen, aber stark und selbstbewusst.

Eine gute Resilienz kann zudem dabei helfen, psychischen Krankheiten vorzubeugen und die körperliche und geistige Gesundheit zu stärken – und das trotz veränderter Anforderungen an das Arbeits- und Privatleben bedingt durch die zunehmende Mobilität, den technischen Fortschritt und die digitalen Medien.

Solltest du mit einer chronischen Krankheit leben, kann dir Resilienz ebenfalls dabei helfen, dein Lebensgefühl zu verbessern, da diese Fähigkeit sich positiv auf die Bewältigung von Krankheiten auswirken soll. So haben Jenny Rosendahl und Francesca Färber herausgefunden, dass Personen mit hoher Resilienz bei einer körperlichen Erkrankung psychisch weniger stark von der Erkrankung belastet werden. Je höher die Resilienz ausgeprägt war, desto weniger ging die körperliche Erkrankung mit mentalen Symptomen der Belastung einher. Mehr dazu erfährst du im Kapitel „Dein Potenzial entfalten" im Abschnitt „Resilienz bei chronischer Erkrankung". Und selbstverständlich wirkt Resilienz nicht nur vorbeugend, sondern auch in akuten Krisen.

Noch einmal zusammengefasst:

Wie kann Resilienz dir in deinem gegenwärtigen Alltag helfen?

- Sie kann dir Unterstützung in einem hektischen Alltag bieten.

- Sie bietet dir die Grundlage, auf der du dich Unangenehmem oder Neuem stellen und deine Komfortzone verlassen kannst.
- Sie kann die empfundene Lebensqualität verbessern.
- Sie kann sich bei chronischen und körperlichen Krankheiten positiv auf die Krankheitsbewältigung auswirken.
- Sie kann psychische Belastungen in Akutsituationen abfedern.
- Sie kann als mentales Schutzschild bei den täglichen Stressoren und Herausforderungen eingesetzt werden.
- Sie kann zur Förderung der Selbstheilungskräfte genutzt werden.
- Sie unterstützt dich bei deinem Selbstmanagement.
- Sie kann dich in therapeutischen Settings, aber auch in der Familie oder in der Firma unterstützen.
- Sie kann deine Beziehung zu dir selbst und zu anderen verbessern.

Wie geht es dir, wenn du diese Aufzählung liest? Wie nimmst du dich jetzt wahr? Beschwingt dich das, was du liest oder spürst du eher einen inneren Widerwillen? Beschleichen dich Zweifel? Oder denkst du, dass das ja alles ganz nett klingt, aber bei dir sowieso nicht funktionieren wird? Oder dir möglicherweise gar nicht zusteht?

Erlaube dir einen kleinen Moment der Reflexion und lass dich – wenn du magst – von folgenden Fragen inspirieren:

- Denkst du, Resilienz benötigt man nur bei dramatischen Schicksalsschlägen wie dem Tod eines geliebten Menschen?
- Kennst du Personen, an denen scheinbar alles Schlimme abprallt und die sich nicht beirren lassen?
- Wie wirken diese Personen auf dich?

- Was glaubst du, machen diese Personen anders als Menschen, die sich von Krisen schnell verunsichern und lähmen lassen?
- Wie geht es dir selbst, wenn du im Alltag unter Stress gerätst?
- Wie handlungsfähig bist du, wenn du in einer akuten Krise steckst?
- Wie empfindest du deinen Umgang mit Problemen?
- Hast du eine hohe Frustrationstoleranz oder gehst du schnell an die Decke?
- Neigst du dazu, dich in Extremen zu verlieren oder kannst du immer wieder für Balance in deinem Leben sorgen?
- Wie würdest du deine Fehlerkultur einschätzen? Darfst du Fehler machen oder bricht dann eine Welt zusammen?
- Wie schätzt du deine eigene Resilienz ein?

Herausforderung für die Resilienz – Stressoren im Alltag

Die vorherigen Fragen können dir dabei helfen, zu sehen, wo du selbst stehst. Eine solche Selbstverortung kann sehr aufschlussreich sein, vor allem, weil wir uns in unserem hektischen Alltag oftmals gar nicht die Zeit nehmen können, innezuhalten und in aller Ruhe zu betrachten, wo wir stehen, wie wir dahin gekommen sind und wohin die Reise gehen soll. Es ist immer noch en vogue, „busy" und „im Stress" zu sein – aber nicht selten führt das dann dazu, dass wir auf unserer Jagd im Hamsterrad von körperlichen oder seelischen Beeinträchtigungen ausgeknockt werden und gar nichts mehr geht. Körper und Seele stellen uns dann ein nicht zu übersehendes Stoppschild vor die Füße und wir werden förmlich dazu gezwungen, uns mit unseren aktuellen Problemen auseinanderzusetzen.

Wie ist das bei dir?

- In welchen Bereichen deines Lebens spürst du eine starke Dysbalance?
- Gibt es Aspekte in deinem Leben, die du vernachlässigt hast?
- Musstest du einen schweren Schicksalsschlag verarbeiten?
- Gibt es in deinem Alltag möglicherweise kleine Stressoren, die sich über die Zeit summieren?
- Hast du Möglichkeiten zum Ausgleich oder musst du immer alles geben?
- Hast du ein soziales Netz, das dich auffangen und in deinem Alltag unterstützen kann?
- Erlebst du einige deiner zwischenmenschlichen Beziehungen als belastend?
- Wie empfindest du deine berufliche Situation?
- Musst du dich der Herausforderung einer körperlichen oder psychischen Beeinträchtigung oder Erkrankung stellen?

Mitunter ist uns in unserem vollgepackten Alltag gar nicht bewusst, wie sehr sich Stress und Anspannung bei uns breit gemacht haben. Wir merken vielleicht, dass sich etwas nicht richtig anfühlt, können es aber nicht auf den Punkt bringen. Und schließlich sind wir von einem Burnout noch weit entfernt, oder?

Das mag stimmen, aber so schlimm muss es ja auch gar nicht erst werden. Stehen wir ständig unter Stress und haben nicht gelernt, große und kleine Krisen auf konstruktive Weise zu bewältigen und einzuordnen, kann dies sowohl unsere körperliche als auch unsere mentale Gesundheit beeinträchtigen. Im schlimmsten Fall können beispielsweise stressbedingte Erkrankungen des

Herz-Kreislaufsystems, Schlafstörungen oder psychische Störungen wie Ängste oder Panikattacken entstehen.

Darum lohnt es sich, immer mal wieder innezuhalten und zu schauen, wie und ob dein Körper und auch deine Seele dir mitteilen, dass sie zu viel Stress erleben. Das kann sich auf unterschiedliche Weise zeigen und mitunter auch sehr versteckt sein. Wir alle sind daran gewöhnt, zu funktionieren und diese wichtigen Signale unseres Körpers zu übersehen – bis wir dann mal Zeit haben. Wichtig ist aber, sich die Zeit bewusst zu nehmen und bereits gut für sich zu sorgen, bevor sich der Stress festsetzen und zu Schädigungen deines Körpers oder Geistes führen kann.

Bemerkst du bei dir möglicherweise eines der folgenden Symptome?

- Getriebensein, innere Unruhe
- Geringe Frustrationstoleranz
- Gedankenspiralen und Grübelzwang
- Selbstvorwürfe und Schuldzuweisungen
- Konzentrationsschwierigkeiten und eine eingeschränkte Gedächtnisleistung
- Wattiger Kopf/Brain Fog
- Passiv-aggressives oder offen aggressives Verhalten
- Starker Zynismus
- Ungeduld
- Erhöhter Muskeltonus
- Erhöhter Herzschlag
- Einschlafschwierigkeiten
- Aufgedrehtsein/Probleme, abzuschalten
- Stressschwitzen
- Selbstberuhigung mit Genussgiften wie Alkohol, Tabletten oder anderen Drogen

- Überspringen von Ruhezeiten
- Verändertes Essverhalten

Diese Symptome können ein Anzeichen für eine erhöhte Stressbelastung sein. Möglicherweise nimmst du diese im Alltag gar nicht so bewusst wahr, sondern ärgerst dich sogar darüber, dass du irgendwie immer so fahrig und unkonzentriert bist und bei jeder kleinen Sache aus der Haut fährst? Diese innere Einstellung kann den Stress zusätzlich verstärken.

Während die später im Kapitel „Kann man Resilienz lernen?" vorgestellten Resilienz- oder Schutzfaktoren Stress und seine Auswirkungen abmildern und verringern können, droht die Gefahr, dass zusätzliche negative Gedanken- und Handlungsmuster den subjektiv erlebten Stress noch verstärken. Die Auswirkungen, die du sowohl auf körperlicher Ebene, etwa durch einen schnelleren Herzschlag, eine schnellere Atmung und Muskelzittern oder Verspannungen, als auch auf geistiger Ebene durch kognitive Einbußen oder unangenehme Gefühle wie Angst, Wut und Hoffnungslosigkeit erlebst, können sich ausbreiten. Mit einer gestärkten Resilienz und aktivierten Schutzfaktoren kannst du aus dieser Spirale aussteigen und verhindern, dass die negativen Aspekte sich gegenseitig noch verstärken.

Eigenschaften von Menschen mit starker Widerstandsfähigkeit

Erinnerst du dich an das Beispiel aus der Einleitung mit der Freundin, die jede Hürde in ihrem Leben problemlos zu meistern scheint und wie von einem unsichtbaren Schild umgeben wirkt? Sie ist kein Glückspilz, der vom Leben nur die guten Karten zugeteilt bekommen hat, ihr wurde nie was geschenkt und man kann auch wirklich nicht behaupten, dass sie es leichter hat als andere. Und doch wirkt ihr Leben so mühelos, ihr Umgang mit Krisen so unangestrengt, ihr Verhalten bei Problemen so klar und konstruktiv.

Oder der frühere Schulfreund. Bei ihm ist in jungen Jahren bereits eine starke Form der Arthritis diagnostiziert worden, die ihn durch ihre Schübe immer wieder von seinem Alltag abhält. Er musste das Gitarrespielen aufgeben, weil er die Seiten nicht mehr gut greifen kann, und wird sich früher oder später nach einer anderen Arbeit umschauen müssen, weil bei seiner jetzigen auch Fingerfertigkeit gefragt ist. Nach dem anfänglichen Schock und einer gewissen Niedergeschlagenheit hat er sich neu orientiert und aufgestellt: Die Gitarre musste aus seinem Leben verschwinden, die Musik allerdings nicht – jetzt zupft er auf einer Bassukulele mit dicken Seiten und nimmt Gesangsunterricht, weil er Singen auch dann weiter ausüben kann, wenn seine Finger für die Ukulele zu steif werden sollten. Er hat sich auf dem Arbeitsmarkt umgeschaut und macht Fortbildungen, die es ihm erlauben, in einen theoretischeren, weniger praxisbezogenen Bereich seiner Arbeit zu wechseln. Dadurch kann er sich immer noch mit dem beschäftigen, was ihn interessiert, wenn er seinen aktuellen Job irgendwann nicht mehr ausüben kann. Er hat sich mit Menschen mit der gleichen Diagnose vernetzt, um sich über Möglichkeiten und Chancen bezüglich einer guten ärztlichen Begleitung auszutauschen und sein Umfeld mit den neuen Anforderungen vertraut gemacht. Sein Leitspruch ist ein berühmtes Zitat, welches dem Dalai-Lama zugeschrieben wird: „Schmerz ist unvermeidlich. Leiden ist freiwillig."

Was unterscheidet also diese Menschen mit starker Widerstandskraft von anderen?

Eins vorweg: Die psychische Widerstandsfähigkeit eines Menschen wird durch verschiedene Aspekte beeinflusst und ist teilweise auch genetisch bedingt. Persönlichkeitsstrukturen und Veranlagungen wirst du nicht einfach ändern können und es macht in diesem Punkt auch wenig Sinn, dich eins zu eins mit anderen zu vergleichen. Auch verhalten sich nicht alle Menschen mit einer starken Resilienz komplett gleich oder weisen die gleichen Stärken auf.

Was du aber tun kannst, ist zu schauen, welche Unterschiede Menschen mit starker Resilienz in puncto Einstellungen und Bewertungen sowie Handeln im Vergleich zu weniger resilienten Menschen an den Tag legen, um gewisse Muster zu erkennen.

Führe dir noch mal das Verhalten des Freundes vor Augen. Er hat sich nicht aus seinem Hobby zurückgezogen und damit auch den Kontakt zu seinen Freunden und Bandkollegen abgebrochen, sondern sich mit neuen Möglichkeiten des Musikmachens arrangiert, die ihm eine Teilnahme erlauben. Anstatt sich bei fortschreitender Krankheit dem Schicksal einer potenziellen Arbeitslosigkeit zu ergeben, hat er proaktiv Schritte eingeleitet, um sowohl weiter in seinem Bereich arbeiten als auch Kontakte zu seinem Umfeld aufrechterhalten zu können. Auch wenn die Diagnose niederschmetternd war, hat er sich danach wieder aufgerichtet und versucht, diese Tatsache, die sich nicht ändern lässt, auf bestmögliche Weise in sein Leben zu integrieren. Die Beziehungen zu seinen Freunden, Kollegen und Bekannten kann er weiter aufrechterhalten und zudem knüpft er neue Kontakte in einem Bereich, in dem sein bisheriges Umfeld keine Vorkenntnisse hat und ihn vermutlich auch nicht verstehen können wird. Er zeigt sich weiterhin interessiert an seinem Leben und seiner Umwelt, tritt in Austausch und Kontakt und versucht, seine Lebensträume in dem ihm möglichen Rahmen umzusetzen. Statt sich in wilden Katastrophenfantasien zu verlieren, versucht er, realistisch einzuschätzen, was er kann und was ihm nicht möglich ist, und er legt dabei trotz aller Widrigkeiten eine positive Einstellung an den Tag, statt sich aufzugeben.

Natürlich hätte der Freund seinen Job, seine Leidenschaft für Musik und sein Sozialleben aufgeben können – schließlich führt die Krankheit ja zu immer weiter voranschreitenden Einschränkungen. Aber er hat sich eben nicht seinem Schicksal ergeben, ist nicht in der Vergangenheit verharrt oder hat Schreckensszenarien in der Zukunft befürchtet, sondern sein neues Leben direkt in Angriff genommen. Dabei hat er sich auf die Aspekte konzentriert, in denen er weiter Freude und Ausgleich erleben kann und die ihm für ein glückliches Leben wichtig sind.

Kapitel 2 - Bin ich eine resiliente Persönlichkeit?

Die Frage, ob du dich selbst als resiliente Persönlichkeit wahrnimmst, ist eine sehr private – aber vermutlich wird dein Selbstbild trotzdem nicht ganz unbeeinflusst sein von der Meinung anderer.

Wie bei vielen Aspekten, die unser Selbstbild betreffen, können vor allem alte Glaubenssätze aus unserer Kindheit und Jugend an uns haften wie Doppelklebeband und dazu führen, dass wir unsere eigene Resilienz als viel weniger ausgeprägt bewerten würden als sie möglicherweise ist. Dabei kann es sich um Spott handeln, dessen Zielscheibe wir im Kindergartenalter oder in der Schule waren: „Nee, die Anne ist so eine Zimperliese, die nehmen wir nicht in unsere Bande auf." „Boah, Laura heult schon wieder wegen nichts, so eine Mimose." „Typisch Merle, die kann aber auch nichts ab. Was für ein verweichlichtes Kind."

Aber es können auch wohlmeinende Ratschläge oder Aussagen über dich oder eine Gruppe, der du dich zugehörig fühlst, dazu führen, dass du den Eindruck gewonnen hast, du hättest keine Widerstandsfähigkeit. Etwa das übervorsichtige Familienmotto deiner Mama: „Wir Köhlers sind empfindliche Leute, wir müssen immer gut aufpassen, wir übernehmen uns so leicht und sind doch so zarte Seelen." Sicher wollte deine Mutter dich nur schützen und vielleicht neigte sie auch dazu, sich zu übernehmen und hatte Schwierigkeiten, Dinge zu verarbeiten – aber trifft das auch auf dich zu? Oder hast du das nur familienbedingt übernommen und auf dich selbst gemünzt, eben weil du auch eine Köhler bist?

Oder der Lehrer, der dir und deinen Klassenkameradinnen immer verboten hat, die großen Matten beim Turnen in die Halle zu tragen. „Lasst das mal die Jungs machen, die sind einfach stärker. Mädchen sind doch so empfindlich. Nachher tut sich eine von euch noch weh." Vielleicht wollte er ritterlich sein, vielleicht saß er veralteten Mustern auf – bei dir kam auf jeden Fall an: Mädchen sind empfindlich. Mädchen sind schwächer als Jungs.

Und denk an den ersten Freund deiner besten Freundin, der euch erklärt hat, dass Jungs nur Mädels mögen, die zart und weiblich sind und sich helfen und schützen und retten lassen – alles andere würde das Interesse der Jungs gleich im Wind verpuffen lassen. Auch wenn du diese Sprüche schon damals doof fandest und gespürt hast, dass das Quatsch sein muss, hinterlassen die Worte doch Stacheln – je nachdem, wie viel positive Unterstützung du sonst erfahren hast, können diese kleiner oder auch groß und hartnäckig sein.

Möglicherweise gab es auch Anlass zu Vorsicht in deinem Leben, etwa nach einem schweren Unfall oder wegen einer Krankheit. Bist du als Frühchen zur Welt gekommen, haben deine Eltern vermutlich alles dafür getan, dich vor Gefahren zu schützen. Oder du hattest mit Asthma zu kämpfen und dein Umfeld hat immer darauf geachtet, dass du dich nicht überanstrengst, und jedes Mal, wenn dich doch die Lust zum Toben überkam, wurdest du mit dem Hinweis gemaßregelt, dass du das doch nicht darfst, weil du zu krank bist. Mitunter verlieren sich Eltern vor lauter Sorge um ihre Kinder in einem übervorsichtigen Verhalten. Das kann Unsicherheit in den Kindern schüren, die anfangen, ihrer erlebten Kraft zu misstrauen und immer mehr an ihrer Selbstwirksamkeit zu zweifeln. Dabei können sowohl Zweifel an den körperlichen als auch an den mentalen Stärken auftreten und auch übertragen werden.

Kapitel 2 - Bin ich eine resiliente Persönlichkeit?

Ganz gleich, ob als Spott oder als gutgemeinter Ratschlag – diese Zuschreibungen und Hänseleien, Ratschläge und ständigen Warnungen können dazu führen, dass ein Kind sich nicht mehr traut, seine eigene Stärke auszuprobieren. Es richtet sich ein in seiner Rolle als empfindliches Kind und vielleicht ist es da sogar ganz nett, weil nicht von einem erwartet wird, dass man mit Dingen allein fertig wird. Aber wie ist es, wenn man dann erwachsen wird und sich aus dieser Rolle lösen muss? Wenn die Zeit des Heranwachsens nicht dafür genutzt werden konnte, Problemlösekompetenzen zu entwickeln und Frustrationstoleranz zu erlernen? Vielleicht erwarten deine Eltern gar nicht von dir, dass du diese erwachsene Rolle einnimmst, aber dein Umfeld sicherlich. Und wie kann ein Verhältnis zu den Eltern auf Augenhöhe entstehen, wenn sie dich in der Rolle des empfindlichen Kindes halten, das man vor dem Leben mit all seinen Härten schützen muss?

Wie war das bei dir?

- Gab es jemandem in deinem Umfeld, der dir immer wieder eingebläut hat, vorsichtig zu sein?
- Existierte ein Familienselbstbild, das euch als besonders empfindlich zeichnete?
- Wurde von Mädchen erwartet, das „schwächere" Geschlecht zu sein?
- Wurdest du mit Spitznamen wie „Mimose" geneckt?
- Wolltest du schon immer das zarte Wesen sein, welches gerettet wird?
- Falls ja, wieso? Was gefällt dir an dieser Vorstellung? Assoziierst du bestimmte Rollenbilder damit?
- Warst du früher oft krank und waren deine Eltern deswegen sehr um dich besorgt?
- Hast du dich damals in der dir zugewiesenen Rolle als empfindliche Person eingerichtet, um Anstrengungen zu entgehen?

- Spielst du die „Empfindliche Person"-Karte auch heute noch aus, um es dir leichter zu machen?
- Welche Vorteile genießt du durch das Festhalten an dieser Rolle?
- Welche Erlebnisse sind dir dadurch entgangen? Was hast du verpasst?

Mit diesen Fragen im Hinterkopf kannst du noch einmal schauen, welche Impulse in dir aufsteigen, wenn du dir wieder die Frage stellst: Wie resilient nimmst du dich als Person wahr?

Wenn dir aktuell der Zugang dazu fehlen sollte oder du schwer einschätzen kannst, wie stark deine Resilienz ausgebaut ist, mache doch einfach mal einen Test. Beantworte die folgenden 14 Fragen mit „Stark" bei großer Zustimmung, mit „Gar nicht" bei großer Ablehnung und mit „Mittel", wenn du irgendwo dazwischen liegst. Zur Auswertung gib dir für jede Stark-Antwort 10 Punkte, für jede Mittel-Antwort 5 und für jede Gar nicht-Antwort 0.

	Stark	Mittel	Gar nicht
Bist du zufrieden mit dir?			
Bist du stolz auf deine Leistungen?			
Kannst du selbstdiszipliniert an etwas arbeiten?			
Erlebst du dein Leben als sinnerfüllt?			
Hast du Freude im Leben?			
Bist du gedanklich eher im Jetzt, anstatt oft in der Vergangenheit oder der Zukunft zu sein und anstatt mit Erlebtem zu hadern oder dich vor dem zu fürchten, was kommen könnte?			
Kannst du loslassen?			
Kannst du akzeptieren, wenn etwas nicht von dir beeinflusst werden kann?			

Kannst du mit dir allein sein, ohne dich einsam zu fühlen?			
Kannst du einen anderen Blickwinkel auf eine Situation einnehmen?			
Pflegst du Hobbys, Ehrenämter oder andere Interessen?			
Interessiert dich deine Umwelt?			
Kannst du dich auf dich selbst verlassen?			
Vertraust du dir und deinen Stärken?			

Die gestellten Fragen zielen alle auf Eigenschaften oder Fähigkeiten ab, die laut der Forschung einer starken Resilienz zuträglich sind. Du konntest maximal 140 Punkte erreichen. Je näher deine Gesamtpunktzahl an den 140 Punkten liegt, desto stärker ausgeprägt ist vermutlich deine Resilienz.

Beachte bitte, dass dieser Test nur der groben Orientierung dient und vor allem auch nur eine Momentaufnahme deiner selbst darstellt. Resilienz kann sich entwickeln und verändern und ist kein in Stein gemeißelter Zustand.

Resilienz – Eigenwahrnehmung und Fremdwahrnehmung

Ganz wichtig: Die Antwort auf die Frage nach deiner Resilienz kannst du dir nur selbst geben. Die Frage „Wie wirst du wahrgenommen?" kann dir zwar Impulse in die richtige Richtung geben, aber es gibt auch sehr viele Menschen, die sich bestens darauf verstehen, sich nach außen zusammenzureißen und innerlich zu zerbrechen oder an kleinsten Dingen zu verzweifeln. Daher decken sich Außen- und Selbstwahrnehmung nicht zwangsläufig.

Es passiert auch nicht selten, dass Menschen dir eine gewisse Form der Widerstandsfähigkeit zuschreiben, damit sie sich weniger Gedanken um dich machen müssen oder ihre Arbeit auf dir abladen können. Kennst du Sprüche wie „Ach, die Julia ist so ‚ne Toughe, die kriegt das schon hin." oder „Wenn nicht du, wer dann?" oder „Dich braucht man nicht zu schonen, du bist doch so hart im Nehmen, dir geht doch nichts wirklich nah."?

Achte einmal darauf, wer dir das wann und warum sagt und was das mit dir macht. Kommen diese Aussagen dann, wenn du wirklich Stärke zeigst oder wenn sich jemand wünscht, dass du ihn nicht durch deine vermeintliche Schwäche belastest oder er deine Stärke für sich nutzen will. Versuchst du diesen Vorgaben zu entsprechen, auch wenn du eigentlich gar nicht so belastbar bist und du dich völlig übernimmst? Was passiert da?

Nicht selten klopfen diese Aussagen direkt bei unserem Selbstwertgefühl an und auch bei dem Wunsch, von anderen gemocht und anerkannt zu werden. Widerstandsfähigkeit, Stärke und Belastbarkeit gelten als angesehene Attribute und wir freuen uns natürlich, wenn diese Aspekte mit uns in Verbindung gebracht werden. Wer möchte nicht gerne als gefestigte Person mit hoher mentaler Widerstandsfähigkeit wahrgenommen werden?

Aber bitte achte gut darauf, warum und in welchem Kontext du diese Zuschreibung bekommst:

Als Form der Anerkennung, weil du gerade mentale Stärke bewiesen hast oder eine Situation gut meisterst? Als Aufmunterung, um dich in einer Krise zu motivieren und dir beim Durchhalten zu helfen? Als realistische Einschätzung deiner aktuellen Resilienz oder als Wunschbild, damit du dich nicht beschwerst und weiterhin funktionierst, auch wenn du angemeldet hast, dass du überlastet bist und Hilfe benötigst oder vielleicht Aufgaben abgeben musst?

Die Personen, die entsprechende Aussagen aus letztgenannten Gründen treffen, müssen dies nicht in böser Absicht tun. Vielleicht ist es Gedankenlosigkeit, vielleicht auch Unsicherheit, Angst vor dem Wegbrechen einer festen Konstante oder auch Bequemlichkeit. Es lohnt sich auf jeden Fall, genauer hinzuschauen und klar zu unterscheiden, was deine eigene Wahrnehmung ist und was dir von anderen zugeschrieben wird.

Aber ich bin nicht stark...

Was ist nun aber, wenn du bisher wenig von deiner Resilienz gemerkt hast? Ordnest du dich aufgrund deiner Selbsteinschätzung dem mittleren Drittel mit einer mittleren Resilienz oder dem untersten Drittel mit einer niedrigen Resilienz zu, bist du kein Einzelfall.

Studien und Schätzungen zufolge scheint es nämlich keinesfalls normal zu sein, eine hohe Resilienz zu haben. Etwa ein Drittel aller Personen sollen dem Bereich der hohen Resilienz zuzuordnen sein, während das zweite Drittel eine mittlere Resilienz und das letzte Drittel eine niedrige Resilienz aufweisen soll.

Brigitte Schäfer merkt in ihrem Buch „Resilienz.100 Seiten" an, dass der Begriff Resilienz eine gewisse „Erlösungskomponente" beinhaltet, weil er anders als andere Worte keine Schwächen oder Mängel der Person aufzeigt. Menschen mit geringerer Resilienz sind nicht krank oder schuld an dem niedrigen Grad ihrer Resilienz.

Zudem hast du bereits erfahren, dass davon ausgegangen wird, dass nur ein Drittel aller Menschen überhaupt über eine hohe Resilienz verfügt. Somit befindest du dich in bester Gesellschaft, wenn deine Resilienz bisher noch nicht so ausgeprägt ist.

Der Ansatz, der Resilienz eine gewisse Erlösungskomponente zuzuschreiben, kann sehr befreiend wirken, er kann dich aus der gefährlichen Schuld- oder Schamfalle herausholen und auch aus der damit häufig einhergehenden Selbstisolierung. Viele Menschen reagieren auf Krisen nämlich mit Überforderung oder heftigen Gefühlen wie Wut oder starker Trauer. Vielfach neigen sie dann dazu, innerlich einen Schuldigen für diese Situation zu suchen, auch, um etwas anderes als die eigene Ohnmacht oder Überforderung zu spüren.

Gerade wenn wir ohnehin schon dazu neigen, hart mit uns ins Gericht zu gehen oder uns im Alltag viel abzuverlangen, werden wir in einer Krisensituation auch eher dazu neigen, die

Schuldzuweisung nicht nach außen zu tragen, sondern nach innen zu richten. Die Vorwürfe werden also direkt an dich gerichtet: „Du bist nicht belastbar genug, du bist zu schwach, du bist nicht gut genug!"

Kennst du diesen inneren Monolog? Wer sich selbst für schwächlich, faul oder dumm hält, beginnt häufig auch, sich von anderen, die bei der Einnahme eines anderen Blickwinkels helfen könnten, zurückzuziehen, und isoliert sich selbst, was zu noch mehr negativen Gefühlen führen kann. Eine niedrige Resilienz hat aber keinesfalls etwas mit Schwäche, Faulheit oder eigenem Unvermögen zu tun, sondern sie setzt sich aus verschiedenen Aspekten zusammen und wird durch diverse Dinge beeinflusst, die wir selbst gar nicht willentlich steuern können.

Resilienz kann dich dabei unterstützen, eine neue Perspektive einzunehmen, durch veränderte Einstellungen und erlernbare Fertigkeiten. So kannst du Situationen mit einem Mal anders bewerten und bekommst nützliche Werkzeuge an die Hand, mit denen du dir selbst helfen kannst.

Nochmal: Deine Widerstandsfähigkeit ist etwas ganz Persönliches und wie bereits schon angeschnitten auch etwas Dynamisches. Das bedeutet, dass sie sich im Laufe des Lebens ändern kann. Sie kann durch Erlebnisse von außen und durch Interaktionen mit anderen Menschen beeinflusst werden. Sie kann sich durch dein aktives Arbeiten an dir selbst und einen liebevollen und guten Umgang mit dir, deinem Körper und deiner Seele verändern und sie ist nichts, womit du dich von anderen in eine bestimmte Rolle drängen lassen solltest – weder in die des passiven Sensibelchens, das Dinge nicht allein hinbekommt, noch in die der Wonder Woman mit den Nerven aus Stahl, die alles allein bewerkstelligen muss!

Resilienz und die Kindheit

Wie wir bereits gesehen haben, gibt es bestimmte Aspekte, die sich zwar in unterschiedlicher Ausprägung und unterschiedlicher Verteilung, aber doch größtenteils bei Personen mit hoher Resilienz finden lassen können. Stangl verweist zwar darauf, dass einige Stressforscher vor allem die Genetik für die Ausprägung der Resilienz verantwortlich machen, da Personen mit hoher Resilienz ein anderes sogenanntes epigenetisches Muster in den Bereichen des Gehirns aufweisen, die für die Verarbeitung von Stress zuständig sind – aber neben deiner biologischen Ausstattung spielt auch deine Sozialisation eine wichtige Rolle. Sozialisation meint deine Einordnung und Integration in die Gesellschaft, in der du aufgewachsen bist, bei der du die in deiner Umgebung üblichen Verhaltensweisen und Einstellungen übernommen hast.

Du hast im vorherigen Abschnitt bei dir selbst geschaut, wie resilient du dich selbst wahrnimmst und auch wie du wahrgenommen wirst. Dabei bist du vielleicht über einige alte Glaubenssätze gestolpert, die dir in der Kindheit oder deiner Jugend übergestülpt wurden und die du mittlerweile übernommen hast. Eine kleine Reise in deine Vergangenheit lohnt sich nicht nur, um diese erwähnten Glaubenssätze aufzuspüren und auf ihren heutigen Wahrheitsgehalt zu überprüfen, sondern auch, um zu ergründen, welche Erfahrungen in deinen ersten Lebensjahren zur Entwicklung deiner Resilienz beigetragen haben können.

Tatsächlich lassen sich einige begünstigende Faktoren ausmachen, um zu einem resilienten Erwachsenen heranzuwachsen. Schließlich ist auch deine Resilienz nicht allein durch deine Erbanlagen und dein genetisches Setting geprägt, sondern auch durch deine Sozialisation. Vor allem die Art und Qualität der Bindung zu deiner Bezugsperson kann für eine gute Resilienz ausschlaggebend sein, aber auch andere Erfahrungen und Erlebnisse werden dich in dieser Widerstandsfähigkeit beeinflusst haben.

Forscher wie Petermann und Noeker verweisen auf vier Ebenen, wenn es um die Entwicklung von Resilienzfaktoren im Kinder- und Jugendalter geht:

- personale Kompetenzen
- Kompetenzen des Familiensystems
- Ressourcen des sozialen Netzwerks
- gesellschaftlich-kulturelle Aspekte

Mit den personalen Kompetenzen sind Dinge wie Lernen, Motivation, aber auch Selbstberuhigung und Stressverarbeitung gemeint.

Kompetenzen des Familiensystems umfassen die Erziehung, die du erlebt hast, die Interaktion mit deinen Familienmitgliedern und die Qualität der Bindung, die du zu deinen Hauptbezugspersonen und möglicherweise deinen Geschwistern oder anderen Verwandten hast. Ganz wichtig: Es muss nicht zwingend die Mutter sein, die die Hauptbezugsperson bildet. Wenn du eine stabile, enge und fördernde Beziehung mit einem anderen Familienmitglied, etwa einer Schwester, Tante, dem Vater oder der Großmutter, vielleicht sogar einer mütterlichen Freundin oder einem väterlichen Freund außerhalb deiner Kernfamilie geführt hast, kann dies ebenso förderlich für dich und das Ausbilden einer gesunden Resilienz gewesen sein.

Ist dieses Gesamtsetting günstig, konntest du als Kind ein gesundes Urvertrauen aufbauen. Dies verschafft den Heranwachsenden auch die Möglichkeit, angstfrei eine konstruktive Impulskontrolle und Emotionsregulation zu erlernen. Wer die Gewissheit hat, dass er angenommen wird und Teil einer Gemeinschaft ist, kann sich ausprobieren und angstfrei lernen. Fehler sind erlaubt und gehören dazu. In einer positiven Umgebung mit festen Bezugspersonen, die einen stabilen und liebevollen Umgang mit dir gepflegt haben, konntest du lernen, mit Frustration und Niederlagen sowie Krisen umzugehen.

Kapitel 2 - Bin ich eine resiliente Persönlichkeit?

Wirst du hingegen in einer Familie groß, in der Gefühle keinen Platz haben und unterdrückt werden sollen, kann kein sinnvoller Umgang mit ihnen erlernt werden. Waren deine Bezugspersonen für dich kein sicheres Gegenüber, ist es schwer möglich, ein Urvertrauen aufzubauen. Haben sie auf Krisen mit absoluter Hilflosigkeit, Wut oder Selbstaufgabe reagiert, kann es sein, dass du bestimmte Handlungsmuster oder Einstellungen unbewusst übernommen hast. Du hast dann gelernt, dass „eh alles egal ist" oder „es sowieso immer uns trifft, egal was wir machen". Hörst du als Kind ständig solche Sätze und siehst, dass deine Erziehungsberechtigten danach handeln, dann übernimmst du diese Einstellungen und Handlungsmuster unbewusst. Du zeigst sie in deinem Handeln oder deiner Interaktion mit anderen – etwa indem du dich in der Schule nicht anstrengst, weil es ja eh nichts bringt – und wirst durch mögliche Folgen, wie schlechte Noten zu bekommen oder keinen Ausbildungsplatz zu finden, scheinbar in der Einstellung bestätigt.

Die Ressourcen deines sozialen Netzwerks in deiner Kindheit und Jugend können sich ebenfalls positiv oder hinderlich auf die Ausbildung deiner Resilienz und der damit assoziierten Fähigkeiten auswirken: Durch ein stabiles Netzwerk können Kinder Förderung und positive Herausforderung erleben und somit ihre Bildung verbessern. Intelligenz und Bildung helfen dir beim Lösen von Problemen und dem Einnehmen anderer Perspektiven und können daher sehr zuträglich sein, wenn es darum geht, Herausforderungen richtig einzuschätzen, Maßnahmen zu ergreifen und die eigene Situation zu verbessern.

Je mehr du diese Prozesse eingeübt hast und je mehr Wissen dir zu Verfügung steht – auch in Bezug darauf, wie du selbst etwas lernen oder dir beibringen kannst oder dir bei einem neu auftretenden Problem Hilfe holst oder Dinge selbst angehen kannst –, desto souveräner bist du im Umgang mit Widrigkeiten und auch weniger abhängig.

Hast du keine Muster oder Werte und Normen, an denen du dich orientieren und ausprobieren kannst, ist es schwer, die eigenen Emotionen und Einstellungen einzuordnen, zu handeln und Wertevorstellungen und Sinn zu erzeugen.

Waren in der Schule keine Fehler erlaubt, wirst du es schwer gehabt haben, dich auszuprobieren und andere Wege als die vorgeschriebenen zu beschreiten. Du wirst dich vermutlich schwerer damit tun, eine eigene gesunde Fehlerkultur zu entwickeln, vieles aufgrund deiner Versagensangst nicht ausprobieren oder an Teilaspekten scheitern. Vielleicht hast du auch gegen erlebte Formen der Einengung rebelliert und mit Stress reagiert.

Übrigens können auch die Werte, die in der Kultur herrschen, in der du aufgewachsen bist, deine Resilienz stärken. So gelten Personen, die aus einer kollektivistisch geprägten Kultur stammen – in der also die Gemeinschaft wichtiger ist als die Individualität des Einzelnen, etwa in vielen asiatischen Ländern wie China oder Japan – als resilienter im Vergleich zu Personen, die aus einer individualistisch geprägten Kultur stammen. Der Grund dafür soll in dem von den Personen wahrgenommenen Zusammenhalt liegen.

Probleme mit Gleichaltrigen in deiner Kindheit und Jugend, etwa durch Ausgrenzung oder Mobbing, können zu massivem Stress führen und deine Beziehungsfähigkeit und dein Vertrauen in andere sowie deine Affektkontrolle negativ beeinflussen.

Wer aufgrund negativer Erfahrungen versucht, sich nur noch auf sich zu konzentrieren und seine Empathie hinter einem dicken Panzer aus Sarkasmus zu verstecken, sich keine Hilfe holen möchte und bevorzugt, als Einzelkämpfer durchs Leben zu marschieren, der hat es nachher schwerer, wenn es darum geht, Strategien resilienter Menschen umzusetzen, ein soziales Netzwerk aufzubauen, gesunde Beziehungen mit anderen einzugehen, zu pflegen und auch einzuschätzen, warum andere

Menschen sich so verhalten, wie sie sich verhalten, und wie ein positiv geprägter Umgang mit ihnen möglich ist.

Rückblick in die eigene Kindheit

Wie geht es dir, wenn du dir die letzten Sätze nochmal auf der Zunge zergehen lässt? Steigen Erinnerungen an deine eigene Kindheit auf?

Nicht immer ist es leicht, sich genau an das zu erinnern, was schon viele Jahre her ist. Es ist auch gar nicht notwendig, alle vergangenen Ereignisse bis ins kleinste Detail wieder hervorzukramen und zu sezieren. Es geht vielmehr darum, sich mit einer kleinen Rückreise in die eigene Vergangenheit darüber klar zu werden, wie sich die eigene Persönlichkeit geformt hat. Mitunter gibt es einige einschneidende Erlebnisse, von denen man noch weiß, wie sie eine Stärke oder Schwäche der eigenen Persönlichkeit begünstigt haben oder wie sie zu einer Veränderung im eigenen Verhalten geführt haben.

Vielleicht helfen dir folgende Fragen:

- Gab es jemanden, der dir dabei geholfen hat, Probleme zu lösen?
- Durftest du eigene Lösungsversuche anwenden?
- Wurdest du bestraft, wenn du Fehler gemacht hast?
- Hast du gelernt, wie du dich selbst beruhigen kannst – ohne Zuhilfenahme von beruhigenden Substanzen wie Alkohol oder anderen Mitteln?
- Wie haben deine Eltern auf Stress reagiert?
- Wie war die Stimmung bei dir zuhause, wenn eine stressige Situation bevorstand?
- Wurde Wert darauf gelegt, dass du gut für dein seelisches Wohlbefinden sorgst?

- Wurdest du für deine Erfolge gelobt?
- Durftest du stolz auf dich und deine Taten sein oder galt dies als ungewollte Überheblichkeit oder Selbstverliebtheit?
- Hattest du die Möglichkeit, verschiedene soziale Kontakte zu knüpfen und Beziehungen zu pflegen?
- Hatte deine Familie gute soziale Kontakte, sodass du an einem guten Beispiel lernen konntest?
- Gab es Gemeinschaftserlebnisse?
- Haben euch Freunde der Familie besucht oder ihr sie?
- Durftest du Dinge selbst ausprobieren, auch auf die Gefahr hin, dass es länger dauern oder schief gehen könnte?

Auch wenn einige Aspekte der eigenen Resilienz genetisch bedingt sind, kann es spannend sein, zu erkunden, welche Erlebnisse dazu geführt haben können, dass sich einige Persönlichkeitsmerkmale stärker entwickelt haben. Dies nimmt vielen Leuten den Druck, etwas falsch gemacht zu haben.

Das, was wir als Kind erlebt haben, können wir nicht mehr beeinflussen und wir sind auch nicht dafür verantwortlich gewesen, wie unser Umfeld mit uns umgegangen ist oder in welche Familie oder Kultur wir hineingeboren wurden. Wenn wir allerdings bemerken, dass wir schwer an Erlebtem tragen oder es uns so nachhaltig beeinflusst, dass es uns in unserem Alltag einschränkt, kann es hilfreich sein, sich professionelle Unterstützung zu suchen, um diese Teile unserer Geschichte aufzuarbeiten.

Auch das einfache Bewusstmachen, dass manche Aspekte sich vielleicht nicht so gut ausbilden konnten, weil wir keine einfachen Startbedingungen hatten, kann entlastend wirken – vor allem, wenn wir zum Vergleichen neigen und den Fehler bei uns suchen.

Auch wenn wir uns durch dieses Bewusstmachen nicht gleich zu Superwoman entwickeln, können wir dadurch besser einordnen, warum wir uns wie verhalten und welche Aspekte uns das Leben schwerer machen, gezielt an bestimmten Dingen arbeiten und so auch Ansätze für unser ganz eigenes Resilienz-Training finden.

Kapitel 3 - Kann man Resilienz lernen?

Gleich vorweg: Die eigene Persönlichkeitsstruktur wird man nicht grundlegend ändern können.

Wir haben eine bestimmte genetische Ausstattung mitbekommen, die einen Rahmen vorgibt, mit dem, was uns möglich ist. So wird beispielsweise vermutet, dass Menschen, die als hochsensibel gelten, eine niedrigere Resilienz haben – einfach deshalb, weil sie empfänglicher für Reize von außen sind, ihr Erregungsniveau leicht steigt und die Balance so schneller aus dem Takt gerät.

Auch unsere frühkindliche Prägung hat auf uns Auswirkungen, die sich in unserem Verhalten und unserem ganzen Erleben als erwachsener Mensch bemerkbar machen. Wer schon immer ein unsicheres Naturell hatte, wird nicht mit einem Mal zum unerschütterlichen Stehaufmännchen. Das ist aber auch gar nicht der Sinn eines Resilienz-Trainings. Ein Resilienz-Training soll Faktoren, die Resilienz begünstigen, fördern.

Fröhlich-Gildhoff & Rönnau-Böse haben 2009 festgestellt, dass folgende Aspekte die Entwicklung einer gesunden Widerstandsfähigkeit bei Kindern begünstigen:

Selbstwirksamkeitsüberzeugung

Personen mit einer guten Selbstwirksamkeitsüberzeugung können ihre Fähigkeiten und Fertigkeiten realistisch einschätzen und sehen, was sie selbst bewerkstelligen und verändern können. Sie sind stolz auf ihr Wirken und registrieren, dass sie in ihrem Leben Dinge durch ihr aktives Zutun selbst beeinflussen können. Dadurch, dass sie merken, dass sie selbst etwas bewirken können, baut sich ein Vertrauen in ihr eigenes Handeln und Tun auf und sie können aktiv ihr Leben gestalten, statt passiv auf Veränderungen von außen zu hoffen.

Selbststeuerungsfähigkeit

Menschen mit dieser Fähigkeit können ihre Emotionen aus eigener Kraft regulieren, wissen aber auch, wann sie Hilfe von außen benötigen, um ihre Gefühle bewältigen zu können. Sie verfügen über wirksame Methoden zur Selbstberuhigung und können sich selbst wieder in ein seelisches Gleichgewicht setzen. Sie sind ihren Emotionen nicht willenlos ausgeliefert und werden davon auch nicht übermannt.

Positive Selbstwahrnehmung

Menschen mit einer positiven Selbstwahrnehmung pflegen einen liebevollen und wohlwollenden Blick auf sich selbst, ohne dabei den Bezug zu den realen Gegebenheiten zu verlieren. Dadurch können sie sich selbst gut einschätzen, sowohl was ihre Gedanken und Meinungen als auch ihre Gefühle und Kenntnisse sowie Fähigkeiten angeht. Sie neigen weder dazu, sich zu über- noch zu unterschätzen und können sich und ihr Verhalten und ihre Gedanken reflektieren. Dabei hilft es ihnen auch, dass sie sich mit den Augen anderer sehen und andere Perspektiven auf eine Situation einnehmen können. Grundton dabei bleibt immer eine positive Einstellung gegenüber sich selbst.

Soziale Kompetenzen

Der Mensch ist ein Gemeinschaftstier und selbst wenn du zu den sehr introvertierten Personen gehörst, werden die Kompetenzen im Umgang mit anderen sehr helfen, deine Widerstandsfähigkeit zu fördern. Stärkt man die sozialen Kompetenzen bei Kindern, lernen diese, Empathie auszubilden, und können so Situationen leichter erfassen, weil sie die Perspektive ihres Gegenübers einnehmen können. Auch in der Konfliktlösung und im Umgang mit schwierigen Mitmenschen können diese Kompetenzen hilfreich sein.

Angemessener Umgang mit Stress

Wenn Kinder einen angemessenen Umgang mit Stress erlernen, sind sie in der Lage, stressige Situationen für sich individuell und realistisch einzuschätzen und auch zu erkennen, wann sie diese Stresssituation nicht mehr aus eigener Kraft bewältigen können und sich Hilfe holen sollten. Sie erlernen sinnvolle Bewältigungsstrategien und wissen, welche von diesen wann bei ihnen funktionieren und wie und wen sie um Hilfe bitten können, wenn sie Unterstützung benötigen.

Problemlösungskompetenz

Unabdingbar für Resilienz sind auch die Fähigkeit, Probleme eigenständig anzugehen, der Mut, verschiedene Lösungswege auszuprobieren, und das Vertrauen in die eigenen Fähigkeiten. Auch das realistische Einschätzen der eigenen Fähigkeiten und eine gewisse Frustrationstoleranz sind hier notwendig, damit beim Lösen der Probleme nicht beim ersten Hindernis die Flinte ins Korn geworfen wird. Diese Fähigkeiten und Kompetenzen wirken sich nicht nur positiv auf die Ausbildung einer starken Resilienz von Kindern aus, sondern können auch Erwachsenen dabei helfen, ihre Resilienz zu stärken. Meist wird beim Betrachten von

Fähigkeiten und Einstellungen, die die psychische Widerstandsfähigkeit unterstützen können, von begünstigenden Faktoren oder Schutzfaktoren gesprochen. Diese werden üblicherweise im Rahmen von Resilienz-Konzepten vorgestellt.

Resilienz-Konzepte und Schutzfaktoren

Das erste wissenschaftlich entwickelte Resilienz-Modell geht auf den Medizinsoziologen Aaron Antonovsky zurück, der es in den 1970ern dazu nutzte, Überlebende aus Konzentrationslagern zu untersuchen und zu klären, warum einige der Betroffenen diese schreckliche Zeit nahezu unbeschadet überstanden und weiterhin psychisch gesund waren. Er machte die Entdeckung, dass einige Personen ohne Folgeschäden aus diesen Erlebnissen hervorgingen, an dem sogenannten Kohärenzgefühl fest, für das drei Aspekte notwendig waren:

1. **Das Verstehen der Ereignisse**, sodass das Bilden von Zusammenhängen und ein Einordnen möglich sind.
2. **Das Bewältigen dieser Erlebnisse**: Die Person muss entsprechende Fertigkeiten und Kenntnisse haben und sich diese Aufgabe zutrauen.
3. Die Person muss einen Sinn hinter diesen traumatischen Erlebnissen sehen und ihrem **Leben einen weiteren Sinn geben können.**

Sind diese Aspekte gegeben, kann die betroffene Person trotz widriger Umstände eine Form von echter Zufriedenheit mit sich und ihrer Umgebung erleben und Schicksalsschläge aushalten. Somit würden wir heute von einem Resilienz-Modell sprechen.

Ein weiteres Modell ist das der Kompensation, bei dem Betroffene durch das Ermitteln und Nutzen von Schutzfaktoren Widrigkeiten aushalten und gut überstehen können: Wer beispielsweise in einem lieblosen Elternhaus aufwächst, aber eine liebevolle Bezugsperson außerhalb der Familie hat, kann das Leid dadurch gewissermaßen ausgleichen.

Bei dem Modell der Interaktion wird davon ausgegangen, dass sich schützende Faktoren nur durch Schicksalsschläge oder Krisen zeigen. Wenn du z. B. durch eine Scheidung in eine Krise kommst, können Mitmenschen an deine Seite treten und dich unterstützen, was sie in dieser Form ohne die Trennung nicht getan hätten.

Das Resilienz-Modell der Kumulation geht davon aus, dass viele verschiedene Belastungen die Auswirkungen der einzelnen verstärken, dies durch genügend entsprechende Gegenmaßnahmen aber ausgeglichen werden kann.

Das Modell der Herausforderung sieht vor, dass Schicksalsschläge als Herausforderungen angenommen werden und Betroffene Bewältigungsstrategien entwickeln.

Bei diesen Modellen steht vor allem das Wechselspiel zwischen Risikofaktoren, also den Schicksalsschlägen, und Schutzfaktoren, also unterstützenden Gegenmaßnahmen oder sozialer Unterstützung, im Fokus.

Risikofaktoren für deine mentale Gesundheit wären beispielsweise bei einem Umzug in eine neue Stadt (weil du einen schwierigen Job in einem dir nicht bekannten Team annehmen musst), das Verlassen des gewohnten sozialen Umfeldes, die unbekannte Herausforderung und der Stress durch den Job sowie die Einsamkeit vor Ort. Schutzfaktoren könnten die Unterstützung durch einen beruflichen Mentor vor Ort sein, die alte Bekannte, die dich in ihren Freundeskreis einführt, damit du Anschluss findest oder die flachen Hierarchien in deinem Job, die es dir ermöglichen, schnell mit allen in Kontakt zu kommen.

Risikofaktoren können extern oder intern lauern und belasten uns. Neben Stress oder Einsamkeit können aber auch Bewegungsmangel oder eine schlechte Ernährung ihren Teil dazu beitragen. So schließt das Resilienz-Modell aus Wien neben „Mind" und „Move" auch „Food" mit ein und versucht, diese drei

Eckpfeiler in einen harmonischen Zusammenhang zu bringen, um Menschen das Bewältigen von Krisen zu erleichtern.

Vor allem die Schutzfaktoren nehmen in der Resilienzforschung eine prominente Rolle ein.

Die sieben Säulen der Resilienz

Eines der bekanntesten Resilienzfaktoren-Konzepte ist das der sieben Säulen. Diese sieben Säulen der Resilienz umfassen

1. **Optimismus**: Durch die bewusste Einnahme einer positiven Perspektive werden eigene Ressourcen gekonnt eingesetzt und das Schlechte wird nur als temporär erlebt.
2. **Akzeptanz**: Einsicht und Akzeptanz, dass ein Problem besteht, erlaubt, in Betracht zu ziehen, wie und ob das Problem angegangen und gelöst werden kann.
3. **Lösungsorientierung**: Statt sich über die Probleme zu beklagen, wird aktiv über Lösungsmöglichkeiten nachgedacht und diese werden mit den eigenen Einstellungen und Zielen abgeglichen und angepasst.
4. **Die Opferrolle verlassen**: Auch wenn das Leid von außen herangetragen wurde, gilt es, Selbstwirksamkeit zu spüren und ins aktive Handeln zu kommen, statt darauf zu warten, gerettet zu werden oder als passives Opfer, das ohnehin nichts ändern kann, zu verharren.
5. **Verantwortung übernehmen**: Wer die Opferrolle verlässt, muss bereit sein, Verantwortung für das eigene Leben und das eigene Wohlbefinden zu übernehmen und sich nicht zum Spielball der Umstände zu machen.
6. **Netzwerkorientierung**: Ein stabiles soziales Umfeld mit hilfreichen und bereichernden Kontakten unterstützt bei Krisen enorm, muss aber gepflegt werden.

7. **Zukunftsplanung**: Eine realistische Zukunftsplanung bringt den Menschen ins Handeln und erlaubt ihm, die Selbstwirksamkeit in seinem Leben zu spüren.

Diese sieben Säulen werden in leicht veränderter Form auch in der Kauai-Studie von Emy Werner aufgegriffen, die die drei Grundhaltungen Optimismus, Akzeptanz und Lösungsorientierung sowie die vier Fähigkeiten Selbstregulation, Verantwortungsübernahme, Beziehungsgestaltung und Zukunftsgestaltung als wichtigste Schutzfaktoren benennt.

Dr. Denis Mourlane stellt unter Bezug auf die Arbeit von Dr. Andrew Shatté und Dr. Karen Reivich folgende sieben Resilienzfaktoren als die „echten Resilienzfaktoren" vor:

- Optimismus
- Emotionssteuerung
- Impulskontrolle
- Empathie
- Kausalanalyse
- Selbstwirksamkeitsüberzeugung
- Zielorientierung

Andere Ansätze gehen von noch mehr Schutzfaktoren aus. Etwa der Ansatz der BZgA (Bundeszentrale für gesundheitliche Aufklärung), die in dem Artikel „Resilienz und psychologische Schutzfaktoren im Erwachsenenalter" elf Schutzfaktoren benennt. Oder der Ansatz der APA (American Psychological Association), welche in ihrer Broschüre „Road to Resilience" 10 Wege zur Resilienz vorstellt und mehrere Faktoren benennt, die für das Ausbilden einer starken Resilienz hilfreich sein können:

- Das Pflegen liebevoller und unterstützender Freundschaften innerhalb und außerhalb der Familie
- Positive Rollenmodelle, die motivieren und unterstützen

- Positiver Blick auf die eigenen Fähigkeiten und Stärken
- Realistische Pläne entwickeln und ausführen können
- Impulskontrolle und Emotionsregulation
- Kommunikationskompetenzen
- Problemlösungsfähigkeiten

Du siehst also, dass die verschiedenen Modelle unterschiedliche Faktoren oder Eigenschaften nennen und mitunter auch anders gewichten.

Resilienz – eine dynamische Stärke

Während Antonovsky noch glaubte, dass die nötigen Faktoren für eine stabile Psyche sich in den ersten zwei Jahrzehnten des Lebens ausbilden, geht man heute davon aus, dass das Ausbilden der Resilienz von Person zu Person bis zu einem gewissen Grad abweichen kann und somit eine sehr individuelle Sache ist.

Während ein eher extrovertierter Typ Mensch vermutlich sehr von einem breiten sozialen Netzwerk profitiert, mag für einen introvertierten Menschen eher die erlebte Selbstwirksamkeit wichtig und sinnstiftend sein. Ferner sollte man sich vor Augen führen, dass Resilienz kein statisches Merkmal einer Person ist. Du bist nicht einfach resilient und bleibst es dein gesamtes Leben genau auf diesem Niveau, komplett losgelöst von dem, was du erlebst und wie du dich verhältst. Du kannst dir Resilienz eher als dynamischen Prozess vorstellen. Generell geht es darum, wie du dich gegenüber Stress und seinen Auswirkungen verhältst und damit umgehst. Es geht um ein Anpassen an belastende Zustände und einen sinnvollen Umgang damit.

Manche Lebenssituation wird es dir leichter machen, dich auf positive Weise durch eine schwere Zeit hindurch zu manövrieren – etwa, wenn du finanziell gut abgesichert bist, du gerade frisch verliebt bist oder du die heiß ersehnte Beförderung bekommen hast –, während ein solch aktiver Anpassungsprozess zu anderen Zeiten in deinem Leben wesentlich schwieriger ist – etwa, wenn gerade die jahrzehntelange Freundschaft zu deiner besten Freundin in die Brüche gegangen ist oder deine Stelle wegrationalisiert wurde. In solchen Situationen bist du vermutlich deutlich weniger in der Lage, dich vor zusätzlichen Stressbelastungen zu schützen.

Aber ganz gleich, wo du gerade in deinem Leben stehst, kannst du lernen, besser mit Stressoren umzugehen und die Aspekte, die für dich und deine Resilienz wichtig sind, bis zu einem gewissen Grad zu trainieren und auszubauen. Du kannst neue Fertigkeiten entwickeln, dir neue Denkmuster und Gewohnheiten angewöhnen, die deiner mentalen und körperlichen Gesundheit und damit auch deiner Resilienz zuträglich sind. Du kannst deine Kompetenzen entwickeln oder deiner Stärken bewusst werden, die du bisher möglicherweise übersehen hast.

Dadurch wirst du selbstsicherer im Umgang mit Krisen und Herausforderungen, erlebst Selbstwirksamkeit und wirst dadurch unabhängiger. Selbstwirksamkeit, Unabhängigkeit und ein gesteigertes Selbstwertgefühl können sich wiederum positiv auf soziale Beziehungen und die Interaktion mit deinem Umfeld auswirken.

Wichtig bei der Annäherung an das Thema Resilienz ist zu erkennen, dass es kein richtig oder falsch gibt. Es gibt nicht das eine Resilienz-Konzept und manche Faktoren mögen für dich weniger ausschlaggebend sein als andere. Diese Konzepte beruhen auf Theorien und sollen dabei helfen, die Wirklichkeit abzubilden und dir den Weg zu einem erstrebenswerten Zustand zu erleichtern. Aber sie sind eben allgemein gehalten und du allein bist die Expertin für dich und deine Bedürfnisse.

Du kannst dich also darüber informieren, auf welche Faktoren eine umfassende und rasche Erholung der Psyche nach einem schrecklichen Erlebnis zurückzuführen ist, und auch, welche Faktoren bei der sinnvollen Anpassung helfen können – aber deine Resilienz ist ein dynamischer und vor allem aktiver Prozess, den nur du selbst steuern kannst und für den du die passenden Strategien entwickeln wirst.

Dein Umgang mit dem Thema ist ein sehr persönlicher, der keinem Muster folgen muss, und du solltest bitte keinesfalls versuchen, blind irgendeinem Modell zu folgen, wenn dieses nicht wirklich zu dir und deiner Person passt. Sei behutsam im Umgang mit dir selbst, erlaube dir Versuche und Fehlversuche. Behalte eine interessierte und neugierige Einstellung zu dem Thema und gib dir Zeit für deine angestrebte Veränderung. Wenn du bestimmte Einstellungen oder Handlungsmuster über Jahre oder gar Jahrzehnte gelebt hast, wirst du diese nicht in ein paar Tagen ablegen. Sei gut zu dir und zelebriere all das, was gut klappt, und übe beharrlich das, was noch ausbaufähig ist – immer mit einem liebevollen und fürsorglichen Blick auf dich und deine Bedürfnisse.

Wenn du magst, halte einen Moment inne und lasse die letzten Sätze auf dich wirken.

- Was macht es mit dir, wenn du hörst, dass Resilienz bis zu einem gewissen Grad erlernbar ist?
- Sorgt diese Information für neuen Optimismus?
- Weckt sie Unsicherheit und Widerstände?
- Falls ja, woran machst du diese Widerstände fest? Hast du Angst vor Veränderungen oder scheust du dich, die Verantwortung zu übernehmen?
- Gab es Zeiten in deinem Leben, als du dich resilienter wahrgenommen hast?
- Falls ja, was war da anders? Wie sahen deine Lebensumstände aus?
- Welche der Resilienzfaktoren haben dich besonders angesprochen?
- Bei welchen ist dir sofort in den Sinn gekommen, dass diese bei dir ausbaufähig sind?
- Hast du Lust darauf zu entdecken, welche Stärken in dir schlummern?

Was Resilienz nicht ist

Wie schon mehrfach angemerkt, geht es bei Resilienz nicht darum, dass du dir einen Panzer anlegst, der dich von der Welt abschneidet und emotionslos alles ungefragt ertragen lässt.

Auch die als sieben Säulen der Resilienz bezeichneten Schutzfaktoren sollten nicht missverstanden werden. Die gängigsten Missverständnisse und Fehlannahmen findest du im Folgenden aufgeführt und erklärt.

Optimismus

Gemeint ist eine bewusst eingenommene positive Perspektive, kein blinder Optimismus, bei dem die Augen vor der Wirklichkeit verschlossen werden. Wenn ich die ganze Zeit davon ausgehe, dass schon alles gut gehen wird, und blind darauf vertraue, dass das Glück mir hold ist, dann brauche ich nicht pro-aktiv zu handeln und kann in einer lähmenden Passivität verbleiben. Bei dem Optimismus als Schutzfaktor geht es um eine generelle positive Einstellung, ohne die Realität aus den Augen zu verlieren oder die Eigenverantwortung für das eigene Wohl aufzugeben.

Akzeptanz

Einsicht zeigen und Situationen annehmen, Geschehenes in der Vergangenheit lassen oder bewusst die vermeintliche Kontrolle abgeben, bei Dingen, die wir nicht beeinflussen können, zeichnet den Schutzfaktor Akzeptanz aus. Damit ist aber nicht gemeint, dass wir Dinge oder Aussagen nicht mehr hinterfragen oder gedanklich durchspielen. Sie bedeutet auch nicht, dass wir einfach alles hinnehmen und uns nicht mehr für die Dinge einsetzen, die uns wichtig sind. Es geht vielmehr darum anzuerkennen, wenn etwas nicht in unserem Handlungsspielraum liegt, und die Kraft dann auf Dinge zu lenken, die wir tatsächlich beeinflussen können.

Lösungsorientierung

Bei der Stärkung der Lösungsorientierung geht es darum, sich auf Lösungen und Chancen statt auf die Probleme und möglichen Fehler oder Hindernisse zu konzentrieren. Vor allem in der Interaktion mit anderen Menschen sollte aber bei aller Lösungsorientierung nicht das Miteinander aus den Augen verloren werden. Neben dem pragmatischen Lösen von Problemen müssen auch die Gefühle eine Plattform haben. Auch wenn manche Lösung rein rational die beste wäre, darfst du ambivalente Gefühle haben und diese auch fühlen. Es geht nicht darum, nur noch total sachlich ein Hindernis nach dem anderen aus dem Weg zu räumen, sondern aktiv an der Verbesserung der Situation zu arbeiten, auch im Hinblick darauf, die Gefühle von sich oder anderen als Priorität nach vorne zu stellen.

Die Opferrolle verlassen

Wenn du die Opferrolle verlässt, bedeutet das nicht, dass du das Unrecht, was dir widerfahren ist, negieren solltest und es bedeutet auch nicht, dass du diejenigen, die dir schaden oder geschadet haben, nicht zur Verantwortung ziehen solltest. Es geht vielmehr darum, dich aus der passiven Position zu befreien, damit du ins Handeln kommen kannst. Ist dir Unrecht widerfahren, darfst du trauern, du darfst Schmerz und Wut fühlen und du darfst auch Schwäche zeigen – all das erfordert eine enorme Stärke, die in dir ist!

Verantwortung übernehmen

Wenn du Verantwortung übernimmst, dann denke bitte nicht, dass du plötzlich für alles und jeden verantwortlich bist. Du kannst dein Handeln und Denken bis zu einem gewissen Grad kontrollieren, aber du musst weder die Last der Welt auf deinen Schultern tragen, noch jeden Schritt von dir überprüfen und dich für jeden kleinen Fehler sofort massiv tadeln und zur Rechenschaft ziehen. Du darfst dir Fehltritte erlauben, übernimmst dafür die Verantwortung und machst dann weiter.

Netzwerkorientierung

Ein stabiles soziales Umfeld muss gepflegt werden. Es bedeutet aber nicht, dass du, nur weil dir ein Kontakt nützlich sein könnte, eine Beziehung zu einem Menschen pflegen solltest, der dir unsympathisch ist oder dessen Wertevorstellung du nicht teilst. Bist du sehr introvertiert, wird ein großer Freundes- und Bekanntenkreis möglicherweise auch eher an deinen Kräften zehren als dir Kraft spenden. Sei offen gegenüber anderen, aber verbiege dich nicht, um ein großes Netzwerk aufzubauen. Auch hier steht die Qualität der Kontakte vor der Quantität der Kontakte.

Zukunftsplanung

Eine realistische Zukunftsplanung hilft dir, aktiv zu werden und dich deinen Zielen zu nähern. Sie sollte aber keinesfalls einengen und dich in ein Korsett pressen, dass dich dabei hindert, das Leben in vollen Zügen zu genießen. Du hast drei Jahre eine Ausbildung gemacht, fühlst dich aber in dem Job gar nicht wohl? Dann justiere deine Pläne. Passe sie an dein Leben und dich an. Du entwickelst dich ständig weiter und somit sollten auch deine Zukunftsplanung und die Umsetzung der Pläne eine gewisse Flexibilität erlauben. Mache auch nicht den Fehler, nur in der Zukunft zu leben und beständig auf Sachen hinzuarbeiten, sondern erlaube dir auch das Leben und Genießen im Moment. Es ist klasse, wenn du ambitionierte Ziele verfolgst und hart dafür arbeitest, aber das Leben im Hier und Jetzt solltest du dabei keinesfalls aus den Augen verlieren!

Kapitel 4 – Resilienz-Training – Chancen und Gefahren

Jetzt, da du weißt, was unter Resilienz verstanden wird und dass diese prinzipiell bis zu einem gewissen Grad erlernbar ist beziehungsweise dass sich die einzelnen Schutzfaktoren stärken lassen, kommt sicherlich auch die Frage nach dem wie auf! Im folgenden Kapitel erfährst du, worauf sich ein Resilienz-Training konzentrieren kann, welche Chancen und Gefahren ein solches Training birgt und wie du selbst aktiv werden und dir ein Training entsprechend deiner ganz persönlichen Bedürfnisse und Ansprüche zusammenstellen kannst.

Wie sieht ein Resilienz-Training aus?

Genau wie es verschiedene Resilienz-Konzepte gibt, gibt es auch verschiedene Ansätze, Resilienz zu fördern oder zu trainieren. In der Regel zielen die meisten Trainings aber darauf ab, die als Schutzfaktoren erkannten Einstellungen und Fähigkeiten zu üben oder zu stärken.

Die APA, die American Psychology Association, verwendet als Bild eine Bootsfahrt auf dem Fluss, um den Prozess der Resilienz-Ausbildung zu beschreiben: Während der Flussfahrt werden dir Strömungen, Wildwasser, unerwartete Kurven und auch träge dahinfließende Abschnitte sowie leicht zu bewältigende Wasserstellen begegnen. Um den Fluss also bestmöglich entlangzufahren, ist es hilfreich, ein paar Kenntnisse über diesen zu haben, auf bereits erlebte Situationen zurückzugreifen, diese auszuwerten und das gewonnene Wissen einzusetzen. Die Reise auf dem Fluss sollte einem Plan folgen, einer Strategie, die für dich persönlich funktioniert und wahrscheinlich auch dieser Reise zuträglich sein wird. Durchhaltevermögen und der Glaube an deine Fähigkeiten, auch Hindernisse zu überwinden und dich durch schwierige Abschnitte hindurch manövrieren zu können, sind wichtig. Du kannst Courage und hilfreiche Einsichten gewinnen, während du dich Stück für Stück erfolgreich durch das Wasser bewegst. Hilfreich können dabei vertrauensvolle Menschen sein, die dich auf deinem Weg begleiten, insbesondere bei Stromschnellen, wenn du gegen den Strom anarbeiten musst oder andere Schwierigkeiten auf der Strecke auftauchen. Du kannst natürlich auch mal anlegen und am Ufer eine Verschnaufpause einlegen, um neue Kräfte zu sammeln. Aber um das Ende deiner Reise zu erreichen, musst du wieder in dein Boot steigen und dem Flussverlauf weiter folgen.

Je nachdem, welches Konzept dich am meisten anspricht, kannst du versuchen, die darin vorgestellten Schutzfaktoren zu trainieren und auszubauen. Es gibt mittlerweile zahlreiche Videos rund um das Thema und auch Hörbücher und Literatur mit weiterführenden Tipps, aber auch die Möglichkeit, in sogenannten Resilienz-Seminaren oder Workshops an der seelischen Widerstandsfähigkeit zu arbeiten.

Lässt sich Resilienz allein trainieren?

Zuallererst ganz kurz und prägnant: Ja, Resilienz lässt sich bis zu einem gewissen Grad allein trainieren, beziehungsweise vielmehr die Einstellungen und Fertigkeiten, die dir als Schutzfaktoren mittlerweile bekannt sind. Wie bereits erwähnt gibt es verschiedenste Medien, Kurse und Coachings, die sich mit dem Thema Resilienz-Training beschäftigen und auch spezifisch zugeschnittene Trainings für bestimmte Lebensbereiche anbieten, etwa Resilienz am Arbeitsplatz, Resilienz bei einer schweren Krankheit, Resilienz bei einer Trennung oder Resilienz als Elternteil. Diese Angebote richten sich an dich als Einzelperson, können aber natürlich auch gemeinsam mit einer guten Freundin oder in einer Selbsthilfe-Gruppe ausprobiert werden.

Viele Personen profitieren davon, sich ganz bewusst allein auf das Abenteuer Resilienz einzulassen, um nicht in die Verlegenheit zu geraten, sich mit anderen zu vergleichen, und ganz bei sich bleiben zu können.

Einstellungen kannst und wirst du in deinem Leben immer wieder erwerben; meist eher unbewusst. Es ist aber auch durchaus möglich, sich aktiv mit einem Thema auseinanderzusetzen und dann eine bestimmte Einstellung einzunehmen. Auch Fertigkeiten lassen sich üben und schulen. Da du bereits erfahren hast, dass es sich bei den erwähnten Schutzfaktoren meist um Einstellungen und Fertigkeiten handelt, sind diese natürlich auch erlernbar.

Selbstverständlich solltest du bei dem Projekt „Resilienz stärken" immer überlegen, welche psychosozialen Stressfaktoren in deinem Leben gerade herrschen und wie und wann du ein Resilienz-Training am besten einbauen kannst. Wer gerade ohnehin auf dem Zahnfleisch geht und sich zwischen Kinderbetreuung, Job und Scheidungskrieg aufreibt, wird kaum die Zeit und Nerven haben, ein großangelegtes Projekt durchzuführen. In so einer Situation ist dir eher mit kleineren Veränderungen geholfen, die du Stück für Stück in deinen Alltag integrieren kannst.

Hast du mehr mentale Kapazitäten zur Verfügung, kannst du das Ganze auch etwas größer aufziehen und mehr Zeit in die Stärkung deiner Schutzfaktoren stecken. Wichtig ist, dass du aktiv wirst. Allein das Lesen eines Buches über Resilienz oder das Anhören eines Podcasts wird in den meisten Fällen nicht zu der gewünschten Veränderung führen.

Du kannst dir das ähnlich vorstellen, wie wenn du einen bestimmten Tanz lernst, etwa Bauchtanz. Dadurch, dass du dir Videos und Fotos anschaust, vielleicht auch darüber liest, wie welche Bewegung ausgeführt wird, und du Hintergrundwissen erlangst, wird dein Blick geschult und dein Gehirn kann sich schon ein wenig auf die Bewegung einstellen. Mitunter gibt es auch Leute, die allein durch das Anschauen Bewegungsabläufe so verinnerlicht haben, dass sie direkt loslegen können. Falls du nicht dazu gehören solltest – keine Sorge! Da befindest du dich in bester Gesellschaft. Ein Großteil von uns muss die Bewegungen erst selbst ausführen. So bekommen wir ein Gespür für die Abläufe, können die Bewegungen koordinieren und immer sauberer ausführen. Was zu Beginn unseres Tanztrainings noch sehr abgehackt und ungewohnt aussieht, wird mit der Zeit immer geschmeidiger und fließender. Wir wissen, welches Körperteil wir wann wie bewegen müssen, und es scheint fast automatisch abzulaufen – ganz natürlich, ohne dass wir uns erst überlegen müssen, dass wir den linken Arm jetzt dahin halten müssen und die Fußstellung dabei aber so aussehen muss.

Ähnlich ist es auch beim Resilienz-Training. Wir müssen aktiv werden, die Dinge immer und immer wieder praktizieren, bis sie zu unseren Gewohnheiten werden, bis wir die Einstellungen, die wir gerne leben wollen, wie von selbst denken. Lesen wir hin und wieder darüber, machen dann aber weiter wie bisher, hat unser Körper und Geist keine Chance, sich auf die neuen Muster einzustellen. Die Datenautobahn im Gehirn wird nicht benutzt, sondern immer wieder der altbekannte Weg eingeschlagen. So fällst du nicht nur immer wieder in alte Muster, was dein Verhalten und Denken angeht – du wirst auch immer im Anfängerstadium bleiben.

Das ist anstrengend, weil du dir immer wieder neu bewusst machen musst, was du jetzt anders machen möchtest. Wenn du jede Woche zur Tanzstunde gehst, daheim aber nicht übst, wirst du wesentlich langsamer Fortschritte machen und frustrierende Momente erleben, in denen du das Gefühl hast, du würdest jede Woche wieder von neuem beginnen. Daher ist es so wichtig, in die Aktion zu gehen und dabei auch eine unerschütterliche Hartnäckigkeit an den Tag zu legen. Verwende die gleiche Energie darauf, deine Resilienz aufzubauen, die du vorher dazu genutzt hast, über dein Schicksal zu klagen oder dich herunterzuputzen. Wann immer du solche Gedanken oder Verhaltensweisen bemerkst, lenke die Energie auf dein neues Ziel: die eigenen Schutzfaktoren zu stärken!

So kannst du deine Resilienz auch allein im Rahmen deiner Möglichkeiten verbessern.

Chancen durch dein Resilienz-Training

Die Chancen, die sich durch ein erfolgreiches Resilienz-Training ergeben, liegen klar auf der Hand: Du wirst dadurch widerstandsfähiger und erlebst, dass du durch eigenes Zutun deine generelle Verfassung verbessern kannst. Je nachdem, welche Schutzfaktoren du nachhaltig stärken und ausbauen kannst, wird ein auf dich abgestimmtes Resilienz-Training deinen Umgang mit Menschen verbessern und erleichtern, deine Problemlösekompetenzen schulen und dein Gestalten und Erreichen von Zielen verändern.

Die Aspekte des Trainings wirken sich nicht nur in psychischen oder physischen Krisensituationen aus, in denen du dann klarer und effektiver handeln und dich vor negativen Stressauswirkungen abschirmen kannst, sondern auch bei alltäglichen Herausforderungen im Job, in der Beziehung oder in der Familie. Bildest du deine Schutzfaktoren aus, kann sich deine gesamte Lebensgestaltung verbessern: Du bist in der Lage, Stressoren als solche zu erkennen, besser mit ihnen umzugehen und dir bei Bedarf Hilfe zu holen. Du weißt um deine Selbstwirksamkeit, die dich aktiv handeln lässt und dir Selbstständigkeit und Unabhängigkeit beschert. Dadurch kannst du aber auch viel freier mit anderen Menschen umgehen, vorhandene Kontakte stärken, neue Kontakte anstreben und dein Sozialleben deutlich verbessern.

Durch das bewusste Einnehmen einer positiven, optimistischen Weltsicht kannst du dein Augenmerk auf deine vorhandenen Ressourcen legen, diese ausbauen und die Möglichkeiten, die sich dir bieten, nutzen.

Dadurch, dass du um deine Grenzen weißt, dir realistische Ziele setzt und Krisen durch lösungsorientiertes Handeln angehst und überstehst, kannst du dich auf natürliche Weise weiter entwickeln, ohne dich zu überfordern. Du schaffst dir so auch Spielräume für deine persönlichen Interessen und du erlebst, dass du dein Leben aktiv gestalten kannst.

Training, aber kein Fortschritt – was ist da los?

Was bedeutet es, wenn du fleißig trainierst, aber nicht die gewünschten Fortschritte machen kannst? Wenn du immer wieder in alte Verhaltensmuster zurückrutschst? Die gleichen Probleme dir immer und immer wieder Schwierigkeiten bereiten? Du dich zwar bemühst, aber es scheinbar überhaupt keine Verbesserung deiner Gesamtsituation gibt und du den Eindruck bekommst, du würdest dich für nichts und wieder nichts abstrampeln?

Die Gründe, warum eine Person trotz Resilienz-Training nicht die angedachten Fortschritte macht, können vielfältig sein: Vielleicht war der Anspruch an das, was du in einem bestimmten Zeitraum ändern kannst, zu hoch. Nicht immer hast du die nötigen Kapazitäten in deinem Leben, um ein solches Training gewissenhaft anzugehen. Wie du weißt, ist es ein wichtiger Bestandteil des Trainings, dass du am Ball bleibst und dich immer wieder in deinen angestrebten Schutzfaktoren übst. Bist du aber grade viel zu sehr beruflich eingespannt oder durch familiäre Schwierigkeiten belastet, kann es sein, dass du nicht die Nerven oder die Kraft hast oder die nötige Disziplin aufbringen kannst, dich zusätzlichen Herausforderungen zu stellen. Musst du dich von einem Beinbruch erholen, startest du ja auch nicht direkt mit einem Marathontraining, sondern lässt erst den Heilungsprozess zu und beginnst dann mit Physiotherapie und einem gezielten und sehr vorsichtigen Aufbau.

Der eigene Anspruch kann einem hier rasch zum Verhängnis werden und auch der Anspruch, der möglicherweise von außen an einen herangetragen wird: „Du machst doch jetzt dieses Resilienz-Training. Wieso bist du denn noch immer so leicht aus der Fassung zu bringen?"

Das Anerkennen der persönlichen Grenzen ist wichtig, um Überforderung zu vermeiden – ganz gleich, ob die Grenzen bei dir durch einen vollen Zeitplan, emotionalen Ballast oder andere Verpflichtungen aktuell eng gesteckt sind. In solchen Fällen ist es ratsam, sich nur auf kleine Dinge zu konzentrieren, die man leicht in die tägliche Routine einbauen kann oder an äußeren Stellschrauben zu drehen, die nicht so viel emotionale Arbeit erfordern: Du könntest eine Portion mehr Gemüse essen, eine Stunde eher schlafen gehen oder versuchen, bei jedem Telefonat ein paar Schritte zu gehen und so mehr Bewegung einzubauen.

Der Fokus sollte auf kleinen und leicht zu bewältigenden Dingen liegen, die dir Erfolgserlebnisse verschaffen. Nur so kannst du die so wichtige Selbstwirksamkeit spüren und auch ein Gefühl der Authentizität erleben. Wenn du deine Ziele hingegen zu hoch steckst und dann immer wieder daran scheiterst, ist das nicht nur anstrengend und ermüdend – es beraubt dich auch des Erlebnisses, dass du selbst mit deinen Fähigkeiten und Taten deine seelische und körperliche Gesundheit stärken kannst.

Überlege dir einmal die Antworten auf folgende Fragen. Vielleicht möchtest du dich auch mit jemand anderem darüber austauschen oder die Fragen ein paar Tage in dir arbeiten lassen. Lass dir Zeit beim Beantworten und schaue, was wirklich in dir schlummert, was für dich beim Resilienz-Training wichtig ist und welche Möglichkeiten sich durch ein geeignetes Training ergeben könnten.

- Welche Chancen siehst du in einem Resilienz-Training?
- In welchen Bereichen würdest du gerne etwas verändern?
- Würdest du lieber allein daran arbeiten oder mit einer Fachkraft zusammen?
- Welche Vorteile hätte die Zusammenarbeit mit einer Fachkraft?
- Welche Vorteile hätte es, allein daran zu arbeiten?

- Was würdest du tun, wenn du eine stabile Resilienz hättest?
- Was wäre anders in deinem Leben?
- Wie wärst du?
- Mit wem und was würdest du deine Zeit verbringen?
- Hast du aktuell Zeit und mentale Kapazitäten für ein Training?

Versuche, dir vor allem die Antworten auf die letzten Fragen so bildhaft wie möglich vorzustellen. Wenn du magst, kannst du auch etwas dazu zeichnen oder Bilder zu einer Collage, einem Mood- oder Visionboard zusammenstellen. Dadurch erhältst du eine klarere Vorstellung von deinem Ziel.

Oftmals fällt es uns nämlich bedeutend leichter, das zu benennen, was wir nicht mehr möchten oder was uns stört, sodass darauf dann auch der Fokus liegt. Hilfreicher ist es allerdings, wenn wir wissen, was wir möchten, sodass wir dann die entsprechenden Schritte in die richtige Richtung unternehmen können.

Ein weiterer Grund dafür, dass es dir zunächst so vorkommt, als würdest du keine Fortschritte machen, kann auch einfach darin bestehen, dass dir bestimmte Handlungs- und Gedankenmuster erst jetzt in voller Form bewusst werden und dadurch omnipräsent scheinen. Vielleicht erlebst du auch viel Gegenwind vonseiten deines Umfeldes? Aber schau mal, ob gerade dies nicht darauf hinweist, dass sich etwas verändert: Vielleicht fallen dir jetzt Dinge auf, die du früher hingenommen hast, obwohl sie dir geschadet haben. Vielleicht machst du dich jetzt auf andere Weise für dich und deine Bedürfnisse stark. Vielleicht stellst du dich das erste Mal selbst der Verantwortung für deine Zufriedenheit. All das ist zunächst sehr anstrengend – aber mit etwas Übung wird es dir von Tag zu Tag leichter fallen!

Alleskönner Resilienz-Training?

Ein Resilienz-Training, wenn es durchdacht durchgeführt wird, kann somit Kräfte freisetzen, dir bei einer Neuorientierung helfen und deine mentale und körperliche Gesundheit verbessern.

Die Auswirkungen eines entsprechenden Trainings können aber je nach Typ, Ansatz und Umständen variieren. Wie du weißt, ist Resilienz kein festes Merkmal, sondern eine dynamische Eigenschaft, die sich aus diversen Aspekten zusammensetzt und sich im Laufe des Lebens verändern kann.

Die verschiedenen Resilienz-Konzepte berücksichtigen in der Regel, dass jeder Mensch mit einem einzigartigen Setting in das Training geht und keinesfalls immer die gleichen Resultate oder Entwicklungen zu erwarten sind.

Mitunter wird aber in den Medien oder in der öffentlichen Meinung der Eindruck vermittelt, Resilienz wäre eine Art Alleskönner, ein Allheilmittel. Dieser Anspruch kann sich auf mehrere Arten negativ auf dich auswirken. Zum einen kann es dazu führen, dass deine Bemühungen von deinem Umfeld nicht ernst genommen werden. Wenn du dein Training vornimmst und immer noch nicht belastbar genug in den Augen anderer geworden bist, hat das aber nichts mit dir und deiner Arbeit zu tun, sondern mit ihren unrealistischen Erwartungen an das Resilienz-Training. Dies zeigt sich gerade bei Leuten, die dich in Situationen halten möchten, die ungerecht oder anderweitig schädlich für dich sind. Aber ein Resilienz-Training soll dich nicht stark dafür machen, dass du tägliche Ungerechtigkeiten, die eigentlich vermeidbar wären, aushalten und ertragen kannst. Das hat nichts mit Resilienz zu tun und du solltest dir auch nicht einreden lassen, dass du nur an deiner Resilienz arbeiten müsstest, damit dir das nichts mehr ausmacht und es dich nicht mehr belastet.

Zum anderen kann ein Alleskönner-Anspruch dazu führen, dass du von dir selbst etwas erwartest, zu dem du vielleicht gar nicht in der Lage sein kannst. Mit dem richtigen Resilienz-Training jede Situation entspannt durchzustehen klingt zwar traumhaft – aber es bleibt eben auch nur ein Traum. Eine solche Fehleinschätzung der Trainingsmöglichkeiten kann dazu führen, dass du dich an der falschen Stelle abarbeitest – nämlich an dem vermeintlich alles regelnden Trainings – und nicht die Hilfe suchst, die du vielleicht aktuell in einer schweren Phase besser gebrauchen könntest. Das hat nicht zwingend etwas mit Selbstüberschätzung zu tun, sondern ist oft auch bedingt durch den Wunsch, anderen nicht zur Last zu fallen, unabhängig und besonders unkompliziert zu sein, oder auch den Versuch, sich keine Blöße zu geben oder Schwäche zu zeigen. Die Angst, das Gesicht zu verlieren, bei der Arbeit den Respekt der Kolleginnen oder Vorgesetzten einzubüßen oder für allgemein lebensuntüchtig gehalten zu werden, kann dazu beitragen, dass du dich auf die Idee des allmächtigen Resilienz-Trainings versteifst. Auch das Akzeptieren einer chronischen Krankheit kann dadurch mitunter aufgeschoben werden: „Wenn ich nur hart genug an meiner Resilienz arbeite, werde ich wieder x und y können. Ich muss meine Schutzfaktoren nur noch mehr trainieren. Dann wird das schon."

Dieser Strohhalm, nach dem die Leute in ihrer Verzweiflung greifen, klingt auf den ersten Blick verlockend, aber er führt dazu, dass eine wichtige Entwicklung – das Annehmen einer Situation – nicht stattfinden kann. Mitunter können auch fragwürdige Coaches und Trainer, die mit einer stabilen Resilienz nach einem Wochenendseminar oder ähnlichen Phantasieversprechen werben, Menschen in Not dazu bringen, sich in diesem Denkmuster zu verfangen. Zum einen treibt sie der sehnliche Wunsch nach Hilfe und Erleichterung an, zum anderen ist da die Scham und Schuld, sich möglicherweise einfach nicht genug angestrengt zu haben – schließlich könnten ja die, die durch ihre Anstrengung resilient genug geworden sind, alle Krisen ohne jegliche Kratzer überstehen.

Die Schutzfaktoren sind dir selbstverständlich eine gute Stütze und sie federn kleine und größere Erschütterungen ab – aber sie sind keine Wundermittel. Wie schon erwähnt, bedeutet eine hohe Resilienz nicht, dass du unverwundbar bist und dich nie wieder mit negativen Gefühlen auseinander setzen musst. Vielleicht gibt es auch Erlebnisse in deinem Leben, die so einschneidend sind, dass du davon beeinflusst wirst – ganz gleich, wie stabil deine Resilienz auch sein mag. Es gibt Momente im Leben, die kann ein Mensch kaum fassen oder bewältigen, schon gar nicht im Alleingang. Das bedeutet nicht, dass er selbst schuld daran ist und einfach nur ausgiebiger sein Resilienz-Training durchziehen sollte.

Noch einmal: Resilienz ist kein Alleskönner, der jedes Problem aus dem Weg räumt, und sie ist auch kein Schutzpanzer, der dich unberührbar macht. Und vor allem ist sie keine Entschuldigung dafür, dass dich jemand weiter Missständen oder unfairem Verhalten aussetzt. Du musst nicht alles aushalten und niemand sollte dir den Eindruck vermitteln, dass es deine Schuld ist, wenn du nicht bereit dazu bist.

Wie ist das bei dir?

- War das Resilienz-Training deine Idee oder hat dich jemand darauf gebracht?
- Falls dich jemand darauf gebracht hat – warum?
- Hat jemand Erwartungen an dich und dein Resilienz-Training gestellt?
- Oder dir sogar Vorgaben gemacht, was du wie zu tun hast, um bestimmte Ergebnisse zu erzielen?
- Wurde an dich der Gedanke herangetragen, dass Resilienz ein Allheilmittel ist?
- Hast du solche Erwartungen an dein Training oder sind dir die Grenzen des Trainings bewusst?
- Ist es für dich in Ordnung, in deinem Tempo zu arbeiten oder hast du das Gefühl, du müsstest dich beeilen und schnellere Fortschritte machen?
- Bist du anfällig für Heilsversprechen?
- Erwartet jemand von dir, dass du Ungerechtigkeiten einfach aushältst?
- Erwartest du dies selbst von dir?

Resilienz-Training mit professioneller Unterstützung durch eine Fachkraft

Resilienz mit Pferden, Resilienz-Stärkung in der Natur, Resilienz für die Führungsebene – es gibt zahlreiche Resilienz-Trainings, die angeboten werden. Wenn du merkst, dass du dich allein schwer damit tust, dein Training anzufangen, regelmäßig durchzuführen oder zu strukturieren, kann ein geführtes Training eine erwägenswerte Alternative sein. Mit einer Fachkraft an deiner Seite kannst du dir den Einstieg in das Thema erleichtern und auch den Übergang von der Theorie ins Praktische angenehmer gestalten. Gemeinsam mit der Fachkraft kannst du auch überprüfen, welche Ziele für dich realistisch sind, wo du aufpassen solltest und wo du vielleicht noch mehr wagen darfst. Dieses Feedback kann auch hilfreich sein, wenn du steckenbleibst und mit deinem Training allein nicht die Veränderungen erzielen konntest, die du angestrebt hast. Vielleicht rühren diese Blockaden von tiefer liegenden Problemen her, für deren Aufarbeitung du psychologische Unterstützung gut gebrauchen kannst. Oder du hast dir zu viel zugemutet. Gerade Personen mit einer starken Arbeitsmoral und einem hohen Anspruch an sich selbst können Gefahr laufen, sich bei so einem Projekt zu verzetteln und zu viel in zu kurzer Zeit von sich zu erwarten.

Eine Begleitung von außen kann dir neue Perspektiven aufzeigen, wenn du als Betroffene möglicherweise gerade den Wald vor lauter Bäumen nicht mehr siehst, und gemeinsam mit dir neue Wege entwickeln. Diese Unterstützung kann auch hilfreich sein, wenn du mit einer psychischen oder physischen Erkrankung lebst. Befindest du dich bereits in einem therapeutischen Setting, kannst du die Behandler fragen, ob sie das Resilienz-Training gemeinsam mit dir gestalten wollen, wenn es nicht ohnehin bereits Teil der Behandlung ist. Vor allem wenn es darum geht, bei psychischen Erkrankungen Selbstwirksamkeit und eine Verbesserung des Umgangs mit den Symptomen zu bekommen, werden häufig Ansätze aus dem Resilienz-Training übernommen beziehungsweise das gezielte Stärken einzelner Schutzfaktoren angestrebt. Dies ist auch bei besonderen Belastungen angeraten, etwa wenn du einen Trauerfall in der Familie hattest oder dich in einer anderen außergewöhnlichen Krisensituation befindest. Setzt du dich dann mit dem Thema auseinander, kann es sein, dass sich genannte Blockaden zeigen oder du aufgrund deiner seelischen Verfassung einfach viel Unterstützung durch eine fachkundige Person gebrauchen kannst. Menschen mit chronischen körperlichen Erkrankungen bemerken nicht selten auch seelische Auswirkungen der Krankheit und profitieren daher ebenfalls von einem entsprechenden geführten Training. Oftmals werden Aspekte aus dem Resilienz-Training in Reha-Einrichtungen aufgegriffen, aber du kannst auch gezielt bei deinen Behandlern nachfragen, ob es eine spezielle Gruppe für Menschen mit deiner Diagnose gibt oder ob eine Einrichtung in der Nähe entsprechende Angebote hat.

Eine Unterstützung von außen kann auch förderlich sein, wenn du dich auf einem ganz bestimmten Gebiet oder in einem bestimmten Lebensbereich weiter entwickeln möchtest und deine Resilienz beispielsweise im Arbeitsleben oder in deinem Alltag als Mutter ausbauen möchtest. Auch kann es spannend sein, neben dem eigenen Lernen Abwechslung und Motivation dadurch zu schaffen, dass du dir besondere Schmankerl als Anreiz setzt – etwa ein Resilienz-Training mit Hunden oder Pferden, wenn dich so etwas interessiert, oder ein Coaching in der Natur. Kleine Belohnungen helfen dir, deine Motivation aufrechtzuerhalten und die Aufgabe wieder attraktiv zu machen, auch wenn du manchmal die Lust verlierst oder dir die Entwicklung zu langsam voranschreitet.

Nutze deine Ressourcen, frage nach, welche Hilfen es gibt, was in deinem Fall ratsam wäre, und traue dich, die angebotenen Hilfen, die dir zusagen, auszuprobieren. Wenn du dann feststellst, dass sie doch nichts für dich sind, kannst du immer noch etwas anderes testen. Wenn du dir Hilfe von außen für dein Resilienz-Training suchst, überlege dir, was dir bei einer Zusammenarbeit wichtig ist. Möchtest du dich eher an dem Wiener Modell orientieren und eine Balance zwischen Bewegung, Ernährung und mentaler Hygiene finden? Wäre eine Ernährungsberatung, ein Coaching oder ein Personal Training für dich hilfreich? Oder möchtest du an den gängigen Schutzfaktoren arbeiten? Gibt es tiefer liegende mentale Blockaden? Dann ist eine ausgebildete Psychotherapeutin eine gute Anlaufstelle. Auch Beratungsstellen oder andere Verbände bieten manchmal niedrigschwellige Beratungsangebote bzw. Gespräche an.

- In welchem Bereich hättest du gerne professionelle Unterstützung? Resilienz für das Arbeitsleben, Resilienz bei Krankheit, Resilienz in der Kinderbetreuung?
- Was erwartest du von dieser Form der Begleitung?
- Welche Eigenschaften sollte deine Begleitung auf jeden Fall haben?
- Welche Form der Zusammenarbeit wäre gut für dich? Projektbezogen ein Wochenendseminar oder ein längeres Retreat, wöchentliche Treffen oder einmal pro Monat?
- Möchtest du persönlich in Kontakt treten oder bist du viel unterwegs, sodass Online-Angebote eine bessere Option wären?
- Möchtest du gezielt an deiner Resilienz arbeiten oder auch damit verbundene Blockaden aufarbeiten?
- Wäre eine psychotherapeutische Unterstützung sinnvoller als ein reines Resilienz-Training?

Äußere Grenzen des Resilienz-Trainings

Wichtig ist auch, dir klar zu machen, dass es sehr positiv ist, dein Verhalten und deine Eigenschaften ändern zu wollen, um krisenfester zu werden – es sich aber auch lohnt, dein Leben dahingehend zu überprüfen, wo sich Krisen und Ärgernisse allgemein verhindern lassen.

Damit ist nicht gemeint, dass du ab sofort nur noch in deiner Komfortzone bleiben und allen Herausforderungen aus dem Weg gehen sollst. Vielmehr sollte dir bewusst sein, dass du dich und dein Verhalten sowie deine Einstellungen zwar bis zu einem gewissen Grad ändern kannst und dadurch belastbarer und souveräner werden wirst – dies aber nicht aus dem Grund geschehen sollte, dass du weiter in einer extrem belastenden Situation oder für dich unpassenden Lebensumständen verharrst.

Brigitte Schäfer merkt in ihrem Buch „Resilienz.100 Seiten" an, dass im betrieblichen Gesundheitsmanagement die Verhältnis-Prävention vor der Verhaltens-Prävention steht. Damit ist gemeint, dass nicht nur die Menschen ihr Verhalten, sondern auch ihre Verhältnisse ändern sollten, wenn diese zu massivem Stress führen.

Sicher lässt sich Stress im Alltag nicht komplett vermeiden, das ist klar. Und niemand wird von dir verlangen, dass du eine Revolution anzettelst, um endlich eine faire und ideale Aufteilung der Care-Arbeit in der Gesellschaft zu erzielen oder eine bessere Life-Work-Balance durchzusetzen. Es ist klar, dass bestimmte Prozesse ihre Zeit dauern und du sie nur bis zu einem gewissen Anteil beeinflussen kannst. Aber du kannst dafür sorgen, das zu ändern, was du ändern kannst.

Vielleicht kennst du das Gelassenheitsgebet des Amerikaners Reinhold Niebuhr?

Der bekannteste Ausschnitt daraus lautet:

„God, grant me the serenity to accept the things I cannot change, courage to change the things I can, and wisdom to know the difference."

Im Deutschen ist es meist nur in der Kurzfassung und somit in der Übersetzung der oben stehenden drei Zeilen geläufig:

„Gott, gib mir die Gelassenheit, Dinge hinzunehmen, die ich nicht ändern kann, den Mut, Dinge zu ändern, die ich ändern kann, und die Weisheit, das eine vom anderen zu unterscheiden."

Du musst an keinen Gott glauben, sondern kannst dich auch vollkommen losgelöst an diesen Unterscheidungsprozess wagen. Das erfordert den Mut, hinzusehen und aktiv zu werden, wenn du feststellen solltest, dass es störende Dinge in deinem Leben gibt, die du selbst verändern kannst. Auch das Anregen von Veränderungen gehört dazu, also das Ansprechen von Missständen, das Suchen des Dialogs mit Leuten, mit denen der Umgang schwierig ist, oder das aktive Einfordern von Gerechtigkeit.

Wage dich an eine ehrliche Bestandsaufnahme: Geht es dir in deiner Beziehung wirklich gut? Verbindet euch Liebe und Zuneigung oder Gewohnheit? Nützen die ständigen Problemdiskussionen etwas oder redet ihr eigentlich nur noch über das, was nicht läuft? Wann habt ihr das letzte Mal zusammen gelacht? Nervt dein Gegenüber dich nur noch oder schaust du auch voller Zuneigung auf diese Person?

Wenn du morgens schon Bauchschmerzen auf dem Weg zur Arbeit hast, gibt es keine andere Möglichkeit, dem aus dem Weg zu gehen, als dich das x-te Mal mit schlechtem Gewissen krankschreiben zu lassen? Vielleicht kannst du um neue Aufgaben bitten, wenn du dich mehr einbringen willst. Oder kannst du in ein anderes Team wechseln, wenn du mit den Leuten dort besser klar kommst? Stöhnst du auf, wenn diese eine Freundin bei dir anruft, weil sie dich immer nur als Kummerkasten benutzt und über deine Gefühle hinweggeht? Kannst du nachts nicht schlafen, weil es nach vorne raus so laut ist? Ändere das! Tausche die Zimmer, wenn du kannst. Führe mit der Freundin ein klärendes Gespräch oder beende die gemeinsame Zeit, wenn keine Änderung eintritt. Steh für dich und deine Bedürfnisse ein.

Resilient zu sein bedeutet wirklich nicht, möglichst viel Mist auszuhalten und sich hinter einen Panzer zurückzuziehen und einen Schlag nach dem anderen zu kassieren. Es bedeutet, dass du bei den unvermeidlichen Schicksalsschlägen und Herausforderungen das nötige Rüstzeug hast, um diese zu überstehen und vielleicht sogar noch stärker daraus hervorzugehen. Dinge, die sich ändern lassen, solltest du aber angehen, damit du deine

Widerstandskraft für die Dinge nutzen kannst, die du nicht aus eigener Kraft beeinflussen kannst.

Nicht immer ist auf den ersten Blick zu erkennen, wo unser Handlungsspielraum aufhört; mitunter auch, weil wir uns an Dinge gewöhnt haben. Die Kollegen laden dir immer das Aufräumen der Teeküche auf und du hast es ja auch gerne sauber? Da machst du das schnell mal? Das ist eine typische Situation, in die man so hineinwachsen kann, dass sie sich vollkommen normal anfühlt. Du kommst gar nicht mehr auf die Idee, das Ganze zu hinterfragen. Aber frage dich: Ist das fair? Tun die anderen auch einen Extrateil? Oder bist irgendwie immer nur du dran? Lass das nicht mit dir machen. Zieh deine Grenzen!

Alle anderen Kollegen haben Kinder, sodass immer du den Dienst an den hohen Feiertagen übernehmen sollst? Du hast seit der neuen Anstellung noch kein Fest mit deinen Liebsten begehen können und das bedrückt dich innerlich? Lass dich nicht instrumentalisieren. Natürlich ist es nett von dir, wenn du den Eltern in deinem Team entgegen kommst, aber das bedeutet nicht, dass du automatisch so springen musst, wie sie es wollen. Auch du hast ein Recht darauf, Feiertage mit deinen Liebsten zu feiern.

Mache dir all die kleinen Dinge in deinem Leben bewusst, die dich irgendwie nerven, bedrücken, stören und dann schau, ob es im Rahmen deiner Möglichkeiten liegt, diese zu ändern. Mitunter wird es nicht immer eins zu eins zu verändern sein. Aber es reichen schon Teilerfolge, um deine Situation insgesamt zu verbessern. Dadurch räumst du Hindernisse aus dem Weg, die gar nicht da sein müssten, und hast mehr Kraft für die echten Stürme, die immer mal wieder über dich hereinbrechen können. Wenn du dich nicht täglich an lästigen Kleinigkeiten abarbeiten musst, kannst du dich auch viel mehr darauf konzentrieren, dein Leben in eine positive Richtung zu lenken und Schritte zu unternehmen, die dich Richtung Glück und Zufriedenheit führen.

Bevor du jetzt im nächsten Abschnitt eine bunte Zusammenstellung an Ideen findest, wie du deine Schutzfaktoren stärken und üben kannst, nimm dir einen Moment Zeit für deine

Bestandsaufnahme. Falls du magst, mach dir Notizen oder eine Mindmap, um das Ergebnis schwarz auf weiß und damit in all seiner Deutlichkeit vor dir zu sehen.

- In welchem Bereich deines Lebens gibt es Dinge, die dich nerven?
- Sticht ein Aspekt besonders hervor?
- Ist es eine Person oder eine Tätigkeit oder etwas ganz anderes?
- Wieso kriselt es hier immer wieder?
- Wie viel Zeit verbringst du damit, dich darüber zu ärgern?
- Erlebst du dieses Ärgernis regelmäßig?
- Was hat dich bisher davon abgehalten, dagegen anzugehen? Fürchtest du Sanktionen? Bist du zu bequem? Ist es verbindend, sich gemeinsam über etwas aufzuregen, etwa über die immer kaputte Glühbirne im Flur, statt sie einfach auszuwechseln?
- Falls es eine Person ist, kannst du mit dieser Person darüber reden?
- Falls keine Basis für ein Gespräch da ist, kannst du den Kontakt zu dieser Person minimieren oder so gestalten, dass er dich weniger belastet?
- Falls es eine Tätigkeit ist: Wie würde sie dich weniger belasten? Lässt sie sich delegieren? Oder anders gestalten?

Was fällt dir sonst zu dem Thema ein? Gehe einmal alle Bereiche deines Lebens durch: Partnerschaft, Familie, Kinder, Beruf, Haushalt, Hobbys, Ehrenamt, Wohnsituation, Finanzen, persönliche Entwicklung. Schau genau hin! Wenn dir jetzt nichts einfällt, mach dir eine mentale Notiz, wenn du das nächste Mal in eine Situation kommst, in der du dich unnötig ärgern musst.

Hast du einen Schlachtplan vorliegen, kannst du das Projekt angehen und all die kleinen Ärgernisse nach und nach aus dem Weg schaffen – für mehr Freiraum zum Entwickeln von dem, was gut ist in deinem Leben!

Kapitel 5 - Jetzt geht's los - Praktische Empfehlungen zur Stärkung der Resilienz

Dem Athlet und Autor Bob Moawad wird folgender Ausspruch zugeschrieben:

„The best day of your life is the one which you decide your life is your own.

No apologies or excuses, no one to lean on, rely on or to blame.

The gift is yours - it is an amazing journey and you alone are responsible for the quality of it.

This is the day your life really begins!"

Zu Deutsch:

„Der beste Tag deines Lebens ist der, an dem du entscheidest, dass dein Leben dein eigenes ist.

Keine Entschuldigungen oder Ausflüchte, niemand auf den du dich verlässt, niemand, auf den du baust oder den du verantwortlich machst. Das Geschenk ist deines – es ist eine fantastische Reise und du allein bist verantwortlich für die Qualität eben dieser.

Das ist der Tag, an dem dein Leben wirklich beginnt!"

„Ich schaffe das!"

Wir wissen zwar, dass kein Mensch eine Insel ist und niemand losgelöst von seiner Umgebung, seinen sozialen Verhältnissen sowie der Kultur und den geschichtlichen Ereignissen betrachtet werden kann, in die er hinein geboren wird; was wir aber aus diesem Zitat ziehen können, ist die Chance, einen Neuanfang zu machen; einen Neustart in ein erfülltes Leben – und zwar dann, wenn wir aufhören, andere für unser Lebensglück verantwortlich zu machen oder das Glück im Außen zu suchen, und stattdessen selbst etwas dafür tun.

Das Zitat sollte nicht so verstanden werden, dass wir anderen Menschen nicht mehr trauen sollten.

Ein gesunder Optimismus ist, wie du bereits erfahren hast, einer stabilen Resilienz äußerst zuträglich und sollte auch im Umgang mit Menschen in seiner Auswirkung nicht unterschätzt werden. Aber das Ganze sollte nach dem Motto ablaufen: Erwarte nichts, geh aber von dem Besten aus! Und am Allerwichtigsten: Werde selbst aktiv! Nimm dein Leben selbst in die Hand!

Ja, wir haben genetisch bedingt unterschiedliche Voraussetzungen und auch unsere Sozialisation können wir zu großen Teilen nicht bestimmen – aber wir können uns dafür entscheiden, die Dinge zu verändern, die wir beeinflussen können. Wir können unsere Schutzfaktoren Stück für Stück stärken, wir können für eine harmonischere Umgebung sorgen, Störfaktoren und Energieräuber aus unserem Leben aussortieren und mit aller Kraft ein zufriedenes, glückliches Leben anstreben.

Das ist der Tag, an dem dein Leben wirklich beginnt.

In diesem Kapitel findest du Tipps, Übungen und Ideen zur Entfaltung deiner eigenen Kraft. Neben Vorschlägen, wie du die drei Pfeiler Food, Mind und Move des Wiener Modells in Balance bringen kannst, findest du auch zu den sieben Schutzfaktoren, die als Säulen der Resilienz bekannt sind, verschiedene Anregungen, um diese zu stärken. Zudem bekommst du ein paar allgemeine Tipps an die Hand und ein paar Anregungen für Situationen, in denen du unterwegs bist und einen kleinen Resilienz-Boost vertragen kannst. Abschließend findest du noch eine Anleitung, um eine Notfallbox vorzubereiten, um für Krisenzeiten oder emotionale Überbelastungen jeglicher Art vorbereitet zu sein.

Die Pfeiler des Wiener Modells in Einklang bringen

Die Eckpfeiler des Wiener Modells sind sehr leicht zu überschauen: Es handelt sich um Move – also die körperliche Fitness –, Food – also die Ernährung – und Mind – also die Einstellung und Haltung oder allgemeiner die Psychohygiene. Das Ziel ist es, die eigene mentale und körperliche Gesundheit und damit auch die Widerstandsfähigkeit dadurch zu stärken, dass diese drei Eckpfeiler in Einklang gebracht und gestärkt werden. So ausgerüstet stehen dir dann mehr Ressourcen zur Verfügung, wenn du dich körperlichen oder mentalen Herausforderungen gegenüber siehst.

Move

Bewegung ist nicht nur für deinen Körper wichtig, sondern auch für deine mentale Stärke: Sie kann dich dabei unterstützen, Stresshormone abzubauen, und so deine Resilienz stärken. Besonders bewährt hat sich eine Kombination von Cardio-Training und Krafttraining. Du kannst ausprobieren, ob dir das gezielte Training in einem Studio Spaß macht oder ob du dich lieber in der freien Natur bewegen möchtest.

Genießt du das Solo-Training, bei dem du abschalten und den Kopf frei bekommen kannst, oder das Gemeinschaftserlebnis beim Gruppensport? Probiere ruhig ein paar Dinge aus. Sicher findest du auch eine Sportart, die dich packt. Vielleicht ist es ja auch etwas Ungewöhnlicheres wie Hula-Tanz oder Slackline-Sport? Wenn du die finanziellen Möglichkeiten hast, profitierst du vielleicht auch von ein paar Stunden mit einer Personal-Trainerin?

„Ich schaffe das!"

Lässt deine körperliche oder seelische Verfassung aktuell keine großen Sportaktionen zu, werde kreativ und schau, wo du im Alltag etwas für dich tun kannst: Geh etwas mehr spazieren, mache Balance-Übungen oder schwing das Tanzbein, wenn du dein Lieblingslied hörst. Wird in deinem Büro Präventionssport angeboten? Oder gibt es nach einer Krankheit die Option, am Rehasport teilzunehmen?

Auch kleine Änderungen wie ein Steh-Schreibtisch oder das Spazieren bei Geschäftstelefonaten kann schon ein erster Schritt in die richtige Richtung sein. Wichtig ist es, deinen Körper in Schwung zu bringen und einen Ausgleich zum vielen Sitzen zu schaffen. So stärkst du dein Herz-Kreislauf-System, bringst deinen Stoffwechsel auf Trab, regst auch die Bildung von Glückshormonen an und fühlst dich insgesamt ausgeglichener.

Wichtig sind auch hier das Anerkennen der eigenen Grenzen und ein realistischer Anspruch. Hast du dich bisher kaum bewegt, solltest du dir nicht gleich das Ziel setzen, täglich mindestens 10.000 Schritte zu gehen. Sprich mit deiner Ärztin und lass dir grünes Licht für deine geplante Aktivität geben. Bist du aufgrund von chronischen Erkrankungen eingeschränkt, frage deine Behandler nach Aktivitäten, die für dich geeignet und sicher sind. Es gibt beispielsweise viele Videos zum Thema Spoonie-Yoga. In diesen werden Übungsabfolgen gezeigt, die auf bestimmte Einschränkungen Rücksicht nehmen und dich gesundheitlich unterstützen sollen. Sie sind extra für Menschen mit gesundheitlichen Einschränkungen gestaltet worden und die Abfolge der Asanas, also der Übungen, ist auf das Krankheitsbild abgestimmt.

Auch wenn das Integrieren von Bewegung in dein Leben am Anfang vielleicht nach noch mehr Anstrengung und Stress klingt, wirst du langfristig davon profitieren, da dein Energielevel steigen und auch deine Kraft sich verbessern wird. Du hast mehr Ausdauer und du wirst ein besseres Gefühl für dich und deinen Körper bekommen. Gerade, wenn wir viel mit unserem Innenleben beschäftigt sind, ist es wichtig, nicht den Bezug zu dem eigenen Körper zu verlieren. Pflege ihn und kümmere dich so liebevoll um ihn wie um einen Lieblingsmensch. Er trägt dich durch dein Leben und ist der einzige, den du hast!

- Welche Bewegung würde dir Spaß machen?
- Wie hast du dich als Kind gern bewegt?
- Hast du das freie Spiel bevorzugt oder hast du einen Sport betrieben?
- Warum hast du damit aufgehört?
- Wann warst du das letzte Mal wohlig körperlich erschöpft?
- Bewegst du dich gern an der frischen Luft?
- Gibt es jemanden in deinem Umfeld, der sich gerne gemeinsam mit dir bewegen würde?
- Tobst du gerne mit deinen Kindern?
- Würde es dein Hund genießen, wenn du aktiver mit ihm spielst?

Mood

Der Eckpfeiler Mood umfasst deine gesamte Psychohygiene. Dazu gehören sowohl dein Umgang mit Stress als auch deine Einstellungen und Haltungen zu bestimmten Themen. Bereits durch das Verändern deiner Perspektive auf bestimmte Sachen kannst du der Situation etwas den Stachel ziehen und reagierst somit weniger gestresst.

Stell dir beispielsweise vor, die Kollegin grüßt dich auf dem Flur nicht, sondern huscht fluchtartig an dir vorbei. Bist du eh schon negativ eingestellt, könntest du mit Ablehnung reagieren: „Die blöde Ziege, hält es nicht mal für nötig zu grüßen. Denkt die, die ist was Besseres, oder ist sie einfach nur unhöflich?" Oder auch verletzt: „Die mag mich bestimmt nicht. Kein Wunder, wie ich wieder aussehe, da will niemand was mit mir zu tun haben."

Und schon setzt sich eine negative Gedankenspirale in Gang. Veränderst du deinen Blickwinkel und gehst erst mal nüchtern an die Sache heran oder sogar positiv – ganz im Sinne von „Im Zweifel für den Angeklagten" –, dann denkst du dir eben gar nichts dabei – oder versuchst es zumindest – oder gibst ihr einen Nettigkeits-Vorschuss. Vielleicht hatte sie grade Kummer oder ihr war schlecht oder sie war im Stress. Du hast ja auch schon mal jemanden nicht gegrüßt und es war nicht bösartig gemeint, oder? Eben!

Deine Einstellung zu Dingen kann dir bereits sehr dabei helfen, mit stressigen Situationen entspannter umzugehen, und ein positiver Ausblick aufs Leben hilft, Stresshormone wie Cortisol, Noradrenalin oder Adrenalin erst gar nicht richtig in Wallung zu bringen. Dadurch kannst du besser denken und auch deine Problemlösekompetenzen besser agieren lassen. Das Etablieren von neuen Sichtweisen und Haltungen wird nicht von heute auf morgen geschehen und erfordert Durchhaltevermögen, aber es lohnt sich.

Weitere Dinge, die du für deine Psychohygiene tun kannst, sind beispielsweise das Erlernen von Entspannungsmethoden oder das Führen eines Stimmungstagebuchs. Wie ist das bei dir?

- Welche regelmäßig auftauchenden Gedanken bereiten dir Stress?
- Hast du eine negative Einstellung zum Leben?
- Denkst du rasch, jemand könnte dich nicht leiden?
- Beziehst du Dinge schnell auf dich?
- Praktizierst du Entspannungsmethoden?
- Wie fühlst du dich, wenn du Zeit für Self-Care hast?
- Könntest du dir vorstellen, ein Tagebuch zu führen?

Food

Essen. Kaum etwas, das wir täglich tun, kann einerseits so einfach und andererseits so kompliziert sein. Viele von uns führen eine Hass-Liebesbeziehung mit der Ernährung und haben ein entspanntes Verhältnis zum Thema verloren. Dabei sind eine ausgewogene Ernährung und ein gesundes Essverhalten enorm wichtig für unsere mentale und körperliche Gesundheit.

Achten wir auf eine ausgewogene Kost mit allen wichtigen Mineralien, Vitaminen, Spurenelementen und einer angemessenen Verteilung der Makronährstoffe Eiweiß, Fett und Kohlenhydrate, versorgen wir unseren Körper bestens und sowohl das körperliche als auch das mentale Immunsystem können optimal arbeiten.

Essen wir zu viel, belasten wir unseren Körper mit Übergewicht, das neben gesundheitlichen Problemen auch psychische Probleme mit sich bringen kann. Auch ein restriktives Essverhalten ist schädlich für unsere Resilienz, da Mangelernährung das Immunsystem schwächt, die kognitive Leistungsfähigkeit beeinflussen kann und zudem viele Symptome, die mit Angst und Panik verbunden werden, auch bei Unterzuckerung auftreten können. Vielleicht kennst du auch den englischen Ausdruck „hangry", der sich aus den Worten „hungry", also „hungrig", und „angry", also „wütend", zusammensetzt. Wir reagieren oft gereizt und angespannt, wenn wir Hunger verspüren, und sollten gut für uns sorgen, um uns durch so eine Situation nicht unnötigem Stress auszusetzen.

Wenn du unsicher bist, was dir gut tut, scheue dich nicht davor, verschiedene Dinge auszuprobieren oder eine Fachkraft um Hilfe zu bitten. Lass dir bei Bedarf eine Ernährungsberatung geben, damit du weißt, welche Lebensmittel in welchem Maße gut für dich sind. Wenn du lernst, wie du dir mit deiner Ernährung langfristig Gutes tun kannst, hast du diesen Eckpfeiler auf ein sicheres Fundament gestellt. Sehr hilfreich ist dabei auch ein achtsamer Umgang mit dem Essen. Schätze, dass es jemand für deinen Verzehr zubereitet oder angebaut hat, nimm es mit allen Sinnen war und konzentriere dich beim Verzehren ganz bewusst auf deine Nahrung. Langsames Essen kann dich dabei unterstützen – und es soll sogar die Produktion von den erwähnten Stresshormonen reduzieren können. Isst du langsam und bewusst und nicht nebenbei beim Texten oder zwischendurch zur Stimmungsregulation, dann wirst du auch einen besseren und natürlichen Zugang zum Thema finden. So kannst du den Eckpfeiler Food ebenfalls dazu nutzen, deine mentalen und körperlichen Abwehrkräfte zu stärken.

- Versuchst du, deine Emotionen mit Essen zu regulieren?
- Wie ist deine Einstellung zum Essen?
- Hast du ein gesundes Essverhalten gelernt?
- Neigst du dazu, zu viel oder zu wenig zu essen?
- Versuchst du, mit deinem Essverhalten Kontrolle in einem Bereich deines Lebens zu erlangen?
- Wie fühlst du dich, wenn du dich mit gesundem Essen versorgst?
- Welche Lebensmittel magst du richtig gerne?
- Bist du experimentierfreudig beim Zusammenstellen deiner Mahlzeiten?
- Verzehrst du deine Mahlzeiten bewusst oder nebenbei beim Telefonieren, Arbeiten oder Texten?

Die 7 Säulen stärken – Tipps zum Ausbau der einzelnen Schutzfaktoren

Im Folgenden werden Ideen zum Stärken der bekanntesten Schutzfaktoren – der 7 Säulen der Resilienz – vorgestellt. Spricht dich ein anderes Konzept mehr an, kannst du diese Ideen natürlich aufgreifen und entsprechend anpassen.

1. Optimismus

Deinen Optimismus kannst du dadurch stärken, dass du deinen Fokus mit all deiner Willenskraft auf das Gute im Leben lenkst. Kleine Tricks helfen dir dabei, immer wieder in der Spur zu bleiben, zum Beispiel:

Glückstagebuch führen

Sammele die kleinen und großen Glücksmomente in deinem Alltag. Vor allem in harten Zeiten übersehen wir diese mal gerne. Aber die Vögel zwitschern auch während einer Trennung, einer gesundheitlichen Krise oder einer finanziellen Flaute – wir haben dann nur vergessen hinzuhören. Es gibt im Handel spezielle Glückstagebücher, die dich jeden Abend daran erinnern, deine drei Glücksmomente aufzuschreiben. Du kannst aber auch einfach ein leeres Heftchen nehmen und sie darin niederschreiben. Wichtig ist, dass dein Tagebuch wirklich nur für Glücksmomente da ist und das Notieren ein fester Bestandteil deines Alltags wird. So achtest du im Alltag vermehrt auf diese schönen Momente und richtest deinen Blickwinkel neu aus.

Gegenüberstellung

Die negativen Gedanken kommen bei dir wie aus der Pistole geschossen? Bist du die, die zu allem und jedem einen sarkastischen Spruch auf Lager hat oder übernimmst du automatisch die Rolle der Schwarzmalerin? Dann übe dich in einer Gegenüberstellung. Jedem negativen Ausspruch oder Gedanken stellst du etwas Positives gegenüber. Die meisten Menschen können nicht direkt von Negativ zu Positiv wechseln. Wenn es dir fremd oder falsch vorkommt, statt wie immer vom Schlechtesten nun vom Besten auszugehen, dann versuche es etwas neutraler: Einem „Das Vorstellungsgespräch lief nicht so gut. Bestimmt bekomme ich den Job nicht." stellst du ein „Ich habe alles gegeben, was ich konnte. Ab jetzt liegt es nicht mehr in meiner Hand." gegenüber, einem

„Ich muss noch für diese Prüfung lernen – mir geht es so mies, die verhau ich doch ohnehin!" ein „Ich darf mich weiterbilden und ich strenge mich im Rahmen meiner Möglichkeiten an. Mal schauen, was passiert!".

Komplimente sammeln und geben

Wenn du ohnehin schon auf der Suche nach Glücksmomenten bist, dann beschere doch auch anderen welche. Halte Ausschau, wie und wann du jemandem ein ehrliches Kompliment geben kannst: Vielleicht der Kassiererin, die so gelassen und gekonnt mit dir umgegangen ist, oder der Mutter, die so souverän ihr Kind beruhigt. Deiner Chefin, die so eine freundliche Arbeitsatmosphäre schafft, oder deinem Sohn, der so bereitwillig sein Croissant mit dem Nachbarskind geteilt hat. Wir tun uns mitunter schwer damit, etwas Nettes zu sagen, und haben Angst, dass das komisch wirken könnte – vielleicht auch, weil wir das Jammern oder Motzen viel mehr gewöhnt sind. Aber hast du schon mal jemanden gesehen, der sich so richtig über ein Kompliment gefreut hat? Diese Freude ist ansteckend! Bekommst du ein Kompliment, rede es nicht klein, sondern nimm es an und teile deine Freude mit deinem Gegenüber. Vielleicht magst du die Komplimente ja auch sammeln, damit du bei Bedarf mal durchstöberst und einen positiveren Ausblick auf dich und deine Stärken bekommst.

Lächeln

Ein ganz einfacher Trick für zwischendurch, der eine Wohltat für deinen Optimismus-Muskel ist: Lächeln.

Nicht immer ist uns danach zumute, aber das macht gar nichts. Auch ein gestelltes Lächeln kann sich positiv auf unseren Organismus auswirken: Stresshormone werden abgebaut, stattdessen werden Glückshormone ausgeschüttet. Super! Und auch wenn du dir vielleicht mit einem gestellten Lächeln albern vorkommen solltest: „Fake it, til you make it." Manchmal haben wir uns regelrecht daran gewöhnt, griesgrämig durch die Welt zu laufen oder nach außen ein Pokerface zur Schau zu tragen. Durchbreche dieses Muster, indem du dich auf Lächel-Jagd machst. Nutze jede Gelegenheit zum Lächeln: Ein Postbote bringt dir das schwere Paket bis in den Flur? Schenk ihm ein Lächeln! Du siehst ein Kind von Herzen lachen? Lächeln! Dir steigt der herrliche Duft von Lavendel und Rosen in die Nase? Lächeln! Ruckzuck wirst du immer leichter zu deinem Lächeln finden und von den positiven Auswirkungen auf Körper und Geist profitieren.

Guter Input

Gönne dir eine kleine Auszeit von all den Dramen der Social-Media-Welt, limitiere deinen Nachrichtenkonsum und schenke dir eine Woche, in der du dir nur guten Input gibst. Natürlich wollen wir gut informiert sein, aber wer sich rund um die Uhr mit Schreckensmeldungen, drastischen Bildern und dem Twitter-Kleinkrieg von zwei B-Promis befasst, kann leicht den großen Weltschmerz kriegen und sich fragen, warum man in so einer Welt überhaupt optimistisch sein sollte. Gestalte deinen Konsum von Neuigkeiten und Informationen bewusst. Schaue dir lustige Filme an, Kabarettisten und Komikerinnen, Lehrtutorials oder inspirierende Beiträge, die dir ein gutes Gefühl vermitteln. Fühle immer in dich hinein und vergleiche es mit deinem vorherigen Medienkonsum. Wie geht es dir, wenn du erbauliche, erheiternde Dinge aufnimmst und dich mit dem umgibst, was dir Hoffnung und gute Laune beschert?

2. Akzeptanz

Zu akzeptieren was ist, schafft dir Handlungsräume, denn du musst dann nicht mehr gegen Windmühlen kämpfen, sondern kannst dich um das kümmern, auf das du Einfluss hast. Besonders hilfreich für das Stärken deiner Akzeptanz sind Achtsamkeitsübungen.

Das Gelassenheitsgebet

Du hast bereits das Gelassenheitsgebet von Reinhold Niebur kennengelernt. Schreibe es dir auf ein schönes Stück Papier und hänge es dir an den Kühlschrank oder neben deinen Computerbildschirm. Du kannst es auch in deine eigenen Worte fassen oder die Ansprache weglassen, sodass es keinen religiösen Kontext mehr hat:

„Gib mir die Gelassenheit, Dinge hinzunehmen, die ich nicht ändern kann, den Mut, Dinge zu ändern, die ich ändern kann, und die Weisheit, das eine vom anderen zu unterscheiden."

Das Rezitieren kann dir immer wieder bewusst machen, dass du nicht alles ändern kannst und nichts alles ändern musst, aber durchaus den Mut haben solltest, zu hinterfragen, ob du etwas ändern kannst. Die Macher und Kontrollettis unter uns, die es nur schwer ertragen können, zuzugucken oder mal nicht alles in der Hand zu haben, können sich mit diesem Gebet oder einem anderen Gedicht, was ihnen hilft, an etwas festhalten und sich selbst erden, wenn alte Verhaltensmuster aktiviert werden.

Body-Scan

Der Body-Scan ist eine Achtsamkeitsübung, bei der du gedanklich die verschiedenen Teile deines Körpers abscannst, ohne ihn dabei in irgendeiner Form zu beeinflussen. Du gehst gedanklich Stück für Stück, meist von den Zehen bis hinauf zu deinem Kopf, und nimmst einfach wahr, welche Empfindungen du in dem jeweiligen Körperteil fühlst und wie deine Stimmung ist. Das bewusste Einnehmen der Beobachterrolle und das bewusste Vermeiden von Bewertungen der Empfindungen können dabei helfen, eine gewisse Gelassenheit und Akzeptanz gegenüber Reizen aufzubauen. Bist du sonst sehr empfindlich und regierst möglicherweise auch leicht über, kann dir diese Übung dabei helfen, Dinge erst mal nur zu betrachten und nicht sofort auf jeden Reiz mit einer Reaktion zu antworten. Dadurch bleibst du ruhiger, behältst den Überblick und kannst aktiv handeln, statt nur zu reagieren.

Meditation

Auch die Meditation kann dir dabei helfen, deine wilden Gedanken zu beruhigen und zu dir selbst zu finden. Du musst nicht wie ein erleuchteter Guru stundenlang im Schneidersitz in tiefer Versenkung verbringen, um von den Vorteilen einer Meditationspraxis zu profitieren. Schon ein paar Minuten täglich können deinen Herzschlag beruhigen, deinen Blutdruck senken und dir helfen, dein Stresslevel zu verringern. Deine Akzeptanz wird bereits geschult, wenn du dich zum Meditieren hinsetzt und feststellst, dass dir das Meditieren schwer fällt. Es gibt viele verschiedene Arten zu meditieren, etwa die Sitz-Meditation oder die Geh-Meditation. Für viele Menschen ist eine geführte Meditation zu Beginn eine gute Wahl, um einen Einstieg in die Thematik zu bekommen. Es gibt auch Meditationsgruppen oder Kurse, in denen du mehr über die Meditation und ihre positiven Auswirkungen erfahren kannst.

3. Lösungsorientierung

Die Chance und nicht das Problem sehen, erfordert Kreativität, Intelligenz und Beweglichkeit im Denken. Um sich nicht überfordert zu fühlen, ist es neben dem Über-den-Tellerrand-Schauen auch wichtig, eine Struktur und ein Ziel zu haben.

Spielerische Logik

Logiktrainer, Escape Rooms, Black Stories, Sudoku, Kreuzworträtsel – alles, was deine grauen Zellen auf Trab hält und dich dazu bringt, lösungsorientiert zu denken, ist willkommen. Vor allem, wenn es dein lösungsorientiertes Denken auf spielerische

Weise trainiert. Escape Rooms sind auch eine tolle Möglichkeit, um diesen Schutzfaktor im Team zu üben, etwa als Familie, als Paar oder als Arbeitsgruppe.

Prioritätenliste

Verschaffe dir einen Überblick über deine Prioritäten. Was ist dir im Leben wichtig und welche Aspekte sollten immer die Grundlage für deine Lösungsansätze bilden? Welche Werte und Normen müssen bei dir berücksichtigt werden, damit du dich mit den Lösungen wohlfühlen kannst? Verschaffst du dir darüber Klarheit, wirst du nicht so leicht in Versuchung kommen, Ja zu halbgaren Vorschlägen zu sagen, die dir ein mulmiges Gefühl im Bauch bereiten. Stattdessen kannst du beim gemeinsamen Finden von Lösungsansätzen direkt eine klare Position beziehen.

Informationen sammeln

Vielseitig interessierte Menschen können mitunter schneller Verknüpfungen bilden, Dinge neu kombinieren und so auf frische Lösungsansätze kommen. Beschäftigt dich ein Thema, sammele dazu Informationen. Bleibe neugierig und schaue, wie andere Leute ähnliche Herausforderungen gemeistert haben. Nutze jede Chance, um zu lernen und von den Erfahrungen anderer zu profitieren. Viele Menschen teilen ihr Wissen überaus bereitwillig und freuen sich, wenn sie in ihrer Expertenrolle geschätzt werden.

4. Die Opferrolle verlassen

Wenn du die Opferrolle verlässt, ist es wichtig, dass du deine eigene Kraft, deine Selbstwirksamkeit spüren kannst. Trainiere sie durch kleine Herausforderungen und Kniffe, um immer selbstbewusster damit umgehen zu können.

Die eigene Kraft spüren

Wann hast du das letzte Mal gespürt, wie stark du bist? Das Ausleben von körperlicher Stärke lässt sich wunderbar auch auf die mentale Stärke übertragen. Teste deine Stärke im Rahmen deiner Möglichkeiten und freue dich daran, was du schaffen kannst. Wenn du aktuell nur sehr wenig körperliche Stärke zur Verfügung hast, trainiere sie. Fordere dich heraus und genieße es, wenn du deine Kraft spürst. Versuch einen Liegestütz oder hacke Holz für deinen Kamin. Werde aktiv und schau, was du aus eigener Kraft schaffen kannst.

Mut-Accessoires

Nicht immer ist es leicht, seine neue Position zu halten und nicht wieder in die Opferrolle zurückzufallen, aus Angst, Bequemlichkeit oder Frust. Besorge dir ein kleines Mut-Accessoire, was du mit deiner persönlichen Stärke in Verbindung bringst – etwa ein Armband, einen schmalen Ring oder einen Button –, und trage es, wenn du besonders viel Mut brauchen wirst. So wird der Besuch beim Zahnarzt, die Aussprache mit deinem Ex oder der Besuch der Firmenfeier zwar nicht unbedingt weniger bedrohlich auf dich wirken, aber du hast einen kleinen Mutmacher, der dich immer wieder daran erinnert, was du kannst und wo du mittlerweile stehst!

Mini-Challenges für Erfolgserlebnisse

Festige deine neue Position jenseits der Opfer-Rolle durch kleine Erfolgserlebnisse. Wenn du diese im Alltag nicht einfach durch deinen Job generieren kannst, dann mache kleine Mini-Challenges, die dir gut tun – etwa sieben Tage Rückengymnastik durchziehen oder drei Leute pro Tag anlächeln. Damit wagst du dich aus deiner Komfortzone heraus und tust gleichzeitig etwas für dein körperliches und mentales Wohlbefinden. Und du erlebst, wie deine Taten die Veränderung in deinem Leben bewirken und dass du nicht einfach ein Spielball des Schicksals bist.

5. Verantwortung übernehmen

Sicherlich wirst du ohnehin in deinem Leben Verantwortung übernehmen, etwa im beruflichen Umfeld oder für deine Kinder. Nicht immer ist es aber leicht, Verantwortung für sich selbst zu übernehmen. Vielen von uns fällt es leichter, sich um andere zu kümmern und auch für diese gerade zu stehen. Übe am besten beides.

Feste Termine für dich

Übernimm Verantwortung für dein Wohlergehen und sorge dafür, dass die Rahmenbedingungen dafür geschaffen sind. Schnappe dir deinen Kalender und das Telefon und plane alle ärztlichen Vorsorgeuntersuchungen, die wichtig für dich sind. Ja, niemand verbringt seine kostbare Freizeit gern in einer Arztpraxis – aber ein Routine-Check-Up ist wichtig und auch eine Form der Selbstliebe. Weitere wichtige Termine sind längere Auszeiten zum Auftanken, Freiräume für soziale Interaktion mit Freunden oder der Familie sowie für deine Hobbys und auch Pausen in der Natur.

Investiere in dich

„Das habe ich nicht gelernt! Das hat mir niemand beigebracht!" – Mag sein, aber jetzt nimmst du das Ruder in die Hand! Mit Podcasts, öffentlichen Weiterbildungsangeboten und Youtube hast du die Chance, dich in nahezu jedem Bereich weiterzubilden. Du bist unzufrieden in deinem Job, kannst aber nicht aufsteigen, weil dir eine Qualifikation fehlt? Sprich mit deinem Arbeitgeber darüber und kümmere dich darum. Investiere in deine Bildung und damit in dich selbst! Dieser Punkt wirkt sich übrigens auch positiv auf deine Problemlösekompetenzen aus!

6. Netzwerkorientierung

Ein stabiles soziales Umfeld gilt als sehr resilienzfördernd, bedarf aber auch unserer Aufmerksamkeit und Pflege. Vor allem introvertierte Menschen sollten bei diesem Punkt ihre Bedürfnisse beachten und sich nicht überfordern. Sich ab und an aber mal aus der eigenen Komfortzone herauszubewegen, kann trotzdem in tollen Kontakten münden.

Aktives Zuhören

Ein echter Klassiker im Umgang mit Leuten und einer, der sich lohnt. Wenn du Zeit mit Menschen verbringst, höre ihnen aktiv zu. Heutzutage erledigen viele Menschen parallel etwas auf dem Handy oder sind im Kopf schon einen Sprung weiter. Mach das Ganze mal anders und widme dich bewusst und mit voller Aufmerksamkeit den Menschen in deinem Leben. Was haben sie dir zu erzählen? Was ist ihnen wichtig? Wo entdeckst du etwas Spannendes, etwas zum Freuen? Sei neugierig und freue dich auf neue Erkenntnisse oder eine tiefere Verbindung zu den Personen, die dich umgeben und mit denen du deine Zeit verbringst.

Verbindlichkeiten

In einer Welt, in der alles schnell und unverbindlich sein muss, ist es erfrischend, wenn jemand verbindlich und verlässlich ist. Nimm Verabredungen ernst und halte dich an Termine. Plane Zeit für die wichtigen Personen in deinem Leben ein – auch wenn der Job stressig ist oder die Steuererklärung ruft. Erinnere dich an Geburtstage, Jubiläumstage und schreib Dankeskarten. Melde dich bei den Leuten – nicht nur, wenn du etwas brauchst oder ein hoher Feiertag ansteht, sondern auch mal so. Halte die Kontakte lebendig und engagiere dich für die Personen, die dir wichtig sind.

Raum für neue Kontakte

Die Pflege deines sozialen Netzes kann auch umfassen, dass du Leute gehen lassen musst, die dir nicht mehr gut tun, die dich nicht zu schätzen wissen oder sich nicht um eure Freundschaft kümmern. Auch wenn ein Loslassen nicht immer einfach ist, kann es sich lohnen. Statt anderen hinterherzulaufen, hast du dann die Möglichkeit, dich auf neue Leute einzulassen und deine Energie und Zeit in Beziehungen zu investieren, die dir gut tun, die dich stärken und glücklich machen.

Offenheit

Vereinsmeierei ist nicht dein Ding, zu einem Sport-Event würdest du nie gehen und in der Volkshochschule sind sicherlich nur Rentner? Erlaube dir das Machen neuer Erfahrungen und suche hin und wieder ganz andere Orte als gewöhnlich auf, um mit anderen Menschen in Kontakt zu kommen. Du musst ja nicht gleich einem Taubenzüchterverein beitreten – aber vielleicht sind die Leute beim Straßenfest echt herzlich und vielleicht reißt dich die Freude der Fans bei einem Eishockeyspiel komplett mit? Probiere es aus und lasse es auf Kontakte ankommen! Du musst nicht gleich mit allen Leuten vor Ort Freundschaften fürs Leben schließen, aber es ist schön, wenn man sich kennt und ein paar nette Worte wechselt!

7. Zukunftsplanung

Eine realistische Zukunftsplanung hilft dir dabei, andere Schutzfaktoren zu stärken, und gibt dir die Möglichkeit, dein Leben selbst zu gestalten. Mit einer realistischen Zukunftsplanung gehen üblicherweise auch ein optimistischer Ausblick und das Erleben von Selbstwirksamkeit einher. Mit folgenden Aktivitäten und Ansätzen kannst du deine Zukunftsplanung trainieren.

Vision Board

Ein Vision Board, auch als Dream Board bekannt, ist eine Collage aus Bildern, Wörtern und auch Zitaten, die deine Träume und Zukunftspläne abbilden. Durch die Gestaltung und Komposition deines Vision Boards kannst du dich dem Thema Zukunft auf kreative Weise nähern und dir während des Prozesses bildhaft vor Augen führen, wie dein angestrebtes Leben aussehen könnte. Zudem dient das Vision Board als Motivation und kann dir dabei helfen, beim Erreichen von langfristigen Zielen am Ball zu bleiben. Als inspirierende Erinnerung führt es uns bildhaft vor Augen, wofür wir uns anstrengen und welche Aspekte uns in unserem Leben wirklich wichtig sind.

Kalender

Das Führen eines Kalenders ist keine große Sache, kann aber wirklich einen maßgeblichen Unterschied beim Gestalten deiner Tage machen: Ganz gleich, ob dich mehr ein kreatives Bullet Journal, ein schicker Planer oder eine moderne digitale Variante anspricht – ein Kalender führt dir vor Augen, welche Aufgaben und Menschen einen Großteil deiner Zeit beanspruchen, wie und ob du Aufgaben immer wieder vor dir her schiebst und wie du generell mit deiner Zeit umgehst. Wenn du gerne gestaltest und eine kreative Ader hast, kann ein Bullet Journal eine tolle Variante sein, um dich dem Thema zu nähern und Struktur in dein Leben zu bringen. Vor allem in Krisensituationen kann man manchmal aus dem Leben herausfallen und neigt dazu, sich nur noch treiben zu lassen – ärgert sich aber anschließend darüber, dass man mit der Zeit nichts angefangen hat. Ein Kalender hilft dir dabei, bei Zielen am Ball zu bleiben und gibt dir mit einigen Highlights im Monat auch die Möglichkeit, mal wieder aktiv Vorfreude zu zelebrieren und deinen optimistischen Blickwinkel zu stärken!

Effektives Zeitmanagement

Ein effektives Zeitmanagement mag auf den ersten Blick etwas trocken wirken, schließt aber direkt an den Kalender-Tipp an. Oftmals tragen Prokrastination (extremes Aufschieben) oder Unentschlossenheit zu innerer Unzufriedenheit bei. Auch das „Verplempern" von Zeit in sozialen Netzwerken oder beim Zappen hinterlässt meist kein gutes Gefühl. Überprüfe mal ein paar Tage, wie du wie viel deiner Zeit verbringst und überlege dir dann, ob du mit einem auf dich und deine Bedürfnisse abgestimmten Zeitmanagement nicht viel mehr aus deinem Leben machen kannst. Damit ist nicht gemeint, dass du jede wache Sekunde deines Lebens produktiv gestalten und dich rund um die Uhr optimieren sollst. Vielmehr geht es darum, dass du dir Zeit für die wirklich wichtigen Dinge nimmst und dich nicht mit nervigen Sachen aufhältst, die dir eigentlich gar nicht gut tun.

Allgemeine Tipps für den Alltag

Schlafhygiene

Schlaf ist sowohl für die mentale als auch die körperliche Erholung sehr wichtig. Wenn wir unausgeschlafen sind, fallen uns kognitive Prozesse schwerer und wir reagieren schneller gestresst. Ohnehin gehen harte Zeiten nicht selten mit einer Beeinträchtigung der Schlafqualität einher. Achte daher darauf, dass du bereits am Abend alles für eine gute und erholsame Nachtruhe vorbereitest:

Wenn dich Gedanken plagen, trage sie laut vor dem Spiegel vor oder schreibe sie auf und lege sie somit bewusst in einer Wach-Phase ab. Du kannst dich ja am nächsten Tag wieder darum kümmern. Sorge für ein wohltemperiertes Schlafzimmer – 18 Grad werden von den meisten Personen als besonders schlaffördernd wahrgenommen – und gestalte es so, dass du dich darin wohlfühlen kannst. Ein kuscheliges Bett mit sauberen Laken in einem aufgeräumten Zimmer ist einladender als eine zerknuddelte Schlafstelle in einem Raum, der hauptsächlich als Rumpelkammer genutzt wird. Sorge für eine ausreichende Belüftung und verteile, wenn du magst, etwas Lavendelduft auf den Kissen. Die letzte Mahlzeit sollte einige Stunden her sein und auch auf das Trinken von koffeinhaltigen Getränken solltest du verzichten. Ein warmer Schlummertrunk, etwa ein Abend-Tee, kann angenehm beruhigen.

Abendroutine

Der Mensch ist ein Gewohnheitstier und fühlt sich in einer Welt, in der sich alles immer schneller ändert, durch Routinen angenehm zentriert. Deine Schlafhygiene kannst du auch durch eine gute Abendroutine verbessern. Überlege dir, wie du am Ende deines Tages am besten zur Ruhe kommst. Vielen Menschen hilft es, schon mal Dinge für den nächsten Tag zu planen, um gedanklich zur Ruhe kommen zu können. Nach dem Badbesuch könntest du eine leichte Yogaeinheit machen – es gibt tolle Videos für Abendyoga – und noch etwas Meditieren. Bist du sehr angespannt, könnte auch ein kleiner Abendspaziergang oder Progressive Muskelentspannung eine lohnende Alternative sein, um die körperliche Anspannung abzubauen. Auch wenn es verlockend ist – versuche, deine Bildschirmzeit am Abend zu begrenzen. Das Bildschirmlicht kann dir das Einschlafen erschweren. Wähle stattdessen eine sanfte Beleuchtung und beschäftige dich mit etwas Kreativem, schreibe Tagebuch, einen Brief oder lies etwas leichte Lektüre. Beruhigende Atemtechniken können dann ebenfalls helfen, die nötige Bettschwere zu erreichen. Probiere aus, was für dich am besten funktioniert, und versuche, es dann eine Weile konstant zu praktizieren. Dein Körper und Unterbewusstsein werden dann mit bestimmten Aktivitäten automatisch das Zubettgehen verknüpfen und wissen, dass jetzt Zeit für Entspannung und Erholung ist.

Morgenroutine

Auch eine Morgenroutine kann dir mehr Stabilität in deinem Alltag schenken und dadurch mehr Raum für andere Dinge geben. Sorge dafür, dass du morgens genug Zeit hast, um in den Tag zu starten, damit nicht gleich direkt nach dem Aufstehen dein Stresslevel in die Höhe schießt. Dies gilt insbesondere dann, wenn du nur langsam in Gang kommst und vielleicht etwas dünnhäutig am Morgen bist. Falls möglich, gönne dir genug Zeit, um dich in Ruhe fertig zu machen, etwas Frischluft zu tanken, ein gesundes Frühstück zu dir zu nehmen und dich auf den Tag einzustimmen.

Als vielbeschäftigte Person kannst du nur leise lachen, wenn du das liest? Du musst keine 2-stündige Morgenroutine, wie die Influencer auf Youtube, daraus machen: Statt einem Spaziergang reichen auch ein paar Atemübungen am offenen Fenster und es muss nicht jeden Tag eine Smoothiebowl sein. Probiere aus, was für dich und deine aktuelle Lebenssituation passt. So hast du direkt nach dem Aufwachen einen kleinen Abschnitt des Tages, auf den du dich freuen kannst und der dir hilft, die Stimmung für den Tag zu bestimmen.

Unterstützung to go

Body2Brain-Techniken

Body2Brain-Übungen sind Körperübungen der Neurologin Claudia Croos-Müller, die sich über den Körper auf den Gemütszustand auswirken sollen. Eine Mutmach-Übung ist beispielsweise der breitbeinige Stand, bei dem du deine Hände in die Hüften stützt. Dadurch fühlst du, wie stabil, breit und stark du bist und dass dich so leicht nichts umhauen kann. Eine wunderbare Übung für zwischendurch, die du auch in der Öffentlichkeit ganz problemlos umsetzen kannst. Ebenfalls mutmachend ist die Tarzan-Pose, bei der du sanft auf deine Brust trommelst oder die Sieger-Pose, bei der du wie ein Fußballer nach dem entscheidenden Tor die Arme hochreißt. Die solltest du aber vielleicht lieber kurz auf der Toilette als mitten im Büro machen.

Atemtechniken zur Selbstberuhigung

Es gibt verschiedene Atemtechniken, die dir helfen können, ein aufgebrachtes Nervensystem zu beruhigen. Wenn du sehr aufgeregt bist, kann es bereits helfen, deine Atmung bewusst zu verlangsamen und in die Länge zu ziehen. Achte darauf, dass du in den Bauch atmest. Bist du sehr angespannt, kann das mitunter schwer sein – mit etwas Übung in Situationen, in denen du entspannter bist, wird es aber schnell klappen. Eine gute Methode ist die Box-Atmung. Bei der atmest du eine bestimmte Zeit ein, etwa 6 Sekunden, dann hältst du den Atem 3 Sekunden und dann atmest du 7 Sekunden aus, bevor du nach einer Pause von 3 Sekunden wieder von vorne beginnst. Probiere aus, welche Zeiten für dich in welcher Situation passen. Wichtig ist eine gleichmäßige und tiefe Atmung, die dir wieder innere Ruhe und Klarheit schenken wird.

Affirmationen

Wenn du weißt, dass du über den Tag immer wieder etwas Unterstützung gebrauchen kannst, suche dir eine Affirmation aus, die dir ein gutes Gefühl vermittelt. Sie kann kurz und knackig aus einem Wort bestehen – etwa „Kraft" – oder auch ein ganzer Satz sein: „Ich bin ruhig und gelassen."

Wann immer du dich wackelig fühlst, kannst du zu dieser Affirmation zurückkehren und sie dir innerlich vorsagen, um deine Gedanken neu auszurichten und dich zu motivieren. Vielleicht magst du dir auch einen Handywecker mit einer Achtsamkeitsglocke stellen. So kannst du dich in regelmäßigen Abständen daran erinnern lassen und deine Aufmerksamkeit auf deine innere Stärke lenken!

„Ich schaffe das!"

Der Erste-Hilfe-Koffer für akute Krisen

Ganz gleich, wie gut du deine Resilienz trainiert hast – es wird immer wieder Situationen im Leben geben, die dich zumindest kurzfristig überfordern können. Um dieser Wucht an negativen Emotionen dann nicht hilflos ausgeliefert zu sein, kann es sinnvoll sein, dich vorzubereiten, und zwar mit einem Erste-Hilfe-Koffer für akute Krisen. Dieser Notfallkoffer ist dein kleiner Sicherheitsanker, wenn dich die Gefühlswellen wegzutreiben drohen.

Ein solches Köfferchen wird gerne in der psychotherapeutischen Praxis eingesetzt, damit die NutzerInnen sich trotz der akuten Überforderung selbst helfen können. Die erlebte Selbstwirksamkeit kann den Emotionen bereits den ersten Stachel nehmen. Statt kopflos herumzulaufen und dich immer weiter in einem Gefühlswust zu verstricken, kannst du, wenn du merkst, dass es brenzlig wird, deinen Koffer zur Hand nehmen. Darin enthalten sind verschiedene Dinge, die dir bei der Emotionsregulierung helfen können. Du kannst sie ganz nach deinen persönlichen Vorlieben und Erfahrungswerten zusammenstellen. Vielleicht hilft dir ein Knautschball, um Stress wegzukneten, ein schöner Duft, der dich beruhigt, ein kleiner Riegel deiner Lieblingsschokolade, eine Postkarte mit einem schönen Motiv, dein Erfolgsbüchlein oder Karteikarten mit Körperübungen, die du im Falle von Angst, Panik, Trauer oder Wut machen kannst, um dir selbst etwas Gutes zu tun. Auch ein Malbuch, ein Stück Knete oder Origami-Papier machen sich darin wunderbar. Wie wäre es mit einem kleinen Geschicklichkeitsspiel, das dich mal fünf Minuten ablenkt, wenn du von allem eine Pause brauchst? Überlege dir, was dir gut tut, wenn es dir nicht so gut geht, und sorge vor. Allein das Wissen, dass du auf eine Krisensituation vorbereitet bist, kann dir zusätzliche Stabilität verschaffen, wie der Gedanke an eine Versicherung, die im Schadensfall greift. So erlebst du, dass du selbst für dich vorsorgen kannst, auch wenn du in der Akutsituation selbst vielleicht weniger handlungsfähig bist. Nimm dir einen schönen Kasten oder einen alten Puppenkoffer, gestalte einen Schuhkarton oder einen anderen Behälter so um, dass du ihn optisch ansprechend findest, und stelle dir dann deine Werkzeugsammlung zusammen, um für Krisensituationen gerüstet zu sein.

- Was könnte in deinen Erste-Hilfe-Koffer hineinpassen?
- Welche Düfte wirken auf dich beruhigend? Lavendel? Rose, Vanille?
- Kannst du Atemübungen besser allein für dich ausführen oder würde dir eine entsprechende CD mit geführten Übungen helfen, die du hineinlegen kannst?
- Welcher Geschmack wirkt auf dich beruhigend? Etwas Erfrischendes, wie eine Minzpastille? Oder etwas, dass dich ganz aus dem Moment holt, etwa ein sehr scharfes Bonbon oder ein saurer Lolli, bei dem sich dein Gesicht von ganz allein zusammenzieht?
- Magst du Heißgetränke? Falls ja, würdest du eher einen blumigen Tee, etwas Fruchtiges für Gute-Laune-Vibes oder etwas Schokoladiges bevorzugen?
- Welche Farben sprechen dich an und wirken auf dich beruhigend? Ein kühles, frisches Blau oder ein erdendes, sattes Grün? Oder ist dir in echten Stressmomenten eher nach fröhlichen Farben wie Gelb oder Orange?
- Wie kannst du deinen Tastsinn ansprechen? Würde dir ein Schmeichelstein gefallen oder ein weiches Halstuch? Ein Kuscheltier oder ein Massageigel, über den du mit deinen Füßen rollen kannst?

Arbeite bei der Gestaltung deines Notfallköfferchens mit all deinen Sinnen und denke auch daran, ihn von Zeit zu Zeit an deine aktuellen Vorlieben anzupassen. Bist du viel unterwegs, kannst du dir auch ein Notfallpaket to go zurechtlegen, etwa mit deinen Lieblingsbonbons oder -kaugummis (Kaugummikauen oder das Lutschen von Bonbons kann beruhigend wirken), einem schönen ätherischen Roll-on oder Duftspray, einem Foto oder einem Text, der dich zum Lachen bringt, einem Andenken, das warme Erinnerungen in dir weckt, und einem kleinen Stressball. Diese Sammlung passt in jede Handtasche und macht sich auch in der Schreibtischschublade in deinem Büro gut. Hast du gar keinen Platz, lege dir auf deinem Handy einen Ordner an, mit ein paar Audiodateien mit geführten Meditationen und Entspannungsmusik, einer Gute-Laune-Playlist und Fotos von glücklichen Momenten. So hast du eine digitale Notfall-Kiste, die du nutzen kannst, wenn deine Resilienz in akuten Krisen herausgefordert wird.

Kapitel 6 - Rahmenbedingungen schaffen

Du hast nun einen ganzen Strauß an kleinen und großen Anregungen bekommen, die du dafür nutzen kannst, deine Schutzfaktoren zu aktiveren und damit auch deine Resilienz zu stärken. Darüber hinaus lohnt es sich auch, andere Stolpersteine, die dir beim Ausbauen deiner Resilienz begegnen können, aus dem Weg zu räumen.

Einer davon ist sicher den meisten von uns bekannt: der innere Kritiker! Er zeigt sich in ganz verschiedenen Formen: Als Widerhall der vernichtenden Sprüche des Nachbarn aus deiner Teenagerzeit, als die Stimme deiner Mathelehrerin, die dir immer vorausgesagt hat, dass aus dir sowieso nichts wird, als die vermeintliche Stimme der Gesellschaft, die einer Frau in deinem Alter vorschreibt, dass du dich so zu kleiden hast, so auszusehen hast, diesen Beruf zu machen hast und so leben solltest.

Und dann ist da noch deine eigene innere Stimme, die aus all den Vorwürfen, Empfehlungen, gut gemeinten Tipps, Konventionen, ungeschrieben Regeln, Hänseleien und Kritiken ein inneres Bewertungssystem gezaubert hat, mit dem du dich jeden Tag neu vermisst. Siehst du gut genug aus? Warst du verständnisvoll mit den Kindern? Warst du höflich genug zu den Nachbarn? Bist du dünn / fraulich / intelligent / hart / erfolgreich / selbstbewusst / lustig / charmant / sexy genug, um diese Hose zu tragen / Spaß zu haben / dich um diesen Job zu bewerben / dein Gegenüber um ein Date zu bitten?

Nicht immer ist es leicht, den inneren Kritiker als solchen zu erkennen, denn bei vielen von uns schnattert er so automatisiert los, dass wir uns gar nicht vorstellen können, anders zu denken, und es uns so vorkommt, als wäre das tatsächlich zu 100 Prozent wahr und das, was wir selbst von uns denken.

Halte einen kurzen Moment inne und stelle dir folgende Fragen:

- Von welcher Stimmlage wird dein innerer Monolog bestimmt?
- Hast du einen starken inneren Kritiker?
- In welchen Situationen oder bei welchen Themen wird er besonders laut?
- Sind dein innerer Kritiker und du manchmal unterschiedlicher Meinung? Auf wen hörst du dann?
- Stammen die Aussagen deines inneren Kritikers von dir oder hast du sie unbewusst übernommen? Achte mal auf die Wortwahl und die Stimmlage! Erinnert dich das an deine Kollegin, deinen Lehrer oder deine nörgelnde Tante Agnes?
- Würdest du so, wie dein innerer Kritiker mit dir redet, auch mit deiner Tochter oder deiner besten Freundin reden?

Vor allem die letzte Frage würden die meisten von uns ganz erschrocken mit einem entschiedenen und klaren NEIN beantworten. Natürlich würden wir so niemals mit unserer Tochter reden. Wie sollte sie so ein gesundes Selbstbewusstsein aufbauen? Wie sollte sie sich so lieben und annehmen und stolz auf sich sein können? Natürlich würden wir so nie mit unserer besten Freundin reden! Wir sind ehrlich mit ihr, klar, und wir weisen sie auf Fehler hin, aber auf konstruktive und liebevolle Art! Wie eine echte Freundin eben.

Die große Frage ist dann jedoch: Wieso reden wir so mit uns? Wie wollen wir auf der einen Seite Resilienz aufbauen und auf der anderen dann all das tun, was unserer seelischen Widerstandsfähigkeit schadet?

Dem inneren Kritiker begegnen – aktiv neue Gedankenwege beschreiten

Dem inneren Kritiker begegnen, sich bewusst zu machen, was zu ihm gehört und was zu dir, und dann den Entschluss treffen, aktiv neue Gedankenwege zu beschreiten, ist ein erster Schritt aus diesem Schlamassel hinaus. Das hört sich vielleicht erst mal unvorstellbar an, aber genauso, wie du dich an einen Arbeitsweg gewöhnen kannst, so kannst du dir auch neue Gedankenmuster angewöhnen. Hast du einen sehr lauten inneren Kritiker, wird es mitunter länger dauern – insbesondere dann, wenn er schon sehr lange bei dir zu Gast ist und du ihn möglicherweise bereits von deinen Eltern oder Lehrern übernommen hast.

Es erfordert einiges an mentaler Anstrengung, wenn du dir automatisierte Prozesse bewusst machen musst, und es ist nur natürlich, dass du gerade in stressigen Situationen, in denen deine Konzentration woanders liegt, auch wieder in alte Muster fällst. Aber es sind eben nur Muster, die du ändern kannst. Starte erst mal im Kleinen. Achte darauf, wann der innere Kritiker sich zu Wort meldet, und beobachte, was passiert. Wie verändert sich deine Stimmung? Wie wird deine Interaktion mit anderen beeinflusst? Wie wirkt sich das Ganze auf deine Schutzfaktoren aus?

Du musst noch nichts verändern, nur beobachten. Bekomme ein Gefühl für das was passiert und sensibilisiere dich für die Prozesse, die dann nach Schema F ablaufen. Hast du einen guten Überblick bekommen, überlege dir eine Gegenstrategie. Sprich ein lautes oder inneres Nein aus, wenn dein innerer Kritiker zu mosern anfängt, weigere dich, ihm zuzuhören, verpass ihm eine Micky-Maus-Stimme, um das Komische an der Situation zu sehen, bleibe aktiv im Guten, stelle einen positiven Gedanken daneben, um das Negative zu entkräften.

Probiere verschiedene Arten aus, dem inneren Kritiker zu begegnen und sei hartnäckig. Sei entschlossen, dich nicht mehr von ihm gängeln zu lassen. Das Wichtigste: Konzentriere dich dabei auf das Gute: Lege dir positive Kontersätze zurecht, platziere Smiley-Post-Its in deinem Büro, stell dir einen Achtsamkeitswecker, der dich daran erinnert auf deine Gedanken zu achten. Das gleiche gilt übrigens auch für die Art, wie du sprichst: Ebenso verhält es sich mit dem Nörgler oder dem Zweifler.

Umgang mit Mitmenschen während des Prozesses

Stolpersteine beim Entwickeln der eigenen Resilienz können auch in menschlicher Form daherkommen. Mitunter sind die Reaktionen von anderen während deines Prozesses gar nicht böse gemeint, sondern sind das Produkt von Gedankenlosigkeit oder Unachtsamkeit. Trotzdem können sie dich – gerade wenn du erst ganz am Anfang stehst und damit beginnst, deine Resilienz auszubauen – verunsichern.

Das kann sich so äußern, dass Leute dir sagen, du sollest dich da mal nicht übernehmen, sondern einfach akzeptieren, dass du eben empfindlich bist. Oder hochsensibel. Oder eine Mimose. Und da könne alles Training der Welt nichts dran ändern.

Es ist richtig, dass deine Persönlichkeitsmerkmale bis zu einem gewissen Grad fest zu dir gehören. Aber wie du bereits weißt, ist Resilienz kein festes Merkmal, sondern eher eine dynamische Einheit aus verschiedensten Faktoren, die du sehr wohl trainieren kannst. Vielleicht gibt es auch ein paar schnippische Bemerkungen, weil du nicht mehr so funktionierst, wie dies früher der Fall war. Wenn du jetzt mehr in deine Zukunftsplanung und das Setzen und Erreichen von realistischen Zielen investierst, wirst du möglicherweise weniger Zeit haben, im Büro weiterhin nebenbei die ungeliebten Extraaufgaben zu übernehmen. Das ist natürlich eine Veränderung, die den Kollegen möglicherweise erst mal nicht gefallen wird. Suche dir eine Verbündete, um die blöden Sprüche besser zu ertragen, falls es dir nicht möglich ist, das Ganze zu thematisieren. Wenn du kannst, sprich die Person direkt drauf an und sage ihr, dass du jetzt so viele Monate den Kaffee gekocht und die Teeküche aufgeräumt hast, dass die Aufgabe nun gerne jemand anderes übernehmen darf. Diese klare Ansage funktioniert auch bei Nachbarn, die plötzlich verschnupft reagieren, wenn man sich nicht mehr alles gefallen lässt, oder Familienmitgliedern, die einen nicht mehr beliebig einspannen können, weil man eigene Ziele verfolgt.

Wenn du dich abgrenzt, kann das auf andere zunächst einmal befremdlich und vielleicht sogar ablehnend wirken. Liegt die Person dir am Herzen, gehört sie zu deinem engen Kreis und kann sie mit der Information umgehen, weihe sie in dein Projekt ein und bitte sie vielleicht sogar um Unterstützung.

Möglicherweise hat sie ja auch selber Lust, ihre Resilienz zu stärken, und schließt sich dir an.

Weißt du, dass du nur Gegenwind von einem Menschen zu erwarten hast, du ihn aber gern hast, kannst du ihm klarmachen, dass sich nun einiges ändern wird, dies aber nicht die Zuneigung, die du für ihn hast, beeinträchtigt, und dass du dich weiterhin auf gemeinsame Zeiten freust. Bedanke dich am besten gleich auch vorab für die Unterstützung und hole ihn so indirekt mit ins Boot, ohne ihn genau einzuweihen. So kannst du ihn einbinden und er muss sich nicht außen vor gelassen fühlen, ohne dein zartes Pflänzchen Resilienz im Wachstum zu gefährden.

Bei Menschen, die nicht zu deinem inneren Kreis gehören, bist du keinesfalls verpflichtet, irgendwas zu sagen. Gerade Frauen neigen dazu, sich erklären zu wollen. Aber du bist niemandem Rechenschaft schuldig und musst auch niemandem genaue Auskunft darüber geben, welche Entwicklungsprozesse in deinem Inneren vorgehen. Biete Leuten, die alles schlecht reden und mies machen, gar nicht erste eine Bühne, sondern hüte dein kleines Resilienz-Projekt wie einen Schatz.

Kapitel 7 - Dein Potenzial bestmöglich entfalten

Eine stabile Resilienz in dem dir möglichen Rahmen zu entwickeln ist also auf vielerlei Wegen möglich und ein sehr persönlicher Prozess. Dieser ist in dem Sinne nie abgeschlossen, sondern bietet immer wieder Raum für eine persönliche Weiterentwicklung.

Die vielfach erwähnte Idee, eine Krise als Chance zu betrachten, kannst du mit der Kraft der Resilienz viel leichter umsetzen. Das liegt auch daran, dass du als Mensch, der seine Resilienz beständig schult und stärkt, einen ganz anderen Blickwinkel auf Herausforderungen haben wirst.

Hast du entsprechende Schutzfaktoren, wie du sie im Kapitel „Kann man Resilienz lernen?" kennengelernt hast, ausgebaut, wirst du in Stresssituationen gelassener bleiben können und es wird dir auch leichter fallen, Dinge nicht persönlich zu nehmen und eine gesunde Fehlerkultur aufzubauen. Dadurch wirst du insgesamt souveräner im Umgang mit Herausforderungen – sei es im beruflichen oder familiären Kontext. Diese Souveränität wird auch deinen Mitmenschen auffallen und sich auf die Interaktionen von ihnen mit dir auswirken.

Dabei muss es sich gar nicht mal zwingend um dramatische Schicksalsschläge wie eine Scheidung oder eine schwere Erkrankung handeln, sondern kann sich auch bei den kleinen und großen Widrigkeiten und Beschwerden im Alltag zeigen: In eurem Team soll ein neues Projekt umgesetzt werden, was allerdings etwas gewagt ist und einige Risiken mit sich bringt. Was glaubst du, wen würde die Leitung lieber in ihrem Team haben? Diejenige, die die gesamte Zeit Probleme ohne Lösungen beschreibt, oder diejenige, die die Risiken berücksichtigt und gleichzeitig viele Ideen und Lösungsansätze präsentiert und diese auch zuversichtlich umsetzen möchte?

Oder denk an die große Feier, die du zum Hochzeitsjubiläum deiner Eltern organisieren willst. Deine Schwester gibt zu bedenken, dass deine Mutter doch manchmal gar keine Überraschungen möge, es regnen könne und eine Gartenparty daher vielleicht doch nicht so gut sei und dass ja auch jemand krank werden könne und fragt, was es überhaupt zu Essen geben solle, bei all den Allergikern und überhaupt? Du kannst dich auch noch genau daran erinnern, wie du selbst so geredet hast, damals bei der Planung der Silberhochzeitsfeier. Aber jetzt, mit dem richtigen Rüstzeug in der Tasche, kannst du gelassen mit Herausforderungen kleiner und auch größerer Art umgehen. Du weißt, dass du gar nicht gegen etwas ankämpfen oder dich in Problemen verlieren willst, sondern deine Fähigkeiten und Fertigkeiten nutzen willst, um auf Dinge hinzuarbeiten, die dir gefallen, die dir gut tun. Du fragst deine Mutter, bevor du dir die ganze Arbeit machst, ob sie überhaupt eine Party will, und du stellst einen Pavillon auf, falls es doch einen Schauer geben sollte. Wer kommen kann, wird kommen und statt selbst für alle Gäste mit ihren Essgewohnheiten etwas Passendes zu zaubern, bittest du um das Beisteuern eines Gerichts für das Buffet inklusive Zutatenliste, sodass jeder Gast etwas Geeignetes für sich finden wird. Du nutzt hier also gezielte Planung, Einbinden von sozialen Kontakten, Realitätsprüfung – du allein wirst nicht für alle etwas Passendes kochen können –, Problemlösekompetenzen und auch viele weitere Dinge, die mit einer stabilen Resilienz einhergehen. Und schon wird aus einem Event, bei dem du früher bloß beim

Erwähnen der Planung schon Schweißtropfen auf der Stirn gehabt hättest, zu einem rundum handhabbaren Ding, bei dem sogar etwas Vorfreude und Planungsspaß aufkommen können.

Da du mit den kleinen und großen Widrigkeiten und unerwarteten Krisen des Alltags besser umgehen kannst, bleibt mehr Kraft für dich und all das, was dir in deinem Leben wichtig ist.

Du kannst deine Energie ganz anders einsetzen und dich dadurch auch in herausfordernden Phasen deines Lebens immer noch ein klein wenig darum kümmern, dass es dir trotz allem gut geht.

Die Frage „Was tun, wenn es mir schlecht geht?" ist nämlich plötzlich beantwortbar geworden, weil du Kapazitäten übrig hast, wenn du dich nicht mehr komplett in Emotionen oder Problemen verlierst oder von diesen mit einer unerwarteten Wucht vom Hocker gehauen wirst.

Wirst du hingegen vollständig von Wut, Trauer oder Schmerz niedergedrückt, wirst du kaum aktiv überlegen können, wie du dich jetzt bestmöglich um dich kümmern kannst, oder in der Lage sein, eine andere Perspektive einzunehmen und zu versuchen, das Gute an dem Ganzen zu sehen.

Mit einer stabilen Resilienz kannst du Krisen hingegen ganz anders betrachten und angehen. Ja, auch als resilienter Mensch läuft man nicht nonstop über eine sattgrüne Blümchenwiese, tanzt mit den Elfen um die Wette und kann so viel Schokolade essen, wie man will. Eine Trennung wird uns immer noch weh tun – aber wir werden nach den ersten Tagen der Trauer in der Lage sein zu erkennen, dass es auch andere Optionen in unserem Leben gibt, um unser Lebensglück zu zelebrieren, und wir werden vor allem nicht dazu neigen, unser Lebensglück von einer anderen Person abhängig zu machen. Wir wissen, dass wir selbst für uns und unser Lebensglück verantwortlich sind, und auch wenn es schmerzt, eine liebgewonnene Person gehen zu lassen – ganz gleich, ob es sich um eine Freundschaft, ein Familienmitglied oder eine Liebe handelt –, können wir auf uns selbst vertrauen.

Und wir wissen, dass andere Menschen in unser Leben treten werden, mit denen wir ebenfalls schöne und berührende Momente erfahren werden, und dieser Verlust nicht bedeutet, dass wir für immer und ewig allein sein werden oder uns niemand mag. Schwarzmalerei und das Katastrophisieren von Zukunftsvisionen haben so einen schweren Stand, denn ihnen stehen ein gesunder Optimismus und auch ein realistischer Abgleich mit unserem echten Leben gegenüber sowie die Bereitschaft, an das Gute und die eigene Selbstwirksamkeit zu glauben.

Eine schwere Krankheitsdiagnose wird uns natürlich aus unserem gewohnten Alltag reißen, uns verunsichern und zunächst emotional überfordern – aber wir werden irgendwann in der Lage sein, Schritte einzuleiten, um uns mit dieser Krankheit zu arrangieren, uns Hilfe zu holen und trotzdem noch die für uns zugänglichen guten Dinge zu genießen. Wir verfallen nicht in eine Schockstarre und lassen unser Leben vor uns zusammenbrechen, ekeln Freunde aus unserem Leben oder geben uns auf. Wir warten auch nicht auf Rettung von außen oder verfallen in die Opferrolle, bei der sowieso immer alles Schlechte uns passiert und es ja klar war, dass es uns irgendwann „erwischt". Stattdessen versuchen wir zu sehen, welche Behandlungsmöglichkeiten es gibt, anzuerkennen, dass wir in einem Land mit sehr weit fortgeschrittener medizinischer Forschung leben und es Mittel und Wege gibt, unser Leben auch mit Krankheit lebenswert zu gestalten. Dadurch wird die Krankheit nicht verschwinden – aber wir können besser damit umgehen und sie und ihre Auswirkungen ertragen. Resilienz bei Krankheit ist ein sehr wichtiges Thema, zu dem du im nächsten Abschnitt noch mehr erfahren wirst, wenn du möchtest.

Ein Jobverlust mag sowohl unser Selbstbewusstsein als auch unseren Finanzhaushalt erschüttern – aber wir können ihn entweder so sehen, dass wir versagt haben, nichts wert sind und nie wieder eine Arbeit finden werden, oder wir können diese schwere Zeit dazu nutzen, uns neu zu orientieren und möglicherweise sogar etwas zu finden, was viel besser zu uns und unserem jetzigen Leben passt. Dadurch können wir das Geschehene nicht verändern, aber wir können aktiv auf unsere Zukunft einwirken, unser Erleben im Hier und Jetzt aufs Handeln fokussieren und uns dazu bringen, den Silberstreif am Horizont nicht aus den Augen zu verlieren.

Aus schweren Zeiten gestärkt hervorgehen zu können, hat sehr viel mit Akzeptanz, realistischen Erwartungen, Emotionskontrolle, einem gesunden Optimismus und Selbstwirksamkeit zu tun. Die Kunst, nicht gegen etwas anzukämpfen, was wir nicht ertragen wollen, aber auch nicht ändern können, sondern stattdessen auf etwas Positives hinzuarbeiten, ist mit einer gestärkten Resilienz viel einfacher umsetzbar.

Viele der genannten Schutzfaktoren machen sich übrigens auch abseits der kleinen und großen Krisen positiv bemerkbar. Zu den Möglichkeiten, die die Resilienz eröffnet, gehören, neben mit den Widrigkeiten des Alltags oder größeren Schicksalsschlägen umgehen zu können, auch ein guter und entspannter Umgang mit deinen Mitmenschen. Dadurch, dass du gelassener bist, weniger empfindlich auf unbedachte Fehltritte anderer reagierst und eine gesunde Mischung aus Distanz und Nähe leben kannst, bist du in deinen Beziehungen mit anderen frei und eigenständig und gerätst weder in die Rolle der anhänglichen Freundin noch des Kummerkastens oder der passiv-aggressiven Freundin, die sich anders nicht zu helfen weiß. Auch im Umgang mit deinem Herzensmensch und mit deinen Kindern wird sich diese Sozialkompetenz und innere Gelassenheit deutlich zeigen und für mehr Frieden und Harmonie bei euch zuhause sorgen.

Resilienz in der Familie

Wenn du besser für dich sorgen und klarer kommunizieren kannst, hast du mehr innere Stärke und diese Stärke strahlst du nach außen aus. Du kannst deinen Liebsten ganz anders begegnen, wenn du deine Schutzfaktoren regelmäßig stärkst und um deine innere Widerstandsfähigkeit weißt.

Deine Kinder und dein Lieblingsmensch profitieren gleich auf mehrere Arten davon: Kinder lernen am Vorbild. Wenn sie sehen, dass Mama sich in Krisensituationen nicht an andere hängt, hysterisch durch die Gegend rennt oder unfähig wird, selbst etwas zu tun, sondern aus eigener Kraft Veränderungen einläutet, die die Lage verbessern, dann ist es wahrscheinlich, dass sie eher die hilfreichen Muster und Einstellungen übernehmen, als die, die einer stabilen Resilienz abträglich sind.

Nimmst du dir auch immer wieder etwas Zeit, um deine Schutzfaktoren zu stärken, und gestaltest du das Familienleben mit gesunden Routinen und einer Balance der Stützpfeiler des Wiener Modells, wachsen die Kleinen mit guten Voraussetzungen auf, um ihre Schutzfaktoren ebenfalls auszubilden. Zudem lernen sie dann, dass es gut und richtig ist, sich um sich selbst zu kümmern. Gerade unter den Frauen sind ja viele noch in dem Glauben aufgewachsen, dass sie ihre eigenen Bedürfnisse zurückstellen und sich um andere kümmern müssen. Du weißt, dass – genau wie im Flugzeug, wo man sich zuerst selbst die Sauerstoffmaske aufsetzen soll, um dann anderen helfen zu können – Selbstliebe und Selbstfürsorge an erster Stelle stehen sollten, und genau das kannst du deinem Nachwuchs vermitteln. Die Stimmung bei euch wird entspannter und gelassener sein und Stress wird sich nicht gleich zu einer riesigen Krise auswachsen und den Familienfrieden erschüttern, da ihr alle wisst, wie man am besten damit umgeht.

Auch die Beziehung zum Lieblingsmenschen wird durch das Ausbauen deiner Resilienz meist deutlich harmonischer, da du ihn nicht für dein Lebensglück verantwortlich machst, du insgesamt gelassener bist und gut für dich selbst sorgen kannst. Somit lastet kein hoher Erwartungsdruck auf ihm und es führt kein Klammern oder Abkapseln deinerseits dazu, dass die empfindliche Balance zwischen Nähe und Selbstständigkeit gestört wird. Ihr könnt euch als gleichberechtigte Partner sehen und gemeinsam euer Lebensglück genießen.

In der eigenen Kernfamilie nehmen wir auch nach vielen Jahren oft unbewusst die Rolle ein, die wir als Kind hatten. Mit einer stabilen Resilienz kannst du dich davon lösen und den Begegnungen mit deiner Familie mit einer neuen Offenheit und einem neuen Optimismus entgegen sehen. Du kannst gut für dich sorgen und wirst dich nicht so rasch von familieninternen Dynamiken gefangen nehmen lassen. Typische Stress-Potentiale können so sicher umschifft werden. Das gilt sowohl für den Umgang mit deinen Eltern als auch mit deinen Geschwistern und sorgt auch hier für mehr Harmonie im Miteinander. Das Fokussieren auf die schönen Momente wird dafür sorgen, dass du entspannter wirst und das Gute mehr genießen kannst. Auch dies bekommen deine Kinder übrigens mit. Statt „Mama ist immer so gestresst, wenn Onkel Kilian mit den Kindern kommt!" registrieren sie dann, dass du locker und gelöst bist und deinen Bruder auch mal verbal in die Schranken weist, wenn es nötig ist. Das Aufzeigen von Grenzen ist nicht nur für dich, sondern auch für die Kleinen enorm wichtig und hilft ihnen dabei, selbst ein Gespür dafür zu bekommen und zu lernen, wie und wann man erfolgreich seinen eigenen Raum schützen sollte.

Wie gesagt: Resilienz bedeutet nicht, dass du jetzt alle Befindlichkeiten deiner Lieben und jede Laune deines Umfeldes hinnehmen musst, aber wenn das Kind mit schlechter Laune nach Hause kommt, weil die Mathearbeit doof gelaufen ist, der beste Freund keine Zeit zum Spielen hat und es dann noch schrecklichen Blumenkohl zum Essen gibt, dann weißt du, dass das nichts mit deinen Kochkünsten zu tun hat, und kannst dir deinen Teil denken, statt dich angegriffen oder als Rabenmutter der Nation zu fühlen, weil du deinem Nachwuchs absichtlich Gemüse auf den Teller lädst.

Eine innere Unabhängigkeit, die Gewissheit, dass du eine eigenständige Person bist, die so wie sie ist, genau richtig, wichtig und gut ist, gibt Kraft und ist obendrein eine wunderbare Form der Liebe, die leicht mit anderen zu teilen ist. Weißt du um deine Unabhängigkeit, kannst du deine Stärken und Schwächen realistisch einordnen, weißt du, wie du dich gut um dich kümmern kannst, und forderst du dir auch das Recht ein, dich wichtig zu nehmen, dann kannst du eine Selbstannahme erleben, die von Selbstliebe und Selbstfürsorge getragen wird und in alle anderen Bereiche deines Lebens ausstrahlen wird. Und somit ist die Resilienz nicht nur ein gutes und verlässliches Schutzschild während der Schreckensmomente deines Lebens, sondern auch im Alltag eine tolle Begleiterin!

Resilienz bei chronischen Erkrankungen

Wie bereits in dem Abschnitt zuvor erwähnt, kann Resilienz dich nicht vor den Widrigkeiten des Lebens schützen. Sie vermag nichts daran ändern, ob und wann du eine Diagnose bekommst, die dein Leben auf den Kopf stellt oder es womöglich gar gefährdet.

Wer mit einer schweren Krankheit konfrontiert wird, fällt aus seinem normalen Rahmen – nichts ist mehr verlässlich, nichts ist mehr selbstverständlich. Stattdessen warten andere Dinge und Gefühlsregungen, etwa Ungewissheit, Angst, vielleicht Schmerzen, Bedrohung, Trauer, Wut, Unverständnis. Wieso bekomme ich diese Diagnose? Ich habe doch immer Sport gemacht, nie geraucht, sogar Yoga gemacht. Ich habe so gesund gelebt! Warum ich? Was, wenn das immer schlimmer wird? Was, wenn sich die Ärzte irren, und es noch viel tragischer ist als angenommen? Bedeutet das jetzt, dass ich keine Kinder bekommen sollte? Kann ich meinen Beruf noch ausüben? Werde ich eine zu große Belastung für meinen Lieblingsmenschen sein?

Sollte ich mich ihm zuliebe trennen? Welche Behandlung ist die beste? Macht es Sinn, sich behandeln zu lassen?

Unsicherheiten, Ängste, innere Zweifel und Wut können sich gegenseitig verstärken und in ein lähmendes Gedankenkarussell ausarten. Wenn dann auch noch das Umfeld mit vermeintlich hilfreichen Ratschlägen an einen herantritt, selbst mit dem Schock fertig werden muss und nicht wie erhofft Hilfestellung geben kann oder nicht die, die man benötigt, dann kann es passieren, dass sich darüber hinaus auch Spannungen im Kreise der Familie, mit den Freunden oder den Kolleginnen einstellen. Weil man irritiert, verängstigt, gereizt, unfair ist – und das aus verständlichem Grund.

Vor allem Menschen mit unsichtbaren chronischen Krankheiten stehen immer wieder vor dem Problem, sich für ihre Einschränkungen rechtfertigen zu müssen. „Was? So jung und Arthritis? Das ist doch eine Alte-Frauen-Krankheit. Du machst nur nicht genug Sport, deshalb tun dir die Gelenke weh!" „Endometrio-was? Jede Frau hat Regelschmerzen, da muss man doch nicht so ein Fass aufmachen! Wir sind aber auch wehleidig heute!" „Depression? Dann geh doch mal raus an die frische Luft! Würde ich immer nur im Bett liegen, wäre ich auch depressiv!"

Unwissenheit und Unverständnis genau wie Misstrauen, ob du auch wirklich etwas hast und nicht nur simulierst, können dir deine ohnehin schon herausfordernde Situation deutlich erschweren. Weil du nicht nur die Symptome deiner Krankheit erleben und immer wieder deine Psyche auf Zack halten musst, um die Diagnose und die Krankheit mit all ihren Auswirkungen auf dein körperliches und seelisches Wohlbefinden zu akzeptieren und anzunehmen, sondern weil du auch gebetsmühlenartig gegen den Widerstand und die Skepsis von außen ankämpfen musst.

Dies kann sich auch durch gut gemeinte, aber schlecht gegebene Hilfestellung zeigen: Etwa, wenn deine Tante deine Medikamente als giftig bezeichnet und dir zu Kräutertinkturen rät oder deine Nachbarin empfiehlt, du solltest einfach Weizen weglassen, dann wäre deine Atemwegserkrankung bestimmt vorbei. Aber es können auch schnippische Bemerkungen sein, die dir vorhalten, du solltest dich doch einfach zusammenreißen oder du würdest dich einfach nur nicht genug bemühen.

Die meisten von uns, die sich mit einer chronischen Krankheit auseinandersetzen müssen, tun alles Erdenkliche, um ihre Situation zu verbessern. Zum einen, weil es einfach keinen Spaß macht, körperlich oder seelisch eingeschränkt zu sein, Schmerzen zu erleiden oder zu sehen, dass die eigenen Fähigkeiten krankheitsbedingt nachlassen, zum anderen, weil wir immer noch in unser normales Umfeld eingebunden sind und irgendwie funktionieren wollen und müssen. Wir müssen weiter arbeiten, solange wir können, und wir wollen arbeiten, weil wir finanziell unabhängig sein möchten und unseren Job vielleicht auch als erfüllend ansehen. Wir wollen Freundin, Mutter, Tochter, Ehefrau, Geliebte, Sportlerin, Drummerin, Laienschauspielerin sein – aber wie, wenn schon das Aufstehen so schwer fällt, als hätte man einen Hundertmeterlauf hinter sich? Hat man die Anfangsphase, in der man den neuen Status Quo nicht als solchen akzeptieren kann, hinter sich gebracht, kann es trotzdem sein, dass man immer wieder auf Unverständnis trifft – sowohl bei anderen als auch bei sich selbst. „Ach, du liegst SCHON WIEDER flach? Da weiß man ja gar nicht mehr, ob man dich überhaupt noch einladen soll!" „Frau Müller, was können wir denn heute für Sie tun? Tut's mal wieder weh?" „Meine Güte, einen Hausputz solltest du ja wohl schaffen – du bist 35! Jetzt beweg dich. Dann tut das Atmen halt weh. So schlimm kann es ja nicht sein – du lebst ja noch!".

Uff, ganz schön viel, was dich da neben deinen körperlichen Symptomen auch noch psychisch begleitet, oder? Erinnerst du dich an den Freund aus dem ersten Kapitel? Der, der sich den Ausspruch „Schmerz ist unvermeidlich. Leiden ist freiwillig."

zum Motto genommen hat, als er seine Diagnose bekam und sich in ein Leben mit einer chronischen Krankheit fügen musste.

Er hätte sich voll und ganz in ein Leben voller Leid einigeln können, aber er hat alles Mögliche unternommen, um sein Leben im Rahmen seiner neuen Beschränkungen so zu gestalten, wie er es für sich wollte.

Du hast bereits erfahren, dass eines der Resilienz-Modelle, das Resilienz-Modell aus Wien, auf die gute Balance zwischen Mind, Move und Food hinweist. Der Ansatz, diese drei Aspekte – also mentale Hygiene, ausreichend Bewegung und gesundes, nahrhaftes Essen – als Eckpfeiler einer stabilen geistigen und körperlichen Gesundheit zu sehen, kann dir auch helfen, wenn du unter einer psychischen oder physischen Erkrankung leidest. Nur allzu leicht lässt man sich in Versuchung führen, sich nach der Diagnose einer chronischen Krankheit nicht mehr richtig für ein harmonisches Zusammenspiel der drei Punkte einzusetzen. Da drängen sich ähnliche Muster auf wie bei einer Diät – jetzt habe ich den Schokoriegel gegessen, dann ist die Pizza auch egal. Dass es so aber eigentlich nicht ist, weißt du natürlich selbst. Und auch wenn dein Körper, deine Seele eine zusätzliche Belastung durch eine chronische Erkrankung verarbeiten muss, so profitieren doch beide davon, wenn du sie stärkst, wo du kannst: Mit gesundem Essen in ausreichender Menge, moderater Bewegung im Rahmen deiner Möglichkeiten und mentaler Hygiene – also beispielsweise ausreichend Pausen, Optimismus und positiven Gedanken.

Stehst du ganz am Anfang dieses neuen Lebensabschnitts, hilft es dir vielleicht, die verschiedenen Phasen mit Hilfe deiner Schutzfaktoren zusammen anzugehen.

Die Diagnose – Annehmen, was ist

Die wichtigste und mitunter auch schwierigste Aufgabe zu Beginn deiner Diagnose ist sicher die Akzeptanz.

Akzeptanz

Du hast bereits mehrfach gelesen, warum Akzeptanz so wichtig für dich bei dem Umgang mit Krisen ist. Wer Probleme ignoriert, kann sie in der Regel nicht angehen und mitunter werden sie dadurch sogar noch schlimmer. Auch das Herunterspielen oder Auf-die-leichte-Schulter-Nehmen ist mit Resilienz nicht gemeint. Probleme negieren ist ebenso keine Option wie das Katastrophisieren der nun gegebenen Umstände. Vielmehr geht es darum anzunehmen, was jetzt in dem Moment ist, so wie es ist. Natürlich wäre es anders schöner, aber wenn wir uns darum bemühen, eine Situation möglichst realistisch, vielleicht auch erst mal etwas von außen zu betrachten, kann das dabei helfen, den nächsten Schritt anzugehen.

Realistische Zukunftsvisionen ausmalen

Nur wenn du dich wirklich den Fakten stellst, genau weißt, um was es geht und was dich vermutlich erwartet, kannst du produktiv in die Zukunftsplanung gehen. Dafür sind Informationen nötig, die du dir von den Behandlern und aus anderen Quellen holen solltest. Scheue dich nicht, auch eine zweite Meinung einzuholen und lasse dich nicht mit plakativen Aussagen abspeisen. Du bist verantwortlich für dein Wohl!

Handeln und das aktive Umsetzen von Dingen

Statt in einer Schockstarre zu verharren und die Dinge einfach passieren zu lassen, ist es wichtig, aktiv zu bleiben. Sicher bremsen dich je nach Erkrankung Psyche, Körper oder beides aus. Aber du hast immer noch einen Handlungsspielraum, indem du selbst aktiv sein kannst. Hier ist es wichtig, entschlossen in die Aktion zu gehen und zu schauen: Was kann ich tun, um meine

Lage so angenehm wie möglich zu gestalten? Was brauche ich dazu? Was hilft mir?

Lösungsorientiert denken

Versuche lösungsorientiert zu denken, statt dir all die Schreckensszenarien auszumalen, die jetzt auf dich zukommen können. Das hilft dir sowohl in diesem akuten Moment als auch in der Zukunft, weil du nicht versuchst, etwas zu verhindern, was nicht in deiner Macht liegt, sondern auf etwas hinarbeitest, das dir möglich ist.

Sich Unterstützung sichern

Achte darauf, wer dir im Moment gut tut und wer auch in der Lage ist, mit deiner Diagnose umzugehen. Nicht jeder muss davon erfahren und nicht jeder ist in der Lage, dir so zu helfen, wie du es brauchst. Zudem solltest du nicht vor die Herausforderung gestellt werden, dich auch noch um das Wohl der anderen zu kümmern, wenn sie von deiner Erkrankung hören – außer natürlich es sind deine Kinder.

Realistisch bleiben

So schwer es auch fallen mag, bleibe realistisch, aber erwarte in dem Rahmen das Beste. Das mag nicht immer leicht sein, aber es steigert insgesamt deine Stimmung und jede Form der positiven Emotion ist jetzt besonders wichtig. Kennst du den Spruch: „Ich freue mich, wenn es regnet. Wenn ich mich nicht freue, regnet es nämlich trotzdem weiter"? So ähnlich verhält es sich auch jetzt. Du hast diese chronische Erkrankung, egal, ob du dich um positive Gefühle bemühst oder nicht, aber mit den positiven Gefühlen ist das Ganze besser auszuhalten. Damit ist nicht gemeint, dass du jetzt als strahlendes Honigkuchenpferd durch die Gegend laufen sollst und nicht zu der aufkommenden Trauer, Wut oder Verzweiflung stehen darfst. Achte darauf, was sich da für Gefühle aufdrängen. Nicht selten schiebt sich die Schuld als Alibigefühl dazwischen. Nutze deine Schutzfaktoren und erteile dem Schuldgefühl gleich eine Absage. Es tut nichts zur Sache, ob du aufgrund X oder Y krank geworden bist, und es nützt dir gar nichts, dich jetzt dafür zu zerfleischen. Du kannst aus Fehlern lernen und solltest du feststellen, dass du dich bisher zu wenig um dich selbst gekümmert hast, kannst du jetzt dem nächsten Punkt einen besonderen Stellenwert in deinem Leben verleihen.

Selbstfürsorge

Achte gut auf dich und deine Bedürfnisse. Ernähre dich gesund. Eine entzündungshemmende Ernährung könnte deiner Ärztin zufolge Vorteile bringen? Versuche es. Vielleicht wird es tatsächlich besser! Falls nicht, kannst du wieder zu deiner alten Ernährungsform zurückkehren. Aber lehne nicht jede Form von Selbstfürsorge ab, weil sie bei dir ja eh nichts bringen wird. Viele der genannten Schutzfaktoren stärken deine Resilienz abhängig vom Umfang und der Regelmäßigkeit, mit denen du sie einsetzt. Ganz platt gesagt: Isst du einen Apfel in deinem Leben, ist das schön und gut, aber dein Immunsystem profitiert erst wirklich davon, wenn du dich abwechslungsreich und ausgewogen ernährst und du deinem Körper alle erforderlichen Nährstoffe, Vitamine und Mineralien zur Verfügung stellst. Integrierst du aber nach und nach drei zusätzliche Obst- und Gemüsemahlzeiten, dann kann dein Körper ganz anders damit arbeiten.

Die ersten Wochen – eingewöhnen

Die ersten Wochen nach der Diagnose solltest du dir Zeit geben, um dich an die neue Situation zu gewöhnen. Vielleicht ändern sich Abläufe durch Behandlungen oder du musst Medikamente einnehmen, die Nebenwirkungen haben. Wichtig ist es jetzt, die eigene Erwartungshaltung und die der anderen zu überprüfen.

Erwartungshaltungen

Nutze hier wieder deine Schutzfaktoren und akzeptiere, was aktuell möglich ist, und was nicht. Betrachte realistisch, was du kannst und was dir schwerer fällt, wo du möglicherweise Hilfe brauchst. Es ist nicht immer leicht, um Hilfe zu bitten, aber es ist enorm wichtig und Bestandteil deiner Resilienz, dass du lernst, dich nicht zu überfordern.

Raus aus der Opferrolle

Wichtig ist es auch, aus der Opferrolle hinauszukommen, falls du in diese gerutscht sein solltest. Das kann manchmal ganz unbewusst passieren, weil es angenehm ist, dass endlich etwas Verantwortung von einem abfällt. Es kann aber auch daher rühren, dass man sich kleiner machen möchte als man ist, aus falscher Rücksichtnahme oder Loyalität, nur weil andere Betroffene damit Schwierigkeiten haben. Du bist nicht deine Krankheit und du kannst sicher noch andere Dinge tun, außer krank zu sein. Stecke deine Energie da hinein. Es ist sicherlich zu viel verlangt, jeder Erkrankung etwas Positives zuzuschreiben oder eine spirituelle Erfahrung daraus zu machen. Chronische Krankheiten sind anstrengend, mitunter schmerzhaft, isolierend und unangenehm. Für Betroffene kann es sehr schlimm sein, wenn von ihnen erwartet wird, darin doch etwas Gutes zu sehen. Was du aber tun kannst, ist dich auf den nächsten Punkt zu konzentrieren.

Krise als Herausforderung

Statt als vernichtendes Urteil, kannst du versuchen, die Krise für dich als Chance zu sehen. Ja, es ist eine Herausforderung, und ja, es wird vieles ändern, aber es ist nicht dein Ende. Jon Kabat-Zinn pflegt während seiner Achtsamkeitsschulungen zu sagen, wenn Menschen mit schweren Beeinträchtigungen zu ihm kommen – ganz gleich, ob mental oder körperlich: „Noch atmest du und damit ist mehr richtig als falsch!" Indem du diesen Blickwinkel einnimmst, nimmst du dem Ganzen zwar nicht den Stachel, aber du kommst etwas aus deiner Hilflosigkeit heraus. Deine Einstellung und deinen Zugang kannst du ändern. Das ist in dem Bereich des Möglichen. Ebenso wie es in dem Bereich des Möglichen ist, etwas zu finden, was du jetzt unmittelbar tun kannst, damit es dir besser geht. Das kann ganz simpel sein, wie etwa der Impuls, etwas zu trinken. Nimm am besten jetzt direkt einen Schluck. Es kann aber auch etwas komplexer sein, wie der nächste Punkt.

Zukunftsgestaltung neu überdenken

Du weißt, dass es ein wichtiger Schutzfaktor ist, sich Ziele zu setzen und zu erreichen. Schaue, welche Ziele dir möglich sind. Du kannst dein Studium an einer Präsenz-Universität nicht fortführen? Wie sieht es mit Fern-Universitäten oder Lehrgängen aus?

Neue soziale Kontakte aufbauen

Versuche auch, neue Kontakte zu knüpfen, etwa zu anderen Betroffenen. Mit diesen kannst du dich ganz anders austauschen und vielleicht nützliche Hinweise bekommen. Achte aber darauf, dass du dich mit Menschen umgibst, die dir gut tun und die nicht einfach jemanden suchen, mit dem sie sich zusammen bedauern können. Die Opferrolle hast du ja bereits erfolgreich hinter dir gelassen.

Leben mit der Krankheit

Das Leben mit der Krankheit wird für eine gewisse Routine und Gewöhnung sorgen, aber es wird auch immer wieder Momente geben, in denen es schwer ist, sich und die Situation anzunehmen. Hilfreich ist es dann, für das, was geht, dankbar zu sein und darauf den Fokus zu lenken.

Sich selbst annehmen

Sich mit all seinen Schwächen und Stärken selbst anzunehmen erfordert ein gewisses Maß an Anstrengung und Disziplin; schließlich ist es ja so viel einfacher, nur frustriert zu motzen. Dazu hast du auch jedes Recht, denn ein Leben mit einer chronischen Krankheit ist anstrengend und ja – sagen wir es, wie es ist: Es ist manchmal einfach nur zum Verzweifeln! Dass die Selbstliebe dir da nicht aus jeder Pore strömt, ist verständlich! Aber dein Körper oder deine Seele ist nicht dein Feind! Beide verdienen und brauchen deine Liebe, um mit dir so gut wie möglich durch die Stürme des Lebens zu manövrieren.

Behandlungen positiv gestalten

Dafür ist es wichtig, dass du die nötigen Behandlungen so gut wie möglich durchläufst. Informiere dich, wie du mit Nebenwirkungen umgehen kannst, und falls es möglich ist, stimme deinen Kalender auf bestimmte Dinge ab. Gönne dir für den Nachmittag eine Kinderbetreuung, wenn du einen harten Therapietag hinter dir hast, oder lege das herausfordernde Meeting nicht direkt auf den Tag nach der Medikamenteneinnahme, wenn du dich dann wie vom Lastwagen überfahren fühlst. Praktiziere Selbstfürsorge, wann immer es dir möglich ist.

Kommunikationskompetenzen ausbauen

Achte in Gesprächen gut auf dich, lerne dich mitzuteilen und entwickle ein Gespür dafür, wer und was dir in Unterhaltungen gut tut und was nicht. Nicht jeder muss dich auf deinem Weg unterstützen oder ist verpflichtet, Rücksicht auf dich zu nehmen, das ist klar. Aber überlege dir auch, wen du an deiner Reise teilhaben lässt, und achte darauf, wie die Personen mit dir umgehen. Mitunter kann es für Personen, die nicht betroffen sind, schwer sein, sich vorzustellen, dass der Schmerz, die Angst immer da ist. Entwickele Kommunikationskompetenzen, um anderen dein Erleben mitzuteilen, denn nur dann können sie darauf reagieren. Dazu gehört auch, überzogenen Anforderungen an dich, Vorwürfen oder versteckten Zweifeln, dass das alles doch gar nicht so schlimm wäre oder du dich nur wichtigmachen wolltest, ganz klar die kalte Schulter zu zeigen und diese Dinge nicht an dich heranzulassen. Sie haben nichts mit deiner Realität zu tun und können bei dem bleiben, der sie ausgesprochen hat.

Selbstvorwürfen mit Akzeptanz begegnen

Noch schwerer kann es sein, mit den eigenen Vorwürfen umzugehen. Schuld und Scham können auch bei einer langjährigen Erkrankung immer wieder auftauchen: „Wer will schon mit einer wie mir zusammen sein? Vielleicht wäre es für meine Kinder besser gewesen, wenn sie eine andere Mutter bekommen hätten? Jetzt bin ich schon wieder die Freundin, die nicht mitfeiern kann." Solche Gedanken werden auftauchen. Auch hier hilft es nicht, sie zu negieren oder sie zu überspielen. Du kannst aber deine Schutzfaktoren aktivieren und sie damit angehen: Was ist wahr daran? Was kannst du aktiv und in deiner Position gerade tun? Welche Möglichkeiten hast du? Wie kannst du einen positiven Blickwinkel einnehmen? Profitieren deine Kinder vielleicht auch davon, dass du weniger arbeiten kannst, weil sie dich so mehr in deiner Nähe haben? Kannst du zwar nicht mit auf jede Party gehen, aber kannst du tolle tiefe Gespräche mit deinen Freundinnen führen? Fokussiere dich auf das Gute, so konzentriert, wie dir nur möglich, und gehe in deinem Rahmen von dem Besten aus!

Du hast all die nötigen Dinge in dir, um dein Leben bestmöglich zu leben, und du darfst es leben – in vollen Zügen, voller Zuversicht und voller Freude an dem, was gut ist.

Abschluss und Ausblick

Du bist nun am Ende dieses Buches angelangt, aber erst am Beginn deiner aufregenden Reise in Richtung eines Lebens mit mehr Resilienz. Du hast gelernt, was Resilienz ist, wie sie sich bei Kindern entwickelt, wie sie trainiert werden kann und inwiefern deine eigene Vergangenheit förderlich oder hinderlich für das Ausbauen einer starken Resilienz war.

Du hast gelernt, dass es nicht das eine Resilienz-Konzept oder Resilienz-Training gibt, und es daher eine höchst individuelle Sache ist, wie du dein Resilienz-Training gestaltest. Du hast dafür diverse Anregungen bekommen, wie du die Schutzfaktoren, die sieben Säulen der Resilienz und auch die drei Eckpfeiler des Wiener Resilienz-Modells ausbauen und stärken kannst. Zudem hast du Ideen für das Aufbauen von Routinen sammeln können und ein paar Tipps für einen kleinen Resilienz-Schub zwischendurch bekommen.

Die Möglichkeiten, die sich durch das Ausbauen dieser Schutzfaktoren und Eckpfeiler ergeben, sind so vielfältig wie das Resilienz-Training selbst: Sowohl im Beruflichen als auch im Privaten kannst du mit mehr Harmonie, Selbstwirksamkeit und Zufriedenheit rechnen.

Die neuen Denkansätze werden dir hoffentlich den nötigen Anreiz geben, dich aus der Opferrolle hinaus- und ins aktive Handeln hineinzubewegen sowie dich dazu zu entscheiden, deine psychische Widerstandsfähigkeit und damit deinen gesamten Zustand zu verbessern. Die eigenständige Gestaltung deines Lebens wird dir wunderbare Erlebnisse und Chancen bescheren, die du nur noch ergreifen musst.

Wagst du einen realistischen Ausblick auf die möglichen Veränderungen durch diese neue Selbstwirksamkeit, wirst du sehen, dass ganz neue Energien in dir frei werden und dein Dasein von mehr Erfüllung, einem tieferen Sinn geprägt ist.

Natürlich wird auch ein Projekt wie das Stärken der eigenen Resilienz nicht immer ohne Hindernisse vonstattengehen. Es wird Tage geben, an denen du das Gefühl hast, dass sich alles gegen dich verschworen hat und du dich noch nie mit irgendwelchen Schutzfaktoren auseinandergesetzt hast. Es wird Leute geben, denen es nicht gefallen wird, dass du innerlich stärker und widerstandsfähiger geworden bist, weil sie dich dann nicht mehr so leicht für ihre Zwecke einspannen oder dir ein schlechtes Gewissen machen können. Es wird Reibereien geben und an manchen Tagen wirst du auch schlichtweg zu müde oder genervt sein, um an deinen Einstellungen und Haltungen zu arbeiten. Vielleicht wirst du hier und da in alte Verhaltensmuster zurückfallen. Vielleicht wirst du auch mal alles hinschmeißen wollen, weil es ja irgendwie sowieso alles keinen Sinn macht.

Aber das werden Momente sein. Kurze Momente, denen immer längere Abschnitte gegenüber stehen, in denen du dich stärker, gelassener, ruhiger und freier fühlst. In denen du eine Souveränität an den Tag legst, von der du früher nur hättest träumen können. Momente, in denen du diejenige bist, die die Nerven behält und ihre Position klar vertreten kann. Momente, in denen du für dich und das, was dir wichtig ist, eintreten kannst. Momente, in denen du dich und deine Bedürfnisse ernst nimmst und in denen du gut für dich sorgst.

Du kannst einen Unterschied in deinem Leben machen und das Beste ist: Du hast bereits alles, was du dafür brauchst in dir! Die nötige Stärke, den nötigen Willen und die nötige Energie! Du musst dich nur noch trauen, alles ans Tageslicht treten und in voller Kraft erstrahlen zu lassen. Traue dich! Bring dein eigenes Strahlen hervor und stürze dich in das aufregende Abenteuer Resilienz! Du bist großartig und du wirst es schaffen!

Viel Spaß dabei!

Eine kleine Bitte

Liebe Leserin,

lieber Leser,

nun sind wir am Ende dieses Buches angelangt. Ich hoffe sehr, dass ich dir weiterhelfen und positive Veränderungen in dein Leben bringen konnte.

Als Autorin ist es mir sehr wichtig, Bücher zu schreiben, die Menschen wirklich helfen. Konstruktives Feedback meiner Leserinnen und Leser hilft mir am meisten dabei meine Werke immer weiter zu verbessern.

Falls du mir also persönliches Feedback oder Verbesserungsvorschläge zum Inhalt geben möchtest, dann schreibe mir gerne unter info@stefanielorenz.com. Ich freue mich über jede E-Mail und werde zeitnahe antworten.

Für den Fall, dass dir mein Buch wirklich geholfen hat und du sonst keine Fragen hast, dann würde ich mich freuen, wenn du eine positive Rezension für mein Buch auf Amazon hinterlassen kannst. Es dauert wirklich nur wenige Sekunden und du hilfst anderen Menschen und mir ungemein.

Ich weiß all deine Liebe und Unterstützung wirklich zu schätzen.

Falls noch Fragen offen sind, einfach bei mir melden!
Stefanie

Quellen und weiterführende Literatur

American Psychological Association. *The Road to Resilience*. Uncw. Edu. https://uncw.edu/studentaffairs/committees/pdc/documents/the%20road%20to%20resilience.pdf

Armstrong, A. R., Galligan, R. F., & Critchley, C. R. (2011). Emotional intelligence and psychological resilience to negative life events. *Personality and Individual Differences, 51*(3), 331–336. https://doi.org/10.1016/j.paid.2011.03.025

Berckhan, B. (2015). *Wahre Stärke muss nicht kämpfen: Überraschend einfache Wege für mehr Kraft und Souveränität.* Graefe und Unzer Verlag.

Berndt, C. (2015). *Resilienz: Das Geheimnis der psychischen Widerstandskraft.* dtv Verlagsgesellschaft.

Bonanno, G. A., Papa, A., & O'Neill, K. (2001). Loss and human resilience. *Applied and Preventive Psychology, 10*(3), 193–206. https://doi.org/10.1016/s0962-1849(01)80014-7

Braden, G. (2015). *Resilience from the Heart: The Power to Thrive in Life's Extremes.* Hay House, Inc.

Croos-Müller, C. (2015). *Kraft: Der neue Weg zu innerer Stärke. Ein Resilienztraining.* Kösel-Verlag.

Diehl, M. *LIR Mainz - Leibniz-Institut für Resilienzforschung*. lir-mainz.de. https://lir-mainz.de/home

Färber, F., & Rosendahl, J. (2018). The Association Between Resilience and Mental Health in the Somatically Ill. *Deutsches Aerzteblatt Online*. Published. https://doi.org/10.3238/arztebl.2018.0621

Gatt, M., & Meerwald, B. (2018). *Flexibel und belastbar*. WKO. https://www.wko.at/site/ImpulsPro/WRM-Heft-2018.pdf

Gerber, M., Kalak, N., Lemola, S., Clough, P. J., Perry, J. L., Pühse, U., Elliot, C., Holsboer-Trachsler, E., & Brand, S. (2012). Are Adolescents With High Mental Toughness Levels More Resilient Against Stress? *Stress and Health*, *29*(2), 164–171. https://doi.org/10.1002/smi.2447

Hanson, R., & Hanson, F. (2020). *Resilient: How to Grow an Unshakable Core of Calm, Strength, and Happiness*. Harmony.

Heller, J. (2013). *Resilienz: 7 Schlüssel für mehr innere Stärke*. Graefe und Unzer Verlag.

Lang, U. (2019). *Resilienz: Ressourcen Starken, Psychisches Wohlbefinden Steigern*. Kohlhammer.

Lengyel, R. (2018). *Was ist Resilienz? Definition Resilienz auf resilienz.at*. resilienz.at. https://resilienz.at/definition-resilienz/

Marion, S. (2018). *Resilienz: Ein Konzept im Wandel*. Deutsches Ärzteblatt. https://www.aerzteblatt.de/archiv/202470/Resilienz-Ein-Konzept-im-Wandel

Mourlane, D. (2013). *Resilienz: Die unentdeckte Fähigkeit der wirklich Erfolgreichen*. BusinessVillage GmbH.

Neff, K. D. (2011). Self-Compassion, Self-Esteem, and Well-Being. *Social and Personality Psychology Compass*, *5*(1), 1–12. https://doi.org/10.1111/j.1751-9004.2010.00330.x

Prieß, M. (2019). *Resilienz*. Goldmann Verlag.

Rajan-Rankin, S. (2013). Self-Identity, Embodiment and the Development of Emotional Resilience. *British Journal of Social Work*, *44*(8), 2426–2442. https://doi.org/10.1093/bjsw/bct083

Reinicke, C. A. (2017). *Resilienz bei schwerer Krankheit: Psychische Ressourcen stärken mit einfachen Methoden*. Herder Verlag GmbH.

Reivich, K., & Ph.D., S. A. (2003). *The Resilience Factor: 7 Keys to Finding Your Inner Strength and Overcoming Life's Hurdles*. Harmony.

Sandberg, S., & Grant, A. (2017). *Option B: Facing Adversity, Building Resilience, and Finding Joy*. Knopf.

Schäfer, B. (2017). *Resilienz. 100 Seiten*. Reclam Philipp Jun.

Seal, G. E. N. (2016). *Resilience: Hard-Won Wisdom for Living a Better Life*. Mariner Books.

Stangl, W. (2020). *Resilienz – Online Lexikon für Psychologie und Pädagogik*. lexikon.stangl.eu. https://lexikon.stangl.eu/593/resilienz

Mit Achtsamkeit zur Gelassenheit

„Alles zu viel…"

Wie du entspannter mit Alltagsstress umgehst, deine Gedanken zur Ruhe bringst und mehr Lebensfreude genießt

Stefanie Lorenz

Inhaltsverzeichnis

Einleitung 273

Achtsamkeit – Ursprung und Hintergrundwissen 277
    Achtsamkeit – was ist das denn jetzt genau? 280
    Die 7 Säulen der Achtsamkeit 285
    Achtsamkeit in der Kritik 291
    Kurze Bestandsaufnahme: Wie achtsam bin ich? 294
    Wirkung einer regelmäßigen Achtsamkeitspraxis 297
    Wie wird eine Achtsamkeitspraxis vermittelt? 301
    Welche achtsamkeitsbasierten Verfahren gibt es? 302
    Grenzen von Achtsamkeit 303

Achtsam mit dir 305
    In Kontakt zu dir selbst treten 306
    Deine Achtsamkeitspraxis 307
    Vorbereitungen für deine Achtsamkeitspraxis 308
    Achtsamer Umgang mit deinem Körper 309
    Achtsames Essen 314
    Achtsam mit deinen Gedanken und Einstellungen 317
    Achtsamkeit bei Krankheit, Trauer und anderen Krisen ... 325
    Check-in mit dir selbst 330

Achtsames Miteinander mit anderen Menschen 333
    Achtsamkeit in der Familie 336
    Veränderungen für mehr Achtsamkeit im Familienalltag ... 343
    Achtsamkeit in der Partnerschaft 345
    Achtsamkeitsübungen mit dem Herzensmenschen 351
    Achtsamkeit bei Freundschaften und anderen sozialen Kontakten 353
    Aufgemerkt! 358

Achtsamkeit im Alltag – Arbeit, Haushalt und Co 361

    Bestandsaufnahme – Achtsamkeit am Arbeitsplatz....................363
    Struktur und Pausen im Alleingang – Arbeit daheim................366
    Deins und meins..368
    Routinearbeiten – eine Chance...368
    Gewohnheiten...371
    Achtsamkeitsübungen für Stressmomente...................................372
    Probleme mit der Achtsamkeit im Alltag.....................................376

Abschluss und Ausblick 385

Eine kleine Bitte 389

Quellen und weiterführende Literatur...........................391

Einleitung

Hallo und herzlich willkommen!
Eine Anleitung zum achtsamen Umgang in vielen Lebensbereichen scheint mittlerweile sowohl in den Printmedien als auch online allgegenwärtig zu sein. Wie Achtsamkeit zu einem glücklichen und erfüllten Leben beiträgt, wird uns von jeder Zeitschrift entgegengerufen. Das Thema Achtsamkeit ist in aller Munde, aber wie sie sich tatsächlich in einem vollen Alltag umsetzen lässt - nicht nur als „Wellnessprodukt" für diejenigen, die sich ohnehin ganz entspannt New-Age-Luxus leisten können und eigentlich gar nicht so viel Stress haben – das wird leider nicht immer thematisiert. Stattdessen kann der Eindruck entstehen, Achtsamkeit würde als Schlagbegriff genutzt, um Dinge schönzureden, Probleme zu verdrängen, dir irgendwelche Kurse oder Produkte zu verkaufen oder dir weiszumachen, du seist durch deine mangelnde Achtsamkeit einfach selbst schuld an allem, was nicht wirklich klappt in deinem Leben.

Dabei ist das Thema weit differenzierter zu betrachten: Achtsamkeit ist keinesfalls ein Hype-Topic, sondern in nahezu allen Kulturen und Religionen seit Jahrhunderten ein fester Begriff. Wenn Achtsamkeit im richtigen Kontext betrachtet und praktiziert wird, ist sie tatsächlich ein unschätzbar wertvolles Werkzeug, dass du für dich nutzen kannst.

Aber ist es denn möglich, auch mit eingeschränkten Möglichkeiten – sowohl finanziell als auch zeitlich – für Achtsamkeit in deinem Alltag zu sorgen, mit all den vielen täglichen Herausforderungen?

In diesem Buch erfährst du aufschlussreiches Hintergrundwissen rund um das Thema Achtsamkeit - wie du sie auf praktische, unkomplizierte Weise einüben und in deinen Alltag integrieren kannst, mit welchen Stolpersteinen zu rechnen sein kann und wie du diese umschiffen kannst.

In den folgenden Kapiteln wirst du dich sowohl mit dem Thema Achtsamkeit im Umgang mit dir selbst als auch im Umgang mit anderen in deinem Alltag auseinandersetzen und erfahren, wie sich die Achtsamkeit zu einer wichtigen Kraftquelle entwickeln lässt. Es werden aber auch die Grenzen der Achtsamkeit aufgezeigt und zudem die Schwierigkeiten, die entstehen können, wenn diese im falschen Kontext praktiziert wird.

Am besten ist es, wenn du die Kapitel dieses Buches nacheinander liest, denn sie bauen teilweise aufeinander auf. Interessiert dich ein Thema ganz besonders, kannst du natürlich auch schon ohne Vorwissen in die hinteren praktisch orientierten Kapitel einsteigen. Wenn du möchtest, lies die Hintergrundinformationen dann einfach etwas später, wenn dein erster Wissensdurst gestillt ist.

In den Kapiteln wirst du anhand von Fragebögen zu kleinen Gedankenexperimenten oder zu Selbstreflexion eingeladen. Halte dafür einen Stift parat, der gut in der Hand liegt und mit dem du gerne schreibst. Ein kleines Heftchen für Notizen kann ebenfalls hilfreich sein.

Und damit kann es schon losgehen!

Bist du bereit?

Dann gönne dir gleich im Hier und Jetzt drei bewusste Atemzüge. Richte dich an deinem Sitzplatz auf, strecke die Wirbelsäule, hebe das Kinn und lege eine Hand auf den Unterbauch, eine Hand auf dein Brustbein und atme ganz entspannt ein und aus. Fühle, wie sich deine Hände bewegen, wenn die Luft in deinen Körper ein- und ausströmt.

Wunderbar, schon hast du Achtsamkeit praktiziert!

Lass uns starten!

Achtung: Wenn du dich in einer schwierigen Phase deines Lebens befindest, kann das Buch eine wertvolle Unterstützung dabei sein, dich durch diese Phase zu begleiten. Es kann allerdings keine Psychotherapie oder andere Form von Behandlung ersetzen. Solltest du merken, dass du an deine Grenzen stößt, scheue dich bitte nicht, deinen Arzt und/oder Therapeuten/Heilpraktiker darauf anzusprechen oder dir über eine andere Stelle, etwa ein Krisentelefon, Unterstützung zu holen. Arbeitest du bereits mit einer Person zusammen, besprich gemeinsam mit dieser, ob und wie dich die Lektüre dieses Buches unterstützen kann.

Achtsamkeit – Ursprung und Hintergrundwissen

Angelika hat kaum die Augen aufgeschlagen, als der erste Griff zum Handy geht. Sie überfliegt die Nachrichten und Social-Media-Plattformen, während sie sich rasch fertig macht, und weckt dann die Kinder. Frühstück vorbereiten, Schulsachen suchen und den Kleinen anziehen – all das läuft parallel, während Paul, der Gatte, eine hektische SMS schickt, dass er von seinem Lehrgang etwas später zurückkommt, da die Sitzung verschoben wurde. Jetzt aber fix, die Kinder müssen los. Ein Anruf, die Schulfreundin von Jana ist krank; deshalb kann Janas Papa die Kinder nicht fahren, auch wenn sie heute dran sind. Dann eben Kindergarten und Schule angesteuert – zu beidem kommt Angelika zu spät, denn das Auto hat Paul und mit dem Rad ist Jana noch nicht so schnell. Dadurch ist auch Angelika jetzt ziemlich spät dran. Sie hastet zu ihrem Büro, holt sich einen Rüffel vom Chef und einen Kaffee aus der Teeküche, und versucht dann den ganzen Tag, ihr Pensum aufzuholen – doch trotz Auslassen der Mittagspause mag es nicht gelingen. Ein Schokoriegel aus der Schreibtischschublade hilft auch nicht gegen das Krampfen im Magen, und als Angelika die Kinder abholt, ist sie gereizt und unfair. „Du bist einfach doof, Mama!" bekommt sie von einer frustrierten Tochter entgegengeschleudert. Und irgendwie sieht Angelika das auch so.

Nachdem die Kinder dann nach einem eher durchwachsenen Resttag im Bett sind, will Angelika endlich entspannen, aber irgendwie ist sie auch zu kaputt, um jetzt noch stundenlang zu meditieren, und für Sport fühlt sie sich auch zu schlapp. Sie kuschelt sich mit einem Glas Rotwein auf die Couch und lässt sich vom Fernseher berieseln. Als sie dann viel zu spät ins Bett geht, fallen ihre Augen zwar zu – aber der Kopf gibt trotzdem keine Ruhe. Das Seltsame ist: Wenn sie jetzt sagen sollte, was sie den ganzen Tag gemacht hat, wüsste sie es gar nicht so genau. Auch wie sie sich fühlt, könnte sie eigentlich nicht beantworten.

Philipp ist immer auf dem Sprung, denn der Tag hat nur 24 Stunden. Er hat aber immer so viel vor: In der Physiotherapiepraxis, in der er arbeitet, herrscht ein unangenehmes Klima. Die Stimmung im Team ist schlecht. Die Chefin spricht zwar stets gebetsmühlenartig von Achtsamkeit, hat aber kein Problem damit, Philipp permanent Druck am Arbeitsplatz zu machen.

Schon seit einigen Monaten schläft Philipp immer schlechter und er kommt kaum zur Ruhe. Wenn er mal eine freie Minute hat und es schafft, nicht an den Job zu denken, versucht er, Wege zu finden, seine Situation zu verbessern. Er möchte sich selbstständig machen, denn eigentlich liebt er seine Arbeit, den Umgang mit den Patienten, die gemeinsamen kleinen Erfolge, das Helfen.

Leider ist er mittlerweile eher hektisch als planvoll, springt von einer Sache zur nächsten, um alles unter einen Hut zu bringen und nimmt sich viel zu viel vor, da er es ja gut machen will. Seine Partnerin meint, er sei zu perfektionistisch und wirft ihm vor, ständig würden seine Gedanken nur um Projekte kreisen. Außerdem würde sie sich langsam Sorgen machen, er wirke so fahrig und abgearbeitet. Aber Philipp möchte eben, dass es ihren Patienten wirklich gut geht - deshalb versucht er die Stimmung in der Praxis aufzufangen und seine Selbstständigkeit möglichst rasch voranzutreiben. Dabei merkt er selbst langsam, dass es ihn körperlich und geistig erschöpft. Er fühlt sich ausgelaugt.

Genau das sollte ihr jedoch als Mann vom Fach ja nicht passieren – schließlich will er ein gutes Vorbild für seine Patienten sein!

Marie fühlt sich schon seit längerem unaufmerksam, nervös und gereizt. Sie kann sich schlecht entspannen und nur schwer bei sich selbst und ihren Bedürfnissen bleiben. Sie hat das Gefühl, sich zwischen allen aufzureiben und doch nie wirklich etwas mitzubekommen oder gut zu machen - und so langsam sieht man ihr den Stress auch körperlich an.

Wenn sie probiert, sich eine Auszeit zu gönnen, fühlt sie sich unter Druck gesetzt und ist in Gedanken schon wieder bei der nächsten Sache. Jetzt hat Gabi, eine Nachbarin, sie direkt darauf angesprochen, dass sie ganz schön mitgenommen aussieht und Marie hat sich ihr nach kurzem Zögern anvertraut. Was darauf kam, war wie ein Schlag ins Gesicht: Gabi hielt eine flammende Rede zum Thema Achtsamkeit und dass Marie sich ja nur mal damit auseinanderzusetzen bräuchte, wenn sie wirklich wollte, dass es ihr besser geht. Ansonsten sei sie vielleicht einfach selbst an der Situation schuld?! Sie (Gabi) hätte das schließlich auch gut integriert mit der Achtsamkeit und nun ginge es ihr sooo viel besser. Damit ließ sie Marie stehen.

Marie musste schlucken und dachte bitter: Klar, wer geerbt hat und keinen Handschlag tun muss, der hat ja auch Zeit und Geld für 5 Wellnessbehandlungen in der Woche, stundenlange Morgenroutinen mit Smoothie, Chanten, Meditation und was weiß ich. Marie hatte auch schon viel von Achtsamkeit gehört und gelesen, aber anders als Gabi und die Instagrammerinnen dieser Welt, hatte sie nicht das nötige Kleingeld, um ständig Retreats, Kurse, Workshops und Meetings zu besuchen. Sie war froh, wenn sie abends mal eine Stunde Zeit für sich fand. Und dann war sie von ihrem Tag so geschlaucht, dass sie keine Kraft mehr für hochkomplizierte Programme hatte. Sie wusste das. Aber zurück blieb trotzdem das nagende Schuldgefühl, sie würde dem Achtsamkeitstraining einfach keine Chance geben und damit selbst für ihre Misere verantwortlich sein.

Hast du dich in einer der drei Geschichten von Angelika, Philipp oder Marie wiedergefunden?

Mach dir innerlich oder auch hier eine kleine Notiz, welche Gedanken und Emotionen in dir aufgestiegen sind, als du die Beispiele gelesen hast. War da ein Erkennen? Ein Hadern? Gefühle von Frustration, Resignation oder Hilflosigkeit?

Achtsamkeit – was ist das denn jetzt genau?

Was bedeutet denn nun überhaupt Achtsamkeit? Handelt es sich dabei nur um einen cleveren Schachzug der Wellnessindustrie oder um einen Trend in den sozialen Medien, der denen vorbehalten ist, die ohnehin genug Freizeit und Geld zur Verfügung zu haben scheinen?

Man könnte fast einen solchen Eindruck bekommen – aber tatsächlich ist Achtsamkeit etwas, das auf eine lange Tradition in den verschiedensten religiösen Strömungen und in der spirituellen Praxis in ganz unterschiedliche Epochen und Kulturen zurückverweisen kann.

Gebete, Meditation, Bewegungsabläufe und Gedankenschulung durch das Lesen sogenannter erbaulicher Texte und das Trainieren des Geistes im Rahmen einer religiösen oder spirituellen Praxis dienten unter anderem dazu, den Zustand zu erreichen, der heute als Achtsamkeit bekannt ist.

Besonderer Bezug wird heute zu verschiedenen Strömungen des Buddhismus genommen: Bereits vor mehr als 2.000 Jahren thematisierten die buddhistischen Schriften die Wichtigkeit eines achtsamen Umganges mit den eigenen Gedanken, Worten und Taten. Ein unachtsamer Geist, im Buddhismus auch *unreiner Geist* genannt, kann zu Leiden führen – etwa dann, wenn wir das, was wir erleben, nicht wollen und versuchen, dieses Erleben zu vermeiden. Dieses Leiden spüren wir auch, wenn wir uns nach etwas anderem sehnen, als gerade da ist, wir in der Vergangenheit oder der Zukunft leben, wir anderen etwas neiden oder bestimmten Erlebnissen oder Gefühlen hinterherjagen.

Auch in der buddhistischen Achtsamkeitspraxis geht es um das Vermeiden von Leiden. Als ein wichtiger Bestandteil der buddhistischen Praxis nimmt deshalb das Erlernen und Kultivieren von Achtsamkeit eine prominente Position ein und wird in mehreren Reden und zahlreichen Schriften thematisiert, da es als ein wichtiger Schlüssel zur Vermeidung von Leid angesehen wird. Hier ist mit der Vermeidung von Leid jedoch nicht gemeint, dass unangenehmen Erfahrungen aus dem Weg gegangen oder mit Verdrängung gearbeitet wird, sondern dass diese als Teil des Lebens mit einer wohlwollenden Akzeptanz angenommen werden, ohne sich darin zu verlieren.

Diese Form von Achtsamkeit wird durch verschiedene Übungen (wie bewusstes Ein- und Ausatmen oder die Sitz- und Geh-Meditation) trainiert, um aus dem Leben als reaktiver Mensch einen Zustand zu erreichen, in dem Umstände angenommen werden können, wie sie sind, der Geist zur Ruhe finden kann und die Person im Hier und Jetzt ankommt und somit präsent an ihrem Leben teilhaben kann.

Neue Erkenntnisse rund um das Thema kamen in den 1970ern auf, als die Achtsamkeitspraxis in den Fokus von Medizinern und Therapeuten rückte und deren Auswirkungen und Möglichkeiten wissenschaftlich erforscht wurden. Besonders populär sind in diesem Rahmen die Arbeiten des US-amerikanischen Professors für Molekularbiologie Jon Kabat-Zinn, der in Massachusetts in seiner Stress Reduction Clinic mit der Mindful-Based-Stress-Reduction, kurz MBSR, eine Achtsamkeitspraxis im universitären Rahmen entwickelte, die als Unterstützung bei der Behandlung von Schmerzpatienten genutzt werden sollte.

Später besuchten auch anderweitig psychisch und physisch erkrankte Menschen das Zentrum, um MBSR, also die achtsamkeitsbasierte Stressreduktion, zu erlernen. Dieser Ansatz verbindet verschiedene Elemente der Achtsamkeitspraxis, wie Yoga und Meditation, und wurde wissenschaftlich erforscht. Aufgrund der nachweislichen Erfolge der Methode auf die psychische und physische Gesundheit wird sie nun weltweit gelehrt und findet in vielen US-amerikanischen Kliniken bei der Therapie von Patienten Anwendung.

Kabat-Zinn ist es auch, der eine der bekanntesten Definitionen des Begriffes Achtsamkeit in der westlichen Kulturwelt etabliert hat. Nach seiner Aussage handelt es sich bei Achtsamkeit um eine Form des Seins, eine Ausrichtung der Aufmerksamkeit, die zeitgleich keine Wertung vornimmt, sich auf den aktuellen Moment im Hier und Jetzt bezieht und absichtsvoll ist. Die Konzentration grenzt Kabat-Zinn dabei bewusst von der Achtsamkeit ab. Er weist darauf hin, dass er unter dem Begriff Achtsamkeit keinesfalls nur eine Technik versteht, sondern einen aktiven Zustand des eigenen Seins.

Darüber hinaus gibt es noch andere Definitionen, etwa von dem Psychologen und Psychoanalysten Scott R. Bishop der University of Toronto oder Kirk Warren Brown und Richard M. Ryan vom Department of Clinical and Social Sciences in Psychology der University of Rochester.

Scott R. Bishop lenkt das Verständnis von Achtsamkeit auf eine sogenannte Selbstregulation der Aufmerksamkeit und einer bestimmten Einstellung gegenüber dem Erlebten, die durch Akzeptanz, Offenheit und eine gewisse Neugier geprägt sein soll. Bishop geht davon aus, dass Achtsamkeit wie andere Skills erlernt und trainiert werden kann, wobei dies am Erleben praktiziert wird und weniger ein Akt von bewusstem Durchdenken ist.

Ryan und Brown stützen sich bei ihrer Begriffsdefinition auf verschiedene Ansätze diverser buddhistischer Traditionen und legen ihr Augenmerk auf eine Bewusstseinsklarheit, die an der Gegenwart orientiert ist, eine gewisse Form der Stabilität und einen klaren Bezug zur aktuellen Realität aufweist.

Die Definitionen unterscheiden sich also teilweise voneinander, aber im Zentrum stehen immer das Bewusstsein und die gerichtete Aufmerksamkeit. Es soll versucht werden, innere und äußere Prozesse wirklich wahrzunehmen, während sie passieren und somit im Hier und Jetzt zu verbleiben, anstatt sich gedanklich in die Vergangenheit oder die Zukunft zu begeben und eine Wertung abzugeben. Das mag auf den ersten Blick vielleicht total unspektakulär, ja fast banal klingen, doch jeder von uns weiß, wie schwer es sein kann, bei einer Sache zu bleiben und sich nicht in Gedanken oder äußeren Ablenkungen zu verlieren.

Ein zentrales Schlüsselelement ist auch, dass es sich bei der Achtsamkeit nicht um einen reinen Zustand von Konzentration auf eine bestimmte Sache handelt. Vielmehr soll ein Zustand geschaffen werden, der auch die emotionale und soziale Welt der ausübenden Person umfasst. Von Moment zu Moment werden Gefühle, körperliche Regungen, Ideen, Gedankenprozesse, Affekte und Eindrücke wahrgenommen – die Kunst dabei ist, nicht direkt auf diese Eindrücke zu reagieren, sondern ihnen stetig nicht wertend gegenüberzustehen.

Mitunter wird in diesem Zusammenhang auch der Ausdruck *leidenschaftsloses Bewusstsein* genutzt. Das bedeutet nicht, dass ein achtsamer Mensch keine emotionalen Regungen mehr hat und als eiskalter Klotz alles an sich abprallen lässt. Es geht vielmehr darum, dass er seine Emotionen wahrnimmt und diese akzeptiert, anstatt sich an den als gut bewerteten Gefühlen festzuklammern und die negativen von sich wegzuschieben.

Marie aus unserem dritten Beispiel hatte nach dem Gespräch mit ihrer Nachbarin Gabi das Gefühl, dass sie irgendwie selbst schuld daran sein, dass Achtsamkeit in ihrem Leben bisher keinen großen Raum bekommen hatte. Sie konnte aber gar nicht richtig benennen, welche Gefühle da in ihr auftauchten. Zudem wollte sie diese ohnehin nicht in sich spüren, sondern versuchte, sie zu unterdrücken und weit von sich wegzuschieben. Durch diese Gegenbewegung wurde allerdings der Fokus auf diese Stimmung gelenkt und mit der Abwehrhaltung waren Anspannung und Stress verbunden.

Wenn Achtsamkeit zelebriert wird, wird jede Geisteshaltung und Emotion als solche bemerkt und akzeptiert, allerdings nicht bewertet, katastrophisiert oder favorisiert. Stattdessen wird angestrebt, eine Einstellung von freundlicher Offenheit und Toleranz zu entwickeln, ebenso wie Mitgefühl und Geduld. Zudem soll versucht werden, sich nicht mit den Gefühlen, Affekten oder Empfindungen zu identifizieren.

Marie ist also nicht schuld. Sie fühlt Schuld und könnte dieses Gefühl benennen. Dadurch schafft sie eine bewusste Distanz, die ihr erlaubt, nicht direkt reagieren zu müssen. Das typische Reiz-Reaktions-Schema – ich fühle etwas und lasse meine Standardreaktion abspielen – wird so unterbrochen.

Bei Philipp aus unserem zweiten Beispiel wäre das beispielsweise das Thema Schlaf. Wenn er die Schlaflosigkeit bemerkt, wäre eine typische Reaktion: „Ich kann nicht einschlafen. Das ist so schlimm. Wieso kann ich nicht zur Ruhe kommen? Liegt es wirklich daran, dass ich so perfektionistisch bin? Was ist, wenn ich morgen bei der Arbeit nicht ausgeschlafen bin? Kann ich so überhaupt jemals gesund sein?" Er bewertet, verliert sich in Zukunftsfantasien und hebt so seinen Stresspegel, der ihm das Einschlafen noch zusätzlich erschweren wird.

Durch das regelmäßige Üben von Achtsamkeit können wir lernen, geistige Zustände, Emotionen und körperliche Prozesse wahrzunehmen und auch klar zu deuten, ohne dass wir uns in diesen verlieren oder sie über uns hereinbrechen, sie uns kontrollieren und vollkommen vereinnahmen. Wir können lernen, auch unangenehme Erfahrungen hinzunehmen, ohne gegen sie anzukämpfen oder an ihnen zu verzweifeln. Stattdessen liegt der Fokus beim Üben dauerhaft darauf, eine offene und freundliche, zugewandte Haltung einzunehmen und sich nicht für das, was gerade ist, zu verurteilen oder gar zu beschimpfen.

Je öfter wir Achtsamkeit üben, desto leichter wird uns die freundliche Haltung fallen, bei der wir uns ergebnisoffen in die Situation begeben. Wir können so auch leichter im Hier und Jetzt verbleiben und verhindern, dass wir uns in negativen oder positiven Tagträumen verlieren und nichts von unserem Leben im Moment mitbekommen.

Natürlich kann es sein, dass uns ein unangenehmes Gespräch im Kopf herumspukt oder wir innerlich eine Diskussion mit der Teenietochter führen, die uns am Abend bevorsteht. Angelika fürchtet sich abends schon vor den Streitgesprächen mit den Kids beim Anziehen am nächsten Morgen und Philipp schmerzt der Magen, wenn er an den hässlichen Tratsch im Kollegium denkt. Bei beiden Situationen handelt es sich nur um Gedanken an etwas, dass so noch nicht mal eingetreten ist, aber es hat bereits reale Auswirkungen auf das körperliche und seelische Wohlbefinden der beiden.

Praktizieren wir Achtsamkeit, können wir mit etwas Übung lernen, diese Vorstellungsbilder als solche zu erkennen, sie nicht so drastisch auf uns wirken zu lassen und gelassener – eben nicht wertend oder leidenschaftslos – in Situationen hineinzugehen und diese zu durchleben.

Die 7 Säulen der Achtsamkeit

Bekannt sind die sogenannten 7 Säulen der Achtsamkeit, die zu dem erwünschten bewussten Zustand des Seins führen sollen und mit denen man sich dem Konzept vielleicht leichter nähern kann als mit einer einfachen Begriffsdefinition. Die Säulen werden als Haltungen oder Einstellungen verstanden, die du während deiner Achtsamkeitspraxis erlernen und einnehmen wirst, um so zu einer achtsamen Gesamteinstellung zu gelangen.

Als die sieben Säulen werden häufig genannt:

- Das Nicht-Urteilen
- Die Geduld
- Der Anfängergeist
- Das Loslassen
- Der Verzicht auf Zwang
- Das Vertrauen
- Die Akzeptanz

→ Das Nicht-Urteilen

Das Nicht-Urteilen ist ein ganz wichtiger Teil der achtsamen Haltung, der dich sehr gut darin unterstützen kann, aus Gedankenspiralen auszusteigen und Angstkreisläufe zu unterbrechen. Bemerkst du beispielsweise, dass du Angst vor einer Sache hast, macht dir vielleicht der Gedanke an Angst bereits Angst. Zur gleichen Zeit findest du es albern, dass du überhaupt Angst hast, und überhaupt willst du diese Emotion nicht haben. Bemerkst du, dass du dich dafür verurteilst, ist das ein hilfreicher erster Schritt, denn oft ist uns gar nicht klar, wie rasch der innere Kritiker anspringt und uns bewertet.

Wichtig ist dann, sich nicht für das Bewerten zu verurteilen, sondern es als solches zu erkennen und davon zurückzutreten. Als erster Schritt kann es helfen, dass du einfach nur benennst, was du fühlst, etwa „Ich fühle Angst."

→ Die Geduld

Geduld ist etwas, das wir bei der Achtsamkeitspraxis üben können und unbedingt Teil eines achtsamen Umganges mit uns und unserer Umwelt ausmacht. Die Geduld kann dabei sowohl unsere Achtsamkeitspraxis an sich betreffen als auch unsere Innenwelt im Alltag. Greifen wir das Beispiel mit der Angst auf: Es kann sein, dass du eine Atemübung machst, um dich zu zentrieren. Die Angst lässt aber noch nicht nach. Du wirst ungeduldig. Schließlich machst du alles, um ruhig zu bleiben und meditieren tust du auch schon eine Weile und überhaupt. Diese Ungeduld erzeugt Druck, den du durch eine achtsame, geduldige Haltung aufheben kannst. Es dauert so lange wie es dauert und von Moment zu Moment versuchst du, dir in deiner aktuellen Verfassung etwas Gutes zu tun und so gut wie möglich für dich zu sorgen. Durch diese Einstellung kannst du davon ablassen, etwas erzwingen zu wollen, was du nicht kontrollieren kannst. Du kannst auf etwas hinarbeiten, dir guttun und dir die nötige Zeit lassen, die du brauchst.

→ Der Anfängergeist

Der Anfängergeist hilft uns, nicht in den Autopiloten-Modus zu verfallen und unsere Aufmerksamkeit wachzuhalten. Unser Leben ist erfüllt von entlastenden Routinen, die uns guttun, aber sie können auch dazu verführen, dass wir alles zu wissen glauben und uns so um neue Erfahrungen und Erkenntnisse bringen oder immer in alten Verhaltensmustern bleiben.

Spürst du beispielsweise die Angst, kann es sein, dass sich innerlich schon ein kleiner Zukunftsfilm bei dir abspielt: „Gleich bekomme ich Herzrasen und stottere wieder so doof und dann kommen die Spannungskopfschmerzen, da verbaue ich doch gleich die Präsentation und heute Abend habe ich bestimmt schlechte Laune, wie erkläre ich das nur der Familie!" Nicht selten läuft dann in solchen Fällen nach bestem Schema F das Prinzip der selbsterfüllenden Prophezeiung. Wir erwarten Herzklopfen, bauen Angst auf, bekommen Herzklopfen, fühlen uns bestätigt, verkrampfen, bekommen Kopfschmerzen und so weiter.

Was ist, wenn wir es einfach auf uns zukommen lassen, was passiert? Wenn wir nicht davon ausgehen, wir wüssten alles? Niemand von uns kann in eine Glaskugel schauen und die Zukunft voraussehen. Also ist es doch durchaus möglich, offen und mit einer gewissen Neugierde an Situationen heranzugehen. Was wird passieren? Wie werde ich reagieren? Wie kann ich mir dann Gutes tun?

Gute Lehrmeister in Sachen Anfängergeist sind kleine Kinder, die mit offenem Interesse an alles herantreten, ganz ohne voreingenommen zu sein. Es ist zudem unheimlich befreiend, wenn du dir erlaubst, dazulernen zu dürfen und nicht alles schon wissen und können zu müssen.

→ Das Loslassen

Loslassen ist ebenfalls ein essenzieller Bestandteil einer Achtsamkeitspraxis. Wie schwer das Loslassen ist, wissen wohl alle unter uns, die abends nicht abschalten können – denn das abendliche Zubettgehen ist ein sehr deutliches Loslassen vom Tag. Aber auch Streitgespräche aus dem letzten Meeting oder die peinliche Tanzveranstaltung aus der Oberstufe, die uns bis heute verfolgen, sind Anzeichen dafür, dass wir uns mit dem Loslassen schwertun. Geschehenes ist geschehen und durch das gedankliche Umwälzen ändern wir nichts mehr daran. Wir belasten uns nur.

Auch das Festhalten an positiven Dingen aus der Vergangenheit ist nicht unbedingt befriedigend, weil es sein kann, dass wir darüber vergessen, die Möglichkeiten im Hier und Jetzt wahrzunehmen. In der Achtsamkeitspraxis lernen wir beispielsweise beim Meditieren sehr gut, wie schwer, aber auch wie befreiend das Loslassen sein kann. Wenn Gedanken auftauchen, müssen wir uns nicht in ihnen verbeißen. Wir können sie erkennen, hinnehmen und wieder ziehen lassen.

Je mehr wir dies üben, desto leichter wird es uns fallen, uns nicht an Vergangenem festzuklammern und zu akzeptieren, dass das Leben immerzu auch Veränderungen mit sich bringt. Dadurch bekommt unser Dasein eine gewisse Leichtigkeit und somit eine positive und bejahende Qualität, die es uns möglich macht, im Fluss zu bleiben.

→ Der Verzicht auf Zwang

Oftmals erwarten wir, dass das, was wir tun, sagen, machen, ein bestimmtes Ergebnis haben soll. Wir wollen, dass die Situation jetzt so und so sein soll. Wenn sich das nicht bewahrheitet, sind wir enttäuscht, frustriert oder verlieren sogar die Hoffnung.

Nicht selten führt es auch dazu, dass wir das, was wir uns vorgestellt haben, regelrecht erzwingen wollen und dafür alle Hebel in Bewegung setzen, wenn wir bemerken, dass sich etwas in eine andere Richtung entwickelt.

Das kann uns auch auf dem Meditationskissen passieren. Wir üben uns in Achtsamkeit und meditieren hier jetzt schon zig Minuten – da müssten wir uns doch langsam mal ruhiger fühlen, oder? Schon ist der Zwang da, der uns daran hindert, das, was ist, einfach anzunehmen und zu entdecken, was noch kommen wird. Frei nach dem Motto „Das Gras wächst nicht schneller, wenn wir daran ziehen" dürfen wir uns darauf verlassen, dass manche Dinge ihre Zeit brauchen. Das bedeutet nicht, dass wir die Hände in den Schoß legen und unser Leben einfach passieren lassen – es bedeutet aber auch nicht, dass wir Dinge erzwingen wollen, deren Zeit noch nicht reif ist oder dass wir probieren, Druck auf uns oder andere auszuüben, um etwas zu erreichen.

Gib dir und den Dingen die Möglichkeit, zu passieren – ganz frei von Zwang. Diese Säule ist eng mit der Geduld verknüpft und kann uns ziemlich herausfordern – insbesondere dann, wenn wir sehr leistungsorientiert erzogen worden sind und wir gelernt haben, dass es uns nur gut gehen darf, wenn wir hart dafür gearbeitet haben. Durch ergebnisoffenes Meditieren kannst du einüben, das, was kommt, kommen zu lassen, anstatt mit aller Macht Entspannung oder Ruhe zu erzwingen – und den Verzicht auf Zwang dann auch außerhalb deines Meditationskissens in die Tat umsetzen.

→ Das Vertrauen

Die übrigen Säulen setzen eine gewisse Form des Vertrauens voraus. Ein Vertrauen, dass das, was kommt, von dir lebbar ist, dass du okay bist, dass du dir vertrauen kannst. Oftmals haben wir aber nicht nur den Kontakt zu unserem Körper, sondern auch zu unserer inneren Stimme verloren. Glaubenssätze unserer Eltern mischen sich mit aktuellen Trends und Meinungen der Gesellschaft – die eigene Position dann klar zu erkennen und zu benennen, fällt schwer. Auch das Zutrauen in die eigenen Stärken oder das Anerkennen von eigenen Grenzen kann dann schwierig sein.

Bei der Achtsamkeitspraxis können wir lernen, wieder in Kontakt mit uns selbst zu kommen und so ein Vertrauen in die eigenen Fähigkeiten, Fertigkeiten und Meinungen aufzubauen. Du lernst, wo deine persönlichen Grenzen liegen, was für dich machbar ist und was dir guttut. So kommst du wieder ganz bei dir selbst an und kannst auf dein Bauchgefühl bauen, anstatt dich zwischen all den Empfehlungen anderer aufzureiben. Du kannst eine besondere Form der Kraft aus dir selbst heraus schöpfen, weil du dein Heimathafen bist, auf den du immer setzen kannst.

Dadurch erfährst du eine neue Form der Unabhängigkeit, die sich auch sehr günstig auf Beziehungen auswirken kann. Auch wird dir dieses Vertrauen helfen, unnötige Gedankenschlaufen zu unterbrechen, wenn du dich nicht entscheiden kannst – da du dir und deinem Gefühl vertrauen darfst. Sowohl bei der Yoga-Praxis als auch in der Meditation kannst du Vertrauen in deinen Körper und Geist aufbauen und dieses Vertrauen dann auch im Alltagsleben weiterentwickeln.

→ Die Akzeptanz

Die Akzeptanz von dem, was ist, ist für viele von uns eine Herausforderung, denn als Menschen sind wir darauf gepolt, Unangenehmes mit aller Macht von uns fernzuhalten und Angenehmes behalten zu wollen. Akzeptanz im Rahmen der Achtsamkeit bedeutet nicht, dass wir alles toll finden oder passiv hinnehmen, was um uns herum und in uns passiert, aber wir akzeptieren es als gegeben. Weder versuchen wir es zu verdrängen noch es umzuwerten oder uns selbst zu beschummeln. Wir nehmen Tatsachen einfach als gegeben hin.

Es ist, wie es ist. Wenn sein darf, was gerade ist, auch wenn es sich mitunter nicht angenehm anfühlt, dann nimmt das viel Druck aus unserem Erleben.

Gehe gedanklich noch mal zurück zu dem Einschlafbeispiel von Philipp. Wenn er sich gegen das wehrt, was er in der Nacht erlebt – nämlich seine Einschlafprobleme – dann lenkt er massiv den Fokus darauf und wendet viel Kraft für das Problem auf. Wenn er stattdessen versucht, sich in Akzeptanz zu üben und darüber hinaus aber wieder gedanklich zu etwas zurückzukehren, was ihm in der Situation wohltut, dann kann er seine Energie ganz anders kanalisieren und für sich nutzen.

Oftmals bereiten uns gerade die inneren Widerstände, das Nichtwahrhabenwollen, zusätzliche Last, die sich auch körperlich durch Spannungskopfschmerzen oder einen verspannten Rücken zeigen können. Machen wir uns durch eine akzeptierende Haltung davon frei, haben wir mehr Raum, um uns Gutes zu tun und uns um uns zu kümmern, anstatt gegen etwas anzukämpfen, das wir höchstwahrscheinlich sowieso nicht mehr abändern können. Die Last nimmt ab und wir können unsere Kräfte dafür einsetzen, mit dem umzugehen, was tatsächlich gerade passiert, anstatt uns energieräuberisch in etwas hineinzusteigern.

Du erkennst vielleicht beim Lesen schon, dass viele der Säulen ineinandergreifen und du beim Üben der einzelnen Haltungen unwillkürlich auch andere mit üben wirst. Insgesamt kann so ein inneres Haltungs- und Glaubensmuster entstehen, das es dir leicht macht, eine achtsame Haltung dauerhaft in deinem Alltag zu leben und nicht nur bei speziellen Übungen in deiner Achtsamkeitspraxis.

Mitunter werden übrigens auch noch Großzügigkeit und Dankbarkeit als Säulen oder Grundhaltungen der Achtsamkeit aufgezählt. Eine dankbare Haltung sorgt für eine wertschätzende und offene Sichtweise, die den Anfängergeist und das Akzeptieren leichter machen, ebenso wie den Aspekt des Loslassens. Großzügigkeit gegenüber anderen, aber auch gegenüber sich selbst, kann ebenfalls dabei helfen, da wir Fehler leichter verzeihen, verständiger mit uns und anderen sind und ein Leben in gemeinsamer Verbundenheit und Fülle möglich machen.

Achtsamkeit in der Kritik

Wenn du dich schon mal mit dem Thema befasst hast, wird dir aufgefallen sein, dass parallel zum Hype rund um die Achtsamkeit auch skeptische Stimmen laut geworden sind, die der Achtsamkeit zum einen ihre Wirksamkeit absprechen und sie als esoterischen Klimbim abtun. Zum anderen gibt es auch Kritik, dass die Achtsamkeitspraxis ihr eigentliches Ziel vielfach aus den Augen verloren hat und nun eher eine „dunkle Seite der Achtsamkeit" vorherrscht. Diese Kritik betrifft in der Regel nicht die Achtsamkeit als Konzept, sondern eher den Umgang damit in der heutigen Zeit.

Skeptisch betrachtet wird beispielsweise, wenn die Achtsamkeit losgelöst von dem damit verbundenen Gedankengut allein dazu genutzt werden soll, um besser zu funktionieren – sozusagen als Technik zur Selbstoptimierung. Wie du bereits erfahren hast, kann Achtsamkeit tatsächlich dazu beitragen, eine Leistungssteigerung zu erzielen, weil du konzentrierter arbeiten kannst und auch deine Belastbarkeit kann steigen, wenn deine Energie nicht durch zu viel andere Dinge in Anspruch genommen wird.

Auch wenn dieser Effekt natürlich sehr schön ist und dein Arbeiten leichter macht, sollen die dadurch entstehenden Freiräume nicht direkt mit neuer Arbeit gefüllt werden, frei nach dem Motto „Immer höher, immer weiter." Insbesondere im betrieblichen Rahmen werden entsprechende Fortbildungen gerne dazu genutzt, um die Mitarbeitenden belastbarer zu machen. Widersprechen sie dann, wird gerne darauf verwiesen, dass sie doch jetzt die entsprechenden Kompetenzen hätten, um mit dem erhöhten Stresslevel klarzukommen und wenn sie dies nicht können, sei das eben ein Anreiz dafür, die Achtsamkeitspraxis noch zu intensivieren.

So ist Achtsamkeit allerdings nicht gedacht. Stattdessen unterstützt dich ein achtsames Arbeiten beim Bewältigen deines üblichen Aufgabenpensums und das in einem Maße, sodass du auch danach noch Kraft und Ruhe für andere Dinge in deinem Leben hast.

Kritisch wird es auch, wenn Menschen Achtsamkeit dazu nutzen, um mit negativen Verhaltensmustern dauerhaft zurechtzukommen, anstatt an ihnen zu arbeiten. Natürlich ist Achtsamkeit ein gutes Werkzeug, um mit schwierigen Situationen umzugehen, insbesondere dann, wenn diese unausweichlich sind. Sie darf aber nicht als Ausrede fungieren, die genutzt wird, um sich einer Konfrontation nicht stellen zu müssen, Ungerechtigkeit nicht die Stirn bieten zu müssen oder sich aus einer unangenehmen Lage zu befreien.

Nur weil man achtsam mit einer Situation umgehen kann, bedeutet das nicht, dass man in der Situation verbleiben muss. Wir haben immer noch die Verantwortung für uns und unser

Wohlbefinden in der Hand und müssen hin und wieder in den sauren Apfel beißen und unseren inneren Schweinehund überwinden, um unsere Gesamtsituation zu verbessern.

Achtsamkeit als Mittel, um sich über andere zu erheben, ist ebenfalls ein Trend, der mit Skepsis betrachtet wird. Achtsamkeit geschieht ohne Wettbewerb. Es geht nicht darum, wer mehr in sich ruht, wer mehr Achtsamkeitskurse besucht hat, wer am längsten meditieren kann. Mitunter kann ein Gespräch unter Gleichgesinnten aber zu einem regelrechten Kräftemessen ausarten, bei dem beide sich zu übertrumpfen versuchen. Auch Social Media befeuert dieses Vergleichen, bei dem man selten so gut abschneidet, wie die Influencer mit ihren Hochglanzbildchen.

Dabei sollte nie aus den Augen verloren werden, dass Achtsamkeit für jede Person etwas Individuelles ist und man nur selbst als Referenzpunkt dienen kann – schließlich bringt jeder von uns andere Voraussetzungen mit, wenn er/sie sich auf die Reise zur Achtsamkeit begibt. Es geht nicht darum, besser als jemand anderes zu sein und Personen, die achtsam im Umgang mit anderen sind, werden wohl auch kaum ein Interesse daran haben, ihr Umfeld herabzuwürdigen, nur weil es nicht so „erleuchtet" ist wie sie selbst.

Lass dich nicht davon einschüchtern, wenn jemand über seine Praxis prahlt oder ein teures Seminar nach dem anderen besucht. Hier wären wir bei einer weiteren dunklen Seite der Achtsamkeit: Achtsamkeit als Markt. Mindfulness ist ein Trendwort, Achtsamkeit prangt als Signal auf Tees, Badezusätzen, Smoothies, Zeitschriftencovern und diversen Produkten zum Entspannen und Relaxen. Die Wellnessindustrie ist groß und gewitzt und hat das Interesse der Menschen daran, zu sich selbst zu kommen, aufgegriffen und für sich genutzt, um Verkäufe anzukurbeln.

Du brauchst aber keine speziellen Mindfulness-Tees oder Gewürzmischungen, um eine Achtsamkeitspraxis zu beginnen und musst auch nicht 20.000 teure Retreats und Seminare besuchen.

Deine Praxis ist wertvoll und sinnvoll - auch ohne Zertifikat einer Wellnessschule oder der Absegnung eines Online-Instructors. Natürlich ist es schön, wenn du in einer Gruppe arbeiten kannst oder planst, an einem klassischen MBSR-Kurs von 8 Wochen teilzunehmen - wenn du möchtest und die Mittel dazu hast.

Doch eine Voraussetzung oder Notwendigkeit, um achtsam leben zu können, ist es nicht!

Achtsamkeit ist etwas, das in dir entsteht – und kein Kurs, kein Tee und kein Retreat kann dir diese innere Arbeit abnehmen. Achtsamkeit lässt sich nicht kaufen!

Das ist auf der einen Seite vielleicht etwas ernüchternd, auf der anderen aber umso ermutigender: Du hast es in der Hand! Du kannst etwas in deinem Leben verändern. Gerne mit Unterstützung, klar! Aber weder kann man sich Achtsamkeit kaufen, noch garantiert einem die Teilnahme an zig Veranstaltungen und Workshops, dass sich eine feste Achtsamkeitspraxis etabliert.

Dies liegt allein an dir und deiner Bereitschaft, für dich und deine Wünsche einzustehen und dein Leben entsprechend zu verändern!

Kurze Bestandsaufnahme: Wie achtsam bin ich?

Im Folgenden nimm dir bitte einmal einen kurzen Moment für eine bewusste Bestandsaufnahme. Sicherlich ahnst du schon, dass es Bereiche in deinem Leben gibt, in denen dir die Achtsamkeit fehlt – aber wo ist dies genau der Fall? Wie achtsam bist du vielleicht schon?

Der folgende Fragebogen kann dir bei der Einordnung helfen und dir auch zeigen, in welchen Bereichen du bereits sehr gut einen achtsamen Ansatz integriert hast und in welchen Teilen deines Lebens dir etwas mehr Bewusstsein guttun würde.

- Machst du oft mehrere Dinge gleichzeitig?
- Fühlst du dich unter Druck gesetzt und gehetzt beim Erledigen der Dinge?
- Funktionierst du oft auf Autopilot?

- Hast du sehr hohe Ansprüche an dich und dein Tun und bemerkst einen gewissen Perfektionismus?
- Bist du in Gedanken schon bei dem nächsten Punkt auf deiner To-do-Liste, während du eine Aktivität ausführst?
- Kannst du eine Arbeit ohne Unterbrechungen zu Ende bringen oder wanderst du immer wieder gedanklich ab, stehst auf, machst etwas anderes?
- Wirst du unruhig, wenn du zum Warten oder anderweitig zur Untätigkeit gezwungen wirst, etwa bei Krankheit?
- Kannst und darfst du nichts tun?
- Wann hast du das letzte Mal innegehalten oder einfach nur geträumt?
- Wann bist du das letzte Mal ganz in etwas versunken, etwa der Betrachtung einer schönen Blume oder des Sternenhimmels in einer klaren Nacht?
- Kannst du dich gut auf ein Gespräch mit einem anderen Menschen einlassen oder wandert deine Aufmerksamkeit zum Handy oder zum Gespräch am Nachbartisch?
- Weißt du, was deine Kinder dir heute beim Frühstück erzählt haben?
- Fühlst du dich schuldig, weil du deine Kontakte manchmal einfach nur noch als weiteren Punkt auf deiner To-do-Liste empfindest und diese schnell mal abarbeitest, wenn du die Zeit findest?
- Isst du nebenbei oder immer nur zwischendurch einen schnellen Happen?
- Bereitest du deine Speise appetitlich zu und setzt du dich zum Essen hin?
- Lenkst du dich viel von deinen eigentlichen Tätigkeiten ab, etwa durch Scrollen am Handy oder durch Fernsehen?
- Bemerkst du Hunger, Durst oder Müdigkeit und wenn ja, reagierst du darauf?

- Legst du Pausen ein? Bemerkst du, wann und wie du dir diese Pausen gönnen solltest?
- Nutzt du zum Abschalten „Hilfsmittel", wie zum Beispiel Genussmittel, Süßigkeiten, Einkaufen?
- Verbringst du deine Freizeit viel passiv vor Bildschirmen?

Hast du dir die Fragen ehrlich beantwortet, wirst du vielleicht erstaunt sein, wie „ferngesteuert" oder gestresst du mitunter durch deinen Alltag gehst. Oftmals ist uns gar nicht bewusst, wie sehr wir von einer Sache zur anderen hetzen, wie viel inneren Stress wir verspüren, wenn alles in uns darauf ausgerichtet ist, zu funktionieren. Wir haben uns daran gewöhnt, dass wir nur wenig Zeit für gesundes Essen haben – oft gibt es nur schnell was zwischendurch oder wir vergessen das Essen ganz oder ersetzen Mahlzeiten durch Snacks und Süßigkeiten.

Wir sind so daran gewöhnt, kaum Pausen einzulegen, dass wir die ersten Anzeichen von psychosomatischen Beschwerden, die sich infolge in unserem Alltag bemerkbar machen, erst mal gar nicht richtig zuordnen können. Immer mal wieder auftauchende Rücken- oder Kopfschmerzen scheinen für uns ohne Ursache, wie aus dem Nichts zu kommen. Oder wir schauen nicht mal nach dem Grund, sondern versuchen, sie mit Schmerztabletten und Ignorieren in den Griff zu bekommen, um weiter durchpowern zu können. Auch Schlaflosigkeit oder das ständige Grübeln sind irgendwann Teil des Alltages.

All diese kleinen Baustellen führen natürlich dazu, dass das eigene Wohlbefinden leidet und auch das unserer Umgebung: Denn zum einen möchten unsere Liebsten natürlich, dass es uns gut geht. Zum anderen können die Beschwerden auch schnell mal zu Gereiztheit und Unstimmigkeiten mit dem Partner und den Kindern führen, wodurch sich die Beschwerden verschlechtern. Der Teufelskreis scheint hier vorprogrammiert, obwohl wir doch eigentlich nur alles dafür tun wollen, möglichst gut zu funktionieren und jedem und allem gerecht zu werden.

Wirkung einer regelmäßigen Achtsamkeitspraxis

Was verändert sich in unserem Leben und unserem Alltag, wenn wir ihn achtsam erleben?

Angelika aus unserem Beispiel fehlte bisher immer das Durchhaltevermögen für eine regelmäßige Praxis. Sie hat zwar mehrfach angefangen, aber Rotwein und Serien sind dann eben doch auf den ersten Blick ergiebiger, weil das Meditieren sie zusätzlich gestresst hat.

Wie kommt das? Ist die Wirkung einer regelmäßigen Achtsamkeitspraxis gar nicht so toll oder für jeden zugänglich?

Die meisten von uns müssen mit den verschiedenen Stressoren in unserem Leben klarkommen, ohne gelernt zu haben, auch echte Entspannungspausen einzulegen. Wir flüchten uns in Genussgifte oder lassen uns berieseln, aber richtig abschalten fällt uns schwer. Dadurch kann es zu Langzeitstress kommen, der uns sowohl mental als auch körperlich stark belasten kann.

Fangen wir jetzt mit dem Meditieren oder Yoga an, kann es sein, dass unsere ersten Erfahrungen weniger großartig sind als erwartet: Statt Entspannung zu verspüren, erleben wir möglicherweise ein Gefühl, gehetzt zu sein oder zusätzlichen Druck zu haben, wie Angelika, und entscheiden uns dann doch für unsere klassischen (wenn auch möglicherweise schädlichen) Bewältigungsmechanismen, weil wir weitere unangenehme Empfindungen vermeiden möchten.

Dabei übersehen wir, dass Achtsamkeit erlernt werden kann – dieser Prozess sich aber mitunter als sehr anstrengend und zäh präsentiert, zumindest am Anfang. Es kann zunächst entmutigend wirken, anstatt Entspannung innere Unruhe zu erleben oder plötzlich Verspannungen und Schmerzen zu bemerken, die man sonst ausblendet. Viele Menschen hören dann vorzeitig auf und meinen, dass ihnen Achtsamkeit nichts bringen würde.

Dadurch, dass wir durch konsequentes Üben aber immer wieder unsere Gedanken einfangen und auf das ausrichten, was wir möchten, werden wir immer gelassener, wenn Gedanken oder Gefühle in uns auftauchen, die wir nicht als positiv empfinden. Du kannst dir das wie beim Sport vorstellen: Am Anfang setzt dich schon ein kleines Gewicht schachmatt. Du fühlst dich heiß und verschwitzt und außer Atem und es ist dir ein Rätsel, warum dir diese Tortur helfen soll. Wenn du nun nach zwei Trainingseinheiten aufhörst und behauptest, Krafttraining würde bei dir nicht funktionieren, dann greift der Blick hier zu kurz. Bleibst du aber dran, stärkst du deinen Körper. Deine Muskeln können mehr leisten und mit einem Mal merkst du, dass das Ausgangsgewicht zu leicht geworden ist und auch der Einkauf sich ruckzuck die Treppe hinauftragen lässt.

Ähnlich verhält es sich mit deinem Geist und der Achtsamkeit: Zu Beginn hüpfen deine Gedanken vielleicht herum wie wilde Affen, dir tut etwas weh, du verspürst Widerstand. Immer wieder zu deiner achtsamen Haltung zurückzukehren, ist mühsam und anstrengend. Aber auch hier wirst du mit der Zeit eine Veränderung bemerken, nur dass es hier deine innere Stärke ist, die wächst: Du wirst dich leichter konzentrieren und bei einer Sache bleiben und deine Aufmerksamkeit auf einen bestimmten Punkt ausrichten können. Ablenkungen werden dich weniger schnell aus dem Konzept bringen, du bleibst gelassener und hast mehr Abstand zu den Dingen, statt dich von ihnen übermannen zu lassen. Zudem wirst du einen besseren Zugang zu deinem Innenleben finden und bewusster damit umgehen: So werden dir Grübelschleifen und innere Katastrophisierungsphantasien ebenso auffallen wie Tagträumereien, die dich vom Wesentlichen abhalten - deinem Leben.

Es entsteht ein reicheres und lebendigeres Gefühl von Vitalität. Du nimmst Dinge klarer und facettenreicher wahr – nicht, weil sie jetzt anders wären, sondern weil sich deine Art der Wahrnehmung verändert. Die nicht wertende Auseinandersetzung, das Beobachten, erlaubt, dass du mehr mitbekommst, von dem, was in dir und um dich herum geschieht.

Zudem kannst du bei einer regelmäßigen Achtsamkeitspraxis auch wirklich beim Bild des inneren Krafttrainings bleiben, denn tatsächlich haben Studien an Meditierenden gezeigt, dass sich bei ihnen Veränderungen im Gehirn nachzeichnen lassen: Bestimmte Areale in deinem Gehirn, die für Stress zuständig sind, werden weniger aktiv, andere Bereiche werden wiederum aktiviert, etwa die, die mit positiven Gefühlen in Verbindung gebracht werden. Auch die Konzentration und die Aufmerksamkeit können sich als kognitive Fähigkeiten klar verbessern.

Mit dem bildgebenden Verfahren im MRT konnte belegt werden, dass sich tatsächlich sogar die graue Hirnmasse positiv verändert, wenn Leute am MBSR, also dem Mindfulness-Based Stress Reduction Programm teilnahmen.

Weitere positive Auswirkungen kann Achtsamkeit auf die Qualität deines Schlafes haben und auf deine Stimmung – so erleben viele Achtsamkeitspraktizierende eine Verminderung von Niedergeschlagenheit, Angst, Depression und Trauer und einen Anstieg von angenehmen Gefühlen (wie Glück und Zufriedenheit). Das persönliche Stresslevel kann sinken und das Immunsystem wird gestärkt. Es zeigt sich aktiver als bei Menschen, die nicht meditieren oder anderweitig Achtsamkeit praktizieren.

Weil du eine bewusstere Wahrnehmung deiner geistigen Muster und auch der inneren Reaktionen auf Reize von außen und innen erleben kannst, hast du die Möglichkeit, eigenständig und frei Entscheidungen zu treffen, gelassen zu bleiben, Glücksmomente bewusst zu spüren und Abstand zu Stress und Ängsten zu bekommen, ohne aber die Verantwortung abzugeben oder das Hier und Jetzt zu verdrängen. Das wird unter anderem auf das Non-Attachment und das Decentering zurückgeführt – beides Haltungen, die durch die Achtsamkeit erlernt werden:

Das Decentering dient der Emotionskontrolle: Du erkennst Gedanken als Gedanken an und missinterpretierst sie nicht als dein ganzes Sein. Du erkennst Reaktionsmuster und kannst sie anpassen und du hast eine offene, wohlwollende Haltung dir gegenüber während des Prozesses.

Das Non-Attachement hilft dir, dich nicht an Dingen, Emotionen oder Eindrücken aufzuhängen, weder an dem Streitgespräch mit dem Chef letzte Woche noch mit dem Augenzucken, das dich seit gestern nervt. Dadurch kannst du den Fokus auf Dinge lenken, die dir guttun, statt Belastendes unnötig aufzublasen und damit auch dein Stresslevel zu steigern.

Ein regelmäßiges Achtsamkeitstraining verschafft dir somit nicht nur eine gelassenere Grundstimmung, sondern auch mehr Aufmerksamkeit und Leistungsfähigkeit. Deine Gehirnfunktionen verbessern sich nachweislich dadurch, du erlangst mehr Vitalität, kannst körperliche und psychische Beschwerden besser handhaben und eine ganz neue Lebensqualität finden.

Somit ist es kein Wunder, dass ein Achtsamkeitstraining mittlerweile Bestandteil verschiedenster Therapiekonzepte ist – sowohl bei physischen Erkrankungen als auch bei psychischen Beschwerden. Die Anwendungsbereiche unterscheiden sich je nach Land: In den Vereinigten Staaten von Amerika wird das Achtsamkeitstraining, allen voran das Mindfulness-Based Stress Reduction Programm von Jon Kabat-Zinn, beispielsweise bei Krankheiten wie Krebs, chronischen Schmerzen oder stressbedingten psychosomatischen Beschwerden angewendet.

Auch in anderen Ländern finden das MBSR-Programm oder andere Achtsamkeitsprogramme Anwendung, um Patienten beim Umgang mit Stress, Schmerzen und Krankheit zu unterstützen. Eingesetzt wird ein Training beispielsweise bei Angsterkrankungen, Depressionen oder Autoimmunerkrankungen. Es dient maßgeblich dazu, dass die Betroffenen einen besseren Zugang zu sich und ihrem Körper bekommen, ihren Beschwerden mit Achtsamkeit und Akzeptanz begegnen können und sich selbst wieder als Person mit Selbstwirksamkeit wahrnehmen. Sie können zwar nicht unbedingt etwas gegen ihre Krankheit tun – obwohl (wie bereits erwähnt) das Immunsystem durchaus gestärkt werden kann – aber sie können beeinflussen, wie sie darauf reagieren, wie sich ihre Gedankenwelt gestaltet und wie sie mit ihrem Gefühlsleben umgehen.

Wie wird eine Achtsamkeitspraxis vermittelt?

Wenn du dich nun fragst, welche Möglichkeiten es für dich gibt, eine Achtsamkeitspraxis zu erlernen und zu kultivieren, dann wirst du erfreut sein, zu hören, wie vielfältig die Möglichkeiten heute in Deutschland sind.

War Mindfulness noch vor wenigen Jahrzehnten eher im englischsprachigen Raum ein Thema und das Angebot an entsprechender Literatur und Kursen auf Deutsch vergleichsweise übersichtlich, findet sich heutzutage eine riesige Bandbreite an verschiedenen Lernmöglichkeiten an ganz unterschiedlichen Lernorten: Größere Unternehmen bieten im Rahmen ihres betrieblichen Gesundheitsangebotes beispielsweise entsprechende Kurse für ihre Arbeitnehmer an. Die Krankenkassen sind ebenfalls eine gute Anlaufstelle, wenn du auf der Suche nach einem guten Kursus bist: Nicht selten bieten die Kassen selbst an ihren Standorten entsprechende Workshops und Kurse an oder sie übernehmen vollständig oder anteilig die Kosten für einen Achtsamkeitskurs, wenn er krankenkassenzertifiziert ist.

Auch in Reha-Maßnahmen und Tageskliniken gehören Achtsamkeitskurse mittlerweile zum Standardprogramm, da die Forschung die positive Wirkung von Achtsamkeit auf die körperliche und psychische Gesundheit belegen konnte und immer neue Erkenntnisse liefert, die darauf schließen lassen, dass sich das Erlernen der Achtsamkeit sehr günstig auf das Wohlbefinden der Klienten auswirken kann. Ein Nachfragen beim Psychotherapeuten, Physiotherapeuten oder Arzt kann ebenfalls lohnen. Diese können dich an gut ausgebildete Achtsamkeitstrainer verweisen, bei denen du einen Kurs belegen kannst.

Auch an Volkshochschulen werden vielerorts Achtsamkeitskurse gegeben, häufig nach dem Prinzip des MBSR-Trainings von Jon Kabat-Zinn. Weitere Adressen sind zudem Yoga-Schulen mit entsprechender Ausrichtung oder private Anbieter, die als Achtsamkeitstrainer tätig sind. Hier solltest du bei der Wahl deines Kurses aber unbedingt darauf achten, welche Qualifikationen die Anbieter nachweisen können, damit du nicht aus Versehen an einen Menschen gerätst, der gerade mal ein Wochenend-Seminar zum Thema besucht hat – denn die Bezeichnung des Achtsamkeitstrainers ist bisher noch kein geschützter Begriff und deshalb kein Garant für eine qualitativ hochwertige Ausbildung, die dir zugutekommt.

In der Regel handelt es sich um mehrwöchige Kurse, in denen neben Hintergrundwissen auch Achtsamkeitsübungen (wie Meditation, achtsames Essen, der Body-Scan oder die Geh-Meditation) vermittelt und eingeübt werden und in denen auch in der Gruppe über die eigene Achtsamkeitspraxis gesprochen wird. Diese Gruppen sind ideal für Menschen, die vom Gemeinschaftserlebnis profitieren und durch feste Termine gut bei der Sache bleiben und so eine eigene Praxis aufbauen und in ihr Leben integrieren können. Wer lieber für sich alleine übt, profitiert vielleicht eher von Online-Angeboten ohne direkten Austausch oder der Arbeit mit einem Buch oder Videos.

Brauchst du eine kleine Auffrischung oder Motivation, kann auch ein geführtes Achtsamkeitswochenende in besonderer Umgebung oder ein spezielles Retreat eine spannende Möglichkeit sein, um sich dem Thema Achtsamkeit wieder zu nähern. Diese Angebote werden auch gerne genutzt, um die eigene Achtsamkeitspraxis zu vertiefen und sich innerhalb eines festen Zeitrahmens ganz ungestört auf dieses Thema konzentrieren zu können.

Welche achtsamkeitsbasierten Verfahren gibt es?

Besonders gut erforscht wurde und wird das Mindfulness-Based Stress Reduction Programm von Jon Kabat-Zinn, das häufig die Basis für die Kursinhalte bildet. Es zeichnet sich dadurch aus, dass die Mischung aus Meditation, Yoga und anderen Achtsamkeitstechniken mit Informationsvermittlung die Teilnehmenden schnell in die Position bringt, dass sie eigenständig üben können und ihre Selbstwirksamkeit beim achtsamen Üben spüren. Meist wird der Kurs über acht Wochen angeboten, mit einem Treffen pro Woche und noch einem langen Wochenende, an dem zusammen trainiert wird und man auch die Möglichkeit hat, sich im Schweigen zu üben.

Auch die achtsamkeitsbasierte kognitive Therapie wird meist über eine Zeitspanne von acht Wochen als Gruppenkurs angeboten und zählt zu den Verfahren, die in der Psychotherapie Einsatz finden. Sie ist auch unter der englischen Bezeichnung Mindfulness-Based Cognitive Therapy oder kurz MBCT bekannt und wird überwiegend bei Depressionen eingesetzt. Es werden Elemente des MBSR mit kognitiven verhaltenstherapeutischen Ansätzen kombiniert, um Personen für etwaige Depressionsepisoden zu sensibilisieren und Rückfälle zu minimieren. Ferner werden diese Verfahren genutzt, um einen gesunden Umgang mit Stress oder unveränderlichen Situationen zu erlernen.

Grenzen von Achtsamkeit

Achtsamkeit eröffnet viele wunderbare Möglichkeiten, mit dem eigenen Innenleben und der Außenwelt umzugehen – aber sie ist kein Allheilmittel. Sie kann Krankheiten und Krisen nicht einfach auflösen, sie macht nicht unverwundbar und auch nicht unendlich belastbar. Sie ist eine fantastische Lebenshaltung mit viel Potential, aber sie ersetzt keinen Arztbesuch oder eine Therapie, wenn dies angezeigt ist.

Bei all den positiven Dingen, die die Achtsamkeit mit sich bringt und den überschwänglichen Berichten, wird manchmal aus den Augen verloren, dass eine Achtsamkeitspraxis keine medizinische oder psychotherapeutische Behandlung ersetzen, sondern im besten Fall einfach begleiten und ergänzen sollte. Auch bedeutet eine solche Praxis nicht, dass man sich alles gefallen lässt oder in schwierigen Situationen ausharrt, die man ändern könnte – nur, weil man ja jetzt so achtsam damit umgehen kann.

Deshalb ist es wichtig, auch mit der achtsamen Haltung ins Handeln zu kommen und weiterhin aktiv das Leben in die gewünschte Richtung zu führen, Verantwortung zu übernehmen und offen und fair zu benennen, wo die Grenzen der Achtsamkeit für einen persönlich liegen und welche Konsequenzen dies beinhaltet.

Achtsam mit dir

Achtsames Arbeiten, achtsames Erziehen, achtsam im Umgang mit Kollegen, achtsam beim Sport – all das ist schön und gut und wichtig, aber Achtsamkeit sollte mit dir beginnen.

Es ist wichtig, dass du ganz in Ruhe für dich das Konzept der Achtsamkeit, und damit verbunden neue Techniken und Methoden, kennenlernen kannst. Wenn du lernst, wie du deine Gedanken beruhigen und positiver denken kannst, eröffnet dir das eine völlig neue Perspektive auf dein Leben: Du wirst automatisch zufriedener sein, wenn mehr Ruhe in dir herrscht und du mit dem Leben fließen kannst, anstatt ständig Anstrengungen zu unternehmen, die Dinge ins Laufen zu bringen oder am Laufen zu halten.

Dennoch kann es sehr schwer sein, die eigenen Bedürfnisse wahrzunehmen und wertzuschätzen. Insbesondere Frauen sind es gewohnt, sich erst mal hintenanzustellen und die Wünsche anderer zu erfüllen, bevor sie sich um sich selbst kümmern.

Auf den eigenen Körper und Geist achten, deren Signale wahrnehmen und deuten können, kann daher wie eine sehr ungewohnte, ja fast einschüchternde Aufgabe wirken – bietet aber so unendlich viel Potential für dich, dass es sich definitiv lohnt, diesen Schritt zu wagen.

In Kontakt zu dir selbst treten

Um Achtsamkeit in dein Leben zu holen, ist es wichtig, dass du in Kontakt mit dir selbst treten kannst. Wir sind nicht selten so stark eingebunden in unsere täglichen Verpflichtungen, dass wir kaum eine ruhige Minute haben, um uns über den Tag unserer selbst bewusst zu werden. Zudem scheuen wir mitunter auch das Innehalten und versuchen, uns mit dem raschen Griff zum Handy oder der Fernbedienung dauerhaft zu unterhalten, statt mit uns selbst in Kontakt zu kommen.

Das ist nicht verwunderlich: Zum einen sind wir diese Kontaktaufnahme nicht gewohnt, zum anderen kann sie einiges an Mut von dir verlangen, denn nicht immer ist diese Form der Selbsterfahrung nur mit angenehmen Momenten verbunden.

Ein achtsames Hinschauen umfasst alle Aspekte des eigenen Lebens, die uns und unser Leben ausmachen – nicht nur die schönen Instagram tauglichen Bilder von grünen Säften, auf Klippen meditierenden Models und Heilsteinen, die uns mit den Hashtags *Achtsam*, *Achtsamkeit* und *Mindfulness* auf den sozialen Medien überfluten.

Wichtig ist nur, dass du aus dem Modus des Autopiloten aussteigen kannst und dir deines Handelns, Denkens, Fühlens, deines Selbst bewusst wirst. Fehlt dir dieses Bewusstsein, verschleiert es mitunter nämlich deinen Blick auf die Realität: Du kannst dir selbst etwas vormachen, Zusammenhänge bilden, wo eigentlich keine sind, deine eigenen Prozesse und Gedankeninhalte möglicherweise nicht richtig einordnen und nachvollziehen.

Mit einer achtsamen Geisteshaltung ist es aber möglich, das nötige Bewusstsein dafür zu erlangen, um dadurch differenzierter, klarer und unvoreingenommener auf uns und unser tägliches Leben zu schauen.

Das Gute: Wir können diese Fähigkeit, diese Achtsamkeit erlernen – ganz gleich, wie weit wir aktuell davon entfernt sein mögen. Wir müssen allerdings akzeptieren, dass diese Fähigkeit, genau wie andere Fähigkeiten, langsam erlernt werden muss und ein stetiges Üben und Anwenden erfordert, um ein fester Bestandteil des eigenen Lebens zu werden.

Belohnt wirst du dafür mit einem bunteren, runderen Leben, da du wirklich bewusst und aktiv teil daran nimmst und nicht nur wie ferngesteuert eine Aufgabe nach der anderen abarbeitest, der Vergangenheit nachhängst, dich in Zukunftsträumen und Zukunftsangst verfängst oder dich mit verinnerlichten Glaubenssätzen und Bewertungen davon abhältst, die Dinge so zu sehen, wie sie sind.

Deine Achtsamkeitspraxis

Im Folgenden werden dir verschiedenste Zugangswege, Techniken und Tipps vorgestellt, mit denen du die Achtsamkeit in dein Leben einladen, üben und kultivieren kannst. Du kannst alle vorgestellten Aktivitäten ausprobieren oder dich auch erst mal auf ein paar Kernelemente konzentrieren.

Zum Kultivieren einer Achtsamkeitspraxis empfiehlt es sich, eine Form von Meditation oder Achtsamkeitsübung jeden Tag zu machen, um diese Form des Bewusstseins zu trainieren.

In dem MBSR-Training von Kabat-Zinn läuft das Achtsamkeitstraining beispielsweise so ab, dass die Teilnehmenden in acht Wochen Hintergrundwissen rund um die Achtsamkeit erlernen und dann Stück für Stück Achtsamkeitstechniken in ihren Alltag integrieren. Fester Bestandteil ist der Body-Scan, der jeden Tag geübt werden soll – mindestens an 6 von 7 Tagen, um sich seines Atmens und seines Körpers bewusst zu werden und die Achtsamkeit zu schulen. Später ergänzen Yoga-Übungen und verschiedene Meditationstechniken (wie die Sitzmeditation und die Geh-Meditation) das Übungsprogramm. Nach acht Wochen können die Teilnehmenden dann mit diesen Techniken weiter üben oder sie schaffen sich eine eigene Routine.

Auch du kannst dir eine eigene Routine aufbauen und dabei Elemente integrieren, so, wie es zu dir und deinem Leben passt. Wichtig, um vorab unnötigen Druck zu vermeiden: Nicht alle Übungen musst du jeden Tag erledigen. Allerdings ist es gerade zu Beginn deiner Achtsamkeitsreise von großer Bedeutung, dass du neben achtsamen Momenten im Alltag auch eine feste Achtsamkeitspraxis in deinen Tagesablauf integrierst, um dein Bewusstsein neu auszurichten.

Wenn du in ein paar Monaten geübter bist, kannst du dein Programm auch wieder lockern, aber es sollte dennoch ein fixer Bestandteil in deiner Wochenplanung bleiben, damit du die Achtsamkeit dauerhaft in deinem Leben verankern kannst.

Vorbereitungen für deine Achtsamkeitspraxis

Es braucht keine großen Vorbereitungen für deine Achtsamkeitspraxis. Im Grunde genommen könntest du in der Sekunde, in der du diesen Satz liest, direkt mit dem Üben beginnen, indem du wieder eine aufrechte Haltung einnimmst und ein paar bewusste Atemzüge nimmst, bei denen du dich auf nichts anderes fokussierst als auf das Einströmen der Luft in deine Atemwege und das Ausströmen der Luft.

Trotzdem empfiehlt es sich, dass du dir einen festen Übungsplatz schaffst, den du für deine täglichen Achtsamkeitsübungen aufsuchst. Er sollte einladend und sauber sein, am besten so klar und einfach wie möglich, damit dich nichts von dir und deiner Praxis ablenkt. Eine kleine Ecke in deinem Schlafzimmer mit einem Meditationskissen oder einem Bänkchen, einer Gymnastikmatte und ein oder zwei Dekorationsgegenständen, die dir beim Üben behilflich sein können, reichen schon aus. Besonders angenehm ist es natürlich, wenn du eine stimmungsvolle Beleuchtung schaffen und auch für frische Luft sorgen kannst, bevor du beginnst.

Wichtig ist ferner, dass du ungestört bist. Hast du kein eigenes Zimmer zur Verfügung und deine Übungsecke in einem öffentlichen Raum eingerichtet, schirme sie vielleicht mit einem Raumteiler oder einem Tuch oder einer großen Zimmerpflanze etwas ab und übe dann, wenn du allein in der Wohnung bist. Gerade am Anfang kann es noch schwer sein, sich nicht ablenken zu lassen und da sind zusätzliche Störquellen (wie Gespräche oder Schritte von anderen) unnötige Hindernisse, die dir das Einsteigen in die Achtsamkeitspraxis möglicherweise erschweren.

Lege dir noch eine leichte Decke zurecht – gerade bei Entspannungsübungen oder dem Meditieren kann sich deine Körpertemperatur senken und damit du nicht auskühlst, ist eine leichte Decke oder ein breiter Schal dann ideal. Eine Blume oder eine Kerze können nicht nur für eine gewisse Atmosphäre sorgen, sondern auch bei der Objekt-Meditation eingesetzt werden und deiner Praxis zudem einen Ritual-Charakter verleihen, der dir dabei hilft, dich auf das Kommende einzustimmen.

Achte auch darauf, dass du Kleidung wählst, die sich angenehm anfühlt und dich beim Üben nicht einengt, sondern dir Raum zum Atmen und Bewegen gibt.

Achtsamer Umgang mit deinem Körper

Unser Körper ist nicht einfach nur ein Gefäß, das uns von A nach B bringt, sondern ein Teil von uns selbst, der gesehen und geachtet werden möchte. Oftmals wenden wir uns unserem Körper aber erst zu, wenn es nicht mehr anders geht. Können wir die großen oder kleinen Zipperlein im hektischen Alltag noch gut übersehen, führt kein Weg mehr daran vorbei, dem Körper Aufmerksamkeit zu schenken, wenn er streikt und seinen Dienst verweigert.

Damit dies gar nicht erst passiert (oder falls es schon passiert sein sollte und du wieder eine gute Verbindung zu dir aufbauen möchtest), kannst du einen achtsamen Umgang mit deinem Körper pflegen und so einen wertvollen Beitrag zu deiner Gesundheit leisten.

→ Achtsame Bewegung

Wir alle wissen, dass regelmäßige Bewegung gut für uns ist. Aber nach einer langen Pause körperlich wieder fit zu werden, erfordert Zeit und Ausdauer. Der eine verschiebt seine sportlichen Aktivitäten immer wieder, der andere absolviert ein rigoroses Trainingsprogramm. Der Kontakt mit dir selbst bleibt dabei aber meist auf der Strecke.

In der Achtsamkeitspraxis wird daher oft das Yoga als bewusste Form der körperlichen Ertüchtigung gewählt. Je nach Yogastil ist der sportliche Anteil hier mehr oder weniger intensiv. Vielmehr geht es um das bewusste Zusammenspiel von Bewegung und Atmung, ein Bewusstmachen des Körpers und des Geistes und eine Verbindung der unterschiedlichen Elemente.

Im Rahmen des MBSR-Programms von Jon Kabat-Zinn werden spezielle Yoga-Sequenzen eingeübt, aber du kannst natürlich auch mit einem Lieblingsvideo oder in deinem Yoga-Studio üben.

Wichtig ist, dass der Fokus auf einer bewussten, achtsamen Ausführung der Bewegungsabläufe liegt und du immer wieder zu deinem Atem zurückgehen und dich im Hier und Jetzt verorten kannst. Das Zusammenspiel aus Atmung und Bewegung sorgt für ein sehr bewusstes Steuern des Körpers, dass dir bei Bewegungen im Alltag vermutlich weniger zugänglich ist. Durch das Einüben auf der Matte kannst du dieses Bewusstsein aber auch außerhalb der Matte nutzen, um dich zu erden und dich zu spüren.

Fühlst du dich zu Beginn der Übungen noch sehr steif oder ungelenk, ist das kein Grund zum Verzweifeln, sondern eine Chance, mit dem Entdeckergeist und dem Nicht-Bewerten an die neue Situation heranzutreten und zu schauen, wie sich was für dich entwickeln wird.

→ Feldenkrais

Feldenkrais ist eine Entspannungs- und Bewegungsmethode, die von Moshé Feldenkrais entwickelt wurde und dabei helfen soll, Bewusstheit über den eigenen Körper zu bekommen. Diese Form der Selbstwahrnehmung soll die Körperfunktionen verbessern und auch unterstützend bei Schmerzen wirken. Heute wird Feldenkrais in der Gesundheitsvorsorge, aber auch in der Rehabilitation und als Entspannungsverfahren eingesetzt. Die einzelnen Bereiche des Körpers werden nach und nach mit sehr langsamen und kontrollierten Bewegungen angesprochen.

Als sehr ruhige und sanfte Methode ist sie auch für Personengruppen mit körperlichen Einschränkungen oder Erkrankungen gut geeignet und perfekt, wenn du nach einem anstrengenden Tag keine Kraft mehr für eine Yoga-Einheit hast oder dich eine Erkältung aufs Sofa verbannt hat.

Aber auch wenn dir nach ganz bewusster Entschleunigung ist, kann Feldenkrais eine gute Wahl für die bewusste und achtsame Bewegung sein. Die Bewegungsabläufe erfolgen sehr langsam, wodurch ein besonderes Bewusstsein für sie geschaffen werden soll. Gerade wenn du sehr aufgewühlt bist, mag es irritierend sein, gleich drei Gänge zurückzuschalten und nicht schnell durch das Programm huschen zu können – aber schaffst du es, dich darauf einzulassen, kann dies wunderbar beruhigend wirken.

Allein durch die zeitliche Verzögerung wird der Geist vom typischen Autopilot-Modus abgehalten und ein bewusster Umgang mit dem eigenen Körper und seinen Bewegungen kann beginnen. Dir fallen vielleicht Dinge an dir auf, die du bei deinen alltäglichen, raschen Aktivitäten nie bemerkt hättest. So kannst du auf eine ganz neue Weise mit dir und deinem Körper in Kontakt treten.

→ Die Geh-Meditation

Eine noch unkompliziertere Form der bewegten Achtsamkeitspraxis ist die Geh-Meditation.

Selbst wenn du in stressigen Phasen oft nicht die Zeit für ausufernde Fitness-Aktivitäten finden solltest – gehen müssen wir alle und zwar jeden Tag. Die Art und Weise, wie wir gehen, spielt hier aber eine entscheidende Rolle. Bei der Geh-Meditation geht es nicht darum, eine möglichst weite Strecke zurückzulegen oder rasch von einem Ort zum anderen zu kommen.

Vielmehr wird das Gehen zum Selbstzweck, zum meditativen Zustand, bei dem du ganz in der Bewegung und allem, was für dich dazu gehört, aufgehst.

Hast du diese Form der Meditation schon ein paar Mal geübt, kannst du sie immer und überall anwenden, etwa beim Gang vom Bürotisch zum Kopierer oder beim Einkaufen im Supermarkt, und dir so immer dann, wenn du ein paar Schritte zu erledigen hast, kleine Inseln der Achtsamkeit in deinem Alltag schaffen. Dies gibt deiner Bewegung eine ganz neue Qualität und kann unheimlich erfrischend wirken – nicht zuletzt, weil so ungeliebte Wege (Ich muss schon wieder was aus dem Archiv holen) zu einer Möglichkeit werden, dich zu erden und deinen Geist zu klären.

Wenn du die Geh-Meditation zum ersten Mal übst, suche dir am besten eine freie Fläche, etwa einen Flur oder die Gartenterrasse. So kannst du dich ganz auf deine Übung konzentrieren und musst nicht auf andere Passanten oder den Straßenverkehr achten.

Es gibt unterschiedliche Arten, eine Geh-Meditation durchzuführen. Vielleicht magst du dich bei jedem Schritt stark auf deine Füße und deine Beine fokussieren, den Untergrund wahrnehmen, das Gefühl in deinen Kniegelenken. Vielleicht magst du auch bei dem einen Schritt „Einatmen!" und bei dem nächsten Schritt „Ausatmen!" denken. Nichts anderes ist dann wichtig, außer das, worauf du dich beim Gehen konzentrierst.

Wenn du merkst, dass du durch ein Hindernis aus deinem Rhythmus gerissen wirst, führe deine Aufmerksamkeit wieder sanft zurück zu dem, worauf du dich konzentrieren willst. Achte darauf, dass dein Atem frei fließen kann und gehe gegebenenfalls deutlich langsamer als in deinem Alltag. Es geht nicht darum, eine bestimmte Strecke zurückzulegen, sondern ganz bei der Tätigkeit des Gehens zu bleiben und diese Achtsamkeit deiner Tätigkeit gegenüber auf dich wirken zu lassen.

Wenn du dir das Fokussieren auf die Bewegung erleichtern willst, versuche mal, dein typisches Gehtempo deutlich zu drosseln, vielleicht sogar in Zeitlupe zu gehen. Dadurch wird dir der Bewegungsablauf jedes einzelnen Schrittes besonders deutlich.

→ Atmen

Atmen geschieht zwar meist unbewusst, aber während dieses unablässigen Prozesses passiert eine ganze Menge in deinem Körper. Auch atmen wir nicht immer gleich, sondern der Atem kann je nach Gemütszustand und Belastungsgrad ganz unterschiedlich ausfallen. Besonders wohltuend ist für uns die Bauchatmung, bei der wir die Luft vollständig in die Lunge einatmen und sich so nicht nur der Brustkorb beim Einatmen auseinanderdehnt, sondern auch die Bauchdecke von der Lunge leicht nach außen gewölbt wird.

Viele von uns atmen im Alltag sehr flach, weil wir uns gestresst fühlen. Ein tiefes Einatmen scheint dann oft gar nicht möglich. Du kannst Atemgymnastik dazu nutzen, um dir wieder eine tiefe Bauchatmung zu ermöglichen oder deinen Körper mit ein paar Tricks lockern: Gähne beispielsweise herzhaft und recke dich dabei. Danach gelingt das Atmen meist freier. Das Gähnen darf dabei ruhig ein geschauspielertes Gähnen sein – ähnlich wie beim Lachyoga verwandelt es sich meist sowieso in ein echtes.

Für eine einfache Übung lege dich auf den Rücken und platziere deine Hände an deinen äußeren Rippen. Du kannst spüren, wie deine Rippen deine Hände nach außen bewegen, wenn du einatmest und sie sich wieder annähern, wenn du ausatmest. Lege danach deine Hände auf deinen Bauch. Stelle dir vor, dass dein Bauch ein Luftballon ist, in den beim Einatmen die Luft hineinströmt. Der Ballon wird rund, deine Hände heben sich auf deinem Bauch. Wenn die Luft aus dem Ballon entweicht, senken sich deine Hände wieder herab. Konzentriere dich nur auf deinen Atem und die Position deiner Hände. Wenn du gedanklich abwanderst, kannst du deine Finger kurz bewegen, um die Achtsamkeit wieder auf diese Stelle zu lenken, bevor du weiter übst.

Du kannst auch andere Sinnbilder verwenden, wie beispielsweise Ebbe und Flut, um deinen Atemrhythmus bewusster werden zu lassen.

Achtsames Essen

Eine ausgewogene Ernährung ist ein wichtiger Stützpfeiler der Gesundheit. Achtsamkeit kann dich darin unterstützen, ein gesundes Essverhalten zu zelebrieren. Denn, wenn du bewusst und mit allen Sinnen isst, wirst du mehr Genuss beim Verzehren der Speisen erleben können und auch weniger dazu neigen, zu viel zu dir zu nehmen.

Jeder von uns kennt es, nebenbei einen Snack zu sich zu nehmen: Die Hand wandert bei der Arbeit am Computer oder beim Gucken der Lieblingsserie in die Chipstüte und plötzlich – man weiß gar nicht wie – greift sie ins Leere. Durch das achtsame Essen wirst du einen besseren Zugang zu deinen wirklichen Bedürfnissen erkennen und auch spüren können, wann du gesättigt bist. Vielleicht wirst du auch langsamer essen und besser kauen, was klasse für dein Verdauungssystem ist und ebenfalls dazu beitragen kann, dass du nicht ins Überessen gerätst.

→ Die Rosinenübung

Eine der bekanntesten Übungen, um sich dem achtsamen Essen zu nähern, ist das Rosinenessen.

Probiere es am besten gleich mal aus. Dafür brauchst du nur eine Rosine und ein paar Minuten Ruhe. Du kannst dir aber auch ein Stückchen Brot oder eine Kirsche nehmen, wenn du kein Trockenobst magst.

Nimm dir dein Stückchen und befühle es ganz genau mit deinen Fingerspitzen. Wie fühlt sich die Oberfläche an? Ist sie runzlig, ledrig, glatt, warm, flaumig, kühl? Fühlt sich das Lebensmittel fest oder weich an? Wenn du magst, kannst du es auch sacht zu deinen Lippen führen – halt! Nicht zubeißen, sondern mit den Lippen betasten. Fühlt es sich an den Lippen anders an?

Lasse die Eindrücke zu und gehe dann gedanklich weiter zu deinem Geruchssinn: Wie riecht das Stückchen? Süß, fruchtig, würzig, frisch? Weckt der Geruch irgendwelche Assoziationen in dir? Konzentriere dich auf die Wahrnehmungen und Empfindungen und lasse sie auf dich wirken.

Wenn du magst, kannst du jetzt ein kleines Stück abbeißen, um zu fühlen, wie deine Zähne das Lebensmittel zerteilen.

- Wie ist die Beschaffenheit im Inneren der Rosine, der Frucht?
- Wie ist der Geschmack?
- Wie ist die Konsistenz?

Nimm dir beim Kauen etwas mehr Zeit als sonst und versuche, das Stückchen etwa 15- bis 20-mal zu kauen, bevor du es schluckst.

- Wie war das achtsame Essen für dich?
- Hat die Rosine besonders intensiv geschmeckt?
- Was ist dir aufgefallen?
- Was hat dir gefallen?
- Was empfandest du als ungewohnt?
- Kannst du dir vorstellen, was dir daran bei deinen täglichen Mahlzeiten guttun würde?

Die meisten Menschen berichten davon, dass ihnen die Rosine sehr süß, die Kirsche besonders fruchtig, die Schokolade sehr vollmundig vorgekommen ist – allein, weil sie mit all ihren Sinnen dabei waren und in aller Ruhe den Verzehr zu einem Genuss haben werden lassen.

Achtsames Essen spricht all deine Sinne an. Es erfordert Zeit und Muße, was sich nicht nur positiv auf das Geschmackserlebnis, sondern auch auf die Bekömmlichkeit der Speisen und das gelungene Maßhalten auswirken kann.

→ Entschleunigt genießen

Wenn du dazu neigst, recht schnell zu essen, aber keine Lust hast, jeden Bissen wie die Rosine aus der Übung zu zelebrieren, kannst du dich mit einem kleinen Trick daran erinnern, deine Mahlzeiten etwas zu entschleunigen und so Raum für achtsames Essen zu schaffen.

Lege nach jedem Bissen deine Gabel, deinen Löffel ab und kaue in Ruhe. Erst dann, wenn du deinen Bissen geschluckt hast, nimmst du dein Besteck wieder auf und nimmst den nächsten Happen.

Auf diese Weise sorgst du für eine kurze Pause, die dir Zeit zum Genießen schenkt und auch dafür sorgt, dass dein Körper ganz entspannt sein Sättigungssignal losschicken kann und nicht mit einer Menge von Nahrung überrumpelt wird. Das geht auch ganz unauffällig in der Kantine oder beim Essen im Restaurant!

Ein weiterer Trick, um sich ein achtsameres Esstempo anzugewöhnen: Iss mit deiner nicht dominanten Hand - als Linkshänder mit rechts, als Rechtshänder mit links. Dadurch schaffst du immer wieder kleine Irritationsmomente, in denen sich dein Gehirn neu verorten und ausrichten muss. Und schon ist dein Bewusstsein bei deinem Essen, anstatt bei der Arbeit oder bei der Steuererklärung.

Alternativ kannst du auch zu ungewohntem Essgeschirr greifen, etwa mit Stäbchen essen oder - wenn du magst – mit den Händen zugreifen und so den Fokus auf deine Speise und das Essen lenken.

→ Essen mit allen Sinnen ohne Ablenkung

Versuche immer wieder, deine Speisen bewusst ohne Ablenkung einzunehmen. Das wird nicht immer gehen, wenn du ein Kleinkind fütterst, den Büroalltag stemmen oder ein Geschäftsessen zu bewältigen hast. Aber probiere, eine Mahlzeit am Tag zu finden, die du bewusst und in aller Stille einnimmst – frei von Ablenkung durch das Radio, den Fernseher oder das Handy. Setze dich mit deinem köstlichen Essen an einen Lieblingsplatz und erlebe den Genuss mit all den Sinnen, die dir zur Verfügung stehen. Lass das würzige Aroma von Rucola in deine Nase steigen, fühle die feine Säure der Blaubeeren und ihr cremiges Fruchtfleisch und erfreue dich an dem verheißungsvollen Crunch, wenn du in einen rotbackigen Apfel beißt! So wird dein Standardfrühstück mit einem einfachen Butterbrot mit Rucola und einem Obstsalat zu einem kleinen Genussmoment, der jede Menge Raum zum Entdecken und Hinschmecken bietet.

Wenn du möchtest, kannst du diese Achtsamkeits-Mahlzeiten auch mit einem Mini-Ritual einläuten, etwa dem Anzünden einer Tischkerze oder dem Verwenden eines bestimmten Lieblingstellers. Hier lässt sich auch wunderbar die Dankbarkeit kultivieren: Mache dir bewusst, wie viele Menschen daran beteiligt waren, dieses Essen, das du jetzt verzehrst, zu ermöglichen: von dem Bauern über den Supermarktlieferanten bis hin zum Kassierer. Und bedanke dich innerlich – oder, wenn du möchtest, auch laut – bei allen.

So wirst du bei deinen Mahlzeiten nicht nur mehr Genuss erleben – du wirst auch bemerken, dass sich gesündere Essgewohnheiten (wie langsames Essen, sorgfältiges Kauen und das Entwickeln eines klaren Sättigungsgefühls) leichter einstellen können, wenn du einen bewussten Umgang mit deiner Nahrung und deiner Nahrungsaufnahme pflegst.

Achtsam mit deinen Gedanken und Einstellungen

Negative Denkmuster und Gedankenspiralen können sehr belastend sein, lassen sich aber mit einer regelmäßigen Achtsamkeitspraxis gut abmildern und auch vorbeugen. Dafür ist es aber notwendig, dass du dir automatisierter Gedankenabläufe bewusstwirst. Durch die Haltungen der Achtsamkeit schaffst du eine Basis, auf der du ein ständiges Gedankenkreisen viel schneller bemerkst und dagegen ansteuern kannst, weil du achtsam im Hier und Jetzt bist, statt dich in Schreckensszenarien zu verlieren oder alte Geschichten immer wieder vor dem inneren Auge ablaufen zu lassen.

So können viele Sorgen ein Stück weit relativiert werden. Du kannst einen anderen Blickwinkel einnehmen, einen inneren Abstand gewinnen und mehr Gelassenheit zulassen, was dir erleichtert, weniger überzureagieren.

Durch eine Achtsamkeitspraxis können wir auch damit beginnen, uns unsere Gedanken und Einstellungen überhaupt erst bewusst zu machen und zu schauen, wie wir mental mit uns selbst umgehen.

→ Das Achtsamkeitstagebuch

Sehr hilfreich kann ein Achtsamkeitstagebuch sein, in dem wir unsere Gedanken festhalten. Nach einiger Zeit können wir nicht nur bestimmte Gedankenmuster erkennen, sondern auch eine bestimmte Form von Sprache, die wir dazu wählen, um mit uns selbst zu kommunizieren. Nicht selten bemerken wir, dass wir mit uns ziemlich unfreundlich im inneren Dialog stehen und uns diese Form des Selbstgespräches belastet und traurig macht.

Haben wir das erkannt, können wir achtsam unsere Worte wählen, um Verzerrungen und Gemeinheiten zu vermeiden und die liebevolle und wohlwollende Offenheit auch uns selbst gegenüber zu entwickeln. So bedacht wir unsere Worte im Gespräch mit einer wichtigen Persönlichkeit wählen, so achtsam dürfen wir auch mit uns selbst sprechen – denn wir sind ebenfalls wichtig!

Vielleicht hilft dir eine Liste mit Gegenvorschlägen, wenn du dich innerlich immer wieder mit Standardsätzen herunterputzt. Zeichne dazu eine Tabelle mit zwei Spalten in dein Achtsamkeitstagebuch: Links notierst du deine achtlosen, heftigen Sätze, rechts lässt du dir eine wohlwollende und achtsame Alternative einfallen.

Wenn du möchtest, kannst du auch Affirmationen oder angenehme Wörter sammeln, die du gern in deinen Sprachschatz aufnehmen willst. Je mehr du aktiv und passiv angenehme und wohlwollende Wörter verwendest und aufnimmst, desto weniger werden blockierende Sprachmuster aktiviert, die dich zurückhalten oder verletzen.

Es kann auch sein, dass du durch die achtsame Sprache empfänglicher wirst für nette Worte, die an dich gerichtet werden und die sonst möglicherweise einfach an dir vorbei gehen, weil du bisher kein Bewusstsein dafür hattest.

Welche Sätze benutzt du im Selbstgespräch regelmäßig, die nicht so nett sind und wie könntest du sie achtsam und wertschätzend umformulieren?

Bisheriger Wortlaut	Achtsame Variante

Mithilfe des Notierens deines Tages, deiner persönlichen Konflikte und Gespräche können dir auch innere Überzeugungen bewusstwerden, die dir bisher vielleicht gar nicht klar waren. Wir alle haben Glaubenssätze aus unserer Kindheit übernommen, mit Vorurteilen zu kämpfen und Stacheln aus unserer Vergangenheit, die uns voreingenommen auf Menschen und Dinge zugehen lassen.

Wenn wir hier nicht mehr die Augen verschließen, sondern uns dies bewusst machen, ohne uns zu verurteilen, können wir damit beginnen, diese Überzeugungen zu überprüfen, von ihnen Abstand zu gewinnen (falls nötig) und neue, hilfreichere Gedankenmuster zu entwickeln, die dazu beitragen, dass wir offen und wertschätzend aufs Leben schauen können.

Zudem kannst du das Achtsamkeitstagebuch dazu nutzen, um zu notieren, welche Achtsamkeitsübungen dir guttun, wo und wann es dir im Alltag gelungen ist, im Hier und Jetzt zu bleiben und deine kleinen und großen Glücksmomente zu feiern, die du dir mit deiner achtsamen Haltung ermöglichen konntest.

Zelebrieren kannst du das mit einer kleinen täglichen Notiz, in der du all das festhältst, was sich heute positiv auf dich ausgewirkt hat - von der klaren Luft über das tolle Lied im Wartezimmer beim Augenarzt bis hin zur duftenden Suppe, die du dir zum Abendessen gezaubert hast.

→ Paket-Meditation/Wolken-Meditation

Gedanken loszulassen kannst du wunderbar während einer Meditation üben. Ein beliebtes Bild ist das des Paketes. Nimm dir einen bestimmten Gedanken, der dir das Leben erschwert und packe ihn in eine Kiste. Diese verschließt du fest und dann packst du sie in ein Paket. Das Paket kannst du nun wieder einpacken und dann auf ein Floß setzen, das vom Ufer wegtreibt in Richtung des Horizontes, bis es vollkommen aus deinem Blickfeld verschwunden ist.

Alternativ kannst du dir auch vorstellen, dass deine Gedanken auf den Wolken sitzen und vorbeitreiben. Sie tauchen kurz in deinem Sichtfeld auf, werden dir bewusst, aber es besteht kein Grund dafür, sie festzuhalten oder dich von ihnen verschlucken zu lassen. Lasse sie weiterziehen und akzeptiere sie als das, was sie sind - einfach nur Gedanken.

Wenn du visuell veranlagt bist, kannst du bei dieser Übung auch tatsächlich in den Himmel schauen und den Gedanken beim Treiben zuschauen.

→ Emotionen benennen und sich nicht damit identifizieren

Die eigenen Emotionen klar benennen und akzeptieren zu können, lässt sich mit Achtsamkeit ebenfalls einüben. Eine wunderbare Technik, um sein eigenes Gefühlschaos zu ergründen und sich nicht damit zu identifizieren, ist das Benennen: „Da ist Trauer" oder „Da ist Wut." Diese Formulierung schafft anstelle des „Ich bin traurig" oder „Ich bin wütend" eine neue Form der Distanz und dadurch die Möglichkeit, sich bewusst mit der Emotion auseinanderzusetzen, anstatt voll in ihr aufzugehen.

Ferner kannst du dir so die eigenen einschränkenden unbewussten Gedanken bewusst machen, in die Achtsamkeit holen und daran arbeiten, um eine klare Sicht auf die Dinge zu entfalten und auch, um damit sichtbar zu werden als Person. Viel zu oft negieren wir Anteile unserer selbst, weil wir denken, sie dürfen nicht sein und wenden viel Kraft und Zeit auf, um ein Bild von uns selbst vor uns und anderen aufrechtzuhalten. Diese Widerstände aufzulösen und anzuerkennen bzw. anzunehmen, was ist, kann sehr heilend sein und unheimlich viel Energie freisetzen – weil du diese nicht mehr dazu benutzen musst, um dir selbst etwas vorzumachen oder um Angst zu haben, was andere von dir denken.

Beim Benennen kannst du auch nachspüren, wie sich die Emotion in deinem Körper und in deinem Geist zeigt: Fühlst du dich steif, ist dir warm, bist du zappelig, kitzelt es in deinen Zehen? Wo spürst du die Emotion? Hältst du die Luft an? Verspannst du die Schultern? Je achtsamer du gegenüber diesem Zusammenspiel von Körper und Geist bist, desto besser wirst du auch psychosomatische Reaktionen erkennen und erklären können und ihnen somit auch gelassener begegnen.

Mit etwas Übung bemerkst du dann, dass du die Schultern hochziehst, bevor der Spannungskopfschmerz da ist, und kannst dich liebevoll daran erinnern, körperlich gut für dich zu sorgen und gelassen durch diese Episode zu gehen, statt dich zusätzlich mit hausgemachtem Stress und Verkrampfungen zu belasten.

Vielleicht möchtest du es direkt ausprobieren: Benenne dein aktuell dominantes Gefühl.

- Fällt es dir leicht, dies auszumachen und zu benennen?
- Wie fühlt es sich an, wenn du die Formulierung „Ich bin [...]" wählst?
- Wie fühlt es sich an, wenn du „Da ist [...]" sagst?
- Von welcher Variante fühlst du dich instinktiv mehr angesprochen und warum?

- Fällt es dir leichter, dich nicht mit dem Gefühl zu identifizieren, wenn du die zweite Formulierung nutzt?

Du kannst auch wieder dein Achtsamkeitstagebuch hervorholen und ein kleines Stimmungsbarometer für die nächste Woche anlegen. Dort markierst du mit Farben, Worten oder kleinen Symbolen, wie deine Stimmung morgens, vormittags, mittags, nachmittags und abends war. Diese Auflistung kann dabei helfen, sich bewusst zu machen, dass alles im Fluss ist und dass zwar auch die schönen Dinge enden, aber dafür auch negative Emotionen nie von Dauer sind.

→ Die Metta-Meditation

Eine wohltuende Meditation, um einen achtsamen und liebevollen Umgang mit sich selbst zu erlernen, ist die Metta-Meditation. Bei dieser Meditation – metta steht für loving kindness – konzentrierst du dich auf eine wohlwollende Haltung allen Lebewesen gegenüber. Dies gilt auch für die Person, der wir meist am härtesten und unnachgiebigsten begegnen – uns selbst.

Die Metta-Meditation hat ihren Ursprung im Buddhismus; du kannst sie aber natürlich auch anwenden, wenn du einer anderen Glaubensrichtung oder keiner Religion angehörst, da sie frei von religiösen Anteilen ist.

Setze dich in deine bevorzugte Meditationshaltung und komme mit ein paar bewussten Atemzügen in deinem Sitz an. Dann beginnst du, zunächst für dich selbst, dann für andere Lebewesen liebevolle und wohlwollende Sätze zu sagen. Diese kannst du innerlich sprechen oder auch laut – ganz, wie es sich für dich richtig anfühlt. Es existieren verschiedene Versionen der Sätze und du kannst sie auch an dich und deine Bedürfnisse anpassen. Sehr beliebt ist folgende Version:

„Möge ich glücklich sein.
Möge ich mich sicher und geborgen fühlen.
Möge ich gesund sein.
Möge ich unbeschwert und mit Leichtigkeit

durchs Leben gehen."

Wenn du diese Sätze für dich rezitiert hast, kannst du dir eine Person oder ein Tier vorstellen, dass du sehr gerne magst, etwa deinen Liebsten oder deinen Hund. Richte dann diese Sätze an dieses Lebewesen. In der nächsten Runde kannst du an Leute denken, die dir weniger lieb sind. Anschließend kannst du allumfassend an alle Lebewesen auf diesem Planeten denken.

Diese liebevolle Zuwendung, die du nicht nur anderen, sondern zuallererst auch dir zuteilwerden lässt, kann dir helfen, eine Kraftquelle aus dir selbst heraus zu entwickeln und eine liebevolle Haltung zu kultivieren. Wenn du dir selbst voller Wärme und Zuneigung begegnest, wirst du weniger abhängig von außen sein und eine innere Sicherheit aufbauen, die dir auch dabei helfen kann, zu agieren, anstatt nur passiv auf andere zu reagieren.

Kleiner Moment der Selbstreflexion:

- Wie fühlt es sich an, wenn du dir diese Sätze selbst sagst?
- Welche Körperempfindungen bemerkst du? Welche Emotionen und Gedanken steigen in dir auf?
- Fällt es dir leichter, sie an andere zu richten?
- Wenn ja, warum?
- Bemerkst du eine Veränderung, nachdem du sie dir einige Tage nacheinander gesagt hast?
- Kannst du sie möglicherweise leichter annehmen?

Die Metta-Meditation kann dabei helfen, mehr Verbundenheit mit dir selbst zu schaffen, was die perfekte Grundlage ist, um dich auch deinen Wünschen und Träumen gegenüber zu öffnen. Dadurch, dass du achtsamer durchs Leben gehst und viel mehr von deinem Inneren und Äußeren mitbekommst, kann es gut sein, dass auch deine eigene Kreativität einen Schub bekommt.

Wenn du dir mittels deiner Achtsamkeitspraxis schon etwas mehr Gelassenheit und Verbundenheit im Umgang mit dir selbst schenken konntest, dann darfst du dich auch trauen, deine eigene Größe wahrzunehmen. Sich etwas zuzutrauen, fällt oftmals gerade Frauen schwer, da sie dazu angehalten wurden, bescheiden zu sein und das eigene Leben darauf auszurichten, sich für andere einzusetzen - sei es in einem sozialen Beruf, als Elternteil, Partnerin oder pflegender Angehöriger.

Wenn wir so damit beschäftigt sind, die Wünsche und Träume anderer auszuleben und unsere Bedürfnisse zurückstellen aufgrund von unseren Kindern, der Karriere des Partners, pflegebedürftiger Angehöriger oder der allgemeinen sozialen Erwartungen an uns als Person, dann ist kein Raum dafür, achtsam mit uns selbst in Kontakt zu gehen.

Vielmehr neigen wir dann dazu, uns Träume nicht zu erlauben, weil sie uns zu groß erscheinen, nicht altersangemessen oder zu verwegen. Wir verschließen uns einem Teil und halten die Schranken meist mit einer solchen Wucht dicht, dass wir erstaunt sind, wie befreiend es sich anfühlen kann, wenn wir diese Kraftanstrengung aufgeben.

Gönne dir daher im Alltag bei Entscheidungen immer mal wieder einen achtsamen Moment. Atme durch und frage dich, warum du etwas tust und wie du dich damit fühlst.

So kannst du immer leichter erkennen, was deines ist und was du übernommen hast und achtsam mit deinen Bedürfnissen leben.

Typische Fallen dafür sind Situationen, in denen du Anerkennung vor allem im Außen suchst oder den inneren Kritiker zu übermächtig werden lässt. Nimmst du aber immer wieder eine innere Bestandsaufnahme vor, dann kannst du diese Entwicklungen frühzeitig erkennen und in positivere Bahnen lenken. Deine Gefühle und Stimmungen werden so zu wertvollen Richtungsgebern, anstatt als nervige oder angsteinflößende Monster hinter inneren Schranken darauf zu lauern, über dich hereinzubrechen.

- Welchem Gefühl möchtest du mit mehr Achtsamkeit begegnen?

- Welche Träume könnten einen bewussteren Umgang vertragen?
- Was tut dir wirklich gut?
- Wie kannst du gut für dich sorgen und den Kontakt mit dir aufrechterhalten?

Achtsamkeit bei Krankheit, Trauer und anderen Krisen

Achtsamkeit zu kultivieren ist schon eine echte Aufgabe, wenn es uns gut geht und wir in unserer Kraft stehen.

Achtsamkeit bei Krankheit, Trauer und anderen Krisen ist mitunter noch ein wenig herausfordernder, weil es ein wenig Disziplin verlangt, weiterhin zu üben und seine Praxis fortzuführen, auch wenn man sich nicht wohlfühlt.

Viele von uns beginnen ohnehin erst, sich mit dem Thema auseinanderzusetzen, wenn im eigenen Leben etwas nicht stimmt und das ganze Sein etwas ins Stocken geraten ist.

Wenn der Körper plötzlich nicht mehr funktioniert oder die Seele streikt, dann kann Achtsamkeit uns dabei prima unterstützen, den Ursachen dafür auf den Grund zu gehen und einen liebevollen und zugewandten Umgang mit uns selbst zu entwickeln.

Oftmals reagieren wir auf Negatives mit reiner Abwehr. Wir wollen keine Schmerzen, ganz gleich, ob es sich um körperliche oder seelische handelt. Wir versuchen, sie kleinzureden, zu ignorieren, sie durch übertriebene Fröhlichkeit oder blinden Aktionismus zu überspielen, wir ziehen uns zurück oder wir greifen zu diversen Vermeidungs- oder Betäubungstechniken, etwa zu sozialer Isolation, dem Missbrauch von Alkohol, Süßigkeiten, Fernsehen oder Einkaufen.

→ Gefühle zulassen

Achtsamkeit bei Trauer oder Angst kann enorm dabei helfen, diese Gefühle, die wir oft so hartnäckig zu unterdrücken versuchen, anzunehmen, ohne von ihnen übermannt zu werden. Wenn sie sein dürfen und wir bereit sind, sie als Teil unseres Lebens zu akzeptieren, der jetzt seine Berechtigung hat, aber wie alles andere endlich sein wird, dann haben wir die Chance, die jeweilige Situation zu verarbeiten.

Setze dich hin und lasse das Gefühl ganz bewusst in dir aufsteigen. Versuche, dich nicht dafür zu bewerten und Emotionen (wie Scham oder Frustration) außen vor zu lassen. Schaue dir stattdessen dein Gefühl an. Nimm es wahr und erlaube dir, das zu fühlen, was du fühlst – du tust es ohnehin, ganz gleich, wie du dich gern hättest und was gesellschaftlich akzeptiert ist.

Du kannst das Gefühl wahrnehmen, es anerkennen, aber du musst dich nicht davon überwältigen und leiten lassen. Nachdem du dir das Gefühl mit all seinen Auswirkungen angeschaut hast, frage dich, ob du bereit bist, es loszulassen oder ob du erst noch etwas tun musst, bevor es ziehen kann. Das ist besonders hilfreich, wenn du gefühlt immer wieder in die gleichen Situationen kommst oder durch die gleichen Dinge getriggert wirst.

Marie beispielsweise wird schnell neidisch, etwa wenn sie ihrer Nachbarin Gabi zuhört, und schämt sich dann dafür, weil sie findet, dass Neid ein hässlicher Zug ist. Diese Scham lässt sie dann nicht los. Wenn sie sich fragt, was sie tun kann, um sich zu erlauben, loszulassen, dann verliert die ganze Problematik ihren bedrohlichen Klammergriff.

Wenn es dir nicht gelingt, etwas dauerhaft loszulassen, kannst du dich selbst auch dazu einladen, ganz im Kleinen zu beginnen. Frage dich, ob du die Situation jetzt, nur in diesem Moment loslassen kannst, um dich etwas anderem zu widmen. Falls dies noch nicht der Fall sein kann, gehe noch einmal in das Gefühl und spüre nach, bevor du dir erneut das Angebot machst.

Dadurch, dass du dir absichtlich Zeit für deine „hässlichen" Gefühle nimmst und auch ihnen mit liebevoller Achtsamkeit begegnest, nimmst du dich als ganze Person mit all deinen Stärken und Schwächen an und gibst deinem Innenleben den nötigen Raum für Heilung und Weiterentwicklung.

→ Nährendes Licht von innen – die Sonnenmeditation

Sich mit starken Emotionen auseinanderzusetzen, Trauerarbeit zu leisten oder Enttäuschungen zu verarbeiten, ist anstrengend. Gerade deshalb ist ein achtsamer Umgang mit negativen Gefühlen auch immer ein sehr sanfter und liebevoller Umgang.

Schenke dir immer wieder kleine Auszeiten, in denen du dich bewusst von innen stärken kannst. Mache dazu eine kleine Sonnenmeditation. Nimm deine Meditationshaltung ein und atme ein paar Mal tief ein und aus, um in deinem Sitz anzukommen. Dann gehe gedanklich zu einem Moment in deinem Leben, in dem du dich von ganzem Herzen geliebt gefühlt hast – vielleicht als deine Mutter dir den Kopf gestreichelt hat oder als deine Tochter dich das erste Mal angestrahlt hat. Fokussiere dich ganz auf diese Erinnerung und rufe sie dir so detailreich wie möglich ins Gedächtnis.

Lasse das gute warme Gefühl des Geliebtwerdens wie einen Sonnenstrahl in dein Herz dringen und von dort aus in deinen restlichen Körper strömen, bis du komplett von Licht und Liebe durchflutet bist.

Lasse gedanklich dieses Strahlen aus deinem Körper heraustreten, bis dich eine strahlende Glückshülle umgibt. Diese kann dir ein gedanklicher Schutz sein, wenn du dich wund und erschöpft fühlst. Sie kann dir dabei helfen, all das Gute, das trotzdem in deinem Leben ist, wahrzunehmen, um daraus Stärke zu ziehen.

→ Body-Scan

Der Body-Scan ist eines der populärsten Werkzeuge in der Achtsamkeitspraxis und wunderbar dafür geeignet, sich seiner selbst bewusst zu werden, mit sich in Kontakt zu treten und sich zu erden.

Wenn du dir völlig konfus vorkommst, du gar keinen Bezug mehr zu dir selbst hast oder du vor Kummer ganz matt bist, dann ist diese unkomplizierte Übung perfekt, um ganz einfach Kraft zu schöpfen und eine Verbindung zu dir selbst aufzubauen.

Am besten ist es, wenn du dich für den Body-Scan in eine angenehme Rückenlage begibst. Lege dir auch gerne eine Decke bereit, falls dir kühl werden sollte. Nachdem du eine bequeme Position gefunden hast, halte in deinen Bewegungen inne und gehe nur gedanklich deinen Körper ab - so, als würdest du mit einem Scanner von einem Körperteil zum nächsten gehen.

Es gibt geführte Scans, die dich dabei anleiten, zu den einzelnen Partien deines Körpers hinzuspüren. Diese sind prima, wenn es dir noch schwerfällt, dich längere Zeit zu fokussieren, da sie dich mit den Anweisungen immer wieder sanft zu deinem Körper und dem Scan-Vorgang zurückführen.

Wenn du lieber in deinem eigenen Tempo vorgehst, kannst du auch einfach selbst deine einzelnen Partien gedanklich abwandern. Starte beispielsweise an den Zehen deines rechten Fußes und versuche, jede einzelne Zehe, die Zwischenräume und die Spitzen gedanklich anzusteuern. Dann wanderst du hoch zu deinen Ballen, dem Spann und der Sohle bis zur Ferse. Fühle, wo dein Fuß auf der Unterlage aufliegt und wie sich der Knöchelbereich anfühlt.

Dann kannst du gedanklich den Unterschenkel hinaufwandern bis zum Knie und der Kniekehle, dem Oberschenkel und dann am linken Fuß starten, bis du am Rumpf ankommst. Spüre, wo dein unterer Rücken aufliegt und wie sich dein Becken anfühlt, dein Bauch, dein Rücken, deine Schultern, dein Brustbereich.

Als Nächstes kannst du die Arme einzeln spüren bis zu den Händen, bevor du dir die Hals- und Kopfregion vornimmst. Abgeschlossen wird der Scan mit einem Ganzkörper-Spüren, bei dem du versuchst, alle gedanklich abgescannten Stellen zeitgleich in dein Bewusstsein zu holen.

Es kann sein, dass du zu Beginn der Übungen gar nichts spürst. Auch Gefühle von Langeweile, Frust oder auch Unsicherheit, ob du denn alles richtig machst, sind ganz normal. Akzeptiere das, was du fühlst und mache einfach weiter. Mit der Zeit wirst du ein immer besseres Gespür für dich und deinen Körper bekommen und auch auf kurze Empfindungen (wie ein Jucken, ein Zucken oder Ziehen) gelassener reagieren.

Gerade in Krisen halten wir viel mit unserem Körper fest, reagieren psychosomatisch und können dadurch zusätzlich belastet werden. Oder wir fühlen uns ganz taub und spüren keine Verbindung mehr zu uns selbst. Sich selbst dabei zu beobachten, dass man nicht mehr auf jede Sache sofort reagiert und reagieren muss, kann sehr befreiend sein und einen dabei unterstützen, selbstständig zu agieren und frei zu entscheiden, was jetzt an der Reihe ist und wie gehandelt werden kann, um sich selbst gutzutun.

→ Selbstmassage

Besonders dann, wenn wir traurig oder ängstlich sind, sehnen wir uns danach, umsorgt zu werden. Nicht immer ist es aber möglich, so gehegt und gepflegt zu werden, wie wir das gerade brauchen – zumindest durch andere. Wir selbst können uns bedingungslose Liebe und Zuwendung schenken. Das mag sich für manche komisch anhören, insbesondere dann, wenn sie gelernt haben, Krisen mit Härte gegen sich selbst durchzustehen.

Philipp aus unserem Beispiel begegnet der vergifteten Stimmung bei der Arbeit damit, dass er sich noch mehr in seinen Aufgaben vergräbt, voller Strenge, um sein Ziel zu erreichen. Eine sanfte Form der Zuwendung kommt ihm fremd, vielleicht sogar gekünstelt vor, obwohl er durch seine Tätigkeit weiß, wie wohltuend es sein kann, von liebevollen Händen versorgt zu werden.

Gönne dir daher in regelmäßigen Abständen eine Selbstmassage. Auf diese Weise zeigst du deinem Körper nicht nur, dass du ihn wahrnimmst und annimmst, sondern du schenkst dir auch die Möglichkeit, Stress loszulassen und ein paar ruhige Minuten mit dir selbst zu zelebrieren, in denen das Augenmerk ganz auf deinem Wohlbefinden liegt. Du findest im Internet zahlreiche Anleitungen für eine kurze Gesichts-, Hand- oder Fußmassage, die du unkompliziert in deinen Alltag integrieren kannst. Wenn du nur wenig Zeit hast, kannst du auch einfach das Eincremen nach dem Duschen dazu nutzen, eine bewusste Berührung einzubauen, während du die Creme achtsam einmassierst.

Hast du etwas mehr Zeit, sprich gezielt alle deine Sinne an. Wärme beispielsweise eine gut duftende Lotion oder ein Massageöl zwischen deinen Händen und nimm dann bewusst wahr, wie sich die Berührung wo anfühlt, welche Gerüche du wahrnimmst, ob sich deine Hände kühl oder warm anfühlen, ob und wie deine Muskeln sich entspannen und wie du atmest.

Check-in mit dir selbst

Insbesondere dann, wenn du beginnst, dich der Achtsamkeit zu öffnen, ist es hilfreich, immer mal wieder festzustellen, wie es nach einiger Zeit um die Achtsamkeit in den einzelnen Bereichen bestellt ist. Bemerkst du Schwierigkeiten, frage dich, warum und wie dir das Leben von Achtsamkeit hier erschwert wird. Die Gründe für unachtsames Verhalten können vielfältig sein: Gewohnheiten, tiefliegende Überzeugungen, Stress, aber auch vermeintliche Schutzfunktionen.

Versuche, Gründe zu finden, warum die Achtsamkeit erwünscht ist und lade sie bewusst in dein Leben ein. Nähere dich Anleitungen zu Übungen oder Trainings zu den einzelnen Themen mit einer spielerischen Offenheit und achte immer darauf, was sich für dich gut anfühlt. Nicht jede Technik muss gerade zu deinem Leben passen und es ist vollkommen in Ordnung, wenn du eine individuelle Auswahl triffst.

Achtsamkeit nimmst du so als Prozess wahr – nicht als weiteres Druckmittel oder weiteren Punkt auf deiner To-do-Liste.

Wichtig ist: Du kannst deine Aufmerksamkeit schärfen und deine Achtsamkeit stärken. Du kannst entscheiden, wohin du deine Aufmerksamkeit richten möchtest. Natürlich kannst du nicht immer achtsam sein und selbst wenn du gut und regelmäßig übst, wirst du immer mal wieder abgelenkt oder von Gedanken oder Empfindungen aus dem Konzept gebracht. Das ist vollkommen normal! Entscheidend ist, sich davon nicht verunsichern oder entmutigen zu lassen, sondern mit liebevoller Führung immer wieder für ein neues achtsames Ausrichten der eigenen Gedanken zu sorgen.

Du wirst immer schneller bemerken, ob und wohin du gedanklich abschweifst, und kannst so auch immer besser darauf reagieren und dich wieder ins Hier und Jetzt zurückbringen.

Versuche, das Ganze als Prozess zu sehen, bei dem du dich immer wieder neu ausprobieren und kennenlernen darfst.

Als zuverlässiges Hilfsmittel und Anker steht dir dabei dein Atem zur Verfügung, den du in jeder Situation dazu nutzen kannst, dir deiner selbst bewusst zu werden. Kannst du dich auf deinen Atem konzentrieren, kehrst du gedanklich ganz von allein zu dir und deinem Körper zurück. Mache die Luftballon-Übung – das geht auch ganz unauffällig im Stehen in der Bahn, wenn du dir sacht eine Hand an den Bauch legst und dann nach ein paar Atemzügen neu in dein Abenteuer Leben startest.

Achtsames Miteinander mit anderen Menschen

Nicht nur im Umgang mit uns selbst ist Achtsamkeit eine wichtige und wertvolle Ressource, sondern auch, wenn wir mit den Menschen, die unser Umfeld ausmachen, in Kontakt treten.

Wir selbst wissen alle, wie unangenehm es sich anfühlen kann, wenn jemand unachtsam mit uns umgeht. Wenn etwa jemand nicht achtsam mit unserer Zeit umgeht und uns warten lässt. Wenn wir etwas Wichtiges erzählen und bemerken, dass die Augen des Gegenübers immer wieder auf das Display vom Smartphone wandern. Wenn wir mit der Kollegin reden und sie mitten im Gespräch ins Gespräch des anderen Grüppchens in der Teeküche rüber springt, weil sie uns scheinbar doch nicht wirklich zugehört hat. Wenn wir unser Herz ausgeschüttet haben, auf eine Reaktion warten und das Gegenüber mit einem „Was hast du doch gleich gesagt?" zeigt, dass es mit den Gedanken ganz woanders war. Oder wenn dir jemand die Tür vor der Nase zufallen lässt, dir das Wort abschneidet, nur sein Ding durchzieht und du funktionieren sollst, ohne jeglichen Versuch, dich und deine momentane Verfassung einzubeziehen.

Diese Art, nicht gesehen, nicht gehört zu werden kann sich schrecklich anfühlen – insbesondere dann, wenn es uns des Öfteren passiert oder wir gerade ohnehin eine schwere Zeit erleben. Klar, ist dein bester Freund gerade frisch verliebt oder leidet dein Bruder unter Liebeskummer, wirst du es ihnen kaum krummnehmen, wenn sie nicht ganz bei der Sache sind. Aber im Alltag mit Menschen, die dir wichtig sind – da bekommt das einen ganz unschönen Anstrich.

Schnell entsteht der Eindruck, man wäre es nicht wert, angehört, gesehen zu werden, seine Meinung zu sagen, die eigenen Wünsche und Interessen zu vertreten, Dinge auf die eigene Art zu machen. Die anderen erscheinen unhöflich oder grob, wenig einfühlsam oder gehetzt, einschüchternd oder kühl, aber auf jeden Fall wenig sympathisch und vertrauenerweckend.

Meist ist eine negative Reaktion zu erwarten, entweder defensiv, indem du dich zurückziehst oder dich anpasst oder aber aggressiv, indem du konterst, dein Gegenüber herausforderst oder anderweitig probierst, auf dich aufmerksam zu machen.

- Fallen dir Situationen ein, in denen du dir einen achtsameren Umgang mit dir gewünscht hättest?
- In welcher sozialen Situation ist dies vorgekommen?
- Tritt ein unachtsameres Verhalten regelmäßig auf durch eine bestimmte Person?
- Was hat diese Person getan oder auch nicht getan, was dir unachtsam vorkam?
- Wie hast du darauf reagiert?
- Wie hätte sich die Situation besser entwickeln können?
- Wie hätte sich die andere Person, wie hättest du dich verhalten können, um Achtsamkeit zu erzeugen?
- Welche Person fällt dir ein, die sehr achtsam ist?
- Woran merkst du das?
- Wie steht es um dich, wenn es um Achtsamkeit in der Partnerschaft geht?
- Wie verhält es sich, wenn du an deine Kinder denkst?
- Wie präsent ist Achtsamkeit in deinen anderen sozialen Rollen, als Tochter, als Schwester, als Freundin, Vorgesetzte, Nachbarin, Kollegin, Ehrenamtlerin, Bekannte?

Wenn du einen achtsamen Umgang mit dir selbst bereits etablieren konntest, kann es sein, dass dir ein achtsames Miteinander in Beziehungen wesentlich leichter fällt. Aber auch, wenn du erst dabei bist, dich dem Konzept Achtsamkeit ganz neu zu nähern, kannst du damit beginnen, auch diesen Bereich deines Lebens achtsamer anzugehen.

Welche drei Stichworte fallen dir spontan ein, wenn du an Achtsamkeit und folgende Beziehungen in deinem Leben denkst?

Achtsamkeit
- in der Partnerschaft _____
- in der Kinder-Eltern-Beziehung _____
- in deiner Rolle als Tochter/Enkelin _____
- als Freundin _____
- als Bekannte _____
- als Nachbarin _____
- als Kollegin _____
- Ehrenamtliche/Vereinsmitglied_____

Schau dir deine Antworten ganz in Ruhe an und lass sie auf dich wirken. Was fällt dir auf? Kristallisieren sich bestimmte Beziehungen heraus, in denen es dir besser gelingt, achtsam zu sein? Gibt es Verbindungen, bei denen du dringend etwas ändern möchtest?

Das Praktizieren von Achtsamkeit kann zu einem gesunden Klima in der Familie beitragen und auch dabei helfen, das Miteinander bewusster und liebevoller zu gestalten und zu erleben.

Praktizieren wir Achtsamkeit, senkt sich nicht nur unser Stresslevel, wodurch wir umgänglicher und verständnisvoller im Umgang sind. Durch die sieben Säulen ist es für uns auch leichter, Mitgefühl mit dem Gegenüber zu entwickeln und bewusst wahrzunehmen, sich in den anderen hineinzuversetzen und so gut auf ihn einzugehen. Wir können kooperativer sein, ohne dabei den Bezug zu uns selbst zu verlieren oder unsere Bedürfnisse hintenanzustellen.

Zeigen wir dabei Wertschätzung und Präsenz uns selbst und unseren Mitmenschen gegenüber, wirkt sich das nicht nur auf unsere eigene Stimmung, sondern auf die gesamte Atmosphäre aus. Dabei ist es nicht mal wichtig, ob die anderen mitmachen oder „den Achtsamkeitskram" eher seltsam finden – denn du wirst dich besser fühlen bei dem was du tust und dies auch nach außen ausstrahlen und garantiert auch entsprechende Reaktionen erzeugen.

Hast du Menschen in deinem Umfeld, die Achtsamkeit als esoterisches Gedöns abtun und dem Ganzen eher skeptisch gegenüberstehen, akzeptiere das, mache aber trotzdem mit den Sachen weiter, die für dich funktionieren. Wenn dein Gegenüber zu einem Gespräch bereit ist, kannst du erklären, warum du was tust und was du dir dabei denkst. Ist jemand aber voreingenommen, dann lenke deine Kraft und Aufmerksamkeit wieder auf dich und deine Bedürfnisse. In solchen Situationen wirkt aktives Vorleben oft deutlich besser, als wenn du dir den Mund fusselig redest.

Achtsamkeit in der Familie

Gesunde Beziehungen durch ein achtsames Miteinander – das ist etwas sehr Wertvolles, das du deiner Familie schenken kannst. Legst du Wert darauf, dass gegenseitig auf die jeweiligen Bedürfnisse der Familienmitglieder geachtet wird, sich alle Mitglieder und auch die gemeinsame Zeit schätzen und achtsam mit ihr umgehen, ist dies ein gutes Vorbild für deine Kinder.

Euer Miteinander daheim wird von weniger Stress und tieferen Verbindungen geprägt sein; der Nachwuchs profitiert durch einen Zuwachs an sozialer Kompetenz und einem besseren Umgang mit Angst und Trauer sowie anderen starken Emotionen und Empfindungen.

Der erste Schritt für einen achtsamen Umgang in der Familie klingt so banal und ist doch so wichtig: Den Kindern Achtsamkeit schenken! Um ihnen Achtsamkeit beibringen zu können, ist es ganz wichtig, dass sie im Familienalltag am eigenen Leib erfahren, wie es ist, achtsam behandelt zu werden – ganz gleich, wie alt sie sind. Auch die Kleinsten können schon Unterschiede im Umgang mit ihnen bemerken und freuen sich darüber, wenn die Eltern ihnen wirklich ihre volle Aufmerksamkeit schenken, statt sie nebenbei „abzufertigen".

Das heißt aber nicht, dass du zur Übermutter mutieren musst. Du kannst auch deinem Nachwuchs erklären, dass ihr euch alle um einen achtsamen Umgang bemüht, es aber vollkommen normal ist, wenn man mal strauchelt oder Fehler macht.

Probiere, altersgerechte Achtsamkeitsübungen in den Alltag einzubauen. So lernen deine Kinder von klein auf, sich immer mal wieder ein paar Minuten am Tag Zeit zu nehmen, um sich zu erden und die Achtsamkeit neu auszurichten.

Übst du mit ihnen im ruhigen Rahmen Achtsamkeitstechniken ein, können sie diese auch selbst in schwierigen Situationen anwenden, etwa vor einem Auftritt im Kindergarten oder vor einer Mathearbeit.

Somit bekommen sie von dir ein tolles Werkzeug an die Hand, welches ihnen bei Stress helfen kann und sie auch darin unterstützen wird, ihre Emotionen zu regulieren. Zwar sind Kinder gerade im jüngeren Alter kleine Meister darin, im Hier und Jetzt zu verweilen und ganz in einer Sache oder Tätigkeit zu versinken – doch auch sie wachsen in ein Leben mit Terminen und Verpflichtungen hinein. Werden sie von klein auf mit Achtsamkeit konfrontiert, können sie sich den Zugang zum Leben in der Gegenwart bewahren und müssen diesen nicht später im Alter wieder mühsam lernen herzustellen.

→ Kinderyoga

Yoga ist auch für Kinder geeignet, wenn die Übungen altersgerecht erklärt werden. Im Internet finden sich viele Anleitungen, bei denen die Übungen in eine Mitmach-Geschichte eingebettet sind. Während du die Geschichte erzählst, nehmt ihr die verschiedenen Positionen ein und die Kinder können sich so auf ganz spielerische Art dem Thema nähern.

Dabei ist es gerade bei den Kleinsten weniger wichtig, die Asanas (Haltungen) perfekt auszuführen. Vielmehr geht es darum, den Spaß daran zu vermitteln, sich achtsam mit seinem Körper auseinanderzusetzen. Oftmals findet kindliche Bewegung im wilden Spiel oder im Wettbewerb statt. Die Aufmerksamkeit ist also nach außen gerichtet.

Beim Yoga geht der Blick nach innen. Es wird nicht verglichen – was gerade für schüchterne Kinder sehr befreiend sein kann.

Sind die Kinder schon etwas älter, kannst du ihnen auch zeigen, wie sie die Atmung und Bewegung aufeinander abstimmen können. Hat dein Kind viel Freude an den Einheiten und möchte es mehr ausprobieren, halte einfach mal Ausschau nach einem Yoga-Kurs für Kinder. Diese werden mittlerweile für verschiedene Altersstufen angeboten und gehen gezielt auf die besonderen Bedürfnisse der kleinen Teilnehmer ein.

→ Spielerische Atemübungen

Sich mit dem eigenen Atem auseinanderzusetzen, ist nicht nur hilfreich, es kann auch richtig Spaß machen. Die meisten Kinder probieren gerne neue Dinge aus und erfreuen sich daran, wenn sie bemerken, was ihr Körper alles kann. Gehört dein Nachwuchs eher zu der unruhigen Fraktion, kann es helfen, die Atemübungen genau wie das Yoga über eine Geschichte zu vermitteln und dabei ganz nebenbei auszuprobieren.

Setze dich mit deinem Kind an einen ruhigen Ort und bitte es, sich die Wellen an einem Strand vorzustellen. Mit dem Heranrollen der Welle atmet das Kind ein, mit dem Wegfließen der Welle atmet das Kind aus. Halte die Übungen zu Beginn relativ kurz, damit sich dein Nachwuchs an diese Form gewöhnen kann und erhöhe die Länge Stück für Stück.

Nach der Übung kannst du dir von deinem Kind erzählen lassen, was es gefühlt hat. Viele Kinder erforschen gerne Veränderungen, die sie an sich und anderen wahrnehmen. Ihr könnt auch ein Kleidungsstück als Forscherausstattung benennen, etwa eine Mütze. Wenn das Kind diese aufsetzt, dann aktiviert ihr den Anfänger-, den Forschergeist und lasst euch auf ein neues Abenteuer ein.

Um deinem Nachwuchs das Atmen bewusster werden zu lassen, kannst du auch verschiedene Hilfsmittel zur Hand nehmen. Für langsameres Ausatmen könnt ihr Seifenblasen verwenden. Um den Rhythmus bewusst werden zu lassen, halte ein dünnes Papiertaschentuch vor den Atemstrom und lass dein Kind verfolgen, wie es sich bewegt. Ihr könnt euch auch ein kleines Kuscheltier auf die Bäuche legen, wenn ihr in Rückenlage ein- und ausatmet und dabei beobachten, wie sich das Kuscheltier hebt und senkt. Aufgeregte Minis können so aktiv miterleben, wie sich Teddy immer sanfter bewegt, wenn sich der Atem beruhigt.

→ Den Körper spüren

Es gibt zahlreiche Möglichkeiten, Kontakt zum eigenen Körper aufzubauen. Wenn dein Kind sehr bewegungsfreudig ist, nutze am besten Techniken, bei denen es einiges an Action gibt: Bitte es, zu hüpfen und frage, wo im Körper das Hüpfen spürbar war? An den Füßen bei der Landung? In den Beinen, beim Hochziehen? Wo spürt es etwas, wenn es fest in die Hände klatscht? Ist das Geräusch am dominantesten oder die Wärme, die in die Hände strömt?

Ist dein Kind schon älter und verschluckt sich nicht mehr leicht, kannst du auch die Rosinen-Übung ausprobieren oder eine kurze Form der progressiven Muskelentspannung anbieten. Die ist super, wenn dein Kind stark unter Strom steht und Schwierigkeiten beim Loslassen hat.

→ Fokussieren mit Stirnlampe und Vergrößerungsglas

Das achtsame Konzentrieren auf eine Sache können auch schon Kinder üben. Beachte dabei bitte, dass die Aufmerksamkeitsspanne erst mit dem Alter zunimmt und die Übungseinheiten entsprechend kurz sein sollten.

Stellt euch gemeinsam vor, dass ihr wie ein Forscher eine Stirnlampe am Kopf tragen würdet, mit der ihr etwas vor euch ganz genau ausleuchten könnt. Bitte dein Kind, sich einen Gegenstand auszusuchen und ihn so genau wie möglich zu beschreiben, während du die Augen geschlossen hast. Anschließend musst du den Gegenstand ausfindig machen. Habt ihr ein Vergrößerungsglas zur Hand, könnt ihr auch mal einen Alltagsgegenstand genauer unter die Lupe nehmen und dabei zusammen erleben, was einem auffällt, wenn man seine Aufmerksamkeit auf eine Sache fokussiert.

Du kannst diese gelenkte Aufmerksamkeit mit deinem Kind auch im Alltag üben und es immer wieder auffordern, all seine Sinne zu nutzen, etwa bei einem Waldspaziergang oder beim Einkauf im Supermarkt.

→ Achtsamkeit Tag für Tag mit der Checkliste

Wenn deine Kinder schon zur Schule gehen, gefällt ihnen vielleicht auch eine Achtsamkeits-Checkliste, die ihr an den Kühlschrank pinnen könnt: Morgens, mittags und abends steht je eine kleine Achtsamkeitsübung an, die ihr als Familie macht, um für Regelmäßigkeit zu sorgen.

Morgens könnt ihr mit einigen Streck- und Dehnübungen in den Tag starten und mittags nach einem aufregenden Tag im Kindergarten mit der Ski-Atmung zur Ruhe kommen. Bitte dein Kind dafür, die Hand auszustrecken und einzuatmen, während es mit dem Zeigefinger der einen Hand am äußeren Finger der anderen Hand hochfährt. Es atmet aus, wenn es an der anderen Fingerseite wieder herunterstreicht und ein, wenn es den nächsten Finger hochfährt. Auf diese Weise kann dein Kind einen eigenen Rhythmus finden und auch ohne deine Hilfe immer wieder auf diese Unterstützung zur Regulierung des Atems zurückgreifen.

Abends bietet sich eine Runde Progressive Muskelentspannung an, um den Alltag hinter sich zu lassen oder ihr malt gemeinsam ein Bild für ein Glückstagebuch.

→ Traumreisen für die tiefe Entspannung

Schon Kindergartenkinder können das Meditieren lernen. Allerdings haben die Kleinen noch eine verhältnismäßig kurze Aufmerksamkeitsspanne und das Meditieren kann eine echte Herausforderung darstellen. Sie sind daher nicht für jede Situation und Stimmung geeignet.

Zur Förderung von Entspannung, aber auch der Konzentration sind Traumreisen eine großartige und kindgerechte Alternative zur klassischen Meditation. Traumreisen sind eine Form der Entspannungstechniken. Es handelt sich um Geschichten, die gezielt die Vorstellungskraft ansprechen, während die entspannende Story erzählt wird. Es wird in der Regel mit sehr klaren Bildern gearbeitet, die jeder vor seinem inneren Auge entstehen lassen kann. Auf diese Weise wird auch trainiert, bei sich zu bleiben und den Fokus zu halten.

Nicht alle Kinder können sich gleich zu Beginn auf diese neue Form des Zuhörens und Phantasierens einlassen, weshalb es am besten ist, wenn du zum Ausprobieren einen Zeitpunkt wählst, an dem die Kleinen körperlich gut ausgelastet, aber noch nicht übermüdet sind.

Im Internet und in der Literatur findest du viele schöne Anregungen und es gibt auch bereits aufgenommene Traumreisen, durch die ihr euch gemeinsam hindurchführen lassen könnt. Das ist besonders schön, wenn ihr dabei zusammen kuscheln mögt oder dein Kind die Traumreisen auch alleine abspielen möchte, etwa abends vor dem Schlafengehen oder um mittags eine kurze Pause einzulegen.

Höre dir die Aufnahme vorab einmal an, damit ihr in der Entspannung nicht aus Versehen von etwas überrascht werdet, was deinem Kind nicht behagen könnte. Teste auch aus, ob es Aufnahmen mit musikalischer Untermalung angenehmer findet oder nur eine Stimme bevorzugt.

Habt ihr eine gute Traumreise gefunden, macht es euch richtig gemütlich, am besten in Rückenlage, damit ihr frei und entspannt atmen könnt. Eine Decke schützt vor dem Auskühlen.

Sitzt dein Kind am Tisch, kann es auch den Kopf auf den Armen ablegen und so die Augen von äußeren Eindrücken abschirmen. Sind die Augen geschlossen, fällt es leichter, sich auf die Worte einzulassen und die Fantasie zu aktivieren.

Zu Beginn wird meist mit ein paar tiefen Atemzügen angefangen, um im Moment anzukommen, bevor die Geschichte startet. Nachdem dein Kind durch die Geschichte hindurchgeführt wurde, wird die Rückführung meist schon im Plot selbst angesprochen. Die Reise wird abgeschlossen und mit sanften Bewegungen, Recken und Strecken kommen die Kleinen wieder im Hier und Jetzt an.

Sprecht nach der Reise über das, was ihr euch vorgestellt habt und auch, wie ihr euch jetzt fühlt. Vielleicht fällt dem Nachwuchs auf, dass er jetzt ruhiger ist als vorher oder ganz prima in den Bauch atmen konnte. Versuche aber, keinen Druck aufzubauen. Kinder spüren oft schnell, wenn etwas Bestimmtes von ihnen erwartet wird und versuchen, dem zu entsprechen. Wenn es einen Tag gibt, an dem sich dein Kind nicht auf die Reise einlassen kann und traurig darüber ist, erkläre ihm, dass das vollkommen okay ist und es auch andere Formen der Achtsamkeit und Entspannung gibt, die ihr stattdessen ausprobieren könnt. So darf absichtsfrei geübt werden und der Erwartungsdruck schwindet.

Übrigens sind spezielle Achtsamkeitsübungen nicht nur für Familien mit kleinen Kindern interessant. Auch Jugendliche können dadurch lernen, besser mit Stress und Stimmungsschwankungen umzugehen und auch Empathie und Wohlbefinden werden dadurch gesteigert. Gerade Meditation und Yoga sind prima für Heranwachsende, um mit den Anforderungen von Schule, Ausbildung und Pubertät besser zurechtzukommen.

Sie werden in speziellen Teenie-Kursen für diese Altersgruppe vermittelt.

Veränderungen für mehr Achtsamkeit im Familienalltag

Neben gezielten Übungen könnt ihr auch durch einige kleine Änderungen im Alltag für mehr Achtsamkeitsmomente in eurem Familienleben sorgen, die nicht nur die Kinder, sondern auch alle erwachsenen Familienmitglieder ansprechen. Verbannt das Multitasking! Zum einen funktioniert es nicht, zum anderen stresst es euch und hindert euch daran, ganz im Moment mit den Kindern zu sein. Macht den Kleinen bewusst, dass ihr Aufgaben zu erledigen habt, aber auch feste Zeiten nur für sie einplant, in denen ihr euch ganz aufeinander konzentrieren könnt.

Trefft gemeinsame Absprachen, auch was die Art und Weise der zusammen verbrachten Zeit angeht. Schon die Kleinen können diese sehr gut nachvollziehen und sie mögen es, wenn auch ihre Wünsche und Bedürfnisse anerkannt werden und sie nicht mit Pseudo-Aufmerksamkeit zwischen Tür und Angel abgespeist werden.

→ Bewusst in den Tag starten

Versucht, eine bewusste Morgenroutine zu etablieren, bei der ihr alltägliche Handlungen (wie Frühstücken oder Waschen) mit besonderer Aufmerksamkeit absolviert. Kinder mögen das Erforschen alltäglicher Dinge und haben oft viel Spaß daran, aus Routinetätigkeiten etwas Besonderes zu machen, was mit allen Sinnen zelebriert wird.

Verzichtet dabei auf Ablenkungen durch einen laufenden Fernseher oder Smartphones am Esstisch und schafft so echte Familienzeit.

→ Den Alltag einfach halten

Haltet es einfach bei euch zu Hause: nicht zu viel Spielzeug, nicht zu viele Termine, nicht zu viele Freizeitaktivitäten. Die Kleinen sind oft mit wenig zufrieden, wenn du dafür ganz bei der Sache bist. Ein Zuviel an Auswahl – ganz gleich, ob es sich um Spielangebote, Spielzeug, Kleidungsstücke oder Snacks handelt – kann ebenso stressen wie ein vollgestopftes Kinderzimmer, das aus allen Nähten platzt.

Sorge für genug Raum, sowohl zeitlich als auch real, damit ihr Platz zum Atmen habt und Zeit, euch aufeinander und auf die jeweilige Aktivität einzulassen.

→ Achtsame Kommunikation

Schon kleine Kinder können sich an Kommunikationsabsprachen halten, wenn sie gut vorgelebt und immer wieder eingeübt werden. Lernt dein Kind, dass es bei dir gehört wird, und sagen kann, was es denkt, dann hat es so die Möglichkeit, im Austausch mit dir ein Bewusstsein für innere Prozesse zu schaffen und besser mit seinen Emotionen in Kontakt zu kommen.

Das vertrauliche Gespräch kann in einer ruhigen Minute stattfinden, gerne an einem Lieblingsort, an dem sich dein Kind sicher fühlt. Ältere Kinder mögen vielleicht auch ein Ritual damit verbinden, etwa das Zubereiten und Trinken einer Tasse Tee.

Für Alltagsgespräche am Küchentisch eignet sich ein Redestab prima – gerade, wenn du mehrere Kinder vor dir sitzen hast. Wer den Stab in der Hand hält – dabei kann es sich um eine dekorierte Küchenrollenpappe handeln oder einen Stecken aus dem Gartenhandel – darf sprechen. Die anderen hören zu. Dann wird der Stab weitergegeben.

Angelika stresst der Geräuschpegel zweier mitteilungsbedürftiger Kinder nach einem langen Tag sehr und obwohl sie es nicht mag, wird sie dann schnell ungerecht. Mit dem Redestab kann sie den Lärm minimieren und es kommt jeder zu Wort – super, um für Entspannung am Tisch zu sorgen.

→ Richtig zuhören und auf Augenhöhe sprechen

Bemühe dich im Gespräch mit deinen Kindern darum, wirklich verstanden zu werden und sie wirklich zu verstehen. Konkret kannst du darauf achten, eine altersgerechte Sprache zu wählen, auf doppelte Verneinung oder Fremdwörter zu verzichten und auch nachzufragen, was dein Mini verstanden hat. Bedenke auch, dass die meisten Kinder erst im Schulalter lernen, mit Ironie umzugehen. Verwende klare Botschaften, damit dein Gegenüber weiß, woran es ist.

Du selbst kannst ebenfalls kurz widerspiegeln, was du verstanden hast, wenn dein Kind mit dir redet. So machst du ihm bewusst, dass du aufmerksam zugehört hast und das, was es sagt, wirklich verstehen willst. Mache deutlich, dass du nicht nur aktiv zuhörst, sondern auch die Gefühle des Kindes nachvollziehen möchtest und nicht nur rein die Informationen aufnimmst. Dadurch fühlt sich dein Kind gesehen.

Du kannst die Minis auch mal in einer ruhigen Minute direkt fragen, was ihnen an der Art, wie in der Familie geredet wird, gefällt und was sie stört, und auch du darfst deine Wünsche und Bedürfnisse mitteilen.

Achtsamkeit in der Partnerschaft

Auch in der Partnerschaft kann Achtsamkeit unheimlich bereichernd sein – etwa dadurch, dass ihr euch wieder echte Aufmerksamkeit schenkt, ihr euren Kommunikationsstil verbessert und so mehr Nähe, Verständnis und Verbundenheit wachsen kann.

Es ist zwar total schade, aber gerade die Menschen, die wir am liebsten haben, werden in unserem Alltag oft zu Statisten, die wir als gegeben hinnehmen und denen wir, ohne es zu merken, immer weniger unserer wirklichen Aufmerksamkeit schenken. Verlässlichkeit, ein eingespieltes Team sein – Dinge, die eigentlich etwas ganz Besonderes sind, verleiten im Stress dazu, dass wir den anderen übersehen, uns in Routinen verlieren, die eigentlich mal Nähe schaffen sollten und uns so voneinander entfernen. Mit etwas mehr Achtsamkeit könnt ihr die Beziehung zwischen euch wieder stärken und euch etwas zurücknehmen aus dem Wirbel der heutigen Zeit, um Raum für euch zu schaffen.

→ Routinen wieder neu mit Gefühl beleben

Routinen sind etwas, das Sicherheit und Erleichterung in einem hektischen Alltag schafft. Sie schenken im besten Fall ein Gefühl der Geborgenheit, des Zu-Hause-Seins – gerade, wenn es sich um etablierte Zuneigungsbekundungen zwischen dir und deinem Partner handelt.

Jedes Paar hat solche Routinen: Das kann der sonntägliche Krimi-Abend sein, der immer zu zweit zelebriert wird oder der Abschiedskuss beim Verlassen des Hauses. Was ist nun aber, wenn der Kuss nebenbei geschieht, während du die Steuererklärung ausfüllst. Hast du etwas von dem Kuss mitbekommen? Sitzt ihr diesen Sonntag nebeneinander, weil ihr das halt so macht oder weil ihr beide Lust habt, jetzt zusammen ein wenig Unterhaltung zu genießen?

Nutze hier die Säulen des Anfängergeistes, der Geduld und des Vertrauens und probiere aus, was passiert, wenn du dich ganz auf dein Gegenüber konzentrierst. Statt eines flüchtigen Abschiedskusses lass dich auf den Kuss ein, wenn dir danach ist. Wenn ihr euch zur Begrüßung umarmt, versinke ganz in der Umarmung, statt schon zu klären, wer noch den Hund rausbringt und das Abendessen vorbereitet. Suche den Augenkontakt, wenn dein Partner heimkommt, gehe ihm entgegen. Konzentriere dich auf die Vorfreude, die da vielleicht wirklich in dir kribbelt, wenn du euer übliches „Ich freue mich auf dich!" sagst, statt nebenbei noch schnell die Kalkulation weiterzutippen.

Spüre hin, genauso bewusst, wie du es aus der Rosinen-Übung oder dem Body-Scan kennst. Werden die Routinen wieder neu mit Gefühl belebt, wandeln sie sich von leeren Gesten zu etwas Besonderem, was eure Zweisamkeit nährt. So lässt sich ganz unkompliziert und ohne großen Zeitaufwand Verbundenheit im Alltag herstellen, die sich den ganzen Tag positiv auf euch auswirken wird.

Gibt es bei euch Rituale oder Routinen, die du wieder mit mehr Gefühl, mehr Achtsamkeit füllen könntest? Wie könnte das aussehen?

Versuche, Erwartungen oder Forderungen dabei außen vor zu lassen und dich ganz auf den Moment zu konzentrieren, statt eine Reaktion oder eine veränderte Stimmung in der Zukunft zu erwarten. Lass dich ganz auf den Kontakt im Hier und Jetzt ein und signalisiere deinem Partner, dass du mit vollem Herzen bei der Sache bist.

→ Emotionen transportieren

Emotionen zu transportieren, kann auch in einer langen Beziehung nicht immer einfach sein – insbesondere dann, wenn einer der beiden eher zurückhaltend ist oder sich schnell von Gefühlen überfordert fühlt.

Wenn du allerdings mehr in Kontakt mit deinen Gefühlen kommst, wirst du vermutlich mehr darüber sprechen wollen und die Möglichkeiten sehen, die sich durch einen Austausch ergeben. Alle Gefühle haben dabei ihre Berechtigung – aber der Ton macht die Musik. Es ist keinesfalls gesund, alles Negative in einer Partnerschaft totzuschweigen, immer nur seine Schokoladenseite zu präsentieren oder sich davon abzulenken. Probiere stattdessen, das zu kommunizieren, was du bei dir wahrnimmst, deine Wut, deine Trauer und wie sich dies auf dich auswirkt. Anschließend kannst du deinem Gegenüber signalisieren, was dir guttun oder helfen würde, um das bestehende Problem aufzulösen oder du teilst mit, was du dir erhoffst.

Versuche auch hier, ergebnisoffen zu handeln und ganz bei dir zu bleiben. Neigst du dazu, deinem Partner gegenüber immer alles loszuwerden, was dich belastet, kann es sein, dass sich die Dynamik zwischen euch zu verändern beginnt und er sogar eher Abstand sucht, um nicht wieder mit Negativität pur übergossen zu werden. Natürlich sollte der Partner ein Gegenüber sein, der sowohl durch die guten als auch die schlechten Zeiten hindurch eine Stütze ist. Aber er ist kein Therapeut und sollte nicht in eine solche Rolle gedrängt werden. Bemerkst du diese Tendenz bei dir, sprich es offen an und frage deinen Partner, wie er das wahrnimmt. Erkläre, dass du einen achtsameren Umgang der Kommunikation finden möchtest und bitte um eine Rückmeldung oder Ideen.

Vielleicht könnt ihr gemeinsam Glücksübungen einbauen und so ganz bewusst den Fokus auf das Leben verändern. Eine schöne Übung sind „Die Drei Dinge". Wenn ihr abends auf der Couch sitzt, erzählt jeder dem anderen drei Dinge, die ihn an dem Tag glücklich gemacht haben, drei Dinge, auf die er stolz ist oder die er gut gemacht hat und drei Dinge, auf die er sich freut.

So wird das Augenmerk bewusst aus dem Negativen herausgehalten und dein Gehirn hat die Chance, aus alten Gesprächsmustern auszusteigen und neue Wege zu gehen. Vielleicht mag sich das zu Beginn noch etwas gekünstelt oder ungewohnt anfühlen, insbesondere dann, wenn dein Kopf gleich wieder zu seinen angestammten Themen springen will, aber bleibe da liebevoll konsequent und richte dich immer wieder neu aus.

- Wie ist die Stimmung dann zwischen euch?
- Verändert sich die Dynamik eurer Gespräche?
- Welche Beobachtungen machst du bei deinem Gegenüber?
- Wie verändern sich deine Stimmung und dein Kommunikationsverhalten?

→ Achtsam streiten und Kritik üben

Streit ist etwas, das in den meisten Fällen zu Beziehungen dazugehört. Auch hier ist es möglich, mit Achtsamkeit zu einer Verbesserung der Streitkultur beizutragen und so etwas Gutes für die Beziehung und euer persönliches Wohlbefinden zu tun.

Sind wir schon länger in einer Beziehung, können sich oftmals sehr harte Fronten entwickeln oder auch Streitmuster, die der Zweisamkeit eigentlich nicht zuträglich sind. Vielleicht haben wir sie so bei unserer Familie oder in früheren Beziehungen gelernt, vielleicht haben wir Ängste, die uns zu Abwehrhaltungen verleiten.

Gehen wir achtsam in einen Konflikt, können wir bestimmte Muster erkennen und uns mit ihnen auseinandersetzen, sie zum Thema machen und dem Partner anbieten, gemeinsam daran zu arbeiten. Wir können sehen, wo wir werten und versuchen, uns davon zu lösen, wo uns die Vergangenheit im Nacken sitzt oder uns Zukunftsängste antreiben.

Dadurch verpassen wir nicht mehr das Jetzt mit unserem Liebsten, sondern können uns ganz auf die Kommunikation einlassen und wirklich in Kontakt treten. Dabei ist es wichtig, dass wir Mut zur Lücke walten lassen und uns zugestehen, dass solche Muster sehr hartnäckig sein können und wir daher auch einiges an Durchhaltevermögen brauchen, um uns neue Muster aufzubauen, die auch in der dynamischen Zweierbeziehung funktionieren.

Wichtig ist hier ein konsequentes Wohlwollen, ein tiefes Mitgefühl, sowohl dem Partner als auch dir selbst gegenüber. Versuche daher, auch beim Üben von Kritik, immer auf deine Worte zu achten. Wähle Ich-Botschaften, damit die Worte beim Gegenüber ankommen, statt als wahrgenommene Attacken direkt ausgeblendet oder abgewehrt zu werden. Lass alte Streitigkeiten los und gib deinem Liebsten die Chance, es besser zu machen.

→ Neuigkeiten im Alltag

Vor allem, wenn wir schon länger in einer Beziehung sind, können wir den Eindruck gewinnen, wir würden den Partner in- und auswendig kennen. Oftmals führt es dazu, dass wir nur noch die Standardfloskeln austauschen oder den gemeinsamen Alltag organisieren, aber gar nicht mehr nach den Meinungen, Interessen und Stimmungen des anderen fragen.

Auch hier kann uns der Entdeckergeist und das bewusste Einlassen auf das Gegenüber dabei helfen, die Beziehung wieder zu beleben und bunter zu gestalten.

Verabschieden wir uns von der Vorstellung, bereits zu wissen, was der andere sagen wird und hören ihm stattdessen aufmerksam zu, gibt dies unserer Kommunikation eine ganz neue Qualität. Dein Gegenüber merkt, dass es gehört und gesehen wird, was sehr beglückend sein kann und auch Mut macht, sich mehr zu öffnen.

Wir selbst erfahren vielleicht manches, was uns überrascht und wir können uns ganz neu mit unseren Liebsten auseinandersetzen. Schließlich erleben wir immer wieder an uns selbst, wie sehr alles in Veränderung ist. Manche Dinge bleiben ein ganzes Leben lang in unserem Herzen, mit anderen können wir bereits nach einigen Monaten nichts mehr anfangen.

Wir mögen es, wenn unsere Mitmenschen sehen, dass wir uns weiterentwickeln und nicht selten fühlen wir uns vor den Kopf gestoßen, wenn uns jemand mit einer Idee, Vorliebe oder Überzeugung konfrontiert, die für uns schon seit Jahren nicht mehr aktuell ist. Gedanken wie „Hört er mir eigentlich zu? Kennt er mich eigentlich? Das mach ich doch schon seit 5 Jahren anders" können dann aufkommen sowie das ungute Gefühl, nicht wirklich als Person gesehen zu werden.

Genauso ist es auch bei unseren Lieblingsmenschen. Welche Eissorte mag er gerade am liebsten? Ist das wirklich noch Erdbeere oder isst er die nur, weil ich sie immer mitbringe, seitdem er bei unserem ersten Date Erdbeereis bestellt hat? Was war das letzte Buch, das er gelesen hat und warum hat es ihm so gut gefallen? Forscherkappe auf, Entdeckerspirit an und auf in die spannenden Gespräche!

→ Freie Zeit zum Zusammensein

Kino-Besuche, Einladungen zum Essen oder zum Spieleabend und Radtouren sind wunderschön und eine Bereicherung in unserem Leben. Wenn wir als Familie aber viel stemmen müssen und zeitlich sehr eingespannt sind, können uns weitere Termine am einzig freien Tag in der Woche den Schweiß auf die Stirn treiben. Gönne dir in regelmäßigen Abständen gemeinsam mit deinem Herzensmenschen ein paar Stunden Auszeit, in denen ihr nichts geplant habt. Genießt einfach das Zusammensein ohne Ablenkungen durch andere oder den Stress im Nacken durch weitere Verpflichtungen. So schafft ihr überhaupt erst Raum für ein achtsames Miteinander, könnt wieder auftanken und so auch gelassener bleiben, wenn die kommende Woche wieder so viel los sein sollte.

Achtet auch gemeinsam darauf, wann und warum der Stress in der Partnerschaft die Oberhand gewinnt. Vielleicht wollt ihr euch in einer Auszeit mal zusammensetzen und gemeinsam eure Trigger und Stresssituationen entdecken. Schon im Gespräch kann sich manches aufklären und ihr könnt – ganz dem Entdeckergeist verpflichtet – gemeinsam Strategien entwickeln und ausprobieren, wie ihr mit den Stressoren besser umgehen könnt, wenn sie sich nicht vermeiden lassen sollten. Erlaubt euch Experimente und testet immer mal wieder neue Strategien aus, wenn sich alte nicht mehr bewähren sollten.

Achtsamkeitsübungen mit dem Herzensmenschen

Eine wunderbare Übung, die sich prima mit dem Herzensmenschen ausführen lässt, ist die Tipp-Übung. Diese kann euch dabei unterstützen, ein besseres Bewusstsein für euren Körper zu bekommen. Nebenbei schafft sie Nähe und ist auch ein wenig lustig. Sie eignet sich wunderbar, wenn euer Gegenüber vielleicht aktuell nicht so auf große Achtsamkeitspraktiken eingestimmt ist und der Moment eher für etwas Spielerisches und Leichtes geeignet ist.

Einer von euch setzt oder stellt sich hin und schließt die Augen. Der andere tritt an das Gegenüber heran und tippt einmal ganz leicht an eine Stelle am Körper, etwa den Oberarm, das Handgelenk, den Nacken, die Stirn. Nun muss der Angetippte selbst mit dem Finger auf die Stelle deuten, an der er berührt wurde. Ihr trainiert so das bewusste Hinspüren und Fokussieren und haltet die Achtsamkeit ganz bei eurem Körper. Dadurch, dass der Sehsinn ausgeschaltet ist, könnt ihr die anderen Sinne besser in euer Bewusstsein holen und beispielsweise auch darauf achten, ob euch auch das Gehör etwas leitet. Die Körperwahrnehmung kann sich dadurch deutlich verändern. Wer schon ein gutes Gespür hat, kann auch gleich zwei verschiedene Stellen antippen lassen.

→ Kontrolle loslassen

Machst du mit deinem Lieblingsmenschen einen Spaziergang, dann gib doch mal die Kontrolle ab. Diese Übung solltest du nur an einem Ort machen, an dem weder du noch deine Umwelt gefährdet werden können, also auf ebenem Boden ohne Straßenverkehr oder Hindernisse in der Gegend. Am schönsten ist es draußen, im heimischen Garten oder auf einer Wiese, aber auch die Terrasse oder der Flur eignen sich für den Anfang. Lasse dir die Augen verbinden oder schließe sie einfach und nimm die Hand deines Partners. Er übernimmt die Führung, du lässt vollkommen los.

Achte dabei auf das, was dir plötzlich bewusstwird, wenn du auf deinen Sehsinn verzichten musst. Nimmst du den Boden mehr wahr, die Unebenheiten, das weiche Gras? Steigt der würzige Duft von Harz und Tannennadeln in dein Bewusstsein? Und war da im Unterholz nicht das Klopfen eines Spechtes zu hören? Nach ein paar Minuten könnt ihr die Rollen tauschen und euch anschließend über eure Erfahrungen unterhalten.

→ Tägliches Dankbarkeits-Ritual

Setzt euch abends zusammen, am besten so, dass ihr euch direkt in die Augen schauen könnt. Während ihr den Augenkontakt immer wieder haltet – natürlich nicht starrend (das wirkt eher bedrohlich), sagt ihr euch gegenseitig, wofür ihr euch heute beim anderen bedanken wollt und warum. Das kann eine ganz kleine Sache sein, wie das Zuzwinkern in dem langen Gespräch mit der

Nachbarin oder etwas Großes, wie das Candle-Light-Dinner, mit dem du nach einem anstrengenden Tag überrascht wurdest.

Unabhängig von der Aktion zeigt ihr euch damit, dass ihr seht, was ihr füreinander tut und dass ihr der anderen Person mit großer Wertschätzung entgegentretet und all die kleinen und großen Dinge nicht als selbstverständlich hinnehmt. Viel zu oft wird der tägliche Kaffee am Bett nämlich zu etwas, was wir regelrecht erwarten und nur in unser Bewusstsein steigt, wenn wir ihn mal nicht bekommen. Unser Blick ist dann eher auf Mängel und Kritik ausgerichtet.

Diese Übung kann aber dazu führen, dass ihr im Alltag eher darauf ausgerichtet seid, was euer Lieblingsmensch Schönes für euch gemacht hat oder wofür ihr ihm sonst dankbar sein könnt, wie etwa seine stoische Ruhe oder seinen unerschütterlichen Humor in vollkommen grotesken Situationen. Dadurch bekommt ihr einen neuen, leichteren Fokus auf den Partner und fühlt euch auch selbst motiviert, für eine schöne Stimmung zu sorgen.

Dankbarkeit tut beiden Seiten gut – dem, der den Dank bekommt und dem, der den Dank aufrichtig aussprechen kann. Ein schönes Gefühl und eine echte Chance, als Paar zusammenzuwachsen und an einem Strang zu ziehen.

Wenn ihr mögt, könnt ihr euch die Dinge auch in einem hübschen Büchlein aufschreiben und immer mal wieder darin blättern, wenn es darum geht, in stressigen Zeiten den achtsamen Umgang zu stärken.

Achtsamkeit bei Freundschaften und anderen sozialen Kontakten

Möchtest du Achtsamkeit auch im Umgang mit deinem Freundeskreis leben, kannst du viele der oben bereits vorgestellten Kommunikationsansätze nutzen. Oftmals geht es uns inmitten unseres hektischen Lebens so, dass wir zwar liebe Menschen in unserem Leben haben, aber nur wenig Zeit für die, die uns am wichtigsten sind.

Philipp beispielsweise verpasst oft Treffen, weil er sich in seiner Arbeit verliert und es dann zu spät ist, um noch dazuzustoßen.

Angelika hingegen fühlt sich abends so ausgelaugt, dass sie Nachrichten nur nebenbei beantwortet und dann eigentlich gar nicht weiß, um was es geht. Oder sie meldet sich so lange nicht bei guten Freunden, weil sie so viel im Kopf und zu tun hat, dass es ihr peinlich ist, wieder einen Anfang zu machen und dann die Kontakte schleifen lässt.

Eine achtsame Kommunikation kann auch hier ein Schlüssel zu einem guten Miteinander sein.

→ Am Ball bleiben

Niemand fühlt sich gerne zurückgesetzt oder wie die zweite Geige. Versuche daher, deine Freundschaften genauso zu pflegen, wie die anderen Bereiche in deinem Leben. Soziale Kontakte sind enorm wichtig für deine Gesundheit und dein Wohlbefinden und deine Lieblingsmenschen verdienen es, gesehen zu werden.

Wenn du weißt, dass du in der Hektik des Alltages Dinge vergisst, arbeite mit Erinnerungen. Wenn deine Freundin zum Beispiel von einem wichtigen Vorstellungsgespräch erzählt, notiere dir den Termin im Kalender und lass dich so daran erinnern, an dem Tag nachzufragen. So musst du nicht alles im Kopf behalten, signalisierst aber trotzdem, dass du aufmerksam zuhörst und an der Person interessiert bist. Geburtstags- oder Weihnachtskarten kannst du auch ein paar Wochen vorher schreiben, wenn du weißt, dass du in den Tagen davor mit Arbeit zugepackt bist. Wenn jemand einen Wunsch oder Vorlieben äußert, notiere dir das in einer Ideenliste für Geschenke.

Nicht in jeder Freundschaft muss man sich jeden Tag beieinander melden, aber ein regelmäßiger Kontakt zeigt der anderen Person, dass du wissen willst, wie es ihr geht und dass du die gemeinsame Zeit genießt.

→ Achtsam mit der Zeit des anderen umgehen

Gefühlt hat jeder von uns zu wenig Zeit – trotzdem haben wir alle die gleichen 24 Stunden zur Verfügung und es ist – Verpflichtungen hin oder her – auch eine Frage der Prioritäten, wie und mit wem wir unsere Zeit verbringen.

Merkst du, dass du Termine mit einer bestimmten Person immer wieder vertagst, frage dich, warum das so ist. Steht etwas zwischen euch? Möchtest du diese Person eigentlich gar nicht sehen? Habt ihr euch auseinandergelebt? Fürchtest du dich vor etwas? Näher hinzuschauen mag zwar nicht so angenehm sein, aber es ist wichtig, um ehrlich mit deinem Gegenüber zu sein und auch, um achtsam mit der Zeit der anderen Person umzugehen.

Wenn du einen Termin nicht wahrnehmen kannst, sag so früh wie möglich ab und biete eine Alternative an, statt einfach nicht zu erscheinen, kurz nach Beginn eine SMS zu schicken und das Ganze im Sande verlaufen zu lassen.

Wenn du bemerkst, dass du weniger Kontakt möchtest, formuliere dies klar und freundlich.

Bist du diejenige, die immer wieder vertröstet wird, sei ehrlich und sprich an, was das mit dir macht. Frage nach dem Grund und entscheide dann, wie und ob du weiterhin Verabredungen mit dieser Person treffen möchtest. Zwar ist nicht die Quantität, sondern die Qualität der gemeinsam verbrachten Zeit entscheidend, aber wenn dich jemand immer wieder vertröstet, dann solltest du dafür sorgen, dass achtsam mit deiner Zeit umgegangen wird.

→ Grenzen setzen und respektieren

Achtsamkeit ist aber auch wichtig, wenn es darum geht, in einer Freundschaft Grenzen setzen und respektieren zu können. Viele von uns sind zu Hilfsbereitschaft erzogen worden und haben ein ungutes Gefühl, wenn sie nein sagen sollen. In einer Freundschaft ist nicht nur das achtsame Gestalten gemeinsamer Zeit wichtig, sondern auch das Setzen und Respektieren von Grenzen, wenn es um Nähe, Vertrauen oder kleine Gefallen geht. Vielleicht bringt es kurzfristig Herausforderungen im Miteinander, wenn du beginnst, nein zu sagen und nicht stets zur Stelle zu sein, wenn Hilfe gebraucht wird. Du signalisierst dadurch aber auch, dass du deine Grenzen respektierst und keine leeren Versprechungen eingehst, die du nachher nicht halten kannst oder magst. Dadurch lösen sich mögliche Probleme direkt wieder auf, die durch Enttäuschung oder Überforderung oder auch das ungute Gefühl, ausgenutzt zu werden, entstehen können. Sollte dein Umfeld mit Unsicherheit reagieren, kannst du – wenn du magst – erklären, dass du deine To-do-Liste nun kürzer hältst, um die Aufgaben, die du übernimmst, mit der nötigen Achtsamkeit zu erfüllen. Du bist allerdings niemandem Rechenschaft schuldig und es ist dein gutes Recht, auch in engen Beziehungen Grenzen aufzuzeigen.

Bemerkst du selbst, dass es dir schwerfällt, Grenzen anderer zu respektieren, kannst du um ein Gespräch und Unterstützung bitten. Du kannst die andere Person fragen, wie du achtsamer im Miteinander sein kannst und du kannst dich selbst fragen, warum diese Grenzen Widerstände in dir erzeugen und wie du dauerhaft einen guten Umgang damit etablieren kannst.

→ Ehrlich verzeihen

Wir als Menschen sind fehlbar. Jeder von uns weiß, wie unangenehm es ist, wenn einem ein Fehltritt passiert ist, obwohl man die Person so sehr mag und ihr eigentlich nur das Beste wünscht. In solchen Situationen ist es unglaublich befreiend, wenn wir merken, dass der Betroffene uns ehrlich und aufrichtig vergibt.

Das ehrliche Verzeihen macht das, was passiert ist, nicht ungeschehen – aber es erlaubt, dass die Verbindung weiterbesteht und sich wieder festigen kann. Dieses Verzeihen ist dem Loslassen in der Achtsamkeitspraxis ähnlich. Du kannst bemerken, dass da noch Schmerz oder Enttäuschung ist – aber du musst nicht daran festhalten oder gedanklich immer wieder dahin zurückkehren. Drängen sich Erinnerungen daran auf, kannst du sie wahrnehmen. Du musst sie aber nicht bewerten oder dich davon leiten lassen, sondern kannst Raum geben für neue Erfahrungen, die ihr als Freunde machen könnt.

Dies setzt natürlich voraus, dass dein Gegenüber dich nicht regelmäßig enttäuscht oder bewusst verletzt – in solchen Fällen ist es ratsam, das Ganze anzusprechen und gegebenenfalls die Konsequenzen zu ziehen. Aber wenn es der anderen Person wirklich leidtut, dann profitiert ihr beide davon, wenn du loslassen und ehrlich verzeihen kannst.

Marie hat die Kommentare ihrer Nachbarin nicht gut verdauen können und erlebt sich bei dem nächsten Aufeinandertreffen mit Gabi sehr verspannt, geradezu verkniffen – obwohl sie sonst die Unterhaltungen am Gartenzaun recht nett findet. Sie hat ihrem Mann zwar erzählt, sie hätte nicht viel darauf gegeben, aber sie bemerkt, wie sie innerlich Punkte zählt, eine Liste führt, mit unschönen Sachen, die Gabi gesagt hat. Diese schwebt ihr immer im Hinterkopf und sie lauert quasi schon darauf, ob wieder etwas Neues dazu kommt. Diese Habachtstellung führt dazu, dass sie die netten Gespräche gar nicht mehr wirklich wahrnehmen und genießen kann.

Loslassen und im Hier und Jetzt ankommen ist eine wichtige Übung, die zwar herausfordernd, aber sehr befreiend sein kann.

→ Gemeinsam Achtsamkeit üben

Vielleicht hast du jemanden in deinem Umfeld, der sich auch für Achtsamkeit interessiert und sich näher damit befassen will? Super, dann hole dir so Unterstützung ins Boot. Ihr könnt euch gegenseitig im Alltag an eure Achtsamkeitsreise erinnern, euch bei der Praxis unterstützen, euch über euren Weg und etwaige Hindernisse austauschen, Glücksmomente zelebrieren oder vielleicht sogar zusammen einen Kurs besuchen?

Zu zweit fühlst du dich vielleicht weniger eingeschüchtert oder überfordert, wenn du dich das erste Mal mit dem Thema auseinanderzusetzen beginnst. Möglicherweise fällt es dir auch leichter, bei der Sache zu bleiben, weil du mit jemand anderem über die Sache sprechen kannst und auch in einem gewissen Zugzwang bist, der dir gerade zu Beginn dabei helfen kann, die nötige Disziplin aufzubringen, um die Achtsamkeitsübungen als feste Praxis in deinen Alltag zu integrieren.

Wenn es manchmal nicht ausreicht, allein eigene Gründe zu finden und das eigene Warum zu benennen, dann kann der Austausch im Zweierteam oder in einer kleinen Gruppe über die persönlichen Ziele, Wünsche und Hoffnungen so motivierend sein, die nötigen Veränderungen anzustoßen!

Aufgemerkt!

Auch im Miteinander mit anderen kann sich die „dunkle Seite der Achtsamkeit" bemerkbar machen, die schon zu Beginn angesprochen wurde. Die Wünsche, Bedürfnisse und Vorstellungen von uns werden im Kontakt mit anderen immer mal wieder herausgefordert und auf die Probe gestellt. Achtsamkeit kann ein gutes Werkzeug sein, um mit diesen Situationen gelassener umzugehen.

Es lohnt sich aber auch, immer mal wieder zu überprüfen, ob wir die Achtsamkeit in ihrer ursprünglichen Funktion in unser Leben integrieren wollen oder ob wir sie dazu nutzen, etwas anderes zu erreichen.

Übe ich mit meinen Kindern Achtsamkeit, damit sie diese wichtige Ressource für sich nutzen können, oder damit sie ruhiger sind und auch außerhalb der eigenen vier Wände ein besseres Bild abgeben? Will ich dadurch andere kontrollieren, mich noch effektiver auslasten oder etwas steuern, was ich eigentlich nicht steuern kann? Kann es sein, dass ich mich unbewusst über andere stelle, etwas von mir verbergen oder nach außen glätten möchte? Das Bild der Superwoman aufrechterhalten will, an der alles abperlt?

In solchen Momenten heißt es: Aufgemerkt! Es ist ein wichtiger Schritt, wenn du erkennst, dass dich andere Beweggründe antreiben, auch wenn dir diese auf den ersten Blick sehr albern oder verbissen vorkommen. Hab da bitte etwas Nachsicht mit dir und freue dich darüber, dass du deine Muster erkannt hast und nun etwas ändern möchtest.

Dies gilt auch, wenn du bei dir einen falschen Ehrgeiz bemerkst, sobald du dich mit deiner besten Freundin über das Thema austauschst oder du in einen Wetteifer mit deinem Partner gerätst. Es gibt kein Richtig oder Falsch bei der Frage nach den Mitteln und Wegen, wie die Achtsamkeitspraxis kultiviert werden soll. Der eine mag jeden Tag eine Stunde üben, dem anderen reichen 15 Minuten. Die Achtsamkeitspraxis ist etwas hoch Persönliches, das nur dir selbst genügen muss. Umgekehrt darfst du auch anerkennen, wenn jemand anderes seine Praxis ganz anders gestalten möchte.

Es handelt sich nicht um eine weitere Strategie der Selbstoptimierung oder der Optimierung deiner Liebsten, sondern um eine Technik, mehr zu sich selbst zu finden, im Einklang mit dem inneren Rhythmus zu sein und im Hier und Jetzt anzukommen.

Achtsamkeit im Alltag - Arbeit, Haushalt und Co

Nicht nur im Umgang mit einem selbst oder den liebsten Menschen aus dem privaten Umfeld kann Achtsamkeit ein wertvolles Werkzeug sein, sondern auch bei den alltäglichen Dingen wie der Hausarbeit, dem Einkaufen, dem Zurücklegen von Wegen und natürlich im Job.

Erinnerst du dich noch an Philipp aus unseren Anfangsbeispielen? Er ist durch die Konflikte am Arbeitsplatz mit den Kollegen und Kolleginnen sehr belastet und auch, wenn er sich eine neue Perspektive schafft, indem er auf eine Selbstständigkeit hinarbeitet, verliert er sich doch zunehmend zwischen seinen Projekten, weil er den Anspruch hat, sowohl seine Weiterbildung als auch seine Arbeit mit absoluter Bestleistung zu meistern. Er bemerkt selbst, dass er immer fahriger wird, schlecht schläft und auch das Abschalten nach dem Job nicht mehr wirklich hinbekommt. Nicht nur seine Beziehung leidet darunter, dass er immer ausgelaugt und in Gedanken bei seinen Projekten ist, sondern auch sein Job – was ihn nur noch mehr antreibt, weil er ja ein gutes Vorbild für seine Patienten sein möchte.

Vielleicht kennst du das auch, dass eine Arbeit, die dir eigentlich viel Freude bereitet, durch zu viele und hohe Anforderungen oder ein unangenehmes Betriebsklima in Stress ausartet, dass der Wechsel zwischen der sozialen Rolle am Arbeitsplatz und der im Privatleben nicht immer funktioniert, dass Pendeln, Überstunden oder eine berufliche Veränderung noch weniger Raum für die eigene Entfaltung bieten. Es kann aber auch genauso gut sein, dass dich der ewig gleiche Trott gefangen hält und du wie ferngesteuert deine Aufgaben erledigst und in Gedanken nur von einem Wochenende zum anderen lebst.

Wenn es nicht gelingt, eine gute Balance zwischen Arbeit und Privatleben langfristig erfolgreich umzusetzen und du dich aufgrund und während deiner Arbeit nicht wohlfühlst, ist die Gefahr groß, in eine Art Burn-out zu geraten oder einfach nur noch zu funktionieren, anstatt zu leben.

Gerade Achtsamkeit bei der Arbeit kann deshalb eine entscheidende Rolle spielen, verbringen wir doch schließlich sehr viel unserer aktiven Zeit am Arbeitsplatz. Dabei spielt es keine Rolle, ob du von daheim arbeitest, in einem Büro oder auf einer Baustelle tätig bist, du allein agierst oder im Team werkelst – achtsames Arbeiten kann in jeder Situation bereichernd sein und dabei helfen, einen guten und gesunden Umgang mit seiner Arbeit und auch mit damit verbundenen Herausforderungen (wie Stress oder Anforderungen von Vorgesetzten und Kollegen) zu finden. Zudem kann es auch helfen, dem Wechsel zwischen den verschiedenen sozialen Rollen am Arbeitsplatz und weiteren Stressoren (wie beispielsweise dem Pendeln oder dem Organisieren und Durchführen von langfristigen Projekten) gelassen zu begegnen.

Vielleicht magst du erst mal wieder einen kurzen Moment innehalten und in dich hineinspüren: Wie sitzt du gerade? Hast du den Atem angehalten, als das Thema Arbeit aufkam?

Nimm bitte einmal drei tiefe Atemzüge, bei denen du einfach nur in dich hineinspürst und benennst, welche Emotionen und körperlichen Veränderungen du in dir bemerkst – ohne diese bewerten zu wollen.

Bestandsaufnahme – Achtsamkeit am Arbeitsplatz

Jetzt setz dir gedanklich deine Forschungskappe auf – Einsteiger-Einstellung – und versuche dich dem komplexen Thema Arbeit und Achtsamkeit mit einer gewissen Neugier und Unbefangenheit zu nähern. In welchen Bereichen könntest du von einer achtsamen Haltung profitieren?

Welche drei Begriffe fallen dir dazu ein, wenn du folgende Wörter liest? Schreibe dir diese am besten auf.

- Arbeitsweg
- Umgang mit Kollegen
- Umgang mit Vorgesetzten
- Umgang mit Mitarbeitenden
- Routinearbeiten
- Pausenzeiten
- Bewegung am Arbeitsplatz
- Stress/hohes Arbeitsvolumen
- Gestaltung des Arbeitsplatzes
- Eigener Anspruch an die Arbeit
- Umgang mit der eigenen Arbeitskraft

Diese Selbstreflexion kann dir dabei helfen, schwarz auf weiß zu sehen, in welchen Bereichen dir ein wenig mehr Achtsamkeit guttun könnte. Oft ist uns gar nicht bewusst, wie hoch der eigene Anspruch an die Arbeitsleistung ist oder wie sehr uns nervige Routinearbeit aus dem Konzept bringen.

Hast du erkannt, wo es bei dir hakt, kannst du als Nächstes ermitteln, ob und wie du etwas an den realen Bedingungen verändern kannst. Fällt es dir beispielsweise schwer, an einem überladenen Tisch zu arbeiten oder in einem Raum mit greller

Beleuchtung den Bildschirm richtig zu sehen, dann können diese Hindernisse, die dich vom fokussierten Arbeiten abhalten, in der Regel leicht behoben werden.

Wie so oft gehen wir im Alltag nicht besonders achtsam mit unseren Bedürfnissen um und arrangieren uns eben mit dem kippelnden Stuhl oder der reflektierenden Bildschirmoberfläche, obwohl dies unheimlich viel Kraft zieht – weil wir eben nicht die Person sein wollen, die stört. Gehst du achtsam mit dir um, weißt du aber, dass du mit einer angenehmen klaren Umgebung viel für einen klaren Geist tun kannst. Wenn du die Möglichkeit hast, gestalte also als Erstes deinen Arbeitsplatz so aufgeräumt, klar, ansprechend und luftig wie möglich.

Aufgabe für deinen nächsten Arbeitstag:

Notiere dir im Geist (oder gern auch auf einem kleinen Zettel) all die kleinen Dinge, die dich aus dem Arbeitsflow bringen, dich unnötig anstrengen oder irritieren (wie die flimmernde Lampe, die stickige Luft oder der wackelnden Tisch) und überlege dann zu Hause, was du daran ändern kannst.

Beschaffe dir ergonomisch korrekte Möbel, sorge für frischen Sauerstoff und einen guten Duft, bring eine Blume mit. Sprich mit deinem Team oder der Führungskraft über mögliche Veränderungen und sei es dir wert, diese Veränderungen anzustoßen! Dabei musst du keinesfalls jedem deine Achtsamkeitsreise auf die Nase binden, wenn du nicht willst. „Gesundheit am Arbeitsplatz" oder auch „effizienteres Arbeiten" sind nützliche Stichworte, um gewünschte Veränderungen anzuregen.

→ Der Arbeitsweg

Wenn du deinen Arbeitsweg bisher nur als Last erlebt hast, dabei jedes Mal mit Minispielen auf dem Handy die Zeit sprichwörtlich totschlägst oder dich über das Gedränge in den öffentlichen Verkehrsmitteln aufregst, dann überlege dir, wie du diese Zeit achtsamer und angenehmer für dich gestalten kannst. Könntest du der Rush-Hour entgehen und die Bahn nehmen, die 20 Minuten eher fährt? Dann könntest du die Fahrt ohne Gedränge dazu nutzen, etwas zu lesen oder einfach zu träumen und ohne Hektik an deinem Arbeitsplatz ankommen und dich mit ein, zwei Achtsamkeitsübungen auf den kommenden Arbeitstag einstimmen.

Alternativ kannst du auch überlegen, ob du einen Teil des Weges zu Fuß zurücklegen kannst, um etwas vom Wetter und den Jahreszeiten mitzubekommen. Nicht selten steigen wir nämlich von der Haustür in den Wagen, über die Tiefgarage in den Aufzug und verbringen dann einen Tag in einem künstlich erleuchteten Raum und merken am Abend, dass wir gar nicht wissen, welches Wetter draußen herrschte.

Finde für dich heraus, wie du gleich schon auf deinem Weg in Kontakt mit deiner Achtsamkeit treten und wie du den Tag und das Leben um dich herum spüren kannst. Musst du eine weite Strecke pendeln, überlege dir, wie du deiner Umgebung und dem Fahren mehr Achtsamkeit schenken kannst, wenn du selbst fahren musst, statt dich irgendwann zu wundern, dass die Bäume im vollen Laub stehen und du gar nicht weißt, wann das denn passiert ist.

→ Umgang mit deinen Mitmenschen am Arbeitsplatz

Für den Umgang mit den Menschen an deinem Arbeitsplatz – ganz gleich, ob es sich um Kunden, Vorgesetzte, Kollegen oder Mitarbeiter handelt – kannst du wunderbar die Techniken der achtsamen Kommunikation nutzen, die du aus den beiden vorherigen Kapiteln kennst.

Insbesondere in Gesprächen mit schwierigen Mitmenschen kann Achtsamkeit Wunder wirken, denn dadurch, dass wir nicht direkt auf einen Reiz reagieren, sondern diesen einfach als vorhanden wahrnehmen, nehmen wir einer potenziellen Krisensituation leicht die Brisanz. Dadurch gewinnen wir auf zweierlei Art: Zum einen sind wir selbst nicht mehr so gestresst und geschlaucht von diesen Gesprächen, zum anderen bewahren wir eine professionelle Contenance und können wunderbar deeskalierend wirken und für ein besseres Klima vor Ort sorgen – das sich dann wieder positiv auf dich und deine Stimmung auswirkt.

Hast du einige liebe Kollegen in deinem Team, könnt ihr zum Beispiel kleine Achtsamkeitspausen vereinbaren oder euch gegenseitig daran erinnern. Es ist immer schön, ein Gegenüber zu haben, wenn man etwas Neues in seinem Leben etablieren möchte und gerade, wenn einen die Arbeitswut packt, ist eine kurze Erinnerung daran, ein paar bewusste Atemzüge zu nehmen oder mal kurz auf die Terrasse zu gehen und sich seiner bewusst zu werden, Gold wert!

Hole dir Unterstützung ins Boot, wenn da jemand ist, dem du vertrauen kannst oder sprich deine Vorgesetzten darauf an, wie Achtsamkeit am Arbeitsplatz umgesetzt werden könnte, wenn du glaubst, dass sie dafür offen sind. In größeren Betrieben gibt es vielleicht auch ein Gesundheitsprogramm, das entsprechende Kurse anbietet oder aufnehmen könnte. Informiere dich darüber und nutze die Möglichkeiten, die dir der Arbeitgeber bieten kann.

Struktur und Pausen im Alleingang – Arbeit daheim

Bist du Hausfrau oder freiberuflich tätig, bist du zwar nicht in einen festen Arbeitsalltag eingebunden und kannst dir deine Zeit zumindest bedingt frei einteilen – du stehst aber auch in der Verantwortung, dich und deine Arbeitskraft selbst effektiv zu managen, auch wenn die Arbeitsmoral mal etwas schlafen sollte. Um dabei achtsam zu bleiben, können dir folgende Ansätze helfen:

→ Fokussieren auf die Arbeiten, die wirklich anstehen

Manchmal ist es schwer, wirklich etwas zu schaffen und nicht nur alles halb anzufangen. Wir fangen beispielsweise an, das Regal abzustauben und dabei fällt uns die Kiste mit den Urlaubsfotos entgegen, die wir schon immer mal sortieren wollten. Eine

Stunde später fragt man sich dann, wo die Zeit geblieben ist, und das Wohnzimmer ist immer noch nicht auf Vordermann gebracht, obwohl die Gäste gleich kommen.

Schreib dir für jeden Tag eine To-do-Liste und überlege, was dir an diesem Tag wirklich wichtig ist. Was ist dringend? Was kann in kleine Arbeitsschritte und somit auch auf mehrere Tage aufgeteilt werden? Packe dir die Liste nicht zu voll und erledige eine Sache nach der anderen, statt hin und her zu springen. So musst du dich nicht immer wieder neu einstellen und orientieren, sondern kannst systematisch alles abarbeiten und fühlst dich am Ende weniger zerschlagen. Zudem erlebst du immer wieder kleine Erfolgserlebnisse, wenn du Punkt für Punkt abhaken kannst und die Dinge wirklich erledigt sind, statt sie in deinem Hinterstübchen herumschweben zu haben und dir so Energie ziehen zu lassen.

→ Delegieren lernen

Delegieren zu lernen ist für all diejenigen, die zum Perfektionismus neigen, eine echte Herausforderung – kann aber dabei helfen, die To-do-Liste übersichtlich zu halten und Energie für die wirklich wichtigen Dinge zu haben.

Überlege dir, wann und bei welchen Dingen das Delegieren nötig und möglich ist. Im Haushalt können auch die anderen Familienmitglieder ihren Teil dazu beitragen, dass es sauber und gemütlich ist. Hast du dich schon seit drei Wochen jeden Abend mit dem Erstellen deiner Homepage herumgeärgert? Vielleicht ist es hier sinnvoll, eine Fachkraft von außen heranzuziehen und diese Aufgabe abzugeben. Möglicherweise sind damit erst mal Kosten verbunden, aber die Arbeitszeit, die du ohne fruchtbares Ergebnis bisher investiert hast, wiegt das Ganze rasch auf.

Wäge immer mit Bedacht ab und sei achtsam mit deiner Arbeitszeit (und somit auch indirekt mit deiner Freizeit). Nur weil du von zu Hause arbeitest, bedeutet das nicht, dass du rund um die Uhr im Einsatz sein solltest. Gehe bewusst mit deiner Zeit um und schaffe dir Ruhepausen, in denen du dich erholen kannst.

Deins und meins

Stress gehört für dich zum Alltag dazu? Du gerätst regelmäßig ins Rotieren, wenn Töchterchen zu spät zum Fußball kommt oder der Mann einen wichtigen Geburtstag vergessen hat?

Der Aspekt *Mental Load* ist ein wichtiger Punkt, wenn du versuchst, mehr Achtsamkeit in deinen Alltag zu integrieren. Sprich in deiner Familie mit den anderen und versuche nicht mehr, dir jeden Schuh anzuziehen. Den Stress anderer nicht zum eigenen Stress werden zu lassen, mag sich zu Beginn seltsam anfühlen. Jedoch gibst du somit den anderen auch die Chance, Verantwortung für die eigenen Taten zu übernehmen und von den Konsequenzen zu lernen. Hältst du immer allen den Rücken frei, wirst du selbst unweigerlich zu kurz kommen. Zudem ist die Wahrscheinlichkeit groß, dass die anderen ihr nachlässiges Verhalten auch nicht einfach aufgeben werden. Kommuniziere hier klare Grenzen und scheue dich auch nicht, diese umzusetzen.

Routinearbeiten – eine Chance

Routinearbeiten können uns den Arbeitsalltag ganz schön schwer machen und ihn wie Kaugummi in die Länge ziehen. Du kannst diese Tätigkeiten aber auch ganz anders für dich und deine Achtsamkeitspraxis nutzen.

Zum einen sind sie wunderbar dafür geeignet, um mental neue Kraft zu tanken. Schließlich kannst du nicht die ganze Zeit kreativ und aktiv sein. Zum anderen bieten sie sich super dafür an, deine Achtsamkeit im Hier und Jetzt zu trainieren und nicht in Tagträume abzurutschen oder voller Widerwillen zu wünschen, man müsste dieses und jenes nicht tun.

Erlebst du viel Routine bei der Arbeit, könntest du dir vornehmen, immer wieder neue Dinge in den Aktivitäten zu entdecken, die Bewegungsabläufe unglaublich bewusst zu gestalten oder deinen Fokus gezielt auf etwas Schönes lenken, das du dabei entdecken kannst. Oder du widmest dich dem Einüben der bewussten Achtsamkeit ohne Wertung und konzentrierst dich einfach ganz bewusst auf jeden einzelnen Arbeitsschritt. Von Moment zu Moment zu leben und wahrzunehmen, statt die Gedanken schweifen zu lassen und beispielsweise schon über den Urlaub oder das Fernsehprogramm nachzudenken, ist eine spannende Übung, die sich wunderbar in deine Achtsamkeitspraxis einfügt.

Möglicherweise stellst du dann sogar fest, wie entspannend es sein kann, ganz in einer Aufgabe zu versinken und mal Pause vom übereifrigen Kopf zu haben – obwohl du doch nur eine eigentlich langweilige Routinearbeit erledigt hast, die dich sonst eher stresst.

Lass dich überraschen und rufe auch hier immer wieder aufs Neue den Entdeckergeist hervor, der dir erlaubt, unvoreingenommen und mit freundlicher Neugierde an Dinge heranzutreten.

→ Farb- und Formmeditation

Wenn du eine monotone Tätigkeit ausführen musst, kann es schwer sein, sich immer wieder neu auszurichten und zu fokussieren. Hier kann es helfen, wenn du dir einen besonderen Aspekt herauspickst, dem du deine volle Aufmerksamkeit widmen möchtest. Ideal ist es, wenn es sich dabei um etwas handelt, dem du im Alltag gemeinhin weniger Achtung schenkst, wie etwa den Formen und Farben, die um dich herum sind.

Wenn du magst, kannst du das Ganze als kleine Meditation üben. Konzentriere dich zuerst allein auf die Farben, die du bei deiner Tätigkeit sehen kannst. Versuche dich davon freizumachen, die Farben an etwas zu knüpfen („der gelbe Schwamm") oder sie zu bewerten („dieses kalte Arztzimmergrün"). Nimm sie stattdessen einfach nur wahr. Wenn du möchtest, kannst du sie innerlich auch benennen und sie dann eingehender studieren: „Ist das ein Grasgrün oder ein Apfelgrün oder doch eher ein Tannengrün?"

Danach kannst du dich auf die Formen fokussieren: Welche Formen nimmst du um dich herum wahr? Gibt es klare Formen, weiche Ränder, spitz zulaufende Dinge? Mache dich auch hier möglichst frei von Bewertungen („Dieses Eckige mag ich nicht", „Das Verschnörkelte muss man immer so mühsam putzen") und nimm einfach wahr. Wenn deine Gedanken abschweifen oder du dich in Bewertungen verlieren solltest, gehe gedanklich immer wieder sanft (aber konsequent) zu deiner neutralen Betrachtung zurück. Schließe dann innerlich mit der Übung ab und überlege, was diese Betrachtungsform mit dir und deinem Blickwinkel auf die Dinge oder Tätigkeiten geändert haben könnte.

→ Zeitlupenmodus

Gerade Tätigkeiten, die wir jeden Tag erledigen, verblassen in unserer Aufmerksamkeit schnell. Wir putzen uns rasch die Zähne, duschen uns und flitzen dann zur Arbeit. Abends wird schnell was klein geschnippelt und gekocht und dann müssen auch noch die Blumen versorgt werden.

Wenn du mal ein paar Minuten mehr Zeit hast – entweder an einem freien Tag oder du stehst etwas eher auf -, dann versuche mal, eine dieser Tätigkeiten, die du so nebenbei und husch husch erledigst, im Zeitlupentempo auszuführen. Durch die künstliche Verzögerung wird dein Augenmerk von ganz alleine auf deine Handlung gelenkt und du wirst direkt präsenter. Wird dir der frische Minzgeruch der Zahnpasta bewusst? Wie fühlt sich das Wasser auf deiner Haut an, wenn du duschst? Ist es angenehmer, wenn du es etwas kühler einstellst oder die Kraft des Wasserstrahles etwas abmilderst? Wie fühlt sich der Pfirsich in deinen Händen an und was passiert, wenn der saftig-saure Duft der Zitrone in deine Nase steigt? Dank des verringerten Tempos hast du die Möglichkeit, deine Sinne voll und ganz auf die eine Tätigkeit auszurichten. So kannst du viele unterschiedliche Eindrücke bei einer ganz banalen Aktion erleben, die du vermutlich jeden Tag ausführst. Vielleicht erfährst du auf diese Weise sogar etwas Neues über dich und änderst eine Tätigkeit ab, die du bisher nur aus Gewohnheit auf eine bestimmte Art ausgeführt hast, ohne zu überprüfen, ob sie dir so noch gefällt.

Bemerkst du, dass du dein Tempo beschleunigst, führe dich liebevoll (aber konsequent) wieder zurück in den Zeitlupenmodus, bis du deine Aktivität abgeschlossen hast und spüre dann nach. Was war anders? Was ist dir aufgefallen? Hast du Dankbarkeit verspürt, Überraschung, Interesse oder Freude? Genieße den veränderten Blickwinkel auf das Alltägliche und schenke dir immer wieder solche Überraschungsmomente des achtsamen Entdeckens.

Gewohnheiten

Neben den Routinearbeiten, die von außen an dich herangetragen werden, kannst du auch mal ein Augenmerk auf deine Gewohnheiten richten und schauen, wie es da um den Punkt Achtsamkeit bestellt ist. Das kann sowohl das Gestalten der eigenen Zeit generell betreffen als auch die Gewohnheiten bei alltäglichen Tätigkeiten (wie der Hausarbeit, der Haustierpflege, der Gartenpflege oder beim Fortbewegen). Hetzt du immer von einer Aufgabe zur anderen? Geht beim Einsteigen in die Bahn der erste Griff zum Handy? Versuchst du, beim Bürsten deines Hundes das neueste YouTube-Video zu verfolgen? Oft ist uns gar nicht bewusst, was wir uns über die Zeit an Verhaltensmustern angewöhnt haben und es kann total spannend sein, sich näher damit auseinanderzusetzen. So kannst du aufmerksam schauen, wie du besser bei der Sache sein kannst und auf welche Weise du bessere Lösungen finden kannst, um der Achtsamkeit mehr Raum zu schenken.

Ein echter Störenfried kann das Smartphone sein, wenn du versuchst, die Gedanken nicht mehr abschweifen zu lassen. Wir alle nutzen es, um Momente des Wartens, der Unsicherheit oder der Langeweile zu überbrücken – bis wir uns dann fragen, wo beim Scrollen die Zeit geblieben ist, warum wir uns nicht konzentrieren können oder warum wir keine Ahnung haben, wie die Natur um uns herum aussieht.

Überprüfe mittels einer App mal deine Bildschirmzeit und finde heraus, wie sich dein Achtsamkeitsgefühl verändert, wenn du sie reduzierst. Ein weiterer Tipp ist auch hier, deine Zeit besser einzuteilen und Prioritäten zu setzen. Den Zeitfresser Handy hast du schon mal galant minimiert, aber wo verbringst du noch Zeit mit Dingen, die dich nicht erfüllen oder sogar verärgern? Hast du diese Zeitfresser erkannt, kannst du besser bei der Sache sein, hast mehr Raum, die Schönheit in den kleinen Dingen zu sehen; aufmerksam die Natur zu bewundern und das Besondere im Einfachen und Alltäglichen wahrzunehmen.

Achtsamkeitsübungen für Stressmomente

Für akute Stressmomente kannst du folgende Achtsamkeitsübungen nutzen, um dich wieder mehr zu zentrieren und neu auszurichten:

→ Die Box-Atmung oder 4-6-8-Atmung

Wenn du unter Stress stehst, sinkt meist auch die Atemqualität. Umgekehrt kann eine ruhige Atmung dazu führen, dass sich dein aufgescheuchter Kopf und sogar dein Herzschlag beruhigen.

Nimm eine aufrechte Haltung ein und atme ein, während du still bis vier zählst. Dann hältst du den Atem für eine kurze Zeit und zählst bis sechs, bis du ihn über einen Zeitraum von acht Sekunden wieder ausströmen lässt. Wenn dir die Abstände zu lang sind, kannst du sie auch entsprechend anpassen oder dir vorstellen, du würdest gedanklich die Ränder einer Box entlangwandern, während du einatmest, kurz innehältst und dann ausatmest.

Du kannst dir auch im Zug oder im Konferenzraum ein Objekt mit der entsprechenden Form suchen und mit den Augen daran entlangwandern, während du an den kurzen Seiten ein- und an den langen Seiten ausatmest. Dadurch harmonisierst du deine Atmung, verlängerst deine Ausatmung und beruhigst dein Nervensystem.

→ Die Wechselatmung

Diese Atemtechnik ist zwar nicht ganz so diskret wie die Box-Atmung, aber sie ist super zum Zentrieren geeignet und kann in einer ruhigen Minute ausgeführt werden. Nimm wieder eine aufrechte Position ein – falls möglich, lockere deine Kleidung, sodass du gut in den Bauch atmen kannst – und dann lege die Fingerspitzen von Daumen, Ring- und Mittelfinger zusammen. Lege nun den Zeigefinger an dein rechtes Nasenloch und verschließe es, während du mit dem linken einatmest, den Atem kurz hältst und dann wieder mit dem gleichen Nasenloch ausatmest. Anschließend verschließt du das linke Nasenloch mit dem kleinen Finger, hebst den Zeigefinger vom rechten und atmest mit diesem ein und aus. So fährst du mehrere Atemzüge im Wechsel fort, bis du merkst, dass sich dein Geist beruhigt.

→ Druck gegen den Druck

Wenn der Druck steigt, halten wir meist fest – den Atem, die Muskeln, die Schultern bis zu den Ohren. Mit etwas gezieltem Gegendruck kann dir dein Muster bewusstwerden und du kannst dich ein wenig regulieren.

Vielleicht magst du dich etwas mit Akupressur auseinandersetzen und diese in einer solchen Situation ausprobieren. Ein beliebter Griff, den wir oftmals instinktiv schon ausführen, ist der gegen die Stirn. Übst du hier mit deinen Handflächen oder den Fingern leichten Druck aus, fließt das Blut, das bei Stress eher in die hinteren Regionen deines Gehirnes wandert, wieder nach vorne und dein Kopf kann klarer werden.

Auch das Brustbein gilt als guter Punkt für eine Anti-Stressmassage. Übe sanft mit deinen Fingern Druck aus und wenn du magst, kannst du auch kreisförmig über die Stelle massieren.

Das Ohr hält ebenfalls einige Akupressurpunkte bereit. Du kannst aber auch ohne Vorwissen deinen Ohrläppchen eine kleine Mini-Massage gönnen oder einfach nur am Rand entlang sanften Druck ausüben. Mitunter lässt du durch diese Bewegung schon etwas die Schultern sinken und bemerkst Verspannungen im Kopf- und Nackenbereich, die du dann lockern kannst.

Selbst dann, wenn du keinen Akupressurpunkt gezielt ansteuerst, kann dir ein sanfter Druck helfen, dich wieder in deinem Körper zu erden und im Hier und Jetzt anzukommen, wenn Informationen auf dich einprasseln oder dich Gefühle zu übermannen drohen. Ein diskreter Griff mit Daumen und Zeigefinger deiner dominanten Hand zur gegenüberliegenden Hand reicht da schon aus. Drücke deine Fingerspitzen – das geht ganz unauffällig und nebenbei – oder walke, wenn du mehr Zeit hast, ruhig einmal deine Handfläche durch. Die Eigenberührung tut gut, verkrampfte Muskeln werden entspannt und du kannst neu durchstarten.

→ Abwarten und Tee trinken

In der Achtsamkeitspraxis üben wir immer wieder, nicht direkt auf eine Empfindung oder eine Emotion zu reagieren. Im Berufsalltag kannst du dich aus diesem Reaktionsmuster lösen und möglicherweise Zank oder ein unbedachtes Wort verhindern, indem du einen kurzen Abstecher in die Teeküche machst. Durch den bewussten Ortswechsel schaffst du schon mal räumlich Abstand und kannst auch deinem Kopf die Möglichkeit geben, eine kurze Pause einzulegen.

Während das Wasser kocht, wählst du dir einen Tee aus. Lasse das Aroma des Teebeutels in deine Nase steigen und konzentriere dich ganz darauf. Wähle am besten einen intensiv duftenden Tee. Der Duft von Pfefferminze soll beispielsweise klärend und kühlend wirken. Überbrühe den Beutel und achte dabei ganz auf die Geräusche, die du wahrnehmen kannst: das sprudelnde Wasser, vielleicht ein Zischen?

Lasse den Tee ziehen und bleibe so lange bei deiner Tasse stehen, den Blick auf das Wasser gerichtet, das sich nun langsam verfärben wird. Wo verfärbt es sich zuerst? Entstehen hübsche Muster? Konzentriere dich auch jetzt nur allein darauf. Ist der Tee durchgezogen, entferne den Beutel und kehre mit deinem leckeren Heißgetränk zurück an deinen Arbeitsplatz. Der kleine Moment des Innehaltens kann dir dabei helfen, den nötigen Abstand zu einer Sache zu gewinnen, um gelassener und achtsamer reagieren zu können, ruft aber auch keine nervösen Vorgesetzten auf den Plan – schließlich hast du dir nur einen Tee gemacht.

→ **Gähnen und strecken**

Perfekt für unauffälliges Ankern beim Pendeln oder im Büro: das Gähnen und Strecken.

Auch wenn du nicht wirklich gähnen musst, kann dir ein geschauspielertes Gähnen guttun. Du bewegst deine vermutlich angespannten Kiefermuskeln und bringst Bewegung in diesen Bereich. Gerade, wenn wir uns sprichwörtlich in etwas verbeißen oder etwas zu verbissen sehen, kann das Kiefergelenk sehr verspannt sein und eine Lockerung wirkt wahre Wunder.

Dein Gehirn wird mit zusätzlichem Sauerstoff versorgt und durch das Gähnen, bei dem du in der Regel auch die Augen schließt, wirst du einmal für einen kurzen Moment ganz zu dir gebracht. Es ist gesellschaftlich vollkommen akzeptiert, sich beim Gähnen auch mal kurz zu recken. Wir alle kennen das wohlige Räkeln, das mit einem tiefen Gähnen einhergeht.

Es baut nicht nur gefühlt Druck und innere Anspannung ab, sondern hilft auch den angespannten Muskeln. Deshalb nutze die Chance und strecke deine Arme, öffne deinen Mund und recke und strecke dich nach Leibeskräften. Bist du alleine, darfst du auch gerne ein wenig übertreiben, um die Wirkung zu verstärken oder das Schau-Gähnen in ein echtes zu verwandeln. Ist dir dabei nach Seufzen oder Brummen oder einem anderen Geräusch? Dann lass es zu, wenn du dir sicher bist, dass du niemanden störst. Diese kurze Gähn- und Stretch-Einheit ersetzt zwar kein Yogaprogramm, kann aber trotzdem wie ein kleiner Weckruf wirken und dir helfen, mit klarem Kopf weiterzumachen.

→ Lächeln

So einfach und doch so wirksam. Versuche, im Alltag immer wieder bewusst eine Lächel-Pause einzulegen. Lächeln kann auf natürliche Weise entstehen, aber auch bewusst erzeugt werden. Dieses „künstliche" Lächeln ist aber keinesfalls ein Lächeln zweiter Wahl, denn wenn du es aktiv dazu nutzt, um dich im Hier und Jetzt zu verankern, kann es zum einen schnell in ein echtes Lächeln übergehen, weil dein Fokus schon mal positiv ausgerichtet ist; zum anderen profitierst du auch bei diesem bewusst ausgelösten Lächeln von seiner Stress senkenden Wirkung. Zwar ist diese dann nicht ganz so stark wie bei einem natürlichen Lächeln, aber immer noch ein gutes Werkzeug bei Alltagsstress.

Achtung: Es geht nicht darum, alles wegzulächeln und abzunicken. Alle deine Emotionen haben ihre Berechtigung. Wer die ganze Zeit künstliche Freude zur Schau trägt, wird irgendwann durch die Unstimmigkeit zwischen Außen- und Innenleben unzufrieden.

Aber das Lächeln kann dir dabei helfen, dich schneller von stressigen Erlebnissen zu erholen, deinen Blickwinkel immer wieder neu aufs Positive auszurichten und eine Grundstimmung von Wohlwollen zu kultivieren.

Probleme mit der Achtsamkeit im Alltag

Hast du trotz intensivem Wunsch, Achtsamkeit in deinen Alltag zu integrieren, immer wieder Schwierigkeiten damit, diese wirklich zu einem festen Bestandteil deines Tagesablaufes zu machen, dann kann das sehr frustrierend sein und sogar regelrecht entmutigen. In solchen Situationen hilft es, festzustellen, wo und warum es schwer ist, Achtsamkeit in deinem Alltag zu etablieren.

Versuche direkt auch dabei, eine mögliche wertende Haltung abzulegen und mit der dir aus der Achtsamkeit vertrauten, offenen und neugierigen Einstellung an das Thema heranzugehen.

Vielleicht magst du mit einem inneren Bild arbeiten, etwa dem eines Forschers, der deinen Alltag unter seine Lupe nimmt, um festzustellen, was dich davon abhält, eine Achtsamkeitsroutine zu etablieren. So kannst du den Entdeckergeist gut aufrechterhalten.

Vielleicht funktioniert auch das Bild eines Kammes, der sich durch die wirren Gedanken wie durch verknotete Haare bewegt, dabei ganz sanft und nach und nach alle Knoten glättet und dann ungehindert und liebevoll durch das Haar gleiten kann. Ein solches Bild ist hervorragend geeignet, wenn du schnell in Selbstvorwürfe rutschst, wenn du dich dabei ertappst nicht achtsam zu sein, oder dich mit ein paar Ruckzuck-Aktionen „richtig machen" willst, du funktionieren möchtest.

→ Voraussetzungen schaffen für eine gelungene Praxis

Es ist prima, dass du dir genauer anschaust, was dich daran hindert, Achtsamkeit wirklich zu etablieren. Kannst du bestimmte Auslöser feststellen, wenn du deine Praxis durchführst?

Dann kannst du dir einen guten Umgang damit überlegen. Kommst du beispielsweise beim Meditieren in deinem Schlafzimmer nicht zur Ruhe, weil du es auch als Rumpelkammer missbrauchst, dann hilft ein beherztes Ausmisten meist ganz wunderbar. Schaffe dir einen klaren, einladenden Rückzugsort, an dem du dich wirklich gerne für deine Praxis hinbegibst.

Wie schon erwähnt, brauchst du kein ganzes Zimmer freiräumen, aber dein Ort sollte ein echter Kraftort sein, der Ruhe und Klarheit ausstrahlt. Du solltest ihn so temperieren können, wie es dir angenehm ist und Zugang zu frischer Luft haben – denn in einer vollgestopften Rumpelkammer mit stickiger Luft wird wohl jedem das Meditieren schwerfallen. Falls möglich, blende auch die Reize aus, die dich schnell aus deiner Praxis herausbringen. Stört dich grelles Licht von der Laterne vor deinem Fenster? Bringe Vorhänge an. Tausche deine Lampe gegen sanfte Lichtquellen aus. Schaffe dir wirklich einen Platz, der perfekt auf dich und deine Bedürfnisse hin abgestimmt ist. Diese Bedürfnisse können sich im Laufe der Zeit auch ändern, weshalb es sich lohnt, immer mal wieder hinzuspüren und sich zu fragen, ob man sich noch so richtig und rundherum wohlfühlt.

Haderst du damit, dass du in der Zeit deinen Pflichten nicht nachkommen kannst – ruhig Blut! Die sind später auch noch alle da und laufen schon nicht weg. Zudem weißt du, dass du erfrischter und konzentrierter sein wirst und dein Wohlbefinden ist ohnehin wichtiger als der Haushalt. Wirst du immer wieder gestört, mache deinen Lieblingsmenschen klar, dass das deine Privatzeit ist. Das verstehen übrigens auch schon kleine Kinder sehr gut, da sie selber dieses Bedürfnis nach Rückzug haben. Außerdem hilfst du ihnen so dabei, zu lernen, die Grenzen anderer zu achten und dass Mama nicht rund um die Uhr wie ein Automat zur Verfügung steht – Notsituationen natürlich ausgenommen! Wenn du dafür sorgst, dass der Nachwuchs altersgerecht versorgt ist, dann darfst du dich besten Gewissens zurückziehen und deine Zeit genießen.

→ Zeitmangel und Ablenkung

Vielleicht findest du auch draußen oder in deinem Auto kleine Kraftorte, aber ideal ist es natürlich, wie bereits erwähnt, wenn du in deinem Zuhause eine kleine Ecke für dich hast.

Was immer dich sonst noch ablenkt oder stören könnte – überaktive Haustiere, quatschende Mitbewohner, piepende Handys – das alles darf gerne eine kurze Zeit woanders bleiben und du nimmst dir einfach wirklich mal nur Zeit für dich.

Findest du wirklich gar keine Möglichkeit, dies tagsüber zu tun, horch mal in dich hinein, ob du eine Morgenroutine entwickeln magst, die eine Achtsamkeitspraxis beinhaltet. Das ist übrigens ohnehin ein guter Tipp: der Zeitenwechsel. Probiere aus, ob es dir guttut, zu einer anderen Tageszeit zu üben. Vielleicht magst du den beruhigenden Effekt am Abend und fühlst dich morgens noch zu aufgekratzt. Vielleicht kannst du dich abends nicht mehr aufraffen und willst lieber morgens gleich klar und mit einem guten Gefühl in den Tag starten. Auch hier gilt es, auszuprobieren und immer wieder zu testen, was für dich wann und wie funktioniert.

Ein weiterer Punkt, der für viele schwierig ist, ist die Kontinuität. Dann ist da mal ein Geburtstag, dort ein langes Arbeitsprojekt, da ein Elternsprechtag und dann ist ja auch noch die Goldene Hochzeit der Eltern zu planen – wer soll da denn die Zeit finden, sich extra eine halbe Stunde zurückzuziehen?

Versuche, diese Zeit als einen festen Termin zu betrachten – genau wie du dir Zeit für deine Körperpflege nimmst und diese nicht einfach verschiebst, nur weil mal wieder alles auf einmal kommt. Du darfst dir auch Zeit für deine Seele nehmen. Dich um dein Herz und deinen Kopf zu kümmern, ist genauso wichtig wie das Kümmern um deinen Leib. Seelen- und Körperhygiene dürfen den gleichen Stellenwert in deinem Leben genießen. Und sollte mal wirklich alles verdammt knapp werden, kannst du ja auch einfach ein knackiges Kurzprogramm absolvieren und dann über den Tag immer mal wieder kurze Momente der Stille und Achtsamkeit zelebrieren. Wichtig ist aber, dass du am Ball bleibst, um der Achtsamkeit dauerhaft einen festen Platz in deinem Leben einzuräumen und von ihren positiven Auswirkungen zu profitieren.

→ Ungeduld und Erwartungen

Möglicherweise geht es dir auch nicht schnell genug. Du hast vielleicht doch unbewusst eine gewisse Erwartungshaltung an deine Praxis geknüpft und kommst nach ein paar Malen zu dem Entschluss, dass das Ganze doch eh nichts bringt und du genauso zerstreut und gestresst bist, wie sonst. Gerade, wenn man sich um seinen „Erlös" betrogen fühlt, kann es schwer sein, eine offene und wohlwollende Haltung beizubehalten. Nicht selten neigen wir dazu, dann wahlweise die Aktivität zu beschimpfen „Dieser dumme Eso-Kram! War doch klar, dass da nichts Gescheites bei herumkommen kann!" oder wir greifen uns selbst an: „Na prima, alle aus meinem MBSR-Kurs berichten von ihren tollen Erfahrungen und ich fühle mich immer noch wie ein hyperaktives Eichhorn auf 10 Tassen Espresso. Typisch, dass ich das mal wieder nicht hinbekomme. Bei mir funktioniert es wieder nicht."

In diesem Fall lohnt ein Perspektivenwechsel. Es gibt nicht das eine Ideal, was uns unsere Aufmerksamkeitspraxis bescheren soll. Ja, vielleicht fällt dir die Sitzmeditation immer noch schwer. Aber ist dir mal aufgefallen, dass du beim Autofahren viel ruhiger bist und innerlich erst mal kurz innehältst, bevor du reagierst? Dass du deiner Tochter wirklich aufmerksam zuhören kannst, ohne dass der Blick zum Handy oder auf die Uhr wandert? Und dass du neulich ein paar Rückenübungen eingelegt hast, bevor (!) sich der erste Schmerz breitgemacht hat – einfach, weil du besser hingespürt hast und bewusster mit dir umgegangen bist?

Versuche bitte, dich nicht auf irgendein Ziel zu versteifen oder dich mit anderen zu vergleichen, sondern betrachte deine Aufmerksamkeitspraxis als etwas höchst Persönliches, dass nur für dich da ist und auch nur für dich gilt.

→ Widerstand von außen

Ein weiterer Grund, warum Menschen mit dem Aufbau und Einhalten einer Routine hadern können, ist Widerstand von außen. Gab es bei der Arbeit ein paar abfällige Kommentare, wie pseudoentspannt du jetzt seist? Oder mosert dein Liebster, dass er sich hintenangestellt fühlt oder keine Zeit hat, die Kinder zu hüten? Verdreht deine beste Freundin die Augen aufgrund dieses „Hippie-Krams für Mönche und Bäume-Umarmer"?

Als soziale Wesen wollen wir von denen, die unsere Bezugspunkte bilden, angenommen werden; teils sogar von denen, die wir gar nicht so sympathisch finden, einfach weil sie zu einer für uns wichtigen Gruppe gehören, etwa bei der Arbeit oder im Verein, und wir ihnen dort nicht aus dem Weg gehen können. Wir möchten nicht belächelt werden, ein Teil der Gruppe sein und akzeptiert werden. Und gerade bei denen, die wir lieben, wollen wir, dass sie gut finden, was wir machen. Werten sie das ab, was wir tun, kann dies dazu führen, dass wir uns auch innerlich distanzieren. Zwar halten wir rational daran fest, denn wir sind ja überzeugt, dass es uns guttut und wir das machen wollen – aber innerlich treten wir längst einen Schritt zurück und begeben uns wieder mehr auf die Seite unserer Liebsten, stellen so Nähe her und beugen Konflikten vor. Vielleicht ziehen wir es auch mit ins Lächerliche, machen ebenfalls Sprüche oder gehen auf Angebote ein, die uns vom Praktizieren abhalten.

Überlege einmal: Was hält dich davon ab, eine Achtsamkeitsroutine in deinen Alltag einzubauen? Fühlst du dich schuldig, wenn du dir Zeit für dich nimmst? Hast du spöttische Bemerkungen anhören müssen und spricht sich dein Umfeld offen gegen diese Praxis aus?

Wichtig ist auch, sich immer wieder klarzumachen, dass die Achtsamkeitspraxis etwas ist, das nicht einfach an- und ausschaltbar ist. Nicht umsonst spricht Kabat-Zinn davon, dass es eine Art des Seins ist. Genau wie du immer im Prozess der Wandlung bist, wird sich auch deine Achtsamkeitspraxis mit der Zeit wandeln oder mal leichter, mal schwerer in deinen Alltag zu integrieren sein.

→ Innerer Widerstand und Krisen

Insbesondere in den Situationen, in denen wir eine achtsame Einstellung besonders dringend brauchen, neigen wir dazu, von unserer Praxis zurückzutreten. Uns fehlt in diesen Momenten vermeintlich die Zeit oder die Kraft und uns wachsen die Dinge über den Kopf, etwa in einer Prüfungsphase, inmitten eines Umzuges, während einer Trennung oder auch in der stressigen Vorweihnachtszeit, wenn eine Verpflichtung die nächste jagt.

Allzu leicht fallen wir dann in alte Verhaltensmuster zurück. Wir versuchen uns wider besseren Wissens im Multitasking, erledigen Sachen nebenbei, halsen uns viel zu viele Aufgaben auf, erledigen alles im Alleingang, nehmen uns keine Zeit zum bewussten Essen, vernachlässigen unsere Atmung und Pausen sowie wertvolle Ausgleichstechniken wie Meditation oder Yoga.

Aber genau in solchen herausfordernden Situationen ist es wichtig, sich immer wieder sanft daran zu erinnern, warum Achtsamkeit für uns wichtig ist. Was wäre ein guter Umgang mit unachtsamen Momenten? Vielleicht bemerkst du, dass du von dir selbst enttäuscht bist, du wütend wirst, du denkst, das würde doch sowieso alles keinen Sinn machen, du dir selbst Vorwürfe machst und sich altbekannte Begleiter vom Stress (wie Magenschmerzen, Schlaflosigkeit und Kopfschmerzen) schon längst wieder in dein Leben geschmuggelt haben.

Je länger du Achtsamkeit übst, desto leichter wird es dir fallen, deine individuellen Grenzen zu erkennen, auch in besonders anstrengenden Phasen deines Lebens. In diesen verschiebt sich die übliche Belastbarkeitsgrenze nämlich sehr leicht. Du kennst das sicherlich. Eine Diskussion mit dem Kind, die dir sonst routiniert gelingt, kann in einer Stressphase, in der Rückenschmerzen, Differenzen mit der Kollegin und Probleme mit der Steuer zusammenkommen, leicht dazu führen, dass die Nerven blank liegen.

Jetzt kannst du bewusst darauf achten, wann und wie du in solchen Situationen reagierst und an den Stellschrauben drehen, bevor es zu einem Überschreiten deiner Grenzen kommt. Sicher, wir können nicht die Welt in ihrem hektischen Treiben beeinflussen oder die Zeit anhalten. Aber wir können immer wieder bewusst innerlich einen Schritt zurückgehen, uns aufrichten, drei bewusste Atemzüge nehmen und uns daran erinnern, dass wir Werkzeuge an der Hand haben, die wir in allen Lebenslagen nutzen können – auch und gerade in den besonders herausfordernden.

Gib dir selbst die Erlaubnis, immer wieder eine Rückkehr zur Achtsamkeitspraxis als Option zuzulassen - auch bei schweren Hindernissen auf dem Weg oder wenn du eine ganze Weile schon nichts mehr in die Richtung gemacht hast. Du darfst dir auch in schweren Momenten liebevolle Zuwendung schenken und selbst wenn deine Kraft nicht für große Übungsreihen ausreicht, kannst du mit wenigen Bewusstseinsmomenten im Alltag schon wieder ganz viel für dich und deine innere Ruhe tun.

→ Nötige Flexibilität in der Praxis schaffen

Auch wenn es zu Hindernissen in deiner direkten Achtsamkeitspraxis kommt und du beispielsweise bei der Meditation plötzlich keine fünf Minuten mehr ruhig sitzen kannst wie ganz zu Beginn deiner Reise, lohnt es sich, zu schauen, was der Grund für diese Veränderung sein kann: Bist du überlastet? Bist du stark angespannt? Hast du genug getrunken? Gibt es ungeklärte Konflikte? Hast du Schmerzen? Gibt es irgendwo Grenzen, die du überschritten hast?

Deine Praxis sollte zwar absichtsvoll sein, aber frei von dem Anspruch, dass es jetzt jeden Tag so und so abzulaufen hat. Auch dieser Teil in deinem Leben unterliegt Schwankungen, genau wie der Rest. An manchen Tagen gelingen dir deine Übungen wie von selbst, an anderen mag es sich ziehen oder dir das Gefühl geben, du wärst ein totaler Anfänger. Aber erinnerst du dich? Die Perspektive eines Anfängers kann dir die Möglichkeit geben, jede Praxis mit frischem Blick zu betrachten, fernab von Erwartungen und Druck. Du kannst die Dinge auf dich zukommen lassen, dich den Übungen hingeben, in dem Vertrauen, dass es langfristig gut für dich ist.

Das bedeutet aber nicht, dass jeder Übungstag nach Schema F ablaufen sollte, vollkommen unabhängig davon, wie du dich fühlst oder in welcher Verfassung du bist.

„Alles zu viel…"

Denn, obwohl es bei der Praxis der Achtsamkeit darum geht, anzunehmen, was ist, ist damit nicht gemeint, dass du Bedürfnisse oder Gefühle negierst.

Wenn du unter starker Anspannung stehst oder dich Ängste belasten, kann eine klassische Sitzmeditation vielleicht in diesem Moment nicht das Richtige sein, weil sich deine innere Unruhe nur verstärkt. Versuche in diesen Momenten einfach mal, eine Geh-Meditation auszuprobieren.

Kabat-Zinn beschreibt in seinem Buch *Full Catastrophe Living*, wie sich Patienten aus seinem Center zunächst nicht auf den klassischen Body-Scan einlassen konnten, weil Angst, Unruhe oder Schmerzen dann zu überwältigend wurden. Obwohl es natürlich klasse ist, wenn du erst mal etwas testest, ob es nicht doch geht und du mit liebevoller Achtsamkeit auch diese Emotionen und Empfindungen annehmen kannst, gibt es Grenzen, die du respektieren solltest.

Kabat-Zinn berichtet, dass diese Leute dann mit einer aktiveren Form der Achtsamkeit eingestiegen sind, etwa die Geh-Meditation statt der Sitz-Meditation genutzt oder sich zunächst über die Yoga-Übungen angenähert haben.

Denke immer daran, dass du in deiner Praxis frei bist und auch auf deine Tagesform eingehen solltest. Ja, eine gewisse Konstanz ist sehr wichtig, aber du kannst die Elemente, die du für deine Achtsamkeitspraxis einsetzt, ja nach individueller Verfassung bewusst auswählen und einsetzen. Auch das ist Achtsamkeit.

Abschluss und Ausblick

Du bist am Ende dieses Buches angekommen und kannst nun bestens vorbereitet zu deiner Achtsamkeitsreise aufbrechen. In den vorangegangenen Kapiteln hast du erfahren, was Achtsamkeit denn nun eigentlich ist, wie sie vermittelt wird, was es mit den sieben Säulen auf sich hat, wie sich Achtsamkeit auf Körper und Geist auswirken kann und wo ihre Grenzen liegen. Zudem hast du verschiedenste Techniken, Methoden und Ideen an die Hand bekommen, die du im achtsamen Umgang mit dir selbst, mit deinen Liebsten, bei der Arbeit oder im Alltag einsetzen kannst.

Vielleicht hast du schon Stück für Stück einiges ausprobiert und neue Erfahrungen machen dürfen. Deshalb bist du herzlich eingeladen, den Fragebogen aus dem Kapitel „Kurze Bestandsaufnahme: Wie achtsam bin ich" noch einmal auszufüllen:

- Machst du oft mehrere Dinge gleichzeitig?
- Fühlst du dich unter Druck und gehetzt beim Erledigen der Dinge?
- Funktionierst du oft auf Autopilot?
- Hast du sehr hohe Ansprüche an dich und dein Tun und bemerkst einen gewissen Perfektionismus?
- Bist du in Gedanken schon bei dem nächsten Punkt auf deiner To-do-Liste, während du eine Aktivität ausführst?
- Kannst du eine Arbeit ohne Unterbrechungen zu Ende bringen oder wanderst du immer wieder gedanklich ab, stehst auf, machst etwas anderes?

- Wirst du unruhig, wenn du zum Warten oder anderweitig zur Untätigkeit gezwungen wirst, etwa bei Krankheit?
- Kannst und darfst du nichts tun?
- Wann hast du das letzte Mal innegehalten oder einfach nur geträumt?
- Wann bist du das letzte Mal ganz in etwas versunken, etwa der Betrachtung einer schönen Blume oder des Sternenhimmels in einer klaren Nacht?
- Kannst du dich gut auf ein Gespräch mit einem anderen Menschen einlassen oder wandert deine Aufmerksamkeit zum Handy oder zum Gespräch am Nachbartisch?
- Weißt du, was dir deine Kinder heute beim Frühstück erzählt haben?
- Fühlst du dich schuldig, weil du deine Kontakte manchmal einfach nur noch als weiteren Punkt auf deiner To-do-Liste empfindest und diese schnell mal abarbeitest, wenn du die Zeit findest?
- Isst du nebenbei oder immer nur zwischendurch einen schnellen Happen?
- Bereitest du deine Speise appetitlich zu und setzt du dich zum Essen hin?
- Lenkst du dich viel von deinen eigentlichen Tätigkeiten ab, etwa durchs Scrollen am Handy oder durch Fernsehen?
- Bemerkst du Hunger, Durst oder Müdigkeit und wenn ja, reagierst du darauf?
- Legst du Pausen ein? Bemerkst du, wann und wie du dir diese Pausen gönnen solltest?
- Nutzt du zum Abschalten „Hilfsmittel" wie Genussgifte, Süßigkeiten, Einkaufen?
- Verbringst du deine Freizeit viel passiv vor Bildschirmen?

Abschluss und Ausblick

Wie haben sich deine Antworten gegenüber dem Anfang deiner Reise verändert?

Vielleicht magst du den Bogen nach einigen Wochen Praxis erneut hervorholen, um zu sehen, wo sich etwas in deinem Leben geändert hat, und um Revue passieren zu lassen.

So siehst du nicht nur, was du bisher schon verändert hast, sondern dir fällt möglicherweise auch auf, welche Strategien und Techniken gut für dich funktionieren, in welchen Momenten du noch achtsamer mit dir umgehen darfst und was wichtig und hilfreich für dich ist, um deine Reise fortzuführen.

Wichtig ist bei einem so umfassenden Konzept wie der Achtsamkeit nämlich, dass du einerseits die nötige Ausdauer und Hartnäckigkeit aufbringst, andererseits aber auch akzeptierst, dass sich nichts erzwingen lässt.

Diese Akzeptanz, das Vertrauen, das Loslassen dürfen in dir reifen und dich auf deinem Weg begleiten, der keineswegs so aussehen muss, wie der einer anderen Person. Es geht darum, Achtsamkeit in deinem eigenen Tempo in dein Leben zu integrieren und zwar auch in deinem Stil. Dabei hilft dir zum einen das bewusste Reflektieren des eigenen Weges, zum anderen kannst du auch mit positiven Ausblickstechniken arbeiten. Vielleicht magst du dir eine Glückszukunft-Collage anfertigen oder ein Vision Board, das auf einen Blick alles repräsentiert, was für dich zu einem Leben in Achtsamkeit gehört. Dies kannst du als visuelle Erinnerung nutzen und auch als Motivations-Kick, wenn du mal ausgebremst werden solltest.

Es geht darum, das umzusetzen, was dir wirklich im Alltag hilft, auch langfristig Motivation aufrechtzuerhalten, dein Warum für eine achtsame Einstellung immer wieder nach vorne zu holen. So stärkst du immer mehr dein Vertrauen in dich, dein Bauchgefühl, das eigene Wissen und das Leben, kannst dauerhaft neue Gewohnheiten etablieren und alte, unnötig gewordene Verhaltens- und Gedankenmuster ablegen.

Wichtig dabei ist immer: Du bist der Experte für dich selbst! Die Übungen und Ideen dienen deiner Inspirationen, aber du hast es frei in der Hand, wie du sie in deinen Alltag integrieren und wie du deine Achtsamkeitspraxis für dich persönlich gestalten möchtest.

Erfreue dich daran, wenn du vieles bereits entschleunigt hast und dir mehr Zeit nehmen kannst, um im Moment zu sein und ihn voll auszukosten! Zelebriere, wenn du spürst, dass da ein Mehr an Verbindung zu dir selbst und deinen Bedürfnissen ist, dass du ganz bei der Sache bist, wenn du etwas machst und spüre, wie sehr Aufmerksamkeit und Liebe in alle Bereiche deines Lebens ausstrahlen!

Kultivierst du die Achtsamkeit dauerhaft in deinem Leben, planst und verbringst du deine Zeit bewusster und kannst Erlebnisse, Emotionen und Begegnungen voll auskosten, die Signale deines Körpers besser deuten und gelassener und liebevoller mit dir und deinen Mitmenschen umgehen.

Freue dich auf diese Zukunft, auf ein intensives, vollmundiges Leben, das du mit allen Sinnen in Achtsamkeit auskosten darfst!

Viel Freude!

Eine kleine Bitte

Liebe Leserin,

lieber Leser,

nun sind wir am Ende dieses Buches angelangt. Ich hoffe sehr, dass ich dir weiterhelfen und positive Veränderungen in dein Leben bringen konnte.

Als Autorin ist es mir sehr wichtig, Bücher zu schreiben, die Menschen wirklich helfen. Konstruktives Feedback meiner Leserinnen und Leser hilft mir am meisten dabei meine Werke immer weiter zu verbessern.

Falls du mir also persönliches Feedback oder Verbesserungsvorschläge zum Inhalt geben möchtest, dann schreibe mir gerne unter info@stefanielorenz.com. Ich freue mich über jede E-Mail und werde zeitnah antworten.

Für den Fall, dass dir mein Buch wirklich geholfen hat und du sonst keine Fragen hast, dann würde ich mich freuen, wenn du eine positive Rezension für mein Buch auf Amazon hinterlassen kannst. Es dauert wirklich nur wenige Sekunden und du hilfst anderen Menschen und mir ungemein.

Ich weiß all deine Liebe und Unterstützung wirklich zu schätzen.

Falls noch Fragen offen sind, einfach bei mir melden!

Stefanie

Quellen und weiterführende Literatur

Baader, S. (2018). *Die 7 Aspekte im Üben der Achtsamkeit – #1 Nicht-Urteilen*. My happy Sunshine. https://myhappysunshine.de/7-aspekte-im-ueben-der-achtsamkeit-nicht-urteilen

Barnhofer, T., & Born, H. (2011). *Achtsamkeitsbasierte kognitive Therapie bei affektiven Störungen: Ein vielversprechendes Verfahren*. Deutsches Ärzteblatt. https://www.aerzteblatt.de/archiv/80739/Achtsamkeitsbasierte-kognitive-Therapie-bei-affektiven-Stoerungen-Ein-vielversprechendes-Verfahren

Collard, P. (2016). *Das kleine Buch vom achtsamen Leben: 10 Minuten am Tag für weniger Stress und mehr Gelassenheit*. Heyne Verlag.

Grossman, P., Niemann, L., Schmidt, S., & Walach, H. (2004). Mindfulness-based stress reduction and health benefits. *Journal of Psychosomatic Research, 57*(1), 35–43. https://doi.org/10.1016/s0022-3999(03)00573-7

Gu, J., Strauss, C., Bond, R., & Cavanagh, K. (2015). How do mindfulness-based cognitive therapy and mindfulness-based stress reduction improve mental health and wellbeing? A systematic review and meta-analysis of mediation studies. *Clinical Psychology Review, 37*, 1–12. https://doi.org/10.1016/j.cpr.2015.01.006

Guendelman, S., Medeiros, S., & Rampes, H. (2017). Mindfulness and Emotion Regulation: Insights from Neurobiological, Psychological, and Clinical Studies. *Frontiers in Psychology, 8*. https://doi.org/10.3389/fpsyg.2017.00220

Hanh, T. N., & Mai, V. (1999). *The Miracle of Mindfulness: An Introduction to the Practice of Meditation.* Beacon Press.

Holdau, F. (2017). *Achtsamkeit: Die besten Übungen und Meditationen für mehr Gelassenheit und Lebensfreude.* Graefe und Unzer Verlag.

Hudasch, G. (2021). *Achtsamkeit mit MBSR.* MBSR-MBCT Verband e. V. https://www.mbsr-verband.de/achtsamkeit/mbsr

Hudasch, G. (2021). *Forschung.* MBSR-MBCT Verband e. V. https://www.mbsr-verband.de/achtsamkeit/forschung

Jellouschek, H. (2018). *Achtsamkeit in der Partnerschaft: Was dem Zusammenleben Tiefe gibt.* Herder Verlag GmbH.

Kabat-Zinn, J. (2005). *Wherever You Go, There You Are: Mindfulness Meditation in Everyday Life.* Hachette Books.

Kabat-Zinn, J. (2013). *Achtsamkeit für Anfänger.* Arbor Verlag.

Kabat-Zinn, J., & Hanh, T. N. (2013). *Full Catastrophe Living: Using the Wisdom of Your Body and Mind to Face Stress, Pain, and Illness.* Bantam.

Keng, S. L., Smoski, M. J., & Robins, C. J. (2011). Effects of mindfulness on psychological health: A review of empirical studies. *Clinical Psychology Review, 31*(6), 1041–1056. https://doi.org/10.1016/j.cpr.2011.04.006

Kinder, W. (2019). *Achtsamkeit: Fantasievolle Übungen, die Kindern Ruhe schenken.* Dorling Kindersley Verlag.

Kirch, D. (2020). *Achtsame Mittagspause: Mehr Achtsamkeit im Arbeitsalltag.* Doris Kirch. https://doriskirch.de/achtsame-mittagspause/

Kirch, D. (2021). *Achtsamkeit und buddhistische psychologie.* DFME Deutsches Fachzentrum für Achtsamkeit. https://doriskirch.de/

Kirch, D. (2021). *Die Haltungen der Achtsamkeit.* Doris Kirch. https://doriskirch.de/haltungen-der-achtsamkeit/

Kotsou, I. (2013). *Das kleine Übungsheft - Achtsamkeit.* Trinity.

Sevinc, G., Hölzel, B. K., Greenberg, J., Gard, T., Brunsch, V., Hashmi, J. A., Vangel, M., Orr, S. P., Milad, M. R., & Lazar, S. W. (2019). Strengthened Hippocampal Circuits Underlie Enhanced Retrieval of Extinguished Fear Memories Following Mindfulness Training. *Biological Psychiatry, 86*(9), 693–702. https://doi.org/10.1016/j.biopsych.2019.05.017

Siegel, D. (2020). *Aware: The Science and Practice of Presence--The Groundbreaking Meditation Practice.* TarcherPerigee.

Sockolov, M. (2018). *Practicing Mindfulness: 75 Essential Meditations to Reduce Stress, Improve Mental Health, and Find Peace in the Everyday.* Althea Press.

Teasdale, J., Williams, M., Segal, Z., V., & Kabat-Zinn, J. (2014). *The Mindful Way Workbook: An 8-Week Program to Free Yourself from Depression and Emotional Distress.* The Guilford Press.

Warkus, I. (2021). *365 Wege zur Achtsamkeit: Wertvolle Tipps für mehr Gelassenheit und Lebensfreude.* Naumann und Goebel.

Wilker, J. (2009). *Das Einmaleins der Achtsamkeit: Vom täglichen Umgang mit alltäglichen Gefühlen.* Theseus Verlag.

Williams, M., & Penman, D. (2015). *Das Achtsamkeitstraining: 20 Minuten täglich, die Ihr Leben verändern.* Goldmann Verlag.

Positives Denken

„Ich kann das nicht…"

Wie du negative Denkmuster durchbrichst und deine Gedanken ganz neu gestaltest

Stefanie Lorenz

Inhaltsverzeichnis

Einleitung **399**
    Wie du dieses Buch nutzen kannst 403

Gedanken sind mächtig.. **407**
    Wie beeinflussen uns unsere Gedanken?........................412
    Denken und Sprache..415
    Denken und Verhalten...419
    Die typischen Gedankenfallen.......................................426

Entdecke deine innere Welt... **435**
    Sonnenschein oder trüber Nebel?..................................437
    Ursprung der Gedanken...441
    Gründe für die Gedankenfallen.....................................442
    Unabhängiges Denken und Handeln - Selbstbestimmt
    agieren 447

**Wie sich deine Gedanken auf dein Leben
auswirken können** **449**
    In Aktion treten – Gedankenmuster verändern 451
    Denkmuster langfristig verändern..................................454
    Erste Hilfe für die wilde Affenhorde..............................460
    Eine besondere Phase für deine Gedankenwelt 474
    Perfektionistinnen aufgepasst!.......................................475

Positiv bleiben in besonders schwierigen Situationen............ **477**
    Selbst schuld? - Die Krux mit dem positiven Denken 480
    Das Gesetz der Anziehung 483

**Schöne Gedanken – mache ich mir damit nur
selbst etwas vor?** **487**
    Die Sorge vor dem vermeintlichen Sicherheitsverlust....493
    Unterscheiden zwischen Schönreden und gesundem

    Optimismus 495

Und was ist mit den anderen? **499**
    Chancen für den Umgang mit anderen..502
    Dein neues Denken und deine Familie 504

Abschluss und Ausblick **511**

Eine kleine Bitte **517**

Quellen und weiterführende Literatur.................................... **519**

Einleitung

Hallo und sei herzlich willkommen! Schön, dass du da bist. Dieses Buch dreht sich um etwas, das uns alle in unserem Alltag begleitet, stetig, in jeder wachen Minute und mit ausschlaggebend dafür ist, wie wir uns und unsere Umwelt wahrnehmen, wie wir in ihr leben und wie wir mit anderen interagieren.

60.000.

Lass dir diese Zahl einmal auf der Zunge zergehen.

60.000.

Kannst du dir 60.000 Rosen vorstellen? 60.000 Fahrräder? 60.000 Euro? Eine beinah kaum vorstellbare Zahl, oder? Und eine sehr spannende noch dazu, gibt sie uns doch Auskunft über einen ganz besonderen Vorgang im menschlichen Dasein: 60.000 Gedanken gehen einem gesunden Menschen pro Tag durch den Kopf. Das macht etwa 2.500 Gedanken pro Stunde, wenn man davon ausgehen würde, dass man den gesamten Tag über wach ist - und das sind immer noch mehr als 40 Gedanken pro Minute.

60.000 Gedanken. Zur Referenz: Etwa 60.000 Menschen leben aktuell in Städten wie Stralsund oder Friedrichshafen. Wir können also besten Gewissens sagen, dass in unseren Köpfen ganz schön viel passiert.

Aber was passiert da genau? Und warum? Wie kann ich damit umgehen und gibt es Möglichkeiten, meine Gedanken zu verändern? Wieso sollte ich das überhaupt in Erwägung ziehen?

„Das Glück deines Lebens hängt von der Beschaffenheit deiner Gedanken ab."

- Marc Aurel

Nicole liegt in ihrem Bett. Es ist schon weit nach Mitternacht, um sechs klingelt der Wecker, ihr Mann macht entspannte Schlafgeräusche neben ihr, aber für sie beginnt erst jetzt der tägliche beziehungsweise nächtliche Kampf: Ihr Kopf rattert. Sie wälzt immer und immer wieder das Gespräch heute in der Kantine und fragt sich, ob Kollegin Fischer ihre lustig gedachte Bemerkung vielleicht in den falschen Hals bekommen hat.

Die hat so komisch geguckt. Und dann nachher in der Sitzung haben auch zwei weitere aus dem Team nicht mal reagiert, als sie reingekommen ist. Ob das was mit dem Witz zu tun gehabt hat? Oder hat sie schon in der letzten Sitzung etwas Dummes gesagt? Das ist ihr ja schon mal im Studium passiert, da war es wochenlang höchst unangenehm in der Lerngruppe. Ach, nicht an so alte Kamellen denken. Das ist Vergangenheit. Nicht daran denken, es sind nur noch 5 Stunden bis der Wecker klingelt – und was ist, wenn es doch an ihrem Witz lag? Wie soll sie dann weiter dieses Projekt betreuen? Wenn sie keiner im Team mag?

Schluss jetzt, es ist wirklich Schlafenszeit. Aber ihr Kopf macht noch lange nicht Schluss.

Gestern waren es die Gedanken an die letzte Präsentation, die Nacht davor, die Frage, ob Pauline ihren Geburtstag wirklich so blöd fand, weil sie als Mutter versagt hat und die Nacht davor, was aus den Kindern werden soll, wenn sie und ihr Mann auch so viele Fehler in der Erziehung machen, wie die vorangegangenen Generationen.

Nicole kann fast den Wecker danach stellen. Sie kann noch eine Minute vorher mit ihrem Mann gescherzt, ihm liebevoll gute Nacht gesagt haben – sobald sie in der Stille in ihrem Bett liegt, springen die Gedanken wie von selbst durch ihren Kopf und lassen schier wahllos Themen aufpoppen, die sie um ihren Schlaf bringen. Nicht selten kommt sie dabei zudem noch vom Hölzchen auf Stöckchen und wenn dann morgens der Wecker klingelt, fühlt sie sich vollkommen zerschlagen.

Katja wiederum bekommt unerwünschten Gedankenbesuch immer dann, wenn etwas Besonderes, etwas Neues ansteht. Die Kinder wollen mit Freunden zum Kletterpark, das erste Mal. Katja will so gerne die coole Mama sein, die ja sagt, aber sobald sie darüber nachdenkt, tauchen vor ihrem inneren Auge die schlimmsten Horrorszenarien auf, in denen der Nachwuchs in der Regel immer mit lädierten Knochen im Krankenhaus landet.

Das gilt auch, wenn die Teenie-Tochter abends das erste Mal mit den Freundinnen zum Tanzen möchte oder der Gatte seinen heiß ersehnten Surfurlaub antreten will. Katja kann nicht aus ihrer Haut, auch wenn sie weiß, dass ihre Gedanken nur zu unangenehmen Diskussionen, Knatsch und schlechter Stimmung mit Mann und Kindern führen. Diese werfen ihr vor, sie einzuengen, zu schwarzmalerisch eingestellt zu sein und auch Katja selbst empfindet manchmal so.

Statt sich zu freuen, dass die beste Freundin sie zur Trauzeugin ernennt, macht sie sich Sorgen, wie die Rede vor der Hochzeitsgesellschaft wohl schiefgehen wird. Nachher versaut sie dem Paar noch ihren schönsten Tag – nein, das geht einfach nicht. Und das Angebot, die Abteilung zu leiten – was da alles falsch laufen kann. Die Gedanken prasseln nur so auf Katja ein, noch bevor sie sich überhaupt über das Angebot freuen kann. Das soll dann doch lieber die Antje machen, die ist sowieso schon viel länger dabei.

Sabines Laune ist gleich morgens auf dem Tiefpunkt. Die Kinder waren patzig, der Mann kurz angebunden, aber klar, ist ja Montag. Was soll sie da schon anderes erwarten?

Und auf die Frauen beim Elternabend hat sie heute so gar keine Lust, zig Frauen auf einem Haufen, da muss es ja Zickenkrieg geben. Und das Gespräch mit der Nachbarin wegen der Kehrwoche steht ja auch noch an, aber eigentlich kann sie sich das auch gleich sparen. Die wird sich sowieso wieder mit ihrer Arbeit rausreden wollen und klar, Sabine als Hausfrau hat ja eh nichts zu tun oder wie war das?

Ja, sie sollte nicht immer das Schlimmste von ihren Mitmenschen denken. Aber es bestätigt sich doch einfach immer wieder, oder? Mal ehrlich, wenn sie davon ausgehen würde, dass das heute Abend in der Schule ein Spaziergang wird, da veräppelt sie sich doch selbst. Ohnehin geht ihr das ganze Gerede von wegen positiver Einstellung auf die Nerven. Ist ja schön und gut, wenn man sich selbst motivieren möchte - aber wo bleibt denn da der Realismus?

Eine Beziehung ist nicht nur rote Rosen und Händchenhalten. Es ist Arbeit. Kinder großziehen bedeutet Schmutz und Krach und viel Undank. Ein Haus in Ordnung halten ist Arbeit. Menschen sind unfreundlich, und im Leben schenkt dir keiner was. Eine Ehe ist kein Rosengarten und Erwachsensein kein Ponyhof. So ist das nun mal. Und jeder, der etwas anderes behauptet, macht sich doch selbst was vor.

Hast du dich in einer der drei Frauen wiedererkannt? Vielleicht beobachtest du bei dir auch ähnliche Erlebnisse mit schlaflosen Nächten aufgrund von endlosen Grübeleien, Schmerzen im Bauch und abgesagten Terminen aufgrund von furchteinflößenden Zukunftsphantasien oder eine sehr düstere Grundstimmung, weil dein Ausblick auf die Welt eher entmutigend ist?

In diesem Buch wirst du mehr darüber erfahren, wie Gedanken unser Leben beeinflussen können, wie und warum es sich lohnt, sich mit seiner eigenen Gedankenwelt auseinanderzusetzen und wie du positiv auf deine Gedanken einwirken kannst für ein erfüllteres und stimmigeres Leben!

Neugierig geworden? Dann freue dich auf eine wunderbare und aufregende sowie erkenntnisreiche Reise in dein Inneres! Los geht's!

> Hinweis: Dieses Buch beschäftigt sich mit dem Themenkomplex Gedanken und auch, wie Gedanken dein Handeln und deine Stimmung beeinflussen können. Es kann dir Anregungen geben, wie du dich aus belastenden Gedankenmustern lösen kannst und es kann dir Tipps geben, wie du diese erkennen kannst. Dieses Buch ist ein wunderbares Hilfsmittel, wenn du dich selbst besser kennenlernen und dir und deinem Innenleben etwas Gutes tun möchtest. Allerdings ist es nicht dafür geeignet, eine therapeutische Unterstützung zu ersetzen, wenn du dich mit pathologischen Gedankenmustern auseinandersetzen musst. Bitte wende dich in diesem Fall an eine ausgebildete Fachkraft, etwa an einen Arzt oder an einen Therapeuten. Falls du bereits mit einer solchen Fachkraft zusammenarbeitest und dieses Buch als Unterstützung nutzen möchtest, halte bei Unsicherheiten am besten Rücksprache mit dieser Person. Überlegt gemeinsam, wie und wann in deinem Prozess dich die Lektüre dieses Buches am besten unterstützen kann.

Wie du dieses Buch nutzen kannst

Du kannst dieses Buch auf ganz unterschiedliche Weise für dich nutzen, etwa, wenn du mehr Informationen über das Thema Gedankenmuster und ihre Auswirkungen erhalten möchtest, wenn du Anregungen suchst, wie du störende Gedankengänge durch Angenehmere ersetzen kannst und wie du destruktive Gedankenmuster erkennen kannst.

Am besten ist es, wenn du das Buch von vorne bis hinten durchliest, weil die Informationen teilweise aufeinander aufbauen. Bist du gerade in einer stressigen Phase, kannst du natürlich auch nur die für dich relevanten Infos rauspicken.

Drohen dich Gedanken genau in diesem Moment zu übermannen, atme bitte einmal ganz tief durch und versuche, die Schultern etwas sinken zu lassen. Weiter hinten im Buch findest du hilfreiche Tricks und Techniken, mit denen du dieser Herausforderung in der akuten Situation begegnen kannst.

Die entsprechende Stelle im Buch kannst du dir auch als Erste-Hilfe-Seiten markieren, bis du die Techniken verinnerlicht und in dein Repertoire an hilfreichen Methoden für einen gelassenen Umgang mit kritischen Momenten integriert hast.

Wenn du sehr regelmäßig von deinen Gedanken übermannt wirst, kannst du auch erst ein paar der Übungen ausprobieren und diese eine Weile praktizieren, bevor du dich dem theoretischen Teil zu Beginn des Buches näherst oder dich mit den Themen auseinandersetzt, die sich um das längerfristige Ändern deiner Gedankenmuster drehen.

Bist du insgesamt ruhiger und sind deine Gedanken klarer, wird es dir leichter fallen, dich auf das Geschriebene einzulassen und mit den Informationen deine eigenen Gedankenmuster näher unter die Lupe zu nehmen.

> Wichtig: All die Informationen und Techniken, die du in diesem Buch findest, kannst du als Angebote verstehen. Nicht jedes Szenario, welches vorgestellt wird, mag auf dich zutreffen und manche Technik funktioniert für die eine Person besser als für die andere. Bediene dich an den dargestellten Inhalten wie an einem Werkzeugkoffer und achte immer darauf, dass du dich beim Lesen und Arbeiten mit diesem Buch wohlfühlst.

Du bist die Expertin für dich und dein Wohlbefinden – und auch wenn Personen oder Medien dich von außen auf deiner Reise zu dir und einer ruhigeren Gedankenwelt unterstützen und anregen können, ist deine Meinung die entscheidende!

Einleitung

Kleiner Tipp für die Arbeit mit diesem Buch: Lege dir ein kleines Notizheft zurecht, das du zur Hand nimmst, wenn du mit diesem Buch arbeitest. In dieses Heft kannst du die Antworten auf etwaige Fragen, Ideen oder auch wertvolle Erkenntnisse eintragen. Somit verflüchtigen sich diese nicht wieder direkt, wenn du in deinen hektischen Alltag zurückkehrst, sondern du kannst einfach wieder das Heftchen in die Hand und deinen Gedankenfaden aufnehmen. Eine solche Form der schriftlichen Unterstützung ist sehr gut geeignet, um dem eigenen Unterbewusstsein ein wenig auf die Sprünge zu helfen und sich seinem Inneren auf kreative und behutsame Weise zu nähern.

Wenn du magst, kannst du die wichtigsten Informationen aus den jeweiligen Kapiteln zusammenfassen, damit du diese auf einen Blick zur Verfügung hast, wenn du im stressigen Alltag mal eine kleine Gedankenstütze brauchst.

Vielleicht ist es zudem hilfreich für dich, wenn du dir hin und wieder notierst, wie du dich bei der Lektüre des Buches fühlst, ob du Veränderungen in deinem Denken bemerkst und wie sich diese auf dich und dein Wohlbefinden auswirken. So kannst du wunderbar nachvollziehen, welche Entwicklung du beim Lesen durchmachst. Denkbar ist auch, dass du dir notierst, wie welche der vorgestellten Übungen für dich funktionieren und welche du möglicherweise erst ein wenig später ausprobieren magst.

Wenn du dich aktiv mit dem Gelesenen auseinandersetzt, ist die Chance zudem höher, dass du die Informationen wirklich behältst und in dein Leben integrieren kannst. Von dem, was wir lesen, behalten wir in der Regel nämlich nur etwa 20 Prozent des Inhaltes.

Gedanken sind mächtig

„Den Dingen geht der Geist voran; der Geist entscheidet:
Kommt aus getrübtem Geist dein Wort und dein Betragen,
so folgt dir Unheil, wie dem Zugtier folgt der Wagen.

Den Dingen geht der Geist voran; der Geist entscheidet:
Entspringen reinem Geist dein Wort und deine Taten,
folgt das Glück dir nach, unfehlbar wie dein Schatten."

- Dhammapada

Wie bereits in der Einleitung erwähnt, denken wir den ganzen Tag – und das nicht gerade wenig oder selten, wenn wir uns die Zahl 60.000 noch mal vor Augen führen. Wir benutzen die Wörter *Gedanke* und *denken* regelmäßig im Gespräch mit anderen und können uns schon irgendwie etwas darunter vorstellen – aber was würden wir antworten, wenn wir gefragt werden würden, was denn nun eigentlich ein Gedanke ganz genau ist?

Im Online-Lexikon für Psychologie und Pädagogik von Stangl wird der Gedanke als „[...] das Ergebnis und eine Grundkomponente im Prozess des Denkens" bezeichnet. Weiter steht dort: „[...] d. h., ein Gedanke bezeichnet das, was gedacht wird, oder das Denken an etwas. Dabei kann ein Gedanke eine Meinung, eine Ansicht, ein Einfall, ein Begriff oder eine Idee sein."

Ferner wird zum Thema Gedanken angemerkt: „Gedanken dienen psychologisch betrachtet der Bewertung von Situationen sowie der Planung und Steuerung der Handlungen eines Individuums. Somit stellen sie eine immaterielle Vorstufe von Handlungen dar, die der Evaluation von Handlungskonsequenzen und letztlich der Selbsterhaltung dienen."

Es werden verschiedene Arten von Denken unterschieden, die für verschiedene Bereiche im Leben genutzt werden. So werden in sogenannten psychometrischen Tests oder Eignungstests etwa die Stärke des abstrakten Denkens, des kreativen Denkens oder des räumlichen Denkens getestet.

Das räumliche Denken benötigst du beispielsweise, wenn du dein Auto parken oder einen Umzugswagen bestmöglich beladen möchtest, dein abstraktes Denken, wenn du Muster erkennen oder Arbeitsabläufe ergänzen sollst, das kreative Denken, um Informationen neu zu verknüpfen und somit vielleicht Lösungen oder neue Ansätze zu entwickeln.

Denken kann bewusst oder unbewusst stattfinden und ist nicht immer ergebnisorientiert oder auf das Lösen einer bestimmten Aufgabe ausgerichtet. Sprachlich machen wir auch einen Unterschied, wenn wir beispielsweise sagen, „Wir denken über etwas nach, wir durchdenken etwas" oder „Uns kam da einfach ein Gedanke".

Beim ersten Vorgang wollen wir durch unser Denken aktiv etwas erreichen, der Prozess ist bewusst und mitunter von uns direkt eingeleitet worden, um ein Problem zu lösen oder Klarheit zu erzeugen. Aussagen wie „Da kam uns ein Gedanke", „Ich musste da in der Situation automatisch an xy denken", „Mir flog ein Gedanke zu" oder „Ich kann den Gedanken nicht fassen!" zeigen, dass auch andere Formen des Denkens möglich sind, die eher zufällig, unbewusst und nicht direkt kontrollierbar oder automatisiert sind.

Prinzipiell ist es für Menschen sehr nützlich, dass im Gehirn auch kognitive Prozesse stattfinden, die nicht direkt bewusst wahrgenommen werden. Sie sind beispielsweise sehr hilfreich, wenn es darum geht, schnell reagieren zu müssen: Stelle dir vor, der Nachbarshund hüpft vom Gehweg vor dein Auto. Du wirst blitzschnell reagieren und dem Tier ausweichen, um es nicht zu verletzen. Müsstest du erst einen aktiven Denkprozess ablaufen lassen, wärest du zu keinen schnellen Entscheidungen fähig. Ein innerer Zensor filtert, welche Gedanken in dein Bewusstsein treten und welche im Verborgenen arbeiten.

Hast du zum Beispiel total Appetit auf Kuchen, und bist in Gedanken schon in der Konditorei und lässt die Auswahl der verlockenden Törtchen vor deinen Augen ablaufen, werden diese Gedanken sofort zurückgedrängt, wenn du in die Hund-Auto-Situation gerätst.

Alle Gedankenimpulse auf einmal bewusst zu verarbeiten, wäre zu anstrengend, daher trifft dein Gehirn in der Regel schon unbewusst eine Auswahl für dich. Entschieden wird meist danach, was für deine aktuelle Situation als am sichersten, am dringlichsten oder hilfreichsten interpretiert und dann an dein Bewusstsein weitergeleitet wird, damit du darauf reagieren kannst. Deshalb verschwindet deine Vorfreude auf den Kuchen in der Sekunde, in welcher du mit der Gefahr konfrontiert wirst, dass dir der Hund vor den Wagen laufen könnte. Natürlich hast du deine Begeisterung für süße Leckereien nicht verloren, aber aktuell ist eine andere Reaktion bedeutend dringlicher und somit rücken die Gedanken an Kuchen ganz weit in den Hintergrund.

Dieses Wissen ist wichtig, denn wir Menschen neigen dazu, nicht nur unmittelbar gefährliche Dinge als extrem dringlich einzustufen, sondern können aufgrund von Ängsten und Unsicherheiten auch eher banalen oder in Wirklichkeit gar nicht so schlimmen Dingen diesen Status zugestehen. In solchen Fällen verdrängen dann die Gedanken daran andere, weil dein Kopf diese eben als akut einschätzt und deine ganze Aufmerksamkeit auf eine potenzielle Gefahrenquelle oder einen möglichen Konflikt lenken möchte.

Mittlerweile ist bekannt, dass der Verstand mitunter Wissen aufnehmen und verarbeiten kann, ohne dass gedanklich ein aktiver Lernvorgang angestrebt und ausgeführt wird. „Das ging wie von selbst/nur vom Hinschauen/als hätte ich nie was anderes gemacht/ganz aus dem Bauch heraus."

Diese unbewusste Aufnahme von Wissen kann sowohl bei nützlichen Dingen als auch bei dir weniger förderlichen geschehen. So kannst du beispielsweise unterbewusst merken, welche Denkmuster in welcher Gruppe kommuniziert werden und in dieser Gruppe zu Ansehen und sozialem Erfolg führen werden. Nicht selten neigen Menschen dann dazu, diese Denkmuster und das sozial erwünschte Verhalten zu kopieren – auch wenn es möglicherweise gar nicht mit dem übereinstimmt, was sie nach eigenem Nachdenken für richtig befinden würden.

Das unbewusste Denken wird üblicherweise dann genutzt, wenn es um schnelle oder routinemäßige Entscheidungen geht oder wenn wir mit einer großen Masse an Fakten konfrontiert werden. Wir verlassen uns auf unsere „Intuition", weil ein bewusstes Durchdenken zu lange dauert oder gar nicht erst möglich ist.

Wenn wir hingegen ein konkretes Problem lösen, durchdenken wir es in der Regel bewusst – vielleicht sogar mit einer Denkhilfe wie einer Pro-Contra-Liste oder einer Mind-Map. Wir nehmen gedanklich verschiedene Positionen ein, werfen einen Blick auf die Fakten, versuchen vielleicht, diese auf ihren Wahrheitsgehalt zu überprüfen und unternehmen je nach Thema noch viel mehr an gedanklicher Anstrengung, um zu einem befriedigenden Ergebnis zu kommen.

Auch eine Kombination beider Denkweisen ist möglich, etwa, wenn das Problem sehr umfassend ist oder wir nicht alle Informationen dazu haben – dann durchdenken wir das Ganze bewusst und ergänzen es mit unserem „Bauchgefühl", einer für uns nicht immer erklärbaren Bevorzugung von einer Handlungsoption. „Das fühlt sich so einfach richtig an. Ich kann es nicht erklären, aber ich weiß, dass es so ist."

Dass das Thema Denken und Gedanken sehr komplex ist, lässt sich an den unterschiedlichen Annäherungsversuchen erkennen, mit denen sich die Wissenschaft mit diesem Themengebiet auseinandersetzt. Je nachdem, von welcher Warte man sich dem Phänomen Gedanken nähert, lassen sich unterschiedliche Schwerpunkte bei der Betrachtung ausmachen.

Aus physiologischer Sicht relevant ist, dass Gedanken durch sogenannte neurophysiologische Abläufe im Gehirn entstehen. Dieser Vorgang wird auch als Denken bezeichnet. Somit ist das Entstehen der Gedanken via der neuronalen Prozesse im Gehirn messbar.

Aus psychologischer Sicht von besonderer Bedeutung ist der Umstand, dass wir Menschen mittels unserer Gedanken Situationen einschätzen und bewerten und unsere Handlungen planen. Deshalb werden Gedanken auch als eine Art Vorstufe von Handlungen gesehen.

Vielleicht kennst du den bekannten Spruch: „Achte auf deine Gedanken, denn sie werden zu Worten. Achte auf deine Worte, denn sie werden zu Handlungen. Achte auf deine Handlungen, denn sie werden zu Gewohnheiten. Achte auf deine Gewohnheiten, denn sie werden dein Charakter. Achte auf deinen Charakter, denn er wird dein Schicksal." Dieser Spruch zeigt bereits auf, dass eine sehr enge Verknüpfung zwischen Gedanken, Sprache und Handlungen besteht und die Gedanken somit maßgeblich an der Entstehung des eigenen Charakters und Lebensglückes beteiligt sein können.

Lass das Gelesene bitte einen kurzen Moment auf dich wirken. Wenn du magst, nutze folgende Fragen zur Reflexion:

- Waren in dem Gelesenen ein paar neue Informationen dabei, die dich erstaunt haben?
- Was kommt dir als Erstes in den Kopf, wenn du an den Prozess des Denkens denkst?
- Was bedeutet für dich nachdenken?
- Durchdenkst du Dinge eher oder entscheidest du aus dem Bauch heraus?

- Hast du schon mal bemerkt, dass die Art wie du sprichst, deine Gedanken beeinflusst hat oder du damit jemand anderen beeinflusst hast?
- Wie verändert sich dein Handeln, wenn sich deine Gedanken zu einem Thema ändern?
- Hast du dich bisher mit deinen Gedanken beschäftigt oder sie einfach als gegeben hingenommen?
- War dir bewusst, dass eine so enge Verknüpfung zwischen Gedanken, Sprache und Handlungen besteht?

Wie beeinflussen uns unsere Gedanken?

Leider können wir uns unser Verhalten nicht mit einem komplett linearen Prozess erklären. Es ist nicht so, dass wir uns aktiv vornehmen, ein Problem zu durchdenken, dann eine Handlung überlegen und diese Handlung anschließend ausführen – vollkommen unbeeinflusst von den Dingen und Personen um uns herum.

Die Zusammenhänge sind deutlich komplexer, denn unser Unterbewusstsein ist bei diesem Vorgang ganz maßgeblich beteiligt.

An der Universität Utrecht wurde festgestellt, dass sich Menschen beispielsweise durch die bloße Ansicht von Dingen oder Worten, also von optischen Reizen, in ihren Entscheidungen und ihrem Verhalten beeinflussen lassen: So löste der Anblick einer Geldbörse im Arbeitsraum ein größeres Konkurrenzverhalten unter den Mitarbeitenden des Teams aus.

Auch andere Sinnesreize können das Denken und Handeln beeinflussen: Roch die Raumluft am Aufenthaltsort der Probanden leicht nach Reinigungsprodukten, hielten die Teammitglieder ihre Arbeitsbereiche sauberer und aufgeräumter, als wenn die Luft diesen Geruch nicht aufwies.

Wir sind den ganzen Tag Reizen aus der Umwelt ausgesetzt und auch unsere Erfahrungen, die wir in unserem bisherigen

Leben gemacht haben, sowie die Überzeugungen, die uns in unserer Kindheit vermittelt wurden, können dazu führen, dass unsere Gedanken beeinflusst werden.

Ferner haben wir bereits erfahren, dass wir nie alle Gedanken, die wir haben, zeitgleich aktiv und bewusst verarbeiten können. Das würde unsere Kapazitäten bei Weitem übersteigen. Um eine Überforderung zu vermeiden, muss also eine Form von Auswahl stattfinden, damit wir mit der Gedankenmenge gut zurechtkommen können. Bereits unsere Wahrnehmung ist durch unsere Sinnesorgane schon sehr selektiv. Es findet eine Auswahl der Reize statt, die wir wahrnehmen und mit denen wir uns gedanklich beschäftigen.

Selbst wenn wir uns nach bestem Gewissen anstrengen würden, wären wir niemals dazu in der Lage, diese Auswahl zu treffen und alle Reize unserer Umwelt auf einmal aufzunehmen und zu verarbeiten. Bereits durch die Selektion über die Sinnesorgane findet eine Veränderung unserer Umgebung statt – zumindest im Bezug darauf, wie wir sie erleben.

Erinnerst du dich noch an Katja aus dem zweiten Beispiel? Sie macht sich unheimlich viel Sorgen bezüglich der Zukunft und gerät in regelrechte Katastrophenfantasien, in denen immer nur das Schlimmste vom Schlimmsten eintreten wird. Dadurch wird auch die Art und Weise, wie sie ihre Welt wahrnimmt, beeinflusst.

Das zeigt sich zum Beispiel bei ganz normalen Aktivitäten, wie einem Familienausflug in den Kletterpark: Denn während andere Menschen beim Anblick eines Kletterparks beispielsweise die schönen Bäume sehen, oder das Licht, wie es durch das Grün des Blätterdachs fällt und die vielen stolzen und vergnügten Gesichter der anwesenden Kinder und Erwachsenen, sieht Katja steile Hindernisse, verdächtig aussehende Aufhängungen und möglicherweise zu altersschwache Karabinerhaken.

Die Szenerie hat sich nicht verändert, aber bedingt durch ihre bewussten und unterbewussten Gedankenprozesse zeigt sich

Katja ein ganz anderer Ausschnitt der Umgebung als einem Menschen, der sich auf den Familienausflug in den Kletterpark einfach nur freut und mit einem positiven Mindset in die Situation geht.

Diese Form der Selektion führt zu einem regelrechten Übersehen von all den Dingen, die den Tag im Kletterpark zu einem schönen und verbindenden Erlebnis machen könnten. Bedingt durch ihre Gedanken achtet Katja einfach auf alles, was zu ihrem Gedankenmuster der potenziellen Gefahr in der Zukunft passen könnte und blendet all das aus, was für diesen unterbewussten Suchauftrag unbedeutend ist.

Die Fülle an Sinneseindrücken ist weiterhin vorhanden. Katja könnte sich an dem Aufjauchzen ihrer Kinder erfreuen, horcht allerdings nur ängstlich darauf, ob da vielleicht ein unterdrückter Angstschrei mit einfließt, ob die Kleinen sich wehgetan haben und es nur überspielen wollen oder sonst irgendetwas Schreckliches passiert.

Natürlich nimmt Katja sich das nicht aktiv vor. Sie möchte hingegen sogar gerne die coole Mama sein, die auch mal was ausprobiert und mit der man seinen Spaß haben kann. Aber ihre Denkmuster sind so eingefahren und automatisiert, dass ihr Blick auf die Welt stetig davon bestimmt ist. Dies spiegelt sich auch in ihrem Verhalten wider. Während die anderen Eltern vielleicht mit über die Hindernisse toben, die sportliche Herausforderung genießen oder Freude an der Freude ihrer Kids haben, überwacht Katja den Nachwuchs mit Argusaugen, verunsichert sie möglicherweise mit ständigen Ermahnungen, vorsichtig zu sein, fragt nach oder ist den Kindern „einfach nur peinlich".

Klar, jedes Elternteil möchte, dass es den Kindern gut geht und dass sie sicher und wohlbehalten durch den Tag kommen. Herausforderungen, Stück für Stück alleine meistern zu können und über sich hinauszuwachsen, sind jedoch wichtige und wertvolle Erfahrungen, die beim Ausbilden der eigenen Persönlichkeit wichtig sind – das weiß Katja.

Aber sie erlebt immer wieder aufs Neue eine Diskrepanz zwischen dem, was sie eigentlich vom Verstand her weiß und dem, was sie trotzdem denkt. Diese scheinbar vollkommen paradoxe Situation hat sicher jede von uns schon mal erlebt und wer sich mit ungesunden Denkmustern plagt, kommt mitunter sogar regelmäßig in eine solche Bredouille. Wie ist das bei dir?

- Kommst du auch manchmal in Situationen, in denen dir etwas vom Verstand vollkommen klar ist, du aber trotzdem anders denkst und handelst?
- Nervt dich dein Denken manchmal?
- Wird dir von anderen aufgezeigt, dass da Dinge nicht zueinander passen, dass eine Diskrepanz herrscht?
- Bemerkst du Muster bei deinem Denken, die du als beengend oder hinderlich wahrnimmst?
- Wird dir manchmal bewusst, dass du selektiv denkst?
- Wovon werden deine Auswahlprozesse gesteuert?
- Worauf legst du den Fokus, wenn du in die Welt hinausgehst? Spaß, Gefahrenvermeidung, gutes Ansehen?

Denken und Sprache

Die Sprache spielt ebenfalls eine wichtige Rolle, wenn es um das Ausgestalten unserer Denkprozesse geht. So erleben beispielsweise Menschen, die eine zweite Sprache im Erwachsenenalter erlernt haben, dass sie, wenn sie in dieser zweiten Sprache fluchen, weniger unter Stress gesetzt werden und die Denkmuster nicht so heftig ablaufen, wie wenn sie in ihrer Muttersprache fluchen.

Erklärt wird dies unter anderem damit, dass wir in unserer Kindheit für das Verwenden von Schimpfwörtern gerügt oder sogar bestraft wurden und wir diese Erfahrungen eng mit diesen Wörtern verknüpft haben. Wir denken diese Erfahrung nicht bewusst mit, aber sie spielt sich unterbewusst ab und hat

Auswirkungen auf uns. Das zeigt sich auch darin, dass wir mitunter von einer Sprache in die andere wechseln, wenn wir unseren Emotionen einen besonderen Ausdruck verleihen möchten.

Menschen, die zwei Sprachen sprechen, erleben mitunter, dass sie in der einen Sprache viel besser rational denken können, während die andere ihre romantische oder emotionale Seite berührt.

Hast du schon mal gehört, dass dir jemand gesagt hat, du wärst ganz anders, wenn du Spanisch sprichst? Du würdest dich ganz anders geben, seist offener und geselliger? Das hat nichts mit Verstellen oder künstlichem Verhalten zu tun, sondern wurde bereits erforscht. Menschen bemerken, wie sich der Ton ihrer Stimme und ihr Verhalten ändern, dass sie mit den Wörtern, die in einer Sprache zur Verfügung stehen, offener, freier, assoziativer oder nüchterner denken oder bestimmte Themenkomplexe ausführlicher in ihrem Kopf abhandeln können und dass sie sich auch in ihrem sozialen Verhalten deutlich anders präsentieren, als es in einer anderen Sprachwelt der Fall sein kann.

Die Art, wie Leute sprechen, kann auch beeinflussen, wie wir bestimmte Phänomene wahrnehmen, etwa die Zeit. In einigen Sprachen werden Zeiträume ihrer Länge nach beschrieben, wie auch bei uns im Deutschen: Ein Meeting wurde beispielsweise unnötig in die Länge gezogen. In anderen Sprachen ist die Zeit viel oder wenig. Das Meeting dauert den Teilnehmenden nicht „zu lang" – es war „zu viel". Auch die Art und Weise, wie wir unsere Worte verschriftlichen, kann das Denken steuern. So wurde beispielsweise in Versuchen festgestellt, dass Personen, die von links nach rechts schreiben auch den Ablauf der Zeit von links nach rechts wahrnehmen. Wenn du einen Zeitstrahl malen solltest, würdest du ihn vermutlich auf der linken Seite des Blattes beginnen lassen und an der rechten Seite würdest du das Ende markieren.

Zudem lassen uns Klänge und Wörter an bestimmte Qualitäten denken: Wir verbinden mit manchen Lauten eher weiche, runde Dinge. Bei manchen Buchstabenkombinationen denken wir an kleine oder feine Dinge. Wörter mit einem „i" erscheinen uns sehr freundlich – meist assoziieren wir damit etwas Kleines, Junges oder Zartes. So ist es kein Wunder, dass viele Verniedlichungen und Spitznamen auf einem „i" enden und kleine Tiere häufig einen Namen mit einem „i" erhalten, während große und mächtige Tiere Namen mit einem „O" oder „A" verliehen bekommen.

Diese Assoziationen sind laut aktuellen Forschungen bei den meisten Menschen ähnlich, unabhängig davon, welche Sprache sie sprechen.

Es geht aber noch weiter: Sprache beeinflusst auch, an wen wir denken!

Mach einfach mal selbst den Test: Stell dir ein Foto eines Parteitages vor, das untertitelt ist mit der Phrase „81 Politiker kommen zum Parteitag zusammen."

Wen stellst du dir auf dem Bild vor? Wenn du magst, kannst du es kurz aufzeichnen oder ein paar Worte aufschreiben.

Würdest du auf die Idee kommen, dass an diesem Parteitag 80 weibliche und eine männliche Person teilgenommen haben? Vermutlich nicht.

Forschungen zum Thema genderneutrale Sprache haben gezeigt, dass die Verwendung des generischen Maskulinums dazu führt, dass Frauen nicht mitgedacht werden und bei einem Zeitungsartikel mit der Überschrift „Ärzte retten Leben" automatisch von Männern ausgegangen wird. Durch die Verwendung dieser Sprachform verschwinden Frauen als aktive Teile der Gesellschaft einfach aus dem Sprachraum und den Unterhaltungen.

Sehr eindrucksvoll gezeigt wurde das auch in Versuchen, in denen Kinder aufgefordert wurden, Ärzte, Astronauten oder Polizisten zu malen. Größtenteils wurden männliche Vertreter dieser Berufsfelder auf Papier gebracht, weil die Kinder eben nicht – wie oft fälschlicherweise argumentiert – Frauen mitdenken, sondern den Eindruck bekommen, dass nur Männer genannt werden und somit eben auch nur Männer in diesen Berufen tätig sind. Das kann sich sogar dahingehend auswirken, dass die Berufswahl der Kinder dadurch beeinflusst wird, weil eben im öffentlichen Bewusstsein Astronautinnen, Pilotinnen und Ärztinnen weniger vertreten sind und es somit keine denkbare Option für Mädchen ist, einen solchen Bildungsweg einzuschlagen. In ihren Büchern und Hörspielen kommen eben nur Erzieherinnen, Lehrerinnen und Sekretärinnen sowie Verkäuferinnen vor.

Es wurden Experimente durchgeführt, die zeigen, dass Menschen sich aufgrund von bewusst gewählten Wörtern anders erinnern. Vielleicht hast du schon mal von dem Versuch gehört, bei dem den Testpersonen ein Video von einem Autounfall gezeigt wurde. Später wurden die Testpersonen in zwei Gruppen eingeteilt und mussten den Unfallhergang schildern. Die eine Gruppe wurde mit neutralen Worten zu der Nacherzählung des Unfallherganges aufgefordert, die andere wurde mit der Bitte bedacht, zu erzählen, wie die Autos aneinander zerschmettern! Dieses sehr ausdrucksvolle Wort weckte bestimmte Assoziationen bei den Teilnehmenden und viele berichteten von zerschmettertem Glas bei den Unfallwagen, obwohl auf dem Video nichts dergleichen zu sehen war.

Die Sprache trägt also maßgeblich dazu bei, wie wir unsere Welt durch unser Denken konstruieren, welchen Eindruck wir von ihr vermittelt bekommen, wie wir uns erinnern und wie wir unser Denken nach außen transportieren können.

- Hast du bereits ähnliche Erlebnisse gemacht?
- Sprichst du eine andere Sprache und hast das Gefühl, dass du in dieser bestimmte Themen besser durchdenken kannst?
- Wenn du mehrere Sprachen sprichst, verändert sich dann dein Auftreten und Handeln, wenn du zwischen ihnen wechselst?
- Hast du schon mal erlebt, dass du durch das generische Maskulinum eher an Männer gedacht und Frauen in bestimmten Positionen ausgeklammert hast?

- Hat dich das möglicherweise sogar in deiner Berufswahl beeinflusst?
- Fühlst du dich durch deine Sprache in deiner Gemeinschaft repräsentiert oder hast du das Gefühl, weniger gesehen zu werden?
- Wie wirken Wörter auf dich und die Weise, wie du über Personen oder Situationen nachdenkst?
- Welche Wörter haben eine sehr starke Wirkung auf dich?
- Bevorzugst du Wörter mit bestimmten Buchstabenkombinationen?
- Ist dir bewusst, dass bestimmte Buchstaben gezielt im Marketing eingesetzt werden, um beim Kunden gewisse Assoziationen zu wecken?
- Gibt es bestimmte Worte, die sofort Emotionen in dir aufsteigen lassen und die sich somit sofort auf dein Denken auswirken?

Denken und Verhalten

„Bevor wir wissen, was wir tun, müssen wir wissen, was wir denken."

- Joseph Beuys

Mit dem Denken das Leben lenken – ist das wirklich so?

Die Forschung versteht Denken als Vorstufe des Handelns und sieht eine enge Verknüpfung zwischen diesen beiden Vorgängen. Hast du schon mal vom **Pygmalion-Effekt** gehört? Oder dir ist die Bezeichnung **selbsterfüllende Prophezeiung** geläufiger: Dabei wird angenommen, dass eine Person, weil sie von einer bestimmten Sache ausgeht, maßgeblich dazu beiträgt, dass diese eintrifft.

Sabine aus unserem dritten Beispiel geht davon aus, dass das Gespräch mit der Nachbarin wieder unbefriedigend verlaufen und diese sich herausreden wird, wenn das Thema Kehrwoche angesprochen wird. Möglicherweise führt das dazu, dass Sabine im Gespräch mit der Nachbarin gar nicht richtig zuhört, sie eine ablehnende Haltung zeigt oder schon vorwegnimmt, dass die Nachbarin die Kehrwoche wohl wieder nicht schafft und sie das dann halt wieder selbst übernimmt – auch wenn eigentlich noch gar nicht zu 100 Prozent vorauszusehen ist, wie sich die Nachbarin verhalten wird.

Dieser Ansatz lässt sich auch prima auf frisch Verliebte übertragen. Ist dir schon mal aufgefallen, wie wundervoll die Welt ist, wenn du frisch verliebt bist? Das liegt nicht daran, dass die Welt plötzlich eine andere ist oder sich alle Probleme in Luft aufgelöst haben – aber du trägst die berühmte rosarote Brille, setzt einen anderen Fokus und deine Gedanken drehen sich um lauter erfreuliche Sachen – hier wären wir wieder beim Stichwort Selektivität.

Aufgrund deiner gedanklichen Auswahlprozesse gehst du ganz positiv auf andere Menschen zu, nimmst unangenehme Situationen weniger krumm und hast eine ganz andere Ausrichtung und einen anderen Fokus. Dein innerer Kompass/dein Denken ist ganz auf Liebe, Glück und Wohlfühlen eingestellt und alles andere verblasst dagegen mehr oder weniger. Du bist möglicherweise nachgiebiger, großzügiger und sanfter, was wiederum dazu führt, dass dein Umfeld positiver auf dich reagiert.

Du aber wirst das möglicherweise gar nicht auf deine gefühlsbedingte Veränderung zurückführen, sondern dich darin bestätigt sehen, was für ein wundervoller Ort die Welt doch ist – ebenso, wie Sabine sich in ihrer Annahme bestätigt sieht, dass die Welt ein Jammertal ist und sie schon recht damit hat, nichts Gutes von ihren Mitmenschen zu erwarten.

Deine Gefühle und Gedanken arbeiten beim Beispiel mit dem Verliebtsein eng zusammen. Du denkst an Schönes und fühlst dich besser. Du fühlst dich besser und denkst dadurch eher an Schönes. Weil du dich besser fühlst und an mehr Schönes denkst, verhältst du dich anders und deine Umwelt reagiert darauf. Zudem wird deine selektive Wahrnehmung der Welt konstant auf Dinge gerichtet, die zu deinen aktuellen Gefühlen und Gedanken passen.

Du kennst das sicherlich auch von der anderen Warte aus: Wenn du mal so einen richtig miesen Morgen erwischst, an dem alles schiefgegangen ist und dann begegnet dir wie jeden Tag beim Bäcker an der Ecke die alte Frau Köhler mit ihrem Dackel Struppi: An diesem Unglücksmorgen wird sie dich nerven! Gedanken wie „Oh nee, die Köhler, die redet immer so viel. Wieso muss ich die jetzt auch noch treffen?" werden die üblichen Gedanken „Ach, wie nett, die nette alte Dame – so ein kleiner Schwatz vor der Arbeit ist immer so herzlich. Und der Struppi ist auch so drollig!" ersetzen – obwohl weder Struppi noch die Frau Köhler sich verändert haben. Du mit deinem Blick auf die Welt und deinen Gedanken gehst anders in die Situation!

Dass sich das Denken und das Verhalten gegenseitig beeinflussen, zeigt sich immer dann, wenn Menschen sich anders geben, weil sie sich um das sorgen, was andere denken. Folgenden Spruch hast du während deiner Kindheit garantiert schon einmal gehört und vielleicht hast du ihn auch schon selbst gegenüber deinen Liebsten gesagt: „Was sollen denn die Nachbarn/Großeltern/Verwandten/Kollegen denken?" Unsere Sorge vor dem Urteil unserer Umgebung sorgt dafür, dass wir unser Verhalten an eine Gemeinschaft anpassen. Das ist für den Menschen als soziales Wesen aus rein evolutionsbiologischer Sicht sehr wichtig.

Der Mensch denkt darüber nach, welches Verhalten in seiner Gruppe als konform gilt und probiert, innerhalb der Regeln dieser Gemeinschaft zu spielen. So bleibt die Gruppe stabil und der Zusammenhalt wird garantiert. Dadurch ist der Mensch sicher und wird nicht aus der Gruppe ausgestoßen. Heute droht uns natürlich keine direkte Gefahr, wenn wir in einer Gruppe nicht akzeptiert werden, aber noch immer richtet sich unser Denken unter anderem darauf aus, wie wir unser Verhalten so steuern können, dass wir sowohl unseren Ansprüchen als Individuum als auch den Ansprüchen unserer Gruppenmitglieder gerecht werden.

„Ich kann das nicht..."

Für eine Veränderung unserer Handlungen in dieser Situation sind emotionale oder rationale Gedanken verantwortlich. Etwa, wenn wir uns entgegen der Gruppendynamik entscheiden, beim frauenfeindlichen „Witz" des neuen Vorstandes nicht mitzulachen. Unsere Handlung ist emotional aufgeladen, wir haben eine neue Motivation, die dazu führt, dass wir uns anders verhalten.

Das muss nicht immer zwingend das Ergebnis eines bewussten Denkprozesses sein, bei dem wir mehrere Positionen miteinander vergleichen und gegeneinander in die Waagschale werfen, sondern kann mitunter auch recht rasch aus einem Bauchgefühl heraus entstehen. Wir empfinden etwas als ungerecht oder falsch und reagieren dann darauf. Die Gedanken und Emotionen können sehr schnell getriggert werden und dann zu einer Veränderung im Verhalten führen.

Wir kennen eventuell folgendes: Gerade noch war alles rundherum in Ordnung und dann fällt der Name einer Person, die uns erst kürzlich stark verletzt hat. Auch wenn wir gedanklich eigentlich ganz woanders waren, werden nun Gedanken an diesen Vorfall angeregt. Selbst wenn wir uns darum bemühen, dass uns das nach außen niemand anmerkt oder wir uns einfach selbst nicht die Stimmung davon vermiesen lassen möchten, ist oftmals eine Veränderung im Verhalten zu bemerken. Es ist nicht mehr so frei, verspielt und entspannt, sondern eher angestrengt, zurückgenommen oder zögerlicher als vor dem Erwähnen dieser Person.

Unsere Denkmuster bezüglich Selbstwirksamkeit und Eigenständigkeit sind ebenfalls zwei wichtige Spielgefährten, wenn es um das Zusammenspiel aus Denken und Handeln geht.

Kennst du die Leute, die immer nur Pläne machen, eine Liste nach der anderen aufschreiben und alles bis ins kleinste Detail durchdacht haben – ohne auch nur einen Schritt ins Handeln zu kommen? Oftmals werden hier mit einem kleinen Augenzwinkern Machende und Denkende unterschieden. Die Denkenden kommen über die Planungsphase nie hinaus, während die Machenden mitunter dazu neigen, einfach loszulegen, ohne etwas durchdacht zu haben. Eine Mischung ist natürlich das Ideal, denn das harmonische Zusammenspiel von Denken und Tun wirkt sehr befriedigend, weil es produktiv und nachvollziehbar ist.

Der Mensch wird sich seiner Selbstwirksamkeit bewusst und erfährt, dass er zu eigenständigen Handlungen fähig ist. Das, was er sich ausgedacht hat, kann er aus seinen Gedanken in die Wirklichkeit überführen und in dieser umsetzen.

Das gibt ihm ein gutes Gefühl, verschafft Selbstbewusstsein und auch Autonomie.

Jede von uns hat sicherlich schon mal erlebt, dass sie ein Projekt geplant hat – gerne zum Jahresanfang mit Vorsätzen wie „Ab heute trinke ich keinen Alkohol mehr, mache ich 3-mal in der Woche Sport, lerne ich wieder Schwedisch" – und dann an der Durchführung gescheitert ist – obwohl alles genau durchdacht war, der Lernplan geschrieben, der Sportkurs gebucht und Instagram und Pinterest stundenlang nach leckeren Rezepten für alkoholfreie Cocktails durchsucht wurden.

Du hast also jede Menge Denkarbeit in dein Projekt gesteckt – aber es in die Realität zu überführen gelingt dir nicht. Erleben wir dieses Dilemma öfter, beginnen wir, unserem Denken zu misstrauen oder es nicht besonders ernst zu nehmen. Schon während wir uns neue Pläne ausdenken, wissen wir, dass wir sie nicht umsetzen werden. Das gedankliche Auseinandersetzen, was zu Beginn Spaß gemacht hat, versetzt uns nun in schlechte Laune, wir haben keine Lust mehr, uns mit bestimmten Themen zu befassen, weil sich ja sowieso nichts ändern wird. Folglich beginnen wir diese Bereiche in unserem Handeln zu meiden.

Ähnliches erleben wir, wenn wir vor einer Aufgabe stehen, die uns Angst bereitet oder zumindest Respekt einflößt. Wir spielen die Situation stundenlang im Kopf durch, denken, wir sind nun bestens vorbereitet und kneifen kurz vorher wieder.

Dann kann uns nach einiger Zeit allein das Denken daran unzufrieden machen oder sogar die Angst in uns erzeugen, die wir eigentlich vor der Situation haben. Dies wirkt sich maßgeblich auf unser zukünftiges Handeln aus.

Unsere Gedanken stehen also in ständiger Wechselwirkung mit unseren Handlungen und unsere Handlungen können sich auf unser Denken auswirken.

Dieses Wissen kommt zum Beispiel in der Körpertherapie zum Einsatz. Hier wird mit Körperarbeit versucht, die Psyche des Menschen zu unterstützen. Ein typisches Experiment aus diesem Bereich ist das mit dem Bleistift – vielleicht hast du schon mal davon gehört oder es sogar ausprobiert?

Die Probanden sollten sich während des Versuches witzige Unterhaltungsmedien anschauen und dabei den Stift entweder quer zwischen den Zähnen halten, sodass ihr Mund eine lächelnde Position einnahm oder aber den Stift mit den nach vorn gestülpten Lippen fixieren, sodass ein Lächeln nicht möglich war.

Die medialen Inhalte waren dieselben – wenn die Versuchspersonen eine grinsende Haltung einnehmen mussten, wurde der Stoff allerdings als lustiger empfunden, als wenn ihnen das Lächeln aufgrund der Stiftposition nicht möglich war.

Wenn du magst – probiere es einfach mal selbst aus. Hast du keinen Comic zur Hand, schaue eine Szene aus einer Serie, die dich sonst unter allen Umständen zum Lachen oder zum Schmunzeln bringt und probiere den Test mit diesem Ausschnitt aus.

Wie empfindest du die Szene, wenn du den Stift auf die jeweilige Art hältst und dadurch den Mund in eine lächelnde oder mürrische, schmollende Position bringst?

Falls du Kinder oder einen aufgeschlossenen Erwachsenen um dich herum hast, kannst du das Experiment auch gerne mal mit ihnen machen und sie zu ihren Erfahrungen befragen.

Das bietet eine sehr gute Grundlage für ein Gespräch über Gefühle und Gedanken und kann auch dir dabei helfen, noch tiefer in die Materie einzusteigen!

Wir kennen die Rückwirkung von Verhalten auch in unserem Alltag. Da ist beispielsweise vom berühmten „Fake it till you make it" die Rede: Wir geben uns in einer herausfordernden Situation so, als könnten wir bereits gut mit ihr umgehen. Wir verhalten uns dementsprechend und erleben in der Regel, wie unsere Gedanken in die Richtung mitgehen.

Ähnliche Änderungen in unserem Denken erleben wir, wenn wir beispielsweise unsere Körpersprache anpassen. Statt mit herunterhängendem Kopf und gerundetem Rücken in einen Raum zu schleichen und sich da an der Wand herumzudrücken, können wir uns vor einem Meeting dazu anhalten, den Kopf zu heben, die Schultern in eine neutrale Position zu bringen und mit festem Schritt in den Raum hineinzugehen. Meist wirkt sich dieses veränderte Verhalten schon deutlich auf uns aus: Wir fühlen uns ruhiger und sicherer, unsere Gedanken beruhigen sich, wir können freier und klarer denken.

Einen Zusammenhang zwischen Verhalten und Gedanken kannst du auch in der Kunst oder in Film und Fernsehen wiederfinden: Du erkennst in der Regel sofort an der Körperhaltung und dem Verhalten, ob die dargestellte Figur niedergeschlagen, traurig, wütend, fröhlich oder entspannt sein soll. Auch hier wird wieder klar: Das Verhalten wirkt sich auf dein Denken aus, dein Denken auf das Verhalten.

Wer ein negatives Weltbild hat, wird sich nach außen eher vorsichtig, möglicherweise sogar feindselig verhalten. Denn wer sich selbst keine positiven Gedanken schenken kann, wird vermutlich nicht sehr gut mit anderen Menschen umgehen. Dies macht sich dadurch bemerkbar machen, dass er keine Grenzen aufzeigt, sich nicht schützt oder sich nicht gut um sich und seine eigenen Belange kümmert.

Wer von seinen Mitmenschen annimmt, dass sie ihm prinzipiell wohlgesonnen sind, wird offen auf andere zugehen, sich in einer neuen Menschengruppe interessiert und klar sichtbar um Kontakt bemühen und mit den anderen in Interaktion treten.

„Ich kann das nicht…"

Wie ist das bei dir?

- Hast du schon mal erlebt, dass nur ein Gedanke dein gesamtes Verhalten verändert hat?
- Was hat sich damals verändert? Welcher Gedanke war das?
- Hast du auch schon mal erlebt, dass dein Verhalten deine Gedanken beeinflusst?
- Welche Haltung nimmst du ein, wenn du von Angstgedanken geplagt wirst?
- Welche Verhaltensweisen zeigst du, wenn deine Gedanken positiv sind?
- Hast du schon mal versucht, diese Verhaltensweisen an den Tag zu legen, um deine Gedanken positiver zu stimmen?
- Wie verhältst du dich, wenn eine Gedankenlawine auf dich einstürzt? Wird dein Verhalten auch unorganisierter oder „lärmender"?
- Hat jemand anderes schon mal deine Gedanken aufgrund deines Verhaltens benannt? Hat diese Zuschreibung gepasst?
- Bemühst du dich, ein bestimmtes Verhalten nach außen aufrechtzuhalten, auch wenn es nicht mit deinen innersten Gedanken übereinstimmt?
- Falls ja, wie geht es dir damit?

Die typischen Gedankenfallen

Die Psychotherapeutin Amy Morin unterscheidet im Wesentlichen zwei schädliche Denkmuster: Das sogenannte Wiederkäuen, also das beständige Überdenken und Auseinandersetzen mit bereits vergangenen Situationen und das ständige Sorgen um Ereignisse oder Dinge, die in der Zukunft liegen oder liegen könnten.

Gedanken sind mächtig

Beide Denkmuster führen dazu, dass die betroffenen Personen mit ihrer Aufmerksamkeit nicht bei ihrem Leben im Hier und Jetzt bleiben können, sondern sich entweder gedanklich in der Vergangenheit an etwas abarbeiten, was sie nicht mehr ungeschehen machen können oder eine mögliche Zukunft katastrophisieren, von der sie nicht sicher wissen können, ob sie so passieren wird.

Zudem neigen Menschen bei beiden Denkmustern zu Übertreibungen. So werden Erlebnisse beim ständigen Durchdenken immer wieder etwas verändert. Erinnerungen können vom Gehirn nämlich immer wieder mit Informationen aus dem Arbeitsgedächtnis abgestimmt und etwas angepasst werden. Sie sind keinesfalls in Stein gemeißelt und auch keine Eins-zu-eins-Widerspiegelung von dem, was in der Vergangenheit passiert ist. So kann es leicht passieren, dass sich ein kleiner Disput beim grüblerischen Wiederkäuen zu einem dramatischen Streit entwickelt, der in der Erinnerung so schrecklich ist, dass sich die betroffene Person vollkommen darin verlieren und von den Erinnerungen übermannt werden kann. Die Gedanken daran sind dann nicht mehr realistisch, werden aber trotzdem als gegeben akzeptiert und wirken sich somit massiv auf das emotionale und physische Wohlbefinden aus.

Beim Katastrophisieren spielt die Übertreibung ebenfalls eine große Rolle. Mögliche Zukunftsszenarien werden ausschließlich in den düstersten Farben gezeichnet, in denen der am schlimmsten anzunehmende Verlauf der Situation eintreten wird. Allein diese gedanklichen Schreckgespenster können Unbehagen oder sogar Angst, vor dem, was da kommen wird, auslösen und zu einer angespannten Erwartungshaltung führen, die einen offenen Blick auf die Dinge verhindert.

„Laufe nicht der Vergangenheit nach und
verliere dich nicht in der Zukunft.
Die Vergangenheit ist nicht mehr.
Die Zukunft ist noch nicht gekommen.
Das Leben ist hier und jetzt."

– Buddha

Sogenannte maladaptive Denkmuster – also unangemessene, wenig förderliche Denkstrukturen - können sich jedoch in ganz unterschiedlicher Form präsentieren.

Eine bekannte Unterteilung hat beispielsweise der kognitive Verhaltenspsychologe Aaron Beck vorgenommen – allerdings schrieb er diese Unterteilung explizit Personen zu, die zu Depressionen und depressiven Verstimmungen neigen.

Laut Beck

- generalisieren
- katastrophisieren oder
- personalisieren

diese Menschen in ihrem Denken.

Menschen, die einen generalisierenden Denkstil pflegen, neigen dazu, Dinge zu verallgemeinern: So kann ein kleiner Zank mit dem Liebsten am Morgen um eine nicht geschlossene Zahnpastatube dazu führen, dass die Betroffenen denken: „Immer haben wir Streit. Nie geht es friedlich bei uns zu." Wird ein Arbeitsentwurf von der Chefin abgelehnt, wird daraus ein „Immer werden meine Entwürfe abgelehnt. Nie kann mein Entwurf mal der sein, der ausgewählt wird."

Beim Katastrophisieren wird eine Situation unverhältnismäßig dramatisch empfunden und bewertet. Der Zank aus unserem Beispiel würde dann als ein die Liebe bedrohender Streit wahrgenommen und ein typischer Denkverlauf wäre „Schon wieder so ein schlimmer Streit. Er liebt mich sicher nicht mehr. Wenn das so weiter geht, lassen wir uns bestimmt scheiden. Will er vielleicht schon die Scheidung? Wo wohne ich dann? Verliere ich die Kinder?" Die Situation mit der Chefin eskaliert gedanklich so, dass die Betroffenen um ihren Arbeitsplatz fürchten und sich schon auf der Straße stehen sehen.

Beim Personalisieren wird jede Situation von der betroffenen Person auf sich selbst bezogen. Die Betroffenen machen jedes Ereignis an sich selbst fest und nehmen sich als Verursachende oder Empfangende des Leids oder Problems war. Typische Denkwege wären hier „Natürlich muss mir gleich am Morgen so ein Streit passieren. Alle anderen starten mit ihrem Partner friedlich in den Tag, nur ich bekomme es nicht hin" und „War ja klar, dass mein Vorschlag wieder abgelehnt wird. Wenn ich schon mal was wage, bringt es sowieso nichts."

Diese Gedankenmuster können aber auch von Menschen entwickelt werden, die keine Depressionen haben. Eine genaue Abgrenzung ist nicht immer möglich, da Personen, die zum Generalisieren neigen, durchaus personalisieren können: „Immer muss das mir passieren!"

Mitunter werden je nach Ansatz die typischen Denkfallen noch genauer unterschieden, wobei dann die Abgrenzungen teilweise nicht genau vorgenommen werden und verschiedene Denkstile ineinanderfließen können:

Schwarzmalerei

→ Bei der Schwarzmalerei gehen die betroffenen Personen immer direkt von dem schlimmsten Zukunftsszenario aus. Sie malen ihre Zukunft in den düstersten Farben und schaffen damit eine bedrückende Atmosphäre, die nicht nur sie selbst, sondern auch ihren Umgang mit anderen Menschen und somit auch ihr Umfeld belasten kann. Oftmals erkennen die Betroffenen aber nicht, dass es die Schwarzmalerei ist, die beispielsweise dazu führt, dass Leute den Abstand zu ihnen suchen, sondern sehen sich in ihren düsteren Zukunftsprognosen nur bestätigt.

Ein Beispiel wäre Sabine mit den Befürchtungen, die sie für das Elterntreffen oder das Gespräch mit der Nachbarin hegt. Sie geht prinzipiell davon aus, dass die Treffen negativ ablaufen werden. Eine andere Option ist nicht denkbar für sie – obwohl es ja durchaus sein könnte, dass es anders kommt.

Hier kann rasch ein Kreislauf entstehen, der sich immer weiter verstärkt, bis die Betroffenen vollkommen verbittert sind und überhaupt keine positiven oder neutralen Gedanken mehr zulassen können. Diese Denkweise ist eng verknüpft mit dem Pessimismus.

Pessimismus

→ Dieser ist nicht zwingend zukunftsgerichtet, sondern es wird auch das, was gerade an guten Dingen passiert, negativ eingeordnet und bewertet. Beispielsweise klagt die Person, die den 2. Platz in einem schweren Wettbewerb gewonnen hat, dass ihre Leistung nichts wert sei, weil sie eben nicht den 1. Platz gemacht hat.

Wenn sie den 1. Platz gewonnen hat, wird sie vielleicht denken, dass die Konkurrenz ja auch nicht groß und der Wettbewerb zu leicht war und die Auszeichnung somit nicht wirklich etwas aussagt und sie sowieso nichts kann.

Eine stetige Abwertung des Positiven erfolgt hier sowohl bei den Erlebnissen als auch bei den eigenen Fähigkeiten und Fertigkeiten. Paradoxerweise sind die Betroffenen aber häufig durchaus in der Lage, Qualitäten oder Erfolge anderer Leute anzuerkennen, wodurch der scheinbare Abstand zwischen ihnen und den anderen noch verstärkt wird und mehr Unmut entstehen kann.

Schwarz-Weiß-Denken

→ Personen, die das Schwarz-Weiß-Denken praktizieren, können nur schwer Zwischentöne erkennen und anerkennen. Ein Ereignis ist entweder gut oder schlecht, das Verhalten einer Person schrecklich oder klasse. Dieses Schwarz-Weiß-Denken verengt nicht nur den Sichtraum sehr stark, sondern führt auch dazu, dass wir härter in unseren Urteilen sind. Das Einnehmen einer anderen Perspektive, das Nachvollziehen warum jemand vielleicht schlecht gehandelt haben mag, aber dabei gute Absichten hatte, geht verloren. In der Intensität sorgt es dafür, dass wir immer extreme Erlebnisse haben, die entweder komplett furchtbar oder komplett gut sind.

So kann Sabine beispielsweise nicht davon ausgehen, dass sie mit manchen Frauen vielleicht nicht so gut klarkommt, andere aber sehr nett sind. In ihrem Schwarz-Weiß-Denken sind Frauen auf einem Haufen ein Garant für Zickenkrieg. Auch wenn es möglich ist, dass sie solche Situationen schon erlebt hat, gab es sicher ebenso Situationen, in denen dies nicht so war oder in denen sich nicht alle Frauen daran beteiligt haben. Diese Grautöne kann sie aber momentan nicht wahrnehmen – für sie gibt es nur „ganz oder gar nicht".

Abschneiden von Gedanken

→ Betroffene versuchen, bestimmte Themen gedanklich komplett auszuklammern, etwa, weil sie die Thematik belastet, sie ihnen unangenehm ist, sie nicht wissen, wie sie damit umgehen sollen oder weil sie ihnen Angst macht. Sie schneiden sich quasi innerlich mit einer gedanklichen Schere alle Gedanken ab, die in die Richtung gehen könnten und arbeiten so mit Vermeidung und Verdrängung.

Während einige Menschen so ganze Bereiche komplett aus ihrem Leben ausklammern, führt es bei anderen dazu, dass sie nur noch stärker von diesen Gedanken belastet werden und sie erleben, dass diese sich ihnen quasi immer stärker aufdrängen. Nicole möchte sich beispielsweise nicht mit Konflikten aus ihrer Vergangenheit auseinandersetzen und versucht, diese aus ihren Gedanken zu verbannen. Wann immer sie dann zur Ruhe kommt, drängen sich ihr diese Gedanken wieder auf.

Externalisieren

→ Während bei dem Personalisieren Menschen dazu neigen, alle Situationen auf sich zu beziehen und sich meist auch die Schuld daran zu geben, kann beim Externalisieren jeder Gedanke an das eigene Zutun vollkommen fremd und überflüssig erscheinen. Die

Gründe für Ereignisse und vor allem für Missgeschicke werden nur im Außen gesucht. Dadurch berauben sich die Betroffenen der Möglichkeit selbst, in die Rolle des/der aktiv Handelnden zu kommen, um so etwas an der Situation zu ändern.

Zudem kann sich das Umfeld falsch bewertet vorkommen und sich auch darüber ärgern, dass die betroffene Person für ihre eigenen Handlungen keine Verantwortung übernimmt und immer denkt, jemand im Außen wäre schuld.

Wenn das Gespräch zwischen der Nachbarin und Sabine wegen der Kehrwoche scheitert, weil Sabine diese mit ihrem Verhalten dafür bereits vor dem Gespräch gedanklich verantwortlich macht, kommt sie gar nicht auf die Idee, dass sie verschiedene Strategien ausprobieren könnte, um zu einem gelingenden Gespräch beizutragen. Ferner könnte die Nachbarin spüren, dass Sabine sich ihr schon ablehnend nähert und sich so verunsichern lassen oder ebenfalls mit Ablehnung reagieren.

Mitdenken für andere

→ Personen, die immer für andere mitdenken, erleben, dass sich diese Gedanken auf ihr Gefühlsleben und ihr Verhalten gegenüber den anderen auswirken, obwohl es sich um ihre eigenen Fantasien handelt. Betroffene spielen etwa mögliche Gespräche im Kopf durch oder interpretieren das Verhalten anderer und schlussfolgern daraus, was sich die Person möglicherweise gedacht hat. Sie behandeln diese Interpretation allerdings wie einen gegebenen Fakt und dies zeigt sich wiederum im Umgangston mit der anderen Person.

So macht Katja sich beispielsweise Sorgen, dass ihr Mann beim Surf-Urlaub unnötige Risiken eingeht und spricht dies in den Diskussionen, die in echte Verhandlungen ausarten, immer wieder an – ohne überhaupt nachgefragt zu haben, was sich ihr Mann wirklich denkt und wie genau seine Pläne aussehen.

Einbahnstraßen-Denken

→ Bei dieser Denkweise werden sämtliche Fakten außer Acht gelassen. Hat die Person sich bereits eine Meinung gebildet, lässt sie keine weiteren Gedankenexperimente zu, nimmt auch keine anderen Sichtweisen ein und erlaubt nicht, dass die bestehenden Gedankengänge durch neue Informationen herausgefordert und gegebenenfalls angepasst werden müssen. Solche Menschen werden oft als sehr starrköpfig und verbohrt erlebt, weil ihnen mit Logik nicht beizukommen ist und sie, auch wenn das Gegenteil längst belegt wurde, nicht von ihrer Sicht auf die Dinge abweichen.

Dieses Denken kann sehr einsam machen, denn andere Menschen werden dazu neigen, die Kommunikation nur sehr ausgewählt aufrechtzuerhalten, um sinnlose Auseinandersetzungen zu vermeiden. So könnte der Mann von Katja einfach nur noch genervt reagieren, wenn seine Frau sich nicht auf ein echtes Gespräch einlässt und er von ihr nicht wirklich gehört wird, sondern nur ihre Meinung und ihre Gedanken im Vordergrund stehen. Oftmals verstummen die Gesprächspartner dann und ziehen sich zurück; wie auch die Kinder und der Mann von Katja - „Da regt Mama sich doch sowieso nur wieder auf. Das erzählen wir ihr besser nicht!", „Wieso sollte ich mit ihr darüber reden. Sie sieht doch eh nur, was sie meint!"

Verschmelzen mit dem Gefühl

→ Gefühl und Wirklichkeit auseinanderzuhalten ist nicht immer leicht. Personen, die sich von ihren Gefühlen übermannen lassen und diese dann als alleinige Wirklichkeit erleben, haben vor allem im Umgang mit anderen Menschen und neuen Herausforderungen Probleme. Wer starke Angst hat und eine vollkommen harmlose Sache als extrem bedrohlich erlebt, wird sich in der entsprechenden Situation so verhalten, als wäre sie wirklich lebensbedrohlich – auch wenn es rein sachlogisch keinen Grund für dieses Verhalten gibt. Wer wie Sabine meint, von allen missachtet zu werden und von Selbsthass belastet ist, wird möglicherweise das Verhalten seiner Mitmenschen als abwertend erleben, nur weil er selbst so fühlt, obwohl sich die anderen in der Realität neutral oder sogar freundlich verhalten.

Entdecke deine innere Welt

„Alles was wir sind, ist das Ergebnis dessen,
was wir zuvor gedacht haben. Der Geist ist alles.
Was wir denken, das werden wir sein."

- Buddha

Im vorausgegangenen Kapitel hast du erfahren, wie sich dein Denken auf deinen Geist und deinen Körper auswirken kann und wie eng Denken und Sprechen miteinander verknüpft sind. Ferner wurden dir typische Gedankenfallen vorgestellt, zu denen wir neigen können und die uns den Umgang mit unseren eigenen Gedanken und das Leben im Allgemeinen schwer machen können.

Dieses Hintergrundwissen kann dir dabei helfen, in diesem Kapitel nun deine eigene Gedankenwelt zu erforschen. Wir Menschen können zwar nicht nicht denken, aber wie wir bereits gelernt haben, sind uns nicht annähernd alle Gedanken auch bewusst. Wir gewöhnen uns über die Jahre bestimmte Denkmuster an und nehmen diese als gegeben hin; nicht selten hinterfragen wir gar nicht mehr, ob das, was wir denken, denn wirklich stimmt, gut für uns ist oder sonst eine Berechtigung hat, ein stetiger Begleiter in unserem Kopf zu sein.

Gerne werden Gedanken mit wilden Affen verglichen, die in deinem Kopf herumspringen und immer wieder um deine Aufmerksamkeit buhlen. Zeitgleich wirken sie sich auch unterbewusst auf dich aus und beeinflussen maßgeblich mit, wie du die Welt und die Menschen um dich herum wahrnimmst.

Unbewusstes Denken ist dabei eine herausfordernde Sache: Viele unserer Denkprozesse geschehen automatisiert; viele davon dringen nicht in unser Bewusstsein vor oder sind dort nur sehr flüchtig, kaum zu greifen, eine vage Idee. Und doch wirken sie sich auf dich und dein Wohlbefinden aus.

Denken wird häufig als Interpretation der eigenen Wirklichkeit verstanden. Aus den genannten Gründen wirst du hiermit zum Erkunden und Reflektieren deiner persönlichen Gedankenwelt eingeladen: Weißt du, auf welche Weise du dich mit deinen Gedanken tagtäglich beschäftigst? Stelle dir einmal die folgenden Fragen, um dem Ganzen auf die Spur zu kommen:

- Bist du dir deiner Gedanken zwischendurch bewusst?
- Erlebst du deine Gedanken mitunter als störend?
- Gibt es Themen, die du gedanklich lieber aussparst?
- Wirst du von bedrückenden Gedanken geplagt?
- Kannst du in Entspannungsmomenten abschalten oder halten dich bestimmte Gedanken davon ab?
- Fällt es dir schwer, abends zur Ruhe zu kommen und einzuschlafen, weil dein Kopf nicht still wird?
- Kannst du Entspannungstechniken nutzen, beispielsweise meditieren, oder macht dir das „Monkey Mind" da einen Strich durch die Rechnung?
- Erlebst du es, dass du dich in Gedankenspiralen verfängst oder in eine Art Grübelzwang gerätst?
- Erlebst du diese Form des Denkens als angenehm oder unangenehm?

Sonnenschein oder trüber Nebel?

"Die Hauptursache für Unglücklichsein ist niemals die Situation, sondern unsere Gedanken darüber."

— Eckhart Tolle

Meist lässt sich unsere Art zu denken gut einer der beiden Seiten zuordnen – der optimistischen oder der pessimistischen. Diese Art muss sich aber nicht durch alle Bereiche unseres Lebens durchziehen, sondern kann je nach Thema wechseln. Einstellungen gegenüber bestimmten Lebensanteilen können aufgrund unserer Erziehung entstanden sein – „Sei immer bescheiden und erwarte nicht, dass dir jemand dankt", „Wir Müllers sind Arbeitstiere, wir verstehen nix von hoher Bildung und die brauchen wir auch nicht!" Auch können diese Einstellungen das Ergebnis von Aussagen sein, die uns sehr beeindruckt haben – negativ oder positiv – oder nach eindrucksvollen Erfahrungen von uns übernommen wurden. Nicht immer ist uns aber bewusst, in welchen Bereichen unseres Lebens wir eher sonnige Aussichten erwarten und in welchen Bereichen wir eher auf trübe Aussichten eingestellt sind.

Deswegen sollst du zunächst die Möglichkeit haben, einmal zu hinterfragen, welche Gedanken du zu deinen wichtigsten Lebensbereichen hegst und auch herausfiltern, ob es sich dabei eher um negative, neutrale oder positive Gedanken handelt.

Schreibe bitte dafür 2 oder 3 typische Gedanken zu den einzelnen Lebensbereichen auf, die du unten in dem Schaubild siehst.

Schnapp dir danach ein paar Buntstifte und färbe die Kästen ein: Für negative Gedanken verwende Braun, für neutrale Gedanken Blau und für positive Gelb. (Wenn du andere Farben mit diesen Begriffen verbindest, kannst du natürlich auch diese verwenden und das Schaubild entsprechend ausmalen!)

„Ich kann das nicht…"

Nimm dir ruhig ein paar Minuten Zeit, um diese kleine Aufgabe zu erledigen. Aber versuche nicht, deine Gedanken zu zensieren, sondern schreib wirklich die Sätze auf, die dir als Erstes in den Kopf kommen – auch wenn diese möglicherweise so gar nicht angemessen, korrekt oder freundlich sind.

Freundschaften	Berufsleben	Lernen/eigene Entwicklung
Familie	Alltag	Zukunft
Spiritualität/Glaube	Gesundheit	Vergangenheit

Halte noch mal einen kleinen Moment inne und lasse deinen Blick auf dem Schaubild verweilen.

Stelle dir danach folgende Fragen:
- Wie sieht dein Schaubild jetzt aus?
- Welche Farben überwiegen?
- Überrascht dich das Ergebnis oder stimmt es mit dem Bild, das du von dir selbst hast, überein?
- Passt es zu dem Bild, das du deinen Mitmenschen nach außen präsentierst?

- Wie fühlst du dich, wenn du dein Schaubild fertig ausgefüllt vor dir siehst?
- Bemerkst du irgendwelche körperlichen Veränderungen? Fühlst du Anspannung, Enge oder Wärme in deinem Körper?

Versuche, das Schaubild als Teil deiner aktuellen Bestandsaufnahme zu sehen. Es sagt nichts über dein „Für-Immer" aus; es ist eine Momentaufnahme, damit du weißt, wo du stehst und um welche Bereiche du dich möglicherweise kümmern solltest, um dich besser zu fühlen.

Vielleicht fällt es dir schwer, die Wertung außen vor zu lassen. Wenn das so ist, gönne dir genügend Pausen, um negativen Gedanken nicht allzu viel Raum zu geben und das Ganze sacken zu lassen.

Schaue dir dann als Nächstes bitte an, welche Themen zentral für dich sind und in deinen täglichen Gedanken eine prominente Rolle zu spielen scheinen.

- Womit beschäftigst du dich innerlich am häufigsten?
- Dreht es sich bei dir gedanklich um Aspekte wie Zuversicht und Tatendrang, Ideen, Pläne oder die Zuneigung zu anderen und Wertschätzung dessen, was dein Leben ausmacht?
- Beschäftigen dich Alltagsdinge, sodass kein Raum für kreative Ideen oder neue Experimente da ist?
- Oder wirst du gedanklich vollkommen von Ängsten und Sorgen eingenommen?
- Um welche Themen drehen sich deine Gedanken konkret? Wer kommt darin am meisten vor und welche Rolle spielen diese Personen?
- Wie sind deine Gedanken zu dir selbst? Dominieren gedanklich Leute außerhalb deiner Familie, etwa aus deiner Berufswelt, oder beschäftigst du dich am meisten mit deiner Familiensituation?

- Würdest du sagen, dass sich deine Gedanken hauptsächlich um dein Leben im Hier und Jetzt drehen, oder bist du gedanklich eher in der Vergangenheit oder der Zukunft unterwegs?
- Schaust du versöhnlich auf deine Vergangenheit oder sind die Gedanken hier eher bitter?
- Welche Emotionen bemerkst du, wenn du an deine Zukunft denkst?

Achte bitte auch darauf, ob und wie deine eigene Denksprache sich bei den einzelnen Themenfeldern verändert: Wenn du magst, kannst du dazu deine Gedanken mal laut ausformulieren. Das ist gar nicht so leicht wie es klingt, aber das freie und laute Aussprechen von all dem, was dir in den Kopf kommt, kann dir dabei helfen, dir deiner Strukturen und Muster bewusst zu werden und sie nach und nach aufzudecken.

Vielleicht magst du dich dabei ja auch aufnehmen, um anschließend alles in Ruhe verschriftlichen zu können?

Wenn dir das laute Aussprechen komisch vorkommt, greife einfach direkt zu Stift und Zettel und schreibe alles auf: Jeden Gedanken, der dir in den Sinn kommt, auch wenn das bedeutet, dass du einen alten nicht zu Ende formulierst oder die Grammatik nicht korrekt ist. Dieses freie Schreiben wird beim therapeutischen Schreiben gerne dazu benutzt, um Unterbewusstes ins Bewusstsein zu holen. Es kann gut und gerne sein, dass du von deinem Hauptthema abweichst, während du schreibst, und dich vielleicht ganz konkret einem Themenkomplex zuwendest, warum du immer an diese eine Sache denken musst und wie sehr dich das nervt. Lass das ruhig zu und lass dich vollkommen auf den Prozess ein. Vielleicht überraschst du dich selbst mit dem, was da zu Tage kommt.

Ursprung der Gedanken

„Wir können Denker aufteilen in die, die selbst denken und in die, die durch andere denken. Die Letzteren sind die Regel und die Ersteren die Ausnahme. Die Ersten sind schöpferische Denker in doppeltem Sinne und Egoisten in der edelsten Bedeutung des Wortes."

- Arthur Schopenhauer

Nachdem du dich nun deiner Gedankenwelt genähert und sie unter die Lupe genommen hast, fragst du dich vielleicht, wo der Ursprung deiner Gedanken ist: Wie sind deine Gedanken zustande gekommen?

Die Forschung beschäftigt sich aktuell mittels Zwillingsstudien noch damit, inwiefern Denken genetisch bedingt ist. Fest steht bisher, dass die Kultur, in die wir hineingeboren werden und die Sprache, mit der wir aufwachsen, unsere Gedankenwelt mit beeinflussen.

Jede Kultur hat eigene Werte und Gedankenmuster, Tabuthemen, über die nicht nachgedacht werden soll und Motive, die die Gemüter dieser Zeit sehr beschäftigen.

Während zu Zeiten der Aufklärung das rationale Denken in Mode war und der Mensch dazu aufgerufen wurde, sich seines eigenen Verstandes zu bedienen, wurde das verkopfte Denken in Zeiten der Romantik oder des Sturm und Drangs eher skeptisch betrachtet. Der Fokus lag auf kreativem Denken und den Emotionen.

Somit unterliegt das Denken gewissen Moden und je nachdem, in welche Kultur und in welche Klasse wir hineingeboren werden, wirken sich diese Moden darauf aus, wie sich unser Denken entwickelt.

Als Heranwachsende merken wir, welche Form von Denken bei unseren Erziehungsberechtigten gut ankommt und ob Unterschiede gemacht werden bezüglich des Geschlechts und Alters. „Darüber brauchst du dir nicht dein hübsches Köpfchen zerbrechen. Dafür bist du noch zu jung!" und „Das ist doch nichts für ein junges Mädchen. Lass das mal die Männer durchdenken. Da braucht's den männlichen Verstand für!" sind Sätze, die Kindern immer noch gesagt werden und die deren Denken dann in bestimmte Richtungen lenken können.

Zusätzlich beeinflusst die Sprache, die in unserer Kindheit dominant ist, unser Denken und wie wir die Welt sehen, beispielsweise, ob wir bestimmte Dinge als weiblich oder männlich ansehen (wir kennen den Mond als männlichen Himmelskörper, während dieser Himmelskörper in vielen anderen Sprachen weiblich ist). In unseren Lehrbüchern gab es den Chef und die Sekretärin und den Piloten und die Stewardess. Die Art und Weise wie wir Aktivitäten beschreiben, entnehmen wir Mustern, die wir aus unserem direkten Umfeld (Eltern, Geschwister, Erziehende, Peergroup) übernehmen.

Auch wie wir über bestimmte Gruppen oder Themen denken, wird durch die Werte unserer Gesellschaft und die Werte und Bräuche innerhalb unserer Familie beeinflusst. Wir bemerken dies, wenn wir aus unseren vertrauten Gruppen ausbrechen, auf „Andersdenkende" treffen und im Jugendalter erstmals bewusst damit beginnen, uns von den übernommenen Werten und Annahmen abzugrenzen, diese zu hinterfragen und dann eine Integration der neuen eigenen Gedanken in die alten übernommenen Denkmuster versuchen.

Jede von uns hat im Laufe des Lebens Einstellungen und Gedankenmuster übernommen, manche bewusst, sehr viele unbewusst und ganz nebenbei.

Gründe für die Gedankenfallen

Wenn du dir jetzt noch mal die Liste mit den erwähnten Gedankenfallen vor Augen führst, wirst du dich vielleicht fragen, wie solche Muster entstehen können – schließlich sind sie schlecht für unser Wohlbefinden und uns und unseren ehemaligen Erziehungsberechtigten sollte doch daran gelegen gewesen sein, dass es uns gut geht.

Bevor du in dir negativ besetzte Emotionen aufsteigen lässt, halte dir und deinem Umfeld bitte zugute, dass Menschen manchmal Dinge tun und an Sachen festhalten, die auf den ersten Blick der Logik widersprechen – und das keinesfalls zwingend deshalb, weil sie etwas Böses im Schilde führen.

Die Gründe dafür können ebenso vielfältig sein wie die Gedankenfallen: Wir können an Denkmustern festhalten, weil sie den sozialen Normen entsprechen und wir nicht anders sein wollen, weil wir dadurch Nähe zu für uns wichtigen Menschen erzeugen möchten, weil wir sie einfach gewohnt sind, weil sie den Weg des geringsten Widerstandes bieten oder schlichtweg, weil sie uns vertraut sind und eine gewisse Sicherheit generieren.

Sicherheit ist eine höchst wichtige Komponente für den Menschen. Unsere Eltern wollten mit großer Wahrscheinlichkeit alles dafür tun, damit unsere Sicherheit gewährleistet ist, genau wie wir uns dies heute für unsere Liebsten wünschen.

Haben unsere Eltern uns daher ähnlich wie Sabines Eltern beigebracht, dass wir nichts Gutes von der Welt da draußen denken dürfen, damit wir nicht in eine Gefahr hineinlaufen, dann ist das vermutlich bestens gemeint gewesen.

Die Idee, dass dadurch auch viele Schwierigkeiten entstehen können, die dir den Umgang mit anderen erschweren, wurde höchstwahrscheinlich gar nicht bedacht. (Obwohl es durchaus auch Konstellationen gibt, in denen Familienangehörige einen durch Angstmacherei im innersten Familienkreis zu halten versuchen und eine enge Bindung dadurch erzeugen, indem die Gedanken an die Außenwelt alle negativ gefärbt sind – ähnlich wie bei Rapunzel, die in ihrem Turm gefangen ist und die Außenwelt fürchtet. Als sie ausbricht, ist sie gedanklich, trotz ihrer positiven Erfahrungen, hin und her gerissen.)

„Ich kann das nicht…"

Auch du selbst wirst nicht absichtlich Gedankenmuster erschaffen haben, die dir schaden. Vielleicht haben sie in einer bestimmten Situation wunderbar als Schutzmechanismus funktioniert und in dieser Funktion wunderbare Dienste geleistet. Leider neigt der Mensch zum Generalisieren und zum Festhalten an Bekanntem.

Hat sich nun deine Situation geändert, könntest du deine Schutzgedanken ähnlich wie einen Regenschirm zuklappen, den du nicht mehr benötigst, sobald die Sonne wieder hinter den Wolken hervorkommt. Du bist aber so sehr an das Halten des Regenschirmes gewöhnt oder befürchtest, auch nur einen einzigen zufälligen Regentropfen abzubekommen, dass du ihn nicht einfach zuklappen magst oder kannst.

Du siehst – häufig handelt es sich um einen Mix aus Gewohnheit und Schutzbedürfnis, warum Menschen an maladaptiven Gedankenmustern festhalten. Häufig ist ihnen gar nicht bewusst, dass ihnen diese Gedanken schaden oder für eine Belastung in ihrem Leben sorgen – sie merken nur, dass sie etwas ausbremst oder dass etwas nicht stimmt.

Doch auch wenn wir längst bemerkt haben, dass uns bestimmte Gedankenwege nicht guttun, dass sie mittlerweile überholt sind und wir uns eigentlich längst weiterentwickelt haben, kann es passieren, dass wir an diesen Mustern festhalten.

Schließlich haben wir früher die Erfahrung gemacht, dass uns diese Gedankengänge dabei geholfen haben, mit schwierigen Situationen besser zurechtzukommen. Das hat sogar gut funktioniert. Warum sollte es jetzt nicht funktionieren und was wäre die Alternative?

Du kannst dich prima an deine früheren Entscheidungen und Gedanken erinnern, aber neue Gedankenmuster zu entwickeln, dauert eine Weile. Es kostet Kraft und auch Anstrengung, diese zu etablieren und aufrechtzuerhalten. Und wer weiß, ob die dann wirklich besser sind?

Also entscheidest du dich für das Althergebrachte, was vielleicht einige Unannehmlichkeiten mit sich bringen mag, dir aber bekannt und wenig anstrengend ist und irgendwie ein Gefühl von Sicherheit vermittelt.

Schwarzmalerei kann von Betroffenen dazu genutzt werden, die eigenen Erwartungen kleinzuhalten, um sich so vor potenziellen Enttäuschungen und Verlusten zu schützen.

Das gilt auch für den Pessimismus. Wer sich und seine Umwelt so wenig optimistisch betrachtet, verbleibt zudem meist in seiner angestammten Rolle und wagt sich nicht aus der Komfortzone, was Mut und Hoffnung erfordern würde. Dadurch bleiben die Sozialgefüge vor Ort bestehen und alles behält seine Ordnung.

Das Schwarz-Weiß-Denken wird ebenfalls unbewusst oft als ordnendes Element genutzt und dient zur Vereinfachung einer komplizierten und höchst widersprüchlichen Welt. Unsicherheiten und Widersprüche sind für viele Menschen schwer zu ertragen. Lässt sich die Welt aber klar in Gut und Böse einteilen, fallen zwar viele Facetten weg, das Ganze ist aber leichter zu überblicken und scheinbar auch leichter zu „beherrschen".

Die Gedankenfalle Gedankenabschneiden wird häufig eingesetzt, um Emotionen im Zaum zu halten. Traumatisierte Menschen können oft willentlich nicht auf bestimmte Erinnerungen oder Themen zugreifen. Die Gedanken sind ihnen bewusst nicht zugänglich, um sie vor den Auswirkungen der damit verbundenen Emotionen zu schützen. Schneiden wir uns selbst die Gedanken ab, können wir uns eine solche Schutzfunktion schaffen wollen. Auch Risiken können damit kleingehalten werden, denn wenn wir keine neuen Gedankenwege erlauben, dann bleibt alles schön beim Alten und wir bei unseren bekannten Wegen. Wir schaffen keine Unruhe und bringen niemanden gegen uns auf, indem wir vielleicht Dinge hinterfragen, zu denen wir uns unsere eigenen Gedanken gemacht haben.

Beim Externalisieren schieben wir die Verantwortung für Ereignisse oder auch unsere eigenen Handlungen weit von uns weg. Die anderen sind schuld – wir müssen uns daher nicht weiter damit befassen, nicht selbst für unsere Taten einstehen oder möglicherweise etwas an uns oder unserer aktuellen Situation ändern. Auch hier steht meist ein Sicherheitsbedürfnis an erster Stelle, denn Veränderung bedeutet immer auch Neuland und Risiko und könnte dazu führen, dass wir in unserem bisherigen sozialen Netz eine neue Rolle einnehmen oder erkämpfen müssten.

Das Einbahnstraßen-Denken funktioniert ähnlich klärend wie das Schwarz-Weiß-Denken. Es verschafft enorme Sicherheit, wenn wir eine richtige Denkweise als Maxime haben und einfach alles andere als falsch abtun können. So müssen wir keine Ambivalenz oder Pluralität aushalten und Gegensätze miteinander vereinen, sondern können einfach unsere Maxime in den Mittelpunkt stellen und allem anderen den Rücken zudrehen.

Das Mitdenken für andere ist meist sehr freundlich gemeint. Insbesondere dann, wenn wir sehr empathisch veranlagt sind, ist es uns ein Bedürfnis, den anderen zu verstehen und uns in ihn hineinzuversetzen. Problematisch wird es, wenn wir unserem Gefühl, was derjenige wohl denken mag, mehr entsprechen als dem, was uns der andere über seine tatsächlichen Gedanken mitteilt. Auch wenn wir es gewohnt sind, für andere mitzudenken, etwa, weil wir uns um kleine Kinder oder Pflegebedürftige kümmern, kann es sein, dass wir aus Gewohnheit dazu neigen oder so einfach bei Zeitmangel Unterhaltungen abkürzen möchten, ohne dass uns dabei unbedingt bewusstwird, dass wir andere verkindlichen oder darum bringen, ihren eigenen Standpunkt klarzumachen.

Mit dem Gefühl zu verschmelzen kann verschiedenste Gründe haben. Vielleicht werden wir einfach so stark von einer Emotion übermannt, dass unser rationales Denken in den Hintergrund tritt. Vielleicht sind wir so eingeschossen auf eine Emotion, dass wir ihr gewohnheitsmäßig viel Raum geben und so verhindern, dass auch andere Sicht- und Denkweisen ausprobiert werden können.

Du siehst also: Die Gründe, warum sich unangenehme Denkmuster hartnäckig halten, können mannigfaltig sein. Deshalb ist es so schwierig, sich auf neue Wege zu wagen und das unabhängige Denken zu kultivieren, um selbstbestimmt agieren zu können.

Unabhängiges Denken und Handeln - Selbstbestimmt agieren

„Einige Menschen studieren ihr ganzes Leben, und bei ihrem Tod haben sie alles gelernt, außer zu denken."

- Francois-Urbain Domergue

Vielleicht erscheinen dir das Aufdecken deiner inneren Gedankenmuster, das Erkennen deiner eigenen Denksprache und die Erkenntnis, dass du viele Strukturen unbewusst oder entgegen deinem Willen doch übernommen hast, auf den ersten Blick als sehr ernüchternd. Möglicherweise kommen in dir auch Emotionen wie Trauer, Ärger, Scham oder Angst hoch. Auch wenn es schwerfallen mag – bitte versuche, dich nicht zu bewerten. Weder für die Gedankenmuster, die du unbewusst übernommen hast, noch die, die du entwickelt hast, obwohl sie nicht förderlich für dich sind und schon gar nicht für die, die sich bei dir eingenistet haben, obwohl du sie von ganzem Herzen ablehnst.

Manche Betrachtungsweisen wurden uns von klein auf täglich neu präsentiert und haben somit dazu beigetragen, wie wir die Welt wahrgenommen und erlebt haben.

Wenn dir, wie bei Sabine, von frühster Kindheit an eingeschärft wurde, dass dir in dieser Welt nichts geschenkt wird und die anderen eine stetige Bedrohung sind – dann spielt sich dieser Gedanke als ständige Hintergrundmusik in deinem Kopf ab, auch wenn du es als Heranwachsende oder Erwachsene anders erlebt haben magst.

„Ich kann das nicht…"

Ähnlich verhält es sich auch, wenn du an grundlegenden Werten oder Denkstrukturen deiner Kultur zu rütteln beginnst, sie hinterfragst oder sie nicht mehr zu dem passen, mit dem du dich identifizierst.

Du kannst von ganzem Herzen überzeugt sein, dass andere Denkmuster besser zu dir passen – aber es erfordert Mut und Ausdauer, den Kopf davon zu überzeugen, selbst zu denken und nicht mit dem mitzugehen, was die Masse sagt oder „was schon immer so war" – schließlich ist da ja die verflixte Angst davor, ausgeschlossen zu werden oder sich zu irren.

Versuchst du nun, eigene Denkmuster zu etablieren, um frei und selbstbestimmt leben zu können, berücksichtige bitte, dass dieser Prozess anstrengend und manchmal sogar angsteinflößend sein kann. Überlege dir, wie und wo du Sicherheit bekommst, um dein Bedürfnis danach zu befriedigen und erlaube dir Verschnaufpausen.

Wie sich deine Gedanken auf dein Leben auswirken können

„Vergiss nicht, Glück hängt nicht davon ab, wer du bist oder was du hast; es hängt nur davon ab, was du denkst."

- Dale Carnegie

Wie geht es dir nun, nachdem du mehr Wissen über Gedankenvorgänge und den Zusammenhang zwischen Denken, Sprache, Handeln und Emotionen bekommen hast? Überlegst du, wie du dein neues Wissen dafür einsetzen kannst, deinen persönlichen Gedankenfallen aus dem Weg zu gehen?

Der Dalai Lama sagt: „Wollen wir unsere negativen Emotionen verringern und unsere positiven Emotionen stärken, so müssen wir wissen, wie unser Geist arbeitet."

Du weißt nun, welche Auswirkungen dein eigenes Denken auf deine psychische und physische Gesundheit haben kann und wie Grübeln und Katastrophengedanken dazu beitragen können, dass du dich um ein ausgeglichenes und buntes Leben bringst.

Oder wie es im Dhammapada heißt: „Selbst deine Mutter, dein Vater oder sonstige Verwandte können dir nicht so viel Gutes geben wie du dir selbst, indem du deine Gedanken in Ordnung hältst."

Die gute Nachricht ist: Wir sind unseren Gedanken nicht einfach ausgeliefert!

Gedankenmuster können erkannt und verändert werden. Dieser Umstand wird sich beispielsweise auch in den verschiedenen Arten der Psychotherapie zunutze gemacht: In der Verhaltenstherapie und der kognitiven Therapie wird von der Annahme ausgegangen, dass die Person nach einem Vorfall dauerhaft weniger unter dem Vorfall an sich leidet, sondern vor allem die Art und Weise, wie die Person selbst über den Vorfall denkt, dafür verantwortlich ist, dass es ihr weiterhin schlecht geht.

Auch andere Therapieansätze arbeiten damit, dass sich Klienten über ihre Denkmuster und Grundannahmen bewusstwerden und diese von negativen Mustern in für sie förderliche Muster umändern. Das innere Gedankengeflecht bewusst machen, auseinanderdröseln und auf Angemessenheit überprüfen, kannst du auch abseits einer therapeutischen Begleitung – wobei eine solche Unterstützung definitiv empfehlenswert ist, wenn du merkst, dass du selbst an deine Grenzen kommst oder es Themengebiete gibt, bei denen du Verdrängung befürchtest.

Wie kannst du nun selbst aktiv werden und was kann das Lösen von unerwünschten Gedankenmustern bewirken?

Der Psychotherapeut Dieter Schwartz sagt im Vorwort zu Albert Ellis' Buch über die von ihm entwickelte Rational-Emotive Verhaltenstherapie, kurz REVT: „Die Therapieforschung hat gezeigt, dass emotionale Probleme hauptsächlich auf bestimmte Erwartungen und Einstellungen gegenüber sich selbst, anderen Menschen und der Welt zurückzuführen sind – […]. Indem wir lernen, unsere selbstschädigenden Einstellungen zu verändern, entwickeln wir größere Fähigkeiten, mit gegenwärtigen Problemen umzugehen und ein freieres, unabhängigeres und emotional befriedigendes Leben zu führen."

Bei kognitiven und behavioralen Therapieansätzen geht man davon aus, dass die Realität zwar subjektiv gebildet wird, es aber zwei Möglichkeiten gibt, ihr zu begegnen. Sabine aus unserem Beispiel ist sehr negativ gegenüber der Welt und ihren Mitmenschen eingestellt. Sie ist unsicher, befürchtet stets, abgelehnt zu werden und zeigt sich selbst darum im Vorfeld eher desillusioniert. Bekommt Sabine nun mit, dass sie zu dem Elterntreff aus dem Beispiel keine Einladung bekommen hat, während die anderen in der Schul-Messenger-Gruppe darüber schreiben, wird sie vermutlich mit sogenannten irrationalen Gedanken reagieren: „Die mögen mich nicht, habe ich ja gewusst. Die wollen mich nicht dabeihaben. Naja, ich passe ja eh nicht in die Truppe, da geschieht es mir vermutlich auch recht. Was glaube ich auch immer, dass man mich mögen könnte." Wir haben festgestellt, dass Gedanken zu Verhalten führen. Vielleicht würde Sabine sich nun noch mehr aus der Gruppe zurückziehen, zu keinem Treffen mehr gehen, die anderen auch ignorieren oder eine schnippische Bemerkung machen.

Eine Person mit positivem Blick auf die Welt würde vielleicht davon ausgehen, dass die E-Mail im Spam-Ordner verloren gegangen ist oder das Treffen nur für die Eltern der Schüler gilt, deren Kinder diesen Schulausflug mitmachen wollen. Entsprechende Handlungen wären ein Nachfragen, für wen das Treffen gedacht ist oder ein Nachschauen im Spam-Ordner.

In der Therapie werden verschiedene Ansätze dazu genutzt, die Gedankenmuster der Klienten zu verändern: Das Selbstbewusstsein wird aufgebaut und Gedankenabläufe und emotionale Grundannahmen werden erkannt. Verhaltenstherapie dient zum Einüben neuer Strategien im Umgang mit den eigenen irrationalen Denkmustern und dem Umgang mit anderen.

Es geht darum, den Kreislauf aus negativen Gedanken und Gefühlen sowie dem daraus resultierenden Verhalten, das weitere negative Gedanken und Gefühle erzeugt, auszubrechen.

In Aktion treten – Gedankenmuster verändern

Mit folgenden Tipps und Techniken kannst du damit beginnen, in deinem Kopf aufzuräumen! Manche Vorschläge nehmen etwas mehr Zeit in Anspruch und wirken langfristig – wie eben bei einem richtigen Großputz.

Stelle dir vor, dass du deinen Kopf von altem Gerümpel, unnötigen und überholten, schädlichen Gedankenmustern befreist und so Raum schaffst, für all das Gute, was in deinem Leben momentan zu wenig Beachtung findet. Denn nur da, wo Platz vorhanden und die Sicht frei ist, kannst du auch Neues entdecken!

Mental Load reduzieren

Der erste Gefallen, den du dir tun kannst: Mental Load verteilen. Also die ganze Denkarbeit, die beim Organisieren deiner Familie, deines Soziallebens, deines Alltags anfällt: Du musst nicht an alles alleine denken, du musst nicht für alle mitdenken. Nimm deine Kinder und deinen Lieblingsmenschen in die Pflicht! Spiele nicht die Erinnerungsfunktion für Kollegen! Sie können für sich selbst denken und es ist nicht deine Aufgabe, jedem anderen das Leben so bequem wie möglich zu machen. Du wirst erstaunt sein, wie viel Raum dann plötzlich für deine eigenen Gedanken herrscht!

Organisieren

Organisiere dich auch darüber hinaus. Schreibe dir Erinnerungen und Listen, vereinfache tägliche Aufgaben, damit du nicht immer wieder neu die gleichen Gedankenprozesse starten musst und dich möglicherweise in ihnen verlierst. Schaffe Raum für das, was dir wirklich wichtig ist. Schenke wenigen Dingen bewusst deine Aufmerksamkeit. Stelle dir deinen Kopf vor wie einen Schreibtisch: An einem Arbeitsplatz der vor Notizen, Zetteln und einer unerledigten Ablage nur so überquillt, kommst du zu keinem klaren Gedanken. Ist der Schreibtisch aufgeräumt, wird auch das fokussierte Arbeiten leichter. Ähnlich verhält es sich mit deinem Denken: Wenn du nicht vollkommen überfordert bist mit zig Dingen, an die du denken musst, ist mehr Ruhe, um sich bewusst auf bestimmte Dinge zu konzentrieren und hier gedanklich wirklich dabei zu sein.

Gedankentagebuch

Wenn du dir deiner Gedanken im Alltag eher weniger bewusst bist, kann es hilfreich sein, ein Gedankentagebuch zu schreiben. Wann immer dir ein Gedanke auffällt, notierst du ihn. Das kannst du ein paar Tage hintereinander machen. Schaue dir dann mal an, welche Gedanken einen Großteil deines Tages bestimmen. Wie fühlst du dich, wenn du deine Einträge liest und wie haben die Gedanken deine Stimmung und dein Handeln an dem Tag beeinflusst? Eine solche Rückschau kann schon dabei helfen, bestimmte Muster zu erkennen und sich diese bewusst zu machen.

Notiere dir auch, wenn du eine der typischen Gedankenfallen bei dir bemerkst.

Wenn du magst, kannst du auch überlegen, wieso du wohl in diese Falle hineingetappt bist? War Gewohnheit im Spiel oder der Wunsch nach Anerkennung oder Gemeinschaft?

Sprachenhausputz

Generalisieren und personalisieren sind typische Fallstricke beim Denken. Versuche daher mal ganz bewusst, bestimmte Wörter in deiner gedanklichen Kommunikation auszulassen, die diese beiden Vorgänge befeuern, beispielsweise „immer", „ständig" und „nur mir". Du kannst in deinem Gedankentagebuch nachschauen, welche Erkennungswörter du persönlich verwendest und diese erst mal in den Urlaub schicken. Ebenfalls auslassen kannst du versuchsweise Begriffe wie „müssen", „sollen" und „nie".

Bewusstes Gedankenmachen

Nimm dir immer wieder mal ein paar Minuten Zeit, um dir über Themen, die dir wirklich am Herzen liegen, bewusst Gedanken zu machen. Lege deinen ganzen Fokus darauf und setze dich aktiv mit dem jeweiligen Thema auseinander. Wenn du magst, kannst du auch mit visuellen Techniken arbeiten, etwa einer Mind-Map oder einem Vision-Board. So setzt du zusätzliche Anreize.

Übertreiben

Katastrophengedanken sind schrecklich. Und sie sind verdammt überzeugend. Was ist aber, wenn du dem Katastrophisieren den Stachel ziehen kannst? Versuche es einmal mit ganz bewusster Übertreibung. Wenn du merkst, dass du ins Katastrophisieren verfällst, dann leg eine Schippe drauf. Gib den sterbenden Schwan. Lass jede Soapdarstellerin alt aussehen. Wenn du magst, kannst du das Ganze noch bewusst ins Lächerliche ziehen, indem du mit einer verstellten Stimme redest. Meist entsteht dadurch schon die Möglichkeit, innerlich Distanz zu schaffen und sich klar zu werden, dass es sich um Überzeichnungen, nicht um die Realität handelt.

Negative Gedanken bewusst durch positive ersetzen

Schreibe alle negativen Gedanken, die du zu einem Thema hast, untereinander in einer Spalte auf. Fülle nun die gegenüberliegende Spalte mit positiven Aspekten zu dem Thema beziehungsweise mit einer positiven Betrachtungsweise. Versuche, das große Ganze zu sehen.

Aus dem negativen Gedanken „Ich habe heute schon wieder nicht die 5 Kilometer beim Joggen geschafft!" könnte die positive Betrachtungsweise „Ich habe mich bewegt und arbeite weiter an meinem Ziel!" werden.

Denkmuster langfristig verändern

„Alle aufrichtigen und weisen Gedanken sind bereits tausende Male gedacht worden, aber um sie uns wirklich zu eigen zu machen, müssen wir sie immer wieder ehrlich denken, bis sie in unserem persönlichen Ausdruck Wurzel schlagen."

- Johann Wolfgang von Goethe

Wie sich deine Gedanken auf dein Leben auswirken können

Wie wir immer wieder feststellen, sind wir als Menschen echte Gewohnheitstiere. Wir beschweren uns zwar gern über den immer gleichen Trott, aber Routinen und Alltag geben unserem Leben Stabilität und Sicherheit. Diese Sicherheit und Stabilität werden uns leider auch durch Muster vermittelt, die möglicherweise schädlich für uns sein können – eben einfach, weil sie gefühlt schon immer da waren und somit ein sicherer Hafen sind, etwas über das wir uns in dieser komplizierten Welt keine Gedanken machen müssen.

Du weißt natürlich längst, dass dir bestimmte Gedankenmuster nicht guttun. Du spürst vielleicht sogar körperlich, wie negativ sich manche Gedanken und Vorstellungen auf dich auswirken. Du spürst ein unangenehmes Kneifen in der Magengegend, wenn du an die blöden Sprüche des Chefs denkst oder dir fällt auf, dass du den Kiefer ziemlich fest aufeinandergepresst hast, nachdem du das x-te Mal darüber nachgedacht hast, wie du nur all die Aufgaben bewältigen sollst, die sich auf deiner schier endlosen To-do-Liste tummeln.

Und trotzdem rutschst du immer wieder in diese Gedankenmuster hinein. Kennst du das Bild mit der asphaltierten Autobahn und dem kaum sichtbaren Trampelpfad durchs Unterholz? Dein Gehirn greift zu der unkomplizierten, zu der viel genutzten Route. Hier setzen die folgenden Übungen an: Du kultivierst aktiv eine positive Denkweise und das bewusste Ausrichten auf schöne Dinge. Kennst du das: Du fragst deine Tochter nach dem Ausflug, wie es ihr gefallen hat und sie zählt die lange Busfahrt, die miese Verpflegung und den Regen am Ende auf. Wenn du dann nachfragst, was es denn Schönes gab, erntest du vielleicht ein Stocken, aber dann gibt es meist auch erstaunlich viel zu erzählen. Wir sind es aber häufig nicht gewohnt, so zu denken und zu sprechen. Negatives bekommt Aufmerksamkeit und ist ein beliebter Gesprächsstoff – denke nur an die Schlagzeilen in Zeitungen und im Social-Media-Bereich. Der Anteil an positiven Neuigkeiten und negativen Neuigkeiten ist äußerst unausgewogen – obwohl es sehr viel Berichtenswertes gibt, was für die Menschen positiv ist.

„Das Erscheinungsbild der Dinge wechselt entsprechend der eigenen Stimmungslage. So sehen wir Magie und Schönheit in Dingen, während die Magie und die Schönheit im Grunde genommen in uns selbst liegen."

- Khalil Gibran

Du kannst mit einigen Übungen aber deinen Blick neu ausrichten und deine Aufmerksamkeit für Schönes schärfen. Wenn deine Gedanken aktiv damit beschäftigt sind, sich auf etwas Gutes zu konzentrieren, wird dir mehr Gutes auffallen. Das ist wie, wenn du überlegst, dir ein rotes Auto zu kaufen und plötzlich fallen dir überall rote Autos auf, die du vorher gar nicht gesehen hattest. Das liegt nicht daran, dass diese vorher nicht bereits da gewesen wären – nein, es ist dein Denken, das deine Wahrnehmung und deine Ausrichtung beeinflusst und so den Blick auf deine Welt mitgestaltet. Dir fallen mit einem besonderen Fokus ganz andere Dinge ins Auge als ohne diesen besonderen Fokus. Wie kannst du dich nun aber so ausrichten, dass du zu positiven Gedanken animiert wirst?

Schönheitsschatzsuche und Dankbarkeit kultivieren

Sicherlich kennst du ein Dankbarkeitstagebuch, in dem du einträgst, wofür du den Tag über dankbar warst. Dieses Aufschreiben hilft zum einen dabei, den kleinen Momenten des Glückes größere Aufmerksamkeit zu schenken und sie beim erneuten Durchleben (während des Aufschreibens) aktiv ins Gedächtnis zu holen. Zum anderen unterstützt es dich dabei, den Tag über den Fokus auf Dinge und Interaktionen mit anderen zu legen, für die du dankbar sein kannst.

Die Schönheitsschatzsuche funktioniert ähnlich. Stelle dich gedanklich auf Schönes ein und achte den Tag über darauf, wo und wann du mit deinen Sinnen etwas Schönes wahrnehmen kannst: Vielleicht ist es der aromatische Duft einer frisch gebrühten Kaffeespezialität, die du dir in der Mittagspause gegönnt hast oder

der besondere Lichtschein, der entsteht, wenn die Sonnenstrahlen durch ein grünes Blätterdach hindurchsickern?

Vielleicht ist es die herzliche Umarmung, die du zwischen zwei Menschen auf der Straße beobachtest oder ein ansteckendes Lachen unten auf der Straße? Wenn du dazu in deinem Alltag gezielt ein paar Augenblicke für Schönheit reservierst, ganz bewusst, und beispielsweise einen Bildband deines Lieblingskünstlers, ein großartiges Kleid oder einen altehrwürdigen Baum bewunderst und deinen Blick darauf ruhen lässt, die Schönheit richtig einsaugen kannst, dann schulst du deine Wahrnehmung dementsprechend.

Insbesondere dann, wenn du wie Nicole eher Negatives erwartest und deine ganze Weltanschauung darauf ausgerichtet ist, kann diese aktive Suche nach Schönem und nach Dingen, für die du dankbar sein kannst, deinen Blickwinkel maßgeblich verändern und dir dabei helfen, andere Sichtweisen ebenfalls zu akzeptieren und vielleicht sogar in dein Leben zu integrieren.

Auch hier ist es reine Übungssache. Du trainierst deinen Kopf darauf, gute Gedanken zu haben. Deine Gedanken werden sich öfter mit Schönem befassen, Schönes wird dir leichter auffallen, du wirst offener und empfänglicher für die großen und kleinen Wunder des Lebens.

Dadurch kommst du Stück für Stück weg von der Schwarzmalerei, die dir dein Leben konstant in dunkelsten Farben zeichnet - zu einer Sichtweise, in der nicht alles düster, auch nicht alles Schwarz-Weiß („Die anderen haben es immer gut, ich habe es immer schlecht getroffen") ist, sondern in der sich dein Leben in all seinen bunten Farben vor dir zu entfalten beginnt.

Wenn du willst, kannst du diese Schönheitsmomente schriftlich festhalten oder anderweitig zelebrieren und so noch festigen: Wie wäre es mit einem Art-Journal, in dem du deine Eindrücke festhältst, einem Foto pro Tag oder einem Gedicht? Auch diese Auseinandersetzung mit dem Gesehenen und Erlebten, stärkt die Verbindung zu dem Schönen im Leben und hilft dabei, neue Wege deiner Gedankenautobahn zu festigen und auszubauen.

Achtsames zuordnen

Achtsamkeit lässt sich auf viele Arten kultivieren und kann dir auf ebenso viele Arten dabei helfen, deine Gedanken klarer zu erkennen, besser in den Griff zu bekommen und so zu verändern, dass du dich mit ihnen wohlfühlst.

Eigentlich ist die Achtsamkeit bei allen in diesem Buch vorgestellten Übungen deine ständige Begleiterin, aber trotzdem lohnt es sich, gezielt einige Achtsamkeitsübungen auszuprobieren.

Die hier vorgestellte Übung soll dir dabei helfen, deine Gedanken als Gedanken zu erkennen und nicht mit dir selbst zu verwechseln.

Oftmals lassen wir uns von einem Gedanken komplett einnehmen. Er überfällt uns und wir geraten in eine Lawine an Gefühlen. Wenn Sabine an dieses blöde Gespräch bei der Arbeit denkt, schmeckt ihr der Kuchen nicht mehr, der gerade vor ihr höchst appetitlich und verlockend auf dem Teller liegt. Das Gespräch, nachdem Sabine an ihren Fähigkeiten zweifelte, ist schon über zwei Wochen her, der Kuchen liegt noch direkt vor ihr. Ist sein Geruch jetzt weniger köstlich?

Nein, Sabine identifiziert sich nur mit diesen Gedanken an das Gespräch. Aus dem Gedanken „Der hat mir das Gefühl gegeben, ich sei inkompetent" wird „Ich bin inkompetent." Aus „Dieser Gedanke stimmt mich traurig" wird „Ich bin traurig."

Wenn in dir ein Gedanke aufsteigt, den du als sehr heftig und einnehmend erlebst, dann versuche innerlich davon zurückzutreten. Bist du allein, kannst du das auch physisch umsetzen. Tritt bewusst einen großen Schritt zurück und stelle geräuschvoll beide Füße fest auf den Boden. Sage dir dann (innerlich oder laut): „Ich bin ich. Ein Gedanke ist ein Gedanke."

Diese einfache Positionierung kann mitunter schon die nötige Distanz schaffen, um sich aus der Angst zu befreien, die nächsten Stunden in einem Grübelanfall unterzugehen. Es nimmt den Gedanken die Macht, sich aufzudrängen und dein Bewusstsein einzunehmen, wenn du dich nicht unmittelbar mit ihnen identifizierst.

Dieses Zurücktreten und bewusste Abgrenzen kannst du immer wieder üben, gerne auch mit körperlichem Einsatz: Du kannst die Arme vor der Brust kreuzen und eine typische Türsteher-Pose einnehmen. Du akzeptierst die Gedanken, aber du lässt nicht zu, dass du dein Sein mit ihnen gleichsetzt.

Wenn du so klar Position bezogen hast, spüre gerne nach: Wie fühlst du dich? Wie fühlt es sich an, die Kontrolle ergriffen zu haben? Konntest du mit den auftretenden Gedanken besser umgehen?

Achte einmal bei regelmäßiger Praxis darauf, ob es dir mit der Zeit leichter fällt, dich nicht mehr so intensiv mit deinen Gedanken zu identifizieren oder ob es dir möglicherweise sogar wie beim Meditieren gelingt, Gedanken als Gedanken zu bemerken und ihnen dann erst mal weiter keine Aufmerksamkeit zu schenken, sondern dich weiter auf das zu fokussieren, mit dem du dich eigentlich gerade beschäftigen wolltest.

Auf die Bremse treten

Hilfreich für Sabine wäre es hier, sich bewusst zu machen, dass ein Gedanke ein Gedanke ist. Er hat mal mehr, mal weniger Informationswert für dich, je nachdem in welcher Situation du bist. Es kann sinnvoll sein, umgehend auf einen Gedankenimpuls zu reagieren – etwa, wenn du gerade deine Einfahrt hinuntergehst und dir dann einfällt, dass du das Dachfenster aufgelassen hast und es heute regnen soll. In diesem Fall schützt dich der Gedanke vor einem nassen Wohnzimmer. Aber nicht immer ist es notwendig, umgehend zu reagieren. Du kannst also üben, zu unterscheiden, wann du sofort eine Reaktion zeigen musst und wann der Gedanke getrost im Hinterstübchen warten darf.

Erste Hilfe für die wilde Affenhorde

Die bereits vorgestellten Methoden sind sehr hilfreich, um deine Gedankenwelt langfristig positiver zu gestalten und deinen Fokus auf andere, angenehme Aspekte deines Lebens zu legen. Eine wohlwollende Einstellung dir und deiner Umgebung gegenüber wird sich enorm auf dich und deine Zufriedenheit auswirken. Was ist aber, wenn es um eine kurzfristige Lösung geht?

Vielleicht lassen dich die Gedanken einfach nicht zur Ruhe kommen und sie springen wie aufgeregte Äffchen in deinem Kopf hin und her. Vielleicht merkst du, wie du beginnst, kopflos zu agieren oder unangemessen mit deinem Umfeld zu interagieren, weil sorgenvolle Gedanken überhandnehmen und in deiner Vorstellung wahre Schreckensszenarien entstehen lassen. Was kannst du dann tun?

Sinnvoll sind hier Bewältigungsstrategien, um aus der negativen Gedankenspirale auszusteigen: Statt in den Vermeidungsmodus zu gehen oder dich voll und ganz in negativen Gedanken zu verlieren, kannst du verschiedene Bewältigungsstrategien, auch Copingmechanismen, erlernen. Diese helfen dir zum einen dabei, zu erkennen, wann du in eine negative Denkstruktur hineinfällst und zum anderen, wie du aus dieser wieder herausfinden kannst.

Im Folgenden werden dir ein paar Tricks und Kniffe an die Hand gegeben, die du ausprobieren kannst. Nicht jede Technik eignet sich in jeder Situation, aber du kannst einfach für dich ausprobieren, was zu dir und deinen tagesaktuellen Bedürfnissen passt. Wenn du sehr dazu neigst, dich in deinen Gedanken zu verlieren, schreibe dir vielleicht die besten Übungen oder Ideen auf, und lies sie in einem stressigen Moment ab, um dich zu erinnern und sie dann anwenden zu können.

Gedankenbremse

Diese Technik ist sehr hilfreich, wenn du merkst, dass sich die Gedanken in deinem Kopf mal wieder zu überschlagen beginnen oder das Katastrophisieren wieder die Oberhand zu gewinnen droht. Bist du allein? Dann stelle dich aufrecht hin, stemme die Hände in die Hüften, mache dich ganz groß und sage laut und deutlich: „STOPP!"

Du darfst auch gerne laut und sehr bestimmt klingen. Nutze deine gesamte Körpersprache und deine Stimmkraft, um deinem Stopp den nötigen Ausdruck zu verleihen. Dein Körper und dein Geist stehen in einer Wechselbeziehung. Wenn du dich ängstlich zusammenkauerst, dich von äußeren Reizen abschirmst und dich in deinen Kopf zurückziehst, ist es schwerer, aus dem Gedankenkarussell auszusteigen. Nimmst du eine selbstbewusste Pose ein und greifst du zu einer resoluten Stimmlage, teilt dein Körper deinem Geist viele positive und klare Signale mit, auf die er reagieren wird.

Wenn du in Gesellschaft bist, etwa in einer Konferenz oder in einem Wartezimmer bei der Zahnärztin, möchtest du vielleicht etwas subtiler vorgehen: Platziere deine Füße bewusst auf dem Boden, drücke sogar etwas die Sohlen deiner Schuhe an den Untergrund und setze dich ganz aufrecht hin. Mache dich groß auf deinem Stuhl und halte den Kopf gerade, damit der Atem gut fließen kann. Erlaube deinem Blick, deine Umwelt wahrzunehmen und sage innerlich ein klares und unmissverständliches „Stopp!". Dann wendest du dich wieder anderen Dingen zu, die dich interessieren.

Auch hier wirken deine Körperhaltung und die Stimmlage der inneren Zwiesprache auf dich und werden dir dabei helfen, den Gedankenwust zumindest kurzzeitig zu unterbrechen. Wenn du dir eine entsprechende Stimmlage nicht gut vorstellen kannst, wie wäre es dann mit einem knalligen Stoppschild? Oder einer hohen Wand?

Manche Menschen haben auch gute Erfahrungen damit gemacht, dieses innerliche Stopp mit einem taktilen Reiz zu verbinden, etwa einem kleinen Tipp an den Oberschenkel oder dem Zupfen am Ohrläppchen. Das geht auch prima und ganz nebenbei in der Öffentlichkeit und hilft dir dabei, dich aus deiner Gedankenwelt zu lösen und in deinem Körper im Hier und Jetzt anzukommen.

Wie funktioniert dein ganz persönliches Stopp am besten? Was stellst du dir vor?

Ohrwurm gegen Ohrwurm

Der Ohrwurm - ein Klassiker für alle Menschen mit Grübelzwang. Irgendetwas, das du gesagt hast oder irgendeine Bemerkung, die neulich die ständig nervende Krüger von gegenüber hinter deinem Rücken hat fallen lassen, besucht dich in deinem Kopf, wenn du es gar nicht erwartest. Und ist da. Und da. Und da. Du versuchst an etwas anderes zu denken, dir zu sagen, dass das vollkommen unwichtig ist, du über den Dingen stehst, dir das nichts ausmachen sollte, dass es dich nicht juckt, dass du nicht dran denken willst! Und doch schiebt es sich wie ein lästiger Ohrwurm eines Werbejingles immer wieder in deine Gedanken – vorzugsweise natürlich, wenn du gerade zur Ruhe kommst, einschlafen willst, mit deinem Jüngsten kuschelst oder ein paar romantische Stunden mit dem Herzensmensch geplant hast.

Es gibt verschiedene Methoden gegen einen Ohrwurm. Am einfachsten ist wohl das Akzeptieren und das Vertrauen darauf, dass er sich von alleine verabschiedet. Wer aber unter Grübelzwang leidet, kann sich regelrecht vor diesen unerwünschten Gedanken fürchten und sich dadurch erst recht in sie verbeißen.

Eine Alternative ist das Entgegensteuern mit einem anderen Ohrwurm. Bist du in einer sehr angespannten Situation, darf dieser gerne etwas richtig Schreckliches, Schrilles sein. Vielleicht dieser eine Prinzessinnensong von der Kindergarten-CD deiner

Tochter? Oder ein Werbeslogan aus den 90ern, bei dem du auch gleich entsprechende bunte Bilder vor Augen hast? Im besten Fall bringt dich das kurz zum Schmunzeln – der Grübelzwang wird unterbrochen.

Hast du etwas mehr Ruhe, kannst du natürlich auch mit einem Gegenspruch arbeiten, der deinen störenden Gedanken entkräftet oder ihn zumindest in Perspektive rückt. Probiere es mal mit dem Zusatz „Das ist möglich, aber nicht wahrscheinlich!", wenn du dich in wüsten Angstfantasien rund um deine Kids oder deinen Partner verlierst.

Was ist dein zuverlässigster Ohrwurm?

Scheinwerfer neu ausrichten

Wir alle kennen den viel genannten „rosa Elefanten", der gerne als Beispiel dafür verwendet wird, dass unsere Gedanken besonders gerne dahin wandern, wo sie nicht hinwandern sollen – eben, weil wir mit dem inneren Verbot quasi den Scheinwerfer auf das Thema gerichtet haben.

Wenn du jetzt damit beginnst, alte Gedankenmuster zu durchbrechen, gelingt dies meist leichter, wenn du sie nicht einfach aufgibst, sondern stattdessen durch etwas anderes ersetzt. Wandern deine Gedanken beispielsweise jeden Abend vor dem Einschlafen zu diesem einen Streitgespräch mit deinem Chef und du nimmst dir nun aus tiefstem Herzen vor, genau an dieses Gespräch nicht zu denken – was glaubst du, wird sich abends in deinem Kopf wie von selbst aufbauen? Richtig, das verflixte Gespräch, das du nicht mehr zerdenken wolltest.

Oder beschleichen dich vor einer neuen Herausforderung ganz automatisch Gedankenblitze wie „Das kann ich nicht!" oder „Was da alles schiefgehen kann"?

Konzentrierst du dich nun vehement darauf, diese Gedankenblitze zu unterdrücken, beschäftigst du dich mit ihnen und wirst zudem auch unzufrieden mit dir sein, wenn du bemerkst, dass sich das Thema in deinem Kopf breitmacht.

Versuche stattdessen mal, den Scheinwerfer, deinen Fokus auf etwas anderes zu richten. Du kannst dir vorab schon gedanklich ein Thema zurechtlegen, damit du bestens vorbereitet bist, wenn dein Automatismus zuschlägt. Du konterst dann einfach blitzschnell mit deinem Alternativgedanken und bietest deinem Geist dieses Thema an.

Es gibt sicherlich unzählige Themen, die dich viel glücklicher machen, wenn du an sie denkst, und die dich mehr interessieren. Wähle dein Konter-Thema bewusst aus und passe es an die Situation an. Wenn du abends zur Ruhe kommen willst, präsentiere deinem Geist vielleicht als Thema die Gestaltung deines Gartenbalkons und verliere dich richtiggehend darin, welche Pflanzen du wann aussäen möchtest und ob dieses Jahr auch ein paar Gemüsesorten dabei sein sollen.

Probiere verschiedene Themen aus und setze sie dann konsequent ein. Du legst dich zur Ruhe, das Streitgespräch taucht in deinen Gedanken auf und wie eine Hundehalterin, die ihren Vierbeiner immer wieder freundlich (aber bestimmt) von einer Schlammpfütze wegführt, führst du deine Gedanken zu deinem Alternativthema. Übung macht hier eine Menge aus, weshalb du nicht gleich die Flinte ins Korn werfen solltest, falls du am Anfang noch Schwierigkeiten mit dieser Technik hast.

Welche Themen könnten sich für dich als Gegenthemen eignen?

Imaginative Verfahren

Die Auswahl an imaginativen Verfahren ist riesig. Je nach Technik eignen sie sich sowohl um hektische „Monkey Minds" zu beruhigen, als auch um alternative Gedankenmuster aufzubauen - und sie sind prima, wenn mal alles zu viel zu werden droht und du eine dringende Pause von deinem Kopf brauchst.

Während die klassische Sitz-Meditation meist schon einen etwas ruhigeren Geist voraussetzt und mitunter nicht so gut funktioniert, wenn du kaum aus einem Gedankenkarussell aussteigen kannst oder etwas dich im höchsten Maße aufwühlt, sind Traumreisen hier eine großartige Alternative, weil du durch eine Stimme geleitet und ständig neu angeregt wirst.

Bist du sehr mitgenommen oder gestresst, kann die Vorstellung, jetzt ruhig mit deinem eigenen Geist zu sitzen, sogar recht unheimlich und einschüchternd sein.

Vielleicht hast du es mehrfach probiert und die Gedanken sind erst recht auf dich eingeprasselt und haben dich schier überrollt?

Wird dir aber stattdessen durch eine angenehme Stimme eine entspannende und beruhigende Geschichte erzählt, die dir dabei hilft, dich zu erden und zu sammeln, dann kann das herrlich wohltuend und auch als gute Form der Erinnerung wirken, welche Dinge dir jetzt guttun. Meist werden bei Traumreisen nämlich auch Aspekte aus verschiedensten Entspannungstechniken eingebunden. So wirst du daran erinnert, gut zu atmen, deine Anspannungen wahrzunehmen und loszulassen.

Im Netz, aber auch im Buchhandel findest du eine große Auswahl an Traumreisen und geführten Meditationen zu den unterschiedlichsten Themen, die deine Gedanken behutsam in eine förderliche Richtung lenken und dir dabei helfen, aus Gedankenspiralen auszusteigen. Falls du im Kapitel *Entdecke deine innere Welt* bestimmte Themenkomplexe ausmachen konntest, die dich immer wieder zum Grübeln bringen oder dich zu hektischen Gedankengängen verleiten, kann es hilfreich sein, eine Playlist mit unterschiedlichen Themen anzulegen.

Fällt es dir wie Sabine schwer, Vergangenes zu verabschieden, kannst du dir beispielsweise eine Playlist mit Meditationen und Traumreisen rund um das Thema *Loslassen* zusammenstellen. Wenn du mit Zukunftsängsten kämpfst, sind Aufnahmen rund um Aspekte wie *Selbstwert stärken* und *Kompetenzen aufbauen* geeignet.

"Ich kann das nicht…"

Geht es dir wie Nicole und du hast mit einer düsteren Grundeinstellung zu kämpfen, dann versuche es mal mit Meditationen zum Thema *Selbstliebe und Wertschätzung*. Möchtest du dich bei deinen Traumreisen visuell unterstützen, kannst du auch beim Zuhören malen oder auf ein Bild schauen, das du mit etwas Schönem und Ruhigem verbindest, etwa einen klaren Bergsee oder einem Wald. Schau einfach mal, was du intuitiv mit Achtsamkeit und ruhigen Gedanken verbindest und wähle dahingehend ein Motiv aus. Vielleicht möchtest du dir ja auch eine Collage zusammenstellen, die du an einen festen Platz in deinem Zuhause hängst, den du aufsuchst, wenn du dich gedanklich sammeln möchtest?

Zu welchen Themen würden dir geführte Meditationen und Traumreisen guttun, um deine Gedanken in den Griff zu bekommen?

Affirmationen sind eine tolle „Ruck-Zuck-Methode", um in einer akuten Gedankenspirale einen hilfreichen Anstoß von außen zu bekommen. Es gibt ganz unterschiedliche Formen, wie du Affirmationen für dich nutzen kannst. Vielleicht möchtest du dir ein Vision Board mit deinen Lieblingsaffirmationen erstellen – dabei kannst du ihnen mithilfe deines künstlerischen Ausdruckes noch mehr Bedeutung verleihen. Dein Blick fällt dann von ganz alleine darauf, wenn du ihn in deinem Schlafzimmer oder Büro schweifen lässt.

Auch als Hintergrundbild auf dem Handy ist ein einprägsamer Spruch, der dich aus dem Gedankenkarussell aussteigen lässt, klasse. Oder du kannst dir selbst Post-Its gestalten und diese an strategisch wichtigen Plätzen positionieren, etwa neben dem Spiegel oder am Nachttischchen, wenn du weißt, dass dir besonders an diesen Stellen in der Wohnung die Grübelfallen das Leben schwer machen.

Vielleicht magst du darüber hinaus andere Einsatzmöglichkeiten ausprobieren und deine Affirmationen chanten oder aufschreiben. Es gibt zudem geführte Meditationen mit Affirmationen zu den verschiedensten Themen, bei denen du dich durch eine sanfte Stimme führen lassen kannst und dazu angeregt wirst, mitzusprechen. Wunderbar, wenn dich alles zu überrollen droht und du dich eigentlich nach Hilfe von außen sehnst, aber in der Situation momentan keine verfügbar ist.

Übrigens: Viele von uns reagieren sehr gut auf den Klang der eigenen Stimme. Wenn du noch nicht so geübt darin bist, deiner Gedankenlawine aktiv zu begegnen und in solchen Momenten Affirmationen zu sprechen, kannst du dir auch selbst deine Lieblingsaffirmationen einsprechen, etwa per Handy oder mit einem klassischen Aufnahmegerät.

Am besten nimmst du dir dafür ein wenig Zeit, probierst aus, welche Affirmationen für dich am besten funktionieren und individualisierst sie nach Bedarf, sodass sie genau zu deinen Bedürfnissen und Anforderungen passen. Manchmal stört uns an einer vorgefertigten Affirmation nur ein Wort oder bei einer geführten Meditation die Art, wie jemand ein Wort betont oder einen Buchstaben ausspricht. Das kann bereits dazu führen, dass du von dem Eigentlichen abgelenkt wirst oder dich möglicherweise nicht mehr so ganz auf die Affirmation einlassen kannst.

Wenn du selbst kreativ wirst und genau die Sätze formulierst, die zu dir und deinem Leben passen, dann kann das dazu führen, dass die Arbeit mit Affirmationen leichter zugänglich für dich wird und mehr Wirkung auf dich hat.

Welche Affirmationen haben dir bisher gute Dienste erwiesen, wenn du deine Gedanken beruhigen wolltest?

Körper und Geist im Wechselspiel

Du weißt: Dein Körper reagiert auf deinen Geist und dein Geist auf deinen Körper.

Mache dir dieses Wissen auch in akuten Stresssituationen zunutze, indem du deinen Körper aktiv mit einbeziehst, wenn du aus einer Gedankenspirale ausbrechen oder Abstand zu belastenden Gedanken bekommen möchtest. Bist du gerade unterwegs, kannst du ein paar der folgenden kleinen Tricks beherzigen, um dich wieder zu erden, die kaum auffallen und somit sowohl in der U-Bahn als auch im Büro oder beim Planen der schulfreien Zeit praktiziert werden können.

Dufte Sache

Nutze Duft, um deine aufgescheuchten Gedanken zu beruhigen. Für jeden Menschen gibt es Düfte, die klärend oder entspannend auf ihn wirken. Dein Gehirn ist mit dem Verarbeiten des Duftes beschäftigt und wird Bereiche aktivieren, die Verknüpfungen zu angenehmen Erinnerungen, Gefühlen und Gedanken erlauben. Es gibt mittlerweile Aromatherapie-Roll-On-Stifte zu kaufen, die beruhigen, aufmuntern oder dabei helfen sollen, einen klaren Kopf zu bekommen oder zu bewahren. Ist dir das zu auffällig, kannst du auch einfach eine fein duftende Handcreme nehmen und dir kurz die Hände eincremen. Somit haben die gleich etwas zu tun und du sprichst dein Gehirn direkt mehrfach an, weil es die Bewegungen deiner Finger koordinieren muss und der Duft bei dir ankommt. Das erlaubt eine wunderbare Pause von deinem Gedankenorkan und gibt dir die Möglichkeit, innerlich einen Schritt zurückzutreten, neu auf die Situation zu schauen und deine Denkmuster zu überprüfen. Einfacher, unauffälliger und wirkungsvoller geht es kaum.

Welche Düfte funktionieren bei dir gut, um dich aus einer Gedankenlawine zu befreien?

Mini-Bodyscan und PME to go

Üblicherweise sind die geführten Bodyscans zwischen 20 und 40 Minuten lang. Überrollt dich eine Gedankenlawine mit voller Wucht, hast du möglicherweise nicht die Ruhe, die angedachte Dauer durchzuführen und fühlst dich beim bloßen Gedanken daran zusätzlich unter Stress gesetzt. In solchen Fällen – oder auch dann, wenn du gerade in der Öffentlichkeit unterwegs bist und dich nicht einfach mal länger der Beruhigung deines Geistes widmen kannst – bietet sich ein Mini-Bodyscan an.

Meist wird empfohlen, dass sich die Praktizierenden für den Bodyscan in Rückenlage auf den Boden begeben. Im Zug oder im Großraumbüro ist das eher schlecht möglich. Vielleicht gibt es einen Pausenraum, in den du dich zurückziehen kannst oder zur Not auf die Toilette? Falls dies nicht möglich ist, bleibe einfach an deinem Platz und nimm eine aufrechte Sitzposition ein. Fühle, wo dein Körper den Boden und wo er andere Oberflächen berührt, etwa die Sitzfläche des Stuhles oder dessen Rückenlehne. Beginne dann von deinen Füßen aus, ganz bewusst und Stück für Stück, gedanklich durch deinen Körper zu wandern.

Über die Knöchel zu den Unterschenkeln, die vielleicht an die Stuhlbeine lehnen, zu den Kniekehlen und den Oberschenkeln, die auf der Stuhlfläche aufliegen, zu deinem Rumpf bis zu deinen Armen und Händen. Nacken, Hals, Kopf und Gesäß scannst du danach gedanklich ab. Wann immer deine Gedanken hektisch auf Wanderschaft gehen wollen, führst du sie bestimmt und liebevoll wieder zu deinem Scan zurück und folgst dem Ablauf. Am Ende kannst du versuchen, gedanklich den gesamten Körper als Ganzes wahrzunehmen.

Fällt dir das noch zu schwer, kannst du durch bewusstes An- und Entspannen deinen Fokus auf die einzelnen Körperregionen lenken und dort halten. Du machst also eine „Progressive Muskelentspannung to go". Wenn du diese öfter in der langen Form trainiert hast, kann es sein, dass dein Körper und dein Geist schon so daran gewöhnt sind, dass auch die kurze Variante rasch auf dein Befinden wirkt und dir dabei hilft, dich zu erden und deine Gedanken zu beruhigen.

Körper-Anker setzen und Reize nutzen

Wenn du bereits eingeübt hast, mögliche Gedankenspiralen mit mentalen Gegenmaßnahmen zu unterbrechen, so kannst du zur

Verstärkung einen Körper-Anker setzen. Vielleicht kennst du aus Film und Fernsehen Szenen, in denen sich die Hauptfigur davon abbringen will, an etwas zu denken, indem sie ein Gummiband an ihr Handgelenk schnellen lässt. Durch die körperliche Empfindung wird der Fokus von den Gedanken weg zu der entsprechenden Körperstelle gelenkt.

Zwar handelt es sich bei dieser Maßnahme um eine, die je nach Intensität des Zurückschnellens gesteuert werden kann. Trotzdem raten viele Psychologen mittlerweile davon ab, da diese Maßnahme als negativ oder als Form des Abstrafens für deine Gedanken bewertet werden kann. Es soll ja vielmehr darum gehen, einen neutralen oder positiven Reiz zu setzen – zum einen, um aus schlimmen und einnehmenden Gedanken wieder aufzutauchen und zum anderen, um die als förderlich wahrgenommenen Gedanken zu festigen.

Wenn du merkst, dass dich beispielsweise eine Welle aus Angstgedanken zu überrollen droht, dann probiere mal aus, welche Reize dir dabei helfen, aus deinem Kopf wieder ins Hier und Jetzt, in deine Realität zurückzukommen.

Welcher Sinn ist bei dir besonders ausgeprägt? Es kann auch sein, dass einer deiner Sinne in einer Angst- oder Grübelsituation weniger gut ansprechbar ist, weshalb es lohnend sein kann, verschiedene Reize auszuprobieren und einen kleinen Werkzeugkasten in petto zu haben.

Riechen

Deinen Geruchssinn haben wir schon gezielt im Abschnitt *Dufte Sache* angesprochen. Du kannst aber auch einfach einen starken Duftreiz setzen, der jetzt nicht unbedingt eine entspannende Wirkung haben muss. Probiere es mal mit dem Duft deines frisch gebrühten Kaffees oder eines scharfen Minzbonbons. Beides lässt sich problemlos auch in deinen Berufsalltag integrieren und fällt nach außen nicht auf, gibt dir aber die Möglichkeit, dein Karussell anzuhalten und wieder auszusteigen. Immer dann, wenn du es schaffst, dich erfolgreich zu ankern, kannst du zum Abschluss noch mal bewusst den Duft einatmen und somit eine gedankliche Verbindung schaffen. Auf diese Weise wird dich auch der alleinige Duft mehr und mehr an dein Ankerungsgefühl erinnern.

Tasten

Möchtest du mit deinem Tastsinn arbeiten, biete ihm etwas Angenehmes, Ungewöhnliches an, was seine Aufmerksamkeit fesselt, etwa eine besonders samtige Oberfläche eines kleinen Plüschtieres, etwas sehr Glattes, Kühles (wie einen Handschmeichler) oder die raue Oberfläche eines Steines. Du kannst nach deinem Objekt greifen und es in der Hand bewegen und somit deine Gedanken gezielt zu deinen Empfindungen lenken, statt ihnen zu erlauben, sich weiter im Kreis zu drehen.

Das geht auch prima in der Öffentlichkeit.

Hast du dich geerdet, fühle dein Objekt noch mal ganz bewusst und knüpfe das Gefühl der Ruhe und Klarheit daran. Du kannst auch mit Temperatur arbeiten. Verlierst du dich in hitzigen Eifersuchtsgedanken oder in Sorge um die Kinder, dann nimm einen Eiswürfel in die Hand oder lasse dir unterwegs etwas kühles Wasser über die Handgelenke laufen, wenn eine Waschgelegenheit in der Nähe ist.

Etwas, das vielen Leuten Ruhe vermittelt, ist Wärme. Umschließe, wenn du unterwegs bist, deinen To-go-Becher mit beiden Händen oder nutze einen Taschenwärmer. Lässt du in einer unruhigen Minute während des Pendelns dann die Hände in deine Manteltasche gleiten und fühlst dort die Wärme, kannst du dich ganz darauf konzentrieren und die damit verbundenen Emotionen aufsteigen lassen, wie Sicherheit und Geborgenheit.

Hören

Nicht überall wirst du die Möglichkeit haben, dir eine entspannende Musikuntermalung zu gönnen, um deine Gedanken zu beruhigen. Vielleicht kannst du aber den Ton einer Achtsamkeitsglocke auf deinem Smartphone installieren und diesem in einer kurzen Pause an deinem Platz lauschen, wenn die Gedanken rasen. Viele Menschen mögen Vogelgezwitscher oder andere Naturgeräusche, wie Wellenrauschen oder Regen, sehr gerne, um sich zu sammeln.

Alternativ kannst du deine kurzen Affirmationen einsprechen und abspielen oder eine geführte Meditation anhören, etwa, wenn du in der U-Bahn oder im Bus sitzt. Probiere aus, was für dich gut funktioniert. Vielleicht willst du auch selbst dein Geräusch erzeugen. Hast du dich beispielsweise erfolgreich aus einer Gedankenspirale befreit, kannst du pfeifen. Unterbrichst du einen ungesunden Gedanken, kannst du schnalzen. Somit weiß dein Kopf, dass diese Geräusche mit diesen Aktionen zusammenhängen und sie können das erwünschte Verhalten positiv bestärken.

Schmecken

Ganz gleich, ob es ein schöner Schluck Tee, ein kalter Sprudel mit ordentlich Kohlensäure (hier wird auch gleich noch der Tastsinn angesprochen) oder ein erfrischender Kaugummi ist – auch dein Geschmackssinn braucht Aufmerksamkeit und kann Gedanken unterbrechen.

Wir neigen dann gerne dazu, zu stark schmeckenden Lebensmitteln voller Fett und Zucker zu greifen, die eher ungesund für uns sind. Daher ist es super, wenn du ein paar To-go-Lebensmittel oder -Getränke findest, die dir gut bekommen und trotzdem den nötigen Reiz setzen.

Kennst du diese britischen Krimis, in denen die aufgebrachte Gräfin mit einer schönen Tasse Tee beruhigt wird und allein beim

Aussprechen des Angebotes schon ruhiger wird? Diese Verbindung kannst du auch bewusst knüpfen. Vielleicht funktioniert bei dir ja auch ein Limettenwasser oder eine heiße Milch mit Honig? Probiere aus, was dir guttut und was dir hilft, deine Sinne so anzusprechen, dass du dich erden und fokussieren kannst. Kleiner Tipp: Mit Pfefferminze wird häufig geistige Klarheit assoziiert. Magst du Pfefferminztee?

Sehen

Sicher kennst du auch ein Bild, was in dir sofort ein Gefühl von Ruhe oder Klarheit aufsteigen lässt. Das kann der Blick auf verwunschene Wälder, die Weite des Meeres, einen blauen Himmel, lachende Menschen oder schlafende Hundebabys sein. Welche Bilder steigen in dir auf, wenn du diese Zeilen liest? Versuche, ein schönes Bild im Internet oder ein entsprechendes Foto in deiner Sammlung zu finden, drucke es aus und lege es in deine Schreibtischschublade. Alternativ kannst du es auch als Motiv für deinen Startbildschirm des Handys nutzen. Schaue dieses Bild immer an, wenn du deine Gedanken erfolgreich beruhigt oder in die richtigen Bahnen gelenkt hast und schaffe somit aktiv eine entsprechende Verknüpfung.

Diese Verknüpfungen und Reize sind Hilfsmittel, die du einsetzen kannst, wenn du dich stark überfordert fühlst. Es ist nicht Sinn des Ganzen, dass du ausschließlich damit arbeitest und so deine Gedanken nur über ein Hilfsmittel von außen regulieren kannst. Sie sind aber wunderbar geeignet als Unterstützung auf dem Weg dahin. Stelle sie dir vor wie eine Art Krücke, die du nutzt, während dein verletztes Bein heilt. Ist es stark genug, kannst du ohne diese Unterstützung agieren. Du wirst mit der Zeit immer seltener zu diesen Krücken greifen müssen, kannst sie aber nutzen, wenn du doch mal etwas mehr Unterstützung benötigen solltest und hast somit eine Form von Sicherheit, die das Losgehen in unbekannte und auch sehr unbequeme und herausfordernde Gebiete erst mal leichter macht.

„Ich kann das nicht..."

Eine besondere Phase für deine Gedankenwelt

Achtung: Umgewöhnen braucht Zeit! Das gilt auch dann, wenn du lernen willst, negative Gedankenspiralen zu durchbrechen. Habe daher immer Nachsicht mit dir selbst, wenn du neue Techniken ausprobieren willst und dir diese schwerfallen oder du nicht gleich die erwünschten Resultate erzielst. Wichtig ist es dann, zwar am Ball zu bleiben und konsequent weiter zu üben, aber nicht in herrische Strenge oder Frustration zu verfallen. Härte gegen dich selbst füttert nur die Gedanken, von denen du dich eigentlich lösen willst und hält dich davon ab, positive und hilfreiche Gedankenmuster zu etablieren.

Natürlich solltest du eine gewisse Disziplin an den Tag legen und es ist prima, wenn du voller Eifer üben magst - aber auch die Phase des Einübens ist eine Umgewöhnung und sollte daher liebevoll und umsichtig praktiziert werden.

Der Weg ist hier bereits das Ziel und es geht keinesfalls darum, jeden Gedanken kontrollieren zu können. Keine Technik ist vollkommen, keine Methode wird in jeder Situation greifen. Du bist ein wunderbar komplexes Wesen, das sich immer weiterentwickelt und immer wieder vor neuen Herausforderungen steht. Versuche daher nach Möglichkeit, die vorgestellten Techniken und Methoden als Werkzeuge zu sehen, die du je nach Anlass und Bedarf nutzen kannst. Wenn dir eine Technik nicht zusagt, kannst du sie gern noch mal zu einem späteren Zeitpunkt ausprobieren oder zur Seite stellen und einfach zu einem anderen Werkzeug aus deinem Koffer greifen. Wenn du merkst, dass eine Technik nicht mehr so gut wie früher funktioniert oder in einer bestimmten Situation nicht greift, rutsche bitte nicht in alte Verhaltensmuster, indem du mit negativen Gedankenspiralen beginnst (woran das liegen könnte und ob du schuld sein könntest).

Perfektionistinnen aufgepasst!

Der Ansatz „ganz oder gar nicht" scheint auf den ersten Blick zwar besonders Erfolg versprechend (wenn ich mir keine negativen Gedanken mehr antue, geht es mir schnell besser), kann aber auf dem Weg zu einem befreiteren Denken behindern, anstatt förderlich zu sein.

Es handelt sich eher um ein unerreichbares Ziel und es wird deinen Anstrengungen auch nicht gerecht. Versuche, die Arbeit mit deinen Gedanken daher als Prozess zu sehen, als bewusste Praxis, in der du immer etwas Neues ausprobieren, erleben und entdecken kannst. So behältst du auch die nötige Flexibilität und machst dein Denken nicht abhängig von starren Vorgaben, nur um auf der „sicheren Seite" zu bleiben.

Positiv bleiben in besonders schwierigen Situationen

Positives Denken, achtsam mit seinen Gedanken umgehen, das Leben beeinflussen, durch das, was man denkt – all dies bietet so viel Potential, wie du mittlerweile weißt – aber es ist mitunter auch verflixt schwer umzusetzen und zudem Nährboden für versteckte Vorwürfe und Selbstvorwürfe, wenn es als Allheilmittel betrachtet wird.

Besonders auffällig wird das, wenn wir in schwierigen Lebensumständen stecken. Dabei spielt es keine Rolle, ob es sich um eine Krankheit, chronische Schmerzen aufgrund eines Unfalles, einen materiellen oder persönlichen Verlust, Arbeitslosigkeit oder andere persönliche Krisen (wie Liebes- oder Freundeskummer) handelt.

Diese Umstände sind eine ganz besondere Herausforderung für Körper, Geist und Seele und nicht selten bergen sie die Gefahr, komplett in negativen Gedanken zu versinken.

Es ist selbstverständlich, dass du im Angesicht einer persönlichen Krise nicht unbedingt die Kapazitäten übrighast, um neue Denkmuster zu kultivieren und es ist ebenso verständlich, dass, selbst wenn du schon ziemlich geübt bist in deinen neuen Denkweisen, alte Gedankenmuster wieder auftreten können. Ohnehin sind als negativ empfundene Gedanken absolut natürlich in einer solchen Situation und sie sollten auch nicht unterdrückt werden.

Leider missverstehen einige Menschen das achtsame Denken als Handlungsempfehlung, unangenehme Gedanken vollkommen zu negieren und so zu tun, als wäre alles in Ordnung. Dabei können diese unangenehmen Gedanken dann nicht ihre eigentliche Funktion (uns zu warnen, zu schützen) übernehmen. Wir können sie in schwierigen Situationen als Hinweis wahrnehmen, als Chance, ins Handeln zu kommen. Wichtig ist dabei auch, in Krisensituationen die Angemessenheit zu überprüfen. Wenn du wegen einer Sache angeschlagen bist, etwa, weil du deinen Job zu verlieren drohst oder einem lieben Menschen aus deinem Umfeld ein schwerer Unfall widerfahren ist, dann kann das nicht selten dazu führen, dass sich wieder Grübeleien und Katastrophisierungsgedanken breitmachen:

„Hätte ich doch nur die Vorsorgeuntersuchungen wahrgenommen, dann wäre das früher entdeckt worden", „Was ist, wenn meiner Kleinen auch so ein Unfall passiert? Ab sofort sollte ich sie nicht mehr mit ihren Freundinnen zum Schwimmen lassen" - Kurzschlussreaktionen, Selbstzerfleischung und Frustration sind nicht selten die Folge davon.

Diese Gedanken sind wenig hilfreich und rauben dir in so einer anstrengenden Zeit die so dringend benötigten Energiereserven. Angemessene Besorgnis hingegen führt im besten Fall zu einem sinnvollen und weitsichtigen Handeln: Du lässt den komischen Knoten in der Brust nachschauen und gehst auf diese Weise sorgsam und mündig mit dir und deiner Gesundheit um. Wenn dir der Arzt versichert, dass es keine Auffälligkeiten gibt und du immer noch unsicher bist und dir Gedanken machst, er könne sich geirrt haben, kannst du eine zweite Meinung einholen. Ständige Gedankenschleifen rund um dieses Thema, das Schreiben in zig Medizinforen im Internet, Ärztehopping, panische Analysen deiner Vergangenheit und Horrorvorstellungen deiner Zukunft können jedoch deine Gesundheit und deine Selbstwirksamkeit beeinträchtigen und sogar dein Immunsystem schwächen.

Bitte lasse in Krisensituationen ganz viel Verständnis mit dir zu Tage treten und schaue genau hin, was dir neben den zu erwartenden Gedanken und Emotionen noch zusätzlich Stress macht.

Bist du gedanklich schon in einem Katastrophenszenario der Zukunft, von dem du eigentlich noch gar nicht sagen kannst, ob es so eintreten wird und verlierst du dich emotional komplett darin? Fühlst du dich vom Leben verraten und in deiner negativen Einstellung gegenüber allem und jedem bestätigt und fragst dich, wieso du überhaupt noch an dir arbeiten sollst, wenn doch eh alles schiefgeht?

Wälzt du die vergangenen Monate deines Lebens nach Anzeichen dafür durch, dass die jetzige Situation eintreten wird und machst du dir selbst Vorwürfe, wie du es dazu hast kommen lassen?

Wenn du weißt, aus welcher Richtung deine gedanklichen Haken stammen, kannst du ihnen weiter auf den Grund gehen und sie auf ihre Richtigkeit überprüfen. Frage dich: Ist diese Vorstellung, die ich da in meinem Kopf geschaffen habe, möglich?

Falls sie möglich ist, ist sie auch wahrscheinlich? Falls sie wahrscheinlich ist, wie kann ich jetzt am besten damit umgehen?

Versuche, aktiv zu werden, aus deinem Gedankenkarussell auszusteigen und in den Machermodus zu gehen. Das kann besonders schwer sein, wenn es dir ohnehin sehr schlecht geht und dich eine Krankheit oder ein Schicksalsschlag schwächt! Versuche, dich unter diesen Voraussetzungen zu fragen, was du dir jetzt, genau jetzt Gutes tun könntest, um die Situation besser bewältigen zu können – auch gedanklich. Welche Gedanken erlebst du als förderlich, welche tun dir weh, verschlimmern das Leid, machen dir Angst?

Gib dir die Chance, dies für dich ganz persönlich herauszufinden und achte darauf, dir dabei auch von niemandem hereinreden zu lassen. Nur du weißt, welche Gedanken dir guttun, und nur weil eine Person etwas als hilfreich empfindet, muss dies nicht für die nächste gelten. Sich inspirieren und motivieren zu lassen ist klasse, unterstützt auch – unter Druck setzen oder Vorwürfe im hübschen Gewand sind es nicht.

Selbst schuld? - Die Krux mit dem positiven Denken

Wenn dich jemand dafür verurteilt, dass du dir berechtigt Sorgen machst, und meint, du würdest dir bloß nicht genug wünschen, gesund zu sein oder du müsstest nur deine Gedanken fest genug ausrichten und dann wäre dein Leid mit einem Schlag vorbei – dann darfst du hier klare Grenzen setzen!

Ja, du kannst die Auswirkungen deines Problems dadurch abmildern, dass du achtsam und besonnen mit dir und deinen Gedanken umgehst. Du kannst dir immer wieder sagen, dass du nicht deine Gedanken bist, dass du nicht jedem Gedanken blind glauben musst und dass du an deinen Gedanken arbeiten kannst, um herausfordernde Zeiten besser durchstehen und bewältigen zu können. Du kannst dadurch vom passiven Zuschauer in eine aktive Rolle gelangen, die es dir erlaubt, zu handeln.

Aber du kannst nicht all die Geschicke dieser Welt steuern. Es liegt nicht in deiner Macht und es ist nicht deine Aufgabe. Wenn du Probleme mit deiner Gesundheit hast, bist du nicht schuld daran, weil du nicht positiv genug denkst. Wenn dein Herz wegen eines tragischen Verlustes zu zerreißen droht, dich das extrem mitnimmt, du nicht sofort von einer Chance zum Wachstum sprichst und wie man daran das Schöne sehen kann – dann ist das vollkommen okay.

Eine positive und achtsame Einstellung inklusive entsprechender Gedanken ist hilfreich, keine Frage – aber sie ist kein Garant für dauerhaftes Glück und auch keine Schutzrüstung gegen Verlust und Trauer. Es ist sogar so, dass diejenigen, die versuchen, ihre Trauer oder Wut damit zu überdecken, daran krank werden können.

Erlaube dir deine Gefühle, achte darauf, deine Gedanken in achtsame Bahnen zu lenken und gestehe dir zu, dass in schlimmen Momenten die Gedanken und Emotionen auch diese Stimmung widerspiegeln, aber keinesfalls verantwortlich für diese Probleme sind.

Bitte lasse nicht zu, dass jemand deine berechtigten Gefühle mit falscher Positivität überrennt oder dir eine Verantwortung aufbürdet, die bei dir nichts zu suchen hat. In solchen Fällen ist es wichtig, dass du für dich klarmachst, welche Anteile deine sind und welche nicht, und dich nicht dazu verleiten lässt, zu allem Überfluss auch noch die Schuld bei dir zu suchen. Achtung: Oftmals wissen Menschen einfach nicht, wie sie in einer Krisensituation mit dir umgehen sollen. Vielleicht wollen sie dich mit einem künstlichen positiven Gedankengerüst stärken und meinen es nur gut. Trotzdem hast du die Verantwortung für dich und darfst sagen, dass du es wertschätzt, dass sie helfen wollen, dir diese Form aber wenig guttut und du x oder y hilfreicher finden würdest.

Bemerkst du, dass jemand diesen Ansatz nutzt, um dich zu beschämen, die Verantwortung von sich zu weisen und dir die Schuld in die Schuhe zu schieben, kannst du die Person ruhig damit konfrontieren, wenn du aktuell die Kraft dazu hast. Halten dich deine aktuellen Probleme momentan davon ab, kannst du dir auch einfach deinen Teil denken und dich innerlich klar davon distanzieren.

Diese Gedanken lässt du dir nicht aufzwingen und du lässt dir nicht einreden, dass du für Dinge verantwortlich bist, die nicht zu beeinflussen sind oder die auf dem Mist anderer gewachsen sind! Auch das kann in schweren Situationen eine zusätzliche Kraftanstrengung bedeuten - aber sie wird sich auszahlen, denn sie wird dich davon abhalten, in einen destruktiven Zustand des Selbstvorwurfes zu geraten. Stattdessen bleibt dein Blick frei für die Dinge, die du wirklich tun kannst, um deine Situation zu verbessern und durch diese Krise zu gehen.

Was ist nun aber, wenn du tatsächlich schuld an deinem Problem bist? Wenn dir ein schreckliches Missgeschick passiert ist, du deine Gesundheit vernachlässigt hast, dein Verhalten zu dem Bruch einer Beziehung geführt hat?

„Ich kann das nicht…"

Dann ist es von besonderer Bedeutung, dass du die Gedanken überprüfst, die du bezüglich deiner Person gebildet hast. Überträgst du diese Situation auf andere, frei nach dem Motto „Hier habe ich einen Fehler gemacht – jetzt werde ich immer Fehler machen", „Ich habe jemandem wehgetan und verdiene daher selbst kein Glück", „Ich habe wichtige Personen in meinem Leben enttäuscht und sollte daher auch Enttäuschungen erleben"?

Trägst du Scham oder Schuld mit dir herum? Wenn du dich dem Ganzen in einer ruhigen Minute stellen kannst, schau mal, ob deine Reaktion angemessen ist. Stelle dir einmal folgende Fragen:

- Hast du versucht, deinen Fehler wiedergutzumachen? Hast du versucht, dich bei den Betroffenen zu melden und diese aufrichtig um Entschuldigung zu bitten?
- Akzeptierst du, dass du einen Fehler gemacht hast?
- Fällt es dir schwer, Fehler als Teil deiner Entwicklung anzunehmen und kaschierst du diese lieber?
- Hältst du dir das Geschehen vor?
- Fühlst du dich schuldig?
- Kannst du dir vergeben?

Die letzte Frage ist besonders wichtig. Es ist wunderbar, wenn dir Betroffene vergeben haben. Wenn du dir aber selbst nicht verzeihen kannst, einen Fehler gemacht zu haben, kann sich dies stark in deinen Gedanken widerspiegeln. Sie werden dann überschattet von diesem Ereignis und immer wieder damit in Verbindung gebracht. Der erste Schritt, die eigenen Gedanken dahingehend in Ordnung zu bringen, könnte dann der sein, sich in Verzeihung und Akzeptanz zu üben. Auszuhalten, dass man sich falsch entschieden oder schlecht verhalten hat, ist schwer, aber es gibt dir die Möglichkeit, deinen Fehler als solchen anzuerkennen und von dort aus in die richtige Richtung weiterzugehen.

Ein achtsamer und liebevoller, verständnisvoller Umgang mit dir und deinen Gedanken, insbesondere in schwierigen Situationen, kann sich sowohl auf deinen Geist als auch auf deinen Körper sehr förderlich auswirken. Mittlerweile weiß auch die Medizin um das Zusammenspiel zwischen Gedanken, Emotionen und Körper und befasst sich auf dem Feld der Psychosomatik (*Psyche* steht für die Seele, das Wort *soma* steht für den Leib/den Körper) damit, wie sich körperliche Beschwerden auf die Seele auswirken und wie das seelische Wohlbefinden die Verfassung des Körpers beeinflussen kann.

So lohnt es sich, für die eigene Gesundheit nicht nur den Körper zu trainieren und zu pflegen, sondern auch eine Gedankenhygiene und ein Gedankentraining zu betreiben. Dadurch kann psychosomatischen Schmerzen vorgebeugt werden, denn wenn deine Gedanken klar sind und du im Einklang mit dir und deiner Psyche bist, kannst du auch möglichen aufkommenden oder bestehenden körperlichen Problemen mit positiven Gedanken begegnen.

Jeder Mensch hat Selbstheilungskräfte. Wer Jahre lang den Gedanken gepflegt hat, er hätte diese nicht und müsse sich einem Schicksal als kranker und leidender Mensch ergeben, blockiert sich selbst und nimmt sich die Möglichkeit, die eigene Situation selbst mit zu verbessern.

Es muss nicht gleich die beinharte Überzeugung sein, dass du auf jeden Fall gesund werden kannst, ganz gleich, was du hast. Ein realistischer Anspruch, den eigenen Zustand und das Erleben des Körpers beeinflussen zu können, hilft bereits, Schmerzen besser auszuhalten, nicht in Hoffnungslosigkeit zu versinken und die zur Verfügung stehenden Möglichkeiten zu nutzen, um die eigene Situation so angenehm wie möglich zu machen.

Das Gesetz der Anziehung

Das Gesetz der Anziehung, auch unter der englischen Bezeichnung *Law of Attraction* bekannt, ist immer wieder ein beliebtes Thema in den Medien und wird heiß diskutiert. Es gibt unterschiedliche Ansichten darüber, inwiefern welche Ansätze zu diesem Thema nun stimmen. Die Wissenschaft kennt unter anderem die sich selbst erfüllende Prophezeiung, auch unter der englischen Bezeichnung *self-fulfilling prophecy* bekannt.

Wir alle waren bestimmt schon mal Zeuge einer solchen sich selbst erfüllenden Prophezeiung. Erinnere dich an Sabine aus unserem dritten Beispiel. Sie hatte sich gleich morgens voll Schaudern an den Elternabend erinnert und „wusste" schon im Voraus, dass das dort wieder „Zickenkrieg" geben würde, schließlich seien ja alle Menschen irgendwie unfreundlich und nur auf ihren eigenen Vorteil bedacht.

Mit dieser Einstellung in eine Situation zu gehen, sorgt dafür, dass wir zum einen bestimmte Signale ausstrahlen, die von unserem Umfeld verständlicherweise nicht als sonderlich positiv aufgenommen werden, zum anderen färbt es unsere Sicht auf die Ereignisse.

Die Mütter von Timo und Julia stehen zusammen, gucken rüber und lachen. Die lachen bestimmt über mich! Die Agnes hat mich beim Reinkommen nicht mal gegrüßt, sondern runter geguckt. Bestimmt, weil sie mir aus dem Weg gehen will. Dass die Agnes vielleicht runter geschaut hat, weil ihr Handy vibriert hat und sich die Mütter von Timo und Julia gerade über einen witzigen Film austauschen, kann Sabine dann gar nicht in den Sinn kommen.

Stattdessen interpretiert sie ablehnendes Verhalten in das ihrer Mitmenschen und strahlt selbst eine feindlich gesinnte Haltung aus, die die anderen womöglich abschreckt – was dazu führt, dass diese sich tatsächlich abwenden, wodurch Sabine sich wieder bestätigt fühlt. Die düstere Prophezeiung hat sich erfüllt.

Was ist nun aber, wenn du die gleiche Vehemenz, die du gedanklich an den Tag legst, um die düstere Zukunftsprognose aufrechtzuerhalten und bestätigt zu sehen, dafür nutzen würdest, von etwas Gutem auszugehen?

Bei beiden Szenarien kannst du nicht sicher sagen, ob und welche wann wie eintreten wird – und doch fällt es uns üblicherweise viel schwerer, von einer positiven Zukunft auszugehen und positive Gedanken zu hegen, als die negative Variante in die Welt zu tragen.

Läuft dir ein innerlicher Schauer den Rücken hinunter, wenn du dir vorstellst, du müsstest deiner besten Freundin von dem anstehenden Elternabend erzählen und dann Sätze sagen wie: „Die werden dann alle total nett sein und ich werde wieder mittendrin sein und wir werden prima vorankommen!" Da hält dich doch jeder für verrückt. Eine Tagträumerin! Eine Spinnerin! Eine, die man nicht ernst nehmen kann. Meckern ist in Mode. Und wir nehmen es lieber in Kauf, für muffelig, aber dafür für nüchtern gehalten zu werden, als für eine versponnene Tagträumerin.

Zudem spielt häufig auch einfach Angst vor Enttäuschung eine tiefsitzende Rolle. Wenn wir vom Schlechtesten ausgehen, dann können wir nicht enttäuscht werden. Wenn wir die anderen von vornherein ablehnen, können wir nicht ausgeschlossen werden. Diese Risiken scheinen uns so besser kontrollierbar, als dass wir uns emotional auf etwas einlassen und dann möglicherweise enttäuscht werden.

Auch in Situationen der Krankheit oder des Verlustes tritt diese Denkweise besonders gern und mit Nachdruck hervor. Nicht selten machen wir uns sogar Vorwürfe: „Hätte ich mir doch gleich denken können, dass der mich nur ausnutzt!", „War doch klar, dass eine Frauenfreundschaft nicht hält", „Was habe ich mir dabei nur gedacht, nicht zum Arzt zu gehen!"

In solchen Momenten ist es wichtig, innerlich einen Schritt zurückzutreten und sich klarzumachen, dass niemand Dinge vorhersehen kann. Wir können uns aber entscheiden, womit wir uns aktiv in unserem Leben auseinandersetzen, wohin wir unsere Aufmerksamkeit lenken. Also können wir uns fragen:

→ Womit beschäftige ich mich?

→ Was ziehe ich in mein Leben?

→ Welchen Gedanken gebe ich Raum und wie kreiere ich damit meine Welt?

→ Gibt es andere Gedanken, die zu meiner Situation passen? Kann ich die Situation „anders denken", eine neue, versöhnlichere, liebevollere Sichtweise einnehmen?

Die eigenen Gedankenmuster zu erkennen und Alternativen zu entwickeln, ist vor allem in Krisensituationen von besonderer Bedeutung. Ansonsten rutscht man in Momenten, in denen einem sowieso schon alles zu viel wird, leicht in eine negative Gedankenspirale, bei der die düsteren Gedanken immer dunkler werden und jegliche Hoffnungen im Keim ersticken.

Dies wirkt sich nicht nur massiv auf dein seelisches und körperliches Wohlbefinden aus – es kann auch dein Handeln maßgeblich beeinflussen: Während du sofort nach einer wackelnden Vase greifen würdest, die vor dir auf dem Tisch steht, um sie am Umfallen zu hindern, würdest du keinesfalls bis zum anderen Ende einer Turnhalle rennen, um eine dort ins Schwanken geratene Vase zu stabilisieren. Du wüsstest, dass du sie nie erreichen könntest.

Fühlst du dich ohnmächtig, dann birgt das Durchdenken einer Situation, die du nicht ändern kannst, die Gefahr der Gedankenspirale. Wenn du den Grübelzwang aufsteigen merkst, dann ist es wichtig, dir bewusst zu machen, dass es Dinge gibt, die du ändern kannst und Dinge, die du akzeptieren musst. Um hier wieder in ein ermächtigtes Gefühl zu kommen, ist es wichtig, dass du dir bewusst machst, dass du eine Wahl hast, wie du über die Dinge aus beiden Kategorien denkst und wie du damit umgehst. So bewegst du deinen Fokus weg von Untätigkeit und Hilflosigkeit zu Aufgaben, die du bewältigen und angehen kannst – du kommst in die Position, dass du etwas beitragen kannst zu deinem mentalen und körperlichen Wohlbefinden.

Schöne Gedanken – mache ich mir damit nur selbst etwas vor?

Wenn du dich mit positivem Denken befasst und dich infolgedessen auch mit verschiedenen Ansätzen und Techniken auseinandersetzt, kann es sein, dass dir Zweifel bezüglich mancher Ideen und Umsetzungen kommen.

Das kann sich auf ganz unterschiedliche Weise zeigen, etwa wie bei Nicole aus einem unserer Beispiele: Nicole hat mit einer eher negativen Grundeinstellung zum Leben zu kämpfen, die sich unter anderem in überkritischen, skeptischen und verneinenden Gedanken zeigt. Ihre Gedankenwelt ist darauf eingestellt, immer vom Schlechten auszugehen und verärgerte, zynische oder zweifelnde Gedanken scheinen sich wie von selbst einzustellen. Daher mögen ihr manche Ansätze des positiven Denkens vielleicht auf den ersten Blick erzwungen, ja eventuell sogar künstlich vorkommen.

Das ist absolut verständlich, denn sie ist andere Denkmuster gewöhnt und die Vorstellung, diese gewohnten Muster zu durchbrechen, kann äußerst bedrohlich sein – auch wenn Nicole weiß, dass ihr diese Gedanken sowohl physisch als auch psychisch nicht guttun und sie auch nicht förderlich für den Umgang mit anderen Menschen sind. Ihr gehen Menschen auf die Nerven, die auf Teufel komm raus in jede Krise etwas Gutes hineinzuinterpretieren versuchen. „Meine Arthritiserkrankung ist keine Gabe, um das, was ich habe, so richtig wertzuschätzen. Es ist schmerzhaft und schrecklich und ich hasse es jeden Tag!" Es fühlt sich falsch an, wenn sie probiert, Affirmationen zu rezitieren wie „Ich bin vollkommen gesund und im Reinen mit mir selbst! Ich liebe meinen Körper!" - ganz einfach, weil es nicht stimmt. Sie hat das Gefühl, bei einer solchen zwanghaft positiven Einstellung, ihre aktuelle Situation kleinzureden, nicht ernst genommen zu werden und nicht richtig gesehen zu werden – von sich und von anderen. Nicole hat keine Lust, weder sich noch andere anzulügen und deshalb erfüllen sie solche Äußerungen eher mit Unwillen und Frustration statt mit heiterer Gelassenheit.

Nicoles Kritikpunkte sind absolut angebracht. Wenn du deine Gedankenwelt erforschst und du verschiedene Techniken ausprobierst, um deine aktuelle Situation zu verbessern, dann solltest du deine ganz individuellen Grundvoraussetzungen und Bedürfnisse nie aus den Augen verlieren. Es ist von besonderer Wichtigkeit, immer authentisch zu sein im positiven Denken und das kann für jeden Menschen anders aussehen und sich auch immer wieder ändern. Manche Menschen motiviert die Herangehensweise des „Fake it till you make it", also des so Tun, als ob, um eine erwünschte Struktur in das eigene Leben zu integrieren. Andere Menschen wiederum empfinden dann ein Gefühl von Widerspruch oder sogar Falschheit, was sich zudem hemmend oder negativ auf den eigenen Zustand auswirken kann.

Sabines Sorge vor dem Verlieren der eigenen Authentizität ist daher gar nicht mal so unbegründet. Es wäre für sie zudem auch ganz schrecklich, wenn die Außenwelt ihr positives Denken nun als angestrengt und künstlich wahrnehmen würde, weil es möglicherweise nicht zu ihrem sonstigen Verhalten passt.

Es ist eine gängige Herangehensweise, dass positives Denken und bedingungsloses Schönreden gleichgesetzt werden. Wer sein Leben aber nicht als rundherum perfekt empfindet - und ganz ehrlich, wer tut das schon - stößt dann schnell an seine Grenzen und kann den Eindruck gewinnen, ein Lügengerüst aufzubauen oder sich in das Land der Träumer und Heiße-Luft-Redner zu begeben.

Dabei geht es gar nicht darum, den realistischen Bezug auf die Welt und das, was in ihr passiert, zu verlieren. Keiner erwartet von dir, dass du jetzt 24 Stunden am Tag die rosarote Brille aufhast, jeden Misthaufen mit einem Schleifchen verzierst und dich wie ein Glückskäferchen auf Koffein gebärdest, das zu keinem normalen Gespräch mehr imstande ist.

Seine Denkmuster zu hinterfragen, zu analysieren und zu verbessern, hat keineswegs etwas mit Falschheit oder dem Unterdrücken von eigenen Anteilen zu tun. Die Denkmuster, die jetzt dein Leben bestimmen, hast du irgendwann entwickelt, teilweise übernommen, teilweise aufgedrängt bekommen, teilweise bewusst gewählt.

Nicole beispielsweise hat sich eine von vornherein negative Haltung angewöhnt, mit der sie sich vor unliebsamen Enttäuschungen schützen möchte. Leider hält diese Mauer aber nicht nur Negatives, sondern auch Positives ab, was so nicht in ihr Leben vordringen kann. Entscheidet sie sich daher, zwischen angebrachter Vorsicht und Kritik und überzogenem Schutzbedürfnis und unangemessener Abwehrhaltung zu unterscheiden und sich gedanklich für Neues zu öffnen, wird dies nicht nur ihr eigenes Empfinden verändern, sondern sich auch im Austausch mit ihrem Umfeld widerspiegeln.

Möglicherweise können nahestehende Personen etwas erstaunt reagieren, wenn du dich veränderst. Das wird dir immer wieder passieren, ganz gleich, ob du beginnst, dich fortzubilden oder dich gesünder zu ernähren. Das bedeutet aber keineswegs, dass du nun unauthentisch bist oder nicht mehr zu dir und deinen Überzeugungen stehst. Du hast einfach den Mut, dich weiterzuentwickeln, über deine eigenen, nun zu eng gesteckten Grenzen hinauszugehen und etwas Neues auszuprobieren.

„Ich kann das nicht…"

Wenn du dabei mitunter mal über das Ziel hinausschießt und dir das Schönreden passieren sollte, ist das ganz normal und keine große Sache. Die wenigsten Menschen neigen dazu, zu optimistisch auf das Leben zu schauen, sondern das Gegenteil ist viel eher der Fall. Also mach dir bitte keine Sorgen, dass du da den Bezug zu dir verlieren könntest.

Es ist vollkommen normal, dass sich etwas Neues ungewohnt anfühlt. Das kennst du vielleicht, wenn du etwas Neues ausprobierst, etwa das frühe Aufstehen, wenn du bisher als Nachteule bekannt warst. „Wem mache ich hier was vor? Das ziehe ich doch keine drei Tage durch!?" können ganz normale Gedanken sein, genau wie Kommentare von außen: „Du willst um zehn ins Bett? Bist du krank?" Lass dich davon nicht verunsichern und leg deinen Fokus lieber darauf, wie du dich insgesamt mit einer positiveren Gedankenwelt fühlst. Welche Veränderungen bemerkst du in welchen Bereichen?

Wichtig ist es, wie bei allen Dingen, ein gesundes Mittelmaß zu finden und den realistischen Bezug zu der Umwelt und seinen eigenen Emotionen nicht zu verlieren. Das ist dann möglich, wenn du zwischen angebrachter Sorge und Kritik sowie kopfloser Panik und Katastrophisierungsfantasien unterscheiden lernst. Letztere sind wenig förderlich für dich und deine Liebsten, während Erstere zu einem bewussten Leben dazugehören und auch immer einen festen Platz in deinem Leben haben sollten, um dich vor Gefahren zu schützen und dich weiterentwickeln zu können.

Sabine landet mit ihren Gedanken leicht in einer Grübelfalle. Ihre Schwierigkeit mit dem positiven Denken ist die Angst davor, sich die Dinge schönzureden. Sie befürchtet, dass sie sich durch die verschiedenen Techniken dazu bringen könnte, das Schönreden von schlechten Situationen so gewissenhaft einzuüben, dass sie ihr instinktives Gespür für Probleme oder Schwierigkeiten verliert.

Sie weiß zwar, dass sie durch das ständige Wiederholen von alten Streitigkeiten oder unangenehmen Situationen nicht wirklich etwas an diesen ändern kann und die Gedanken ihrem Allgemeinbefinden nicht wirklich zuträglich sind – aber sie hat auch den Eindruck, dass das intensive Nachdenken darüber durchaus ihre Fähigkeit, Dinge einzuschätzen, verbessert hat. Sie hat Angst, dass sie durch eine zwanghaft positive Einstellung zum einen nicht mehr auf ihr Bauchgefühl hören wird, zum anderen, dass durch den Verzicht auf das Grübeln möglicherweise nicht alle Aspekte einer Situation bedacht werden können und sie dadurch höchstwahrscheinlich eine falsche Entscheidung trifft, jemandem unrecht tut oder sich vor anderen Menschen blamiert.

Sabines Sorgen sind völlig nachvollziehbar. Sie öffnet sich mit dem Ausbruch aus ihrer Grübelfalle zwar neue Wege – aber der althergebrachte, der zwar unangenehm, aber bekannt ist, bleibt ihr dadurch verwehrt. Die Sorge darüber, ob die neuen Wege sicher genug sind und sie nicht dazu verführen, Situationen falsch einzuschätzen und dadurch in unguten Mustern zu verharren, könnte sogar zu erneutem Grübeln führen.

Zerlegt sie die Erlebnisse nicht wie gewohnt (sie seziert sie normalerweise regelrecht), läuft sie auch Gefahr, etwas zu übersehen.

Positives Denken bedeutet allerdings nicht, dass Negatives nicht gesehen oder an der Realität vorbei gelebt wird. Es bedeutet auch nicht, dass die Verantwortung für sich und andere abgegeben wird, indem man einfach konsequent jedem Erlebnis den Stempel „positiv" verpasst. Positives Denken soll keinesfalls dazu führen, dass du krampfhaft versuchst, jedes noch so herausfordernde Erlebnis in deinem Leben als absolutes Highlight zu betrachten. Wenn die Nachbarin unhöflich zu dir war oder dein Kind dich in einem Streit mit einem Wort verletzt hat, dann darfst du das durchaus als unhöflich und verletzend einstufen und dir auch die damit verbundenen Gefühle zugestehen.

Ein Schönreden von schädlichen und verletzenden Strukturen ist keinesfalls das Ziel des positiven Denkens – es geht vielmehr darum, dass bei einer realistischen Betrachtung der Gesamtsituation weiterhin eine förderliche Haltung eingenommen wird. Ja, die Nachbarin war unhöflich und das hat dich irritiert. Tauchst du jetzt wie Sabine in die Grübelfalle ab und holst alle Erinnerungen hoch, in denen es schon schwierig mit der Nachbarin war, gibst du dem Ganzen ein Gewicht, dass weder dir noch der Gesamtsituation zuträglich ist.

Es kann viele Gründe für das Verhalten der Nachbarin geben und nur, weil du dir etwas „zurechtdenkst", muss dies nicht der Wahrheit entsprechen. Stattdessen kannst du das Ganze mit dem neuen, positiveren Gedankenmuster wahrnehmen, bemerken und dann angemessen einordnen.

Ist es nur eine kleine Unterbrechung deines ansonsten schönen Tages gewesen und sonst ist euer Kontakt positiv, dann kannst du so eine realistischere Einschätzung treffen und dich davor bewahren, gleich negativ zu reagieren, indem du schnippisch zu ihr bist oder dich selbst in anschließenden Gedankenschlaufen zerfleischst und herum analysierst, was du falsch gemacht haben könntest. Denn womöglich hat sich die Nachbarin nur eben eine Sekunde vor eurem Zusammentreffen den Zeh beim Müll rausbringen angeschlagen und ist deswegen so kurz angebunden und schroff gewesen.

Wurdest du sehr gekränkt oder kommt dir die Beziehung sehr belastet vor, kannst du das Gespräch suchen oder Grenzen aufzeigen. Es geht also, wie gesagt, überhaupt nicht darum, jedes Ereignis als gut oder großartig zu bewerten. Aber du kannst dein Gefühlsleben schonen, indem du dich von deinen berechtigten Emotionen nicht mehr überrollen lässt oder du diese durch Grübeln immer wieder hervorholst und dadurch den Raum versperrst für schöne Dinge, die in dein Leben treten könnten.

Du hast dadurch, dass du Gedanken nicht übermächtig werden lässt, die Chance, rational an Dinge heranzutreten und Entscheidungen bewusst und aktiv zu fällen. Dadurch kommst du aus der Rolle der einfach nur auf die Situation reagierenden Person heraus und übernimmst wieder die Kontrolle. Ja, du bist nicht verantwortlich für das Verhalten anderer Leute und es liegt auch nicht in deiner Verantwortung, über allem drüberzustehen – aber es liegt in deiner Verantwortung, wie du mit dem, was dir dein Leben präsentiert, umgehst. Und wenn du lernst, bewusst und überlegt damit umzugehen und dich von Grübeleien freizumachen, erreichst du ein neues Maß an Handlungsfreiheit und Gestaltungsoptionen, dass dir viele Türen öffnen und auch deinen Alltag und die Beziehungen mit anderen Menschen verbessern kann.

Die Sorge vor dem vermeintlichen Sicherheitsverlust

Geht es dir wiederum wie Katja, und du hast viele Zukunftsängste, kannst du Sorge haben, dass du durch das positive Denken dazu neigen könntest, das Gute zu überschätzen oder zu überzeichnen – und dadurch möglicherweise Gefahren zu übersehen.

Menschen mit einem hohen Sicherheitsbedürfnis verspüren oft die Sorge, ihre Augen nicht überall zu haben, nicht alle Eventualitäten durchdacht zu haben und nicht vorbereitet genug zu sein. Sich innerlich mit allen Eventualitäten beschäftigen und für jede Situation eine Lösung entwickeln, soll dabei helfen, diese Sorge zu mindern und das Bedürfnis nach Sicherheit zu stillen.

Katja hat zwar durch die Reaktionen ihrer Kinder und ihres Mannes bereits mehrfach rückgemeldet bekommen, dass dieses Verhalten überhaupt nicht das Sicherheitsempfinden dieser stärkt, sondern dass sie sich vielmehr eingeengt und überwacht, sogar bevormundet fühlen, aber trotzdem ist der Gedanke daran, dieses Sicherheitsverhalten aufzugeben, sehr unheimlich.

Was ist, wenn Katja dadurch eine Gefahrenquelle übersieht, die ihr, ihren Kindern oder ihrem Mann schaden könnte? Was ist, wenn es zu einem peinlichen Zwischenfall kommt, weil sie eine wichtige Veranstaltung vergisst? Was ist, wenn sie sich lächerlich macht bei der Arbeit, weil sie nicht alles genug durchdacht hat?

Und dann ist da auch noch die Sorge, arrogant oder überheblich nach außen zu wirken, wenn sie sich plötzlich ganz entspannt zurücklehnt und nicht mehr jedes Event mit 1.000 To-do-Listen und Gesprächen vorbereitet.

Auch hier kommt es wieder ganz auf dich und deine aktuelle Situation an. Noch mal: Ein verändertes Denkverhalten soll keine Vermeidungstaktik sein, bei der die eigene Verantwortung künstlich durch positives Denken abgegeben wird und man die Dinge einfach laufen lässt. Es geht allein darum, unnötige Gedankenspiralen zu beenden, bevor sie dich gefangen nehmen, überbordende Gefühle im Zaum zu halten und dir so mehr Luft zu verschaffen, um dich den Dingen zu widmen, die eigentlich wirklich wichtig für dich sind.

Wenn du dich in Eventualitäten verstrickst, die deiner Jüngsten bei der Schulfreizeit geschehen können, aber vermutlich niemals eintreffen werden, statt Zeit mit ihr zu verbringen, wenn sie da ist, dann hat keine von euch etwas dadurch gewonnen. Es ist absolut in Ordnung, gut vorbereitet sein zu wollen. Es ist absolut in Ordnung, wenn du eher ein ängstliches Naturell hast und du dich gern absichern möchtest. Aber kein Gedankenkarussell der Welt wird dir die absolute Sicherheit bieten können, ganz gleich, wie oft du etwas durchdenkst.

Das Leben passiert und du kannst dich vorbereiten, aber die Ereignisse oder das Verhalten anderer Leute kannst und wirst du damit nicht kontrollieren. Wenn du dies akzeptieren und annehmen kannst, hast du die Chance, dich dem zu widmen, was du beeinflussen kannst: Und das sind deine Gedanken, deine Einstellungen, deine Wortwahl und dein Verhalten.

Ganz gleich, ob du zu den Grüblern zählst, denen, die katastrophisieren oder ob deine Gesamteinstellung eher düster ist – wichtig ist immer, dass positives Denken nicht bedeutet, Negatives großzügig zu übersehen oder Dinge nicht anzusprechen oder zu vertuschen. Gemeint ist damit auch nicht, die Verantwortung abzugeben oder einfach in unangenehmen Situationen zu verharren und sie anschließend zu verklären, um Nichthandeln zu rechtfertigen.

All das ist positives Denken nicht. Du darfst gerne realistisch bleiben, auch kritisch, aber es geht darum, den eigenen Anteil der Bewertung beim Erleben einer Situation einzuschätzen und für dich zu nutzen. Das Leben wird sich dir mit all seinen schönen und weniger schönen Anteilen präsentieren und es liegt in deiner Hand, wie du damit umgehen wirst.

Menschen, die eine optimistische Haltung einzunehmen vermögen, können die Herausforderungen des Lebens nicht nur besser meistern, sie leiden auch weniger unter den weniger guten Zeiten. Hier wären wir beim Stichwort Resilienz:

Proaktiv werden, statt in der passiven Haltung zu verharren, die Initiative ergreifen, das ändern, was zu ändern ist und einen guten und gesunden Umgang lernen, mit Dingen, die aktuell nicht durch dich selbst beeinflussbar sind oder für die du noch etwas Geduld aufbringen musst.

Unterscheiden zwischen Schönreden und gesundem Optimismus

Wie aber kannst du nun am besten unterscheiden, ob du dich gerade im positiven Denken übst oder dir eher auf ungesunde Weise etwas vormachst oder womöglich sogar etwas verdrängen willst?

Zuallererst: Höre auf dein Bauchgefühl. Wenn du merkst, dass du dich bei einer bestimmten positiven Sichtweise nicht wohlfühlst (damit ist nicht das ungewohnte Gefühl gemeint, wenn du eine lang gehegte Einstellung änderst und dich zu Beginn damit schwertust) und sich Beklemmung, Unsicherheit oder Widerstand in deiner Magengrube bemerkbar machen – dann schau genauer hin.

Natürlich kann es bei jedem Menschen ganz unterschiedlich aussehen und manche Personen kultivieren ihren Optimismus aus vollstem Herzen und absolut unerschütterlich, sodass sie wirklich wie Natursonnenscheinchen daherkommen.

Dies kann zu Vergleichen führen und zu Nachahmung, obwohl diese intensive Form möglicherweise gar nicht zum eigenen Leben und zur eigenen Situation passt.

Wann immer du dein neues Mindset dazu nutzen willst, die Verantwortung abzugeben, frei nach dem Motto „Wenn ich nur passend denke, wird sich schon alles richten!" oder „Wenn ich es nur positiv genug betrachte, ist es gar nicht mehr so schlimm!", obwohl du merkst, dass da etwas total gegen deine innersten Werte und Überzeugungen geht, dann lohnt es sich, zu überprüfen, ob du einen bewussten Umgang mit deinen Gedanken nur vorschiebst, um dich nicht um deine Lebensplanung oder Herausforderungen zu kümmern oder um Konflikten aus dem Weg zu gehen.

Ein genaues Hinschauen ist auch angezeigt, wenn du damit beginnst, anderen Menschen oder dir selbst keine als negativ bewerteten Gefühle mehr zuzugestehen und sofort damit beginnst, die positiven Seiten daran aufzuzählen, statt die Trauer, Wut oder Verunsicherung deines Gegenübers oder deiner selbst mit auszuhalten.

In solchen Fällen kann es gut sein, dass du dich etwas im zwanghaft positiven Denken verloren hast, dass am eigentlichen Ziel dieses Umganges mit deinen Gedanken, nämlich dem bewussten und achtsamen Umgang, vorbeischießt.

Achte darauf, ob du dich selbst dafür verurteilst, wenn es dir nicht gelingt, dauerhaft eine hoch optimistische Haltung zu halten und ob du neidvoll auf andere mit sonnigerem Gemüt schaust. Ein krampfhaftes Festhalten an optimistischen Haltungen in jeder Lebenslage führt meist weniger dazu, dass du eine resiliente Basis aufbaust, sondern eher dazu, dass du panisch alles, was nach Negativität ausschaut, aus deinem Leben verbannen willst. Dies führt zum einen zu Frust, wenn du es nicht schaffst – denn auch diese Emotionen gehören zu einem Leben dazu und haben nichts mit

Willenskraft zu tun – und zum anderen zu vergeblichen Bemühungen und Vermeidungstaktiken, die körperlichen und mentalen Stress nach sich ziehen können.

Zudem solltest du dir immer wieder aktiv bewusst machen, dass du mit einer bewussten Denkweise nicht alles im Leben beeinflussen und kontrollieren kannst, sondern eben nur die Form, wie du auf Ereignisse reagierst und dein Leben lebst. Das ist eine ganze Menge, aber der Allmachtsanspruch, der mitunter in esoterischen Kreisen propagiert wird, greift einfach zu hoch und ist nicht zu erreichen.

Das ist ganz besonders wichtig für diejenigen, die ohnehin nur schwer mit Ambivalenz und Unsicherheit umgehen können. Diesen Aspekt des nicht einlösbaren Allmachtsanspruches oder Wunderdenkens, das jedes Leid heilen kann, solltest du dir bewusst machen, um dich nicht selbst mit zu hohen Ansprüchen ins Bockshorn zu jagen und dich nicht von anderen zu Unrecht für Dinge verantwortlich machen zu lassen, die du nicht beeinflussen kannst. Ja, du kannst entscheiden, wie du mit einer Kündigung oder Zurückweisung umgehst – die Kündigung oder Zurückweisung selbst kannst du allein durch eine positive Denkweise aber nicht beeinflussen.

Irgendwie ist es aber auch beruhigend, zu wissen, dass man nicht die Geschicke der Welt lenken kann und muss, oder? Stelle stattdessen die Entwicklung einer gewissen Kompetenz und den Ausbau deines Selbstvertrauens und deiner Eigeneinschätzung in den Vordergrund und freue dich daran, wie du so mehr Eigenverantwortung für dich und dein Lebensglück übernehmen kannst.

Wenn du unsicher bist, nutze einfach die kleine Checkliste, um zu überprüfen, ob du das positive Denken benutzt, um etwas schönzureden oder untätig zu bleiben:

- Glaube ich mir, was ich denke und sage?
- Stimmt das, was ich über die Situation denke und anderen erzähle, miteinander überein?

- Fühle ich mich bei den Gedanken wohl oder bemerke ich einen inneren Widerstand?
- Bemerke ich körperliche Symptome, wie etwa Magengrimmen, Kopfschmerzen, geballte Fäuste oder angespannte Schultern?
- Kommen mir mein Denken und Verhalten künstlich und erzwungen vor oder authentisch?
- Hilft mir das Denken in meinem Leben?

Und was ist mit den anderen?

Es scheint fast wie eine Mode: Nörgeln, lästern und jammern. „Ein gemeinsamer Feind verbindet wie nichts anderes", „Wir sind die Weltmeister im Beklagen", „Kleine Kinder, kleine Sorgen, große Kinder, große Sorgen!"

Sorgen machen ist „in", ebenso wie der stetige Drang, sich zu analysieren und zu verbessern. Klatsch und Tratsch werden seit Ewigkeiten als gruppenstiftendes Element genutzt, bei dem einige Menschen in die Gruppe eingebunden, andere bewusst ausgeschlossen werden.

Nicole ist mit ihrer eher düsteren Grundeinstellung sicher schon ein paar Mal über das Ziel hinausgeschossen und sie bemerkt auch, dass in ihrem Team bei der Arbeit die Stimmung meist gedrückter ist, aber irgendwie machen ja auch immer alle mit und dann hat man wenigstens was zum Reden, was der Realität entspricht und macht sich nichts vor. Was würde das Kollegium sagen, wenn sie da plötzlich versucht, bewusst mit ihren Gedanken umzugehen?

Vielleicht ist dir diese Überlegung auch schon gekommen: Wie passt das nun mit deinem neuen Leben zusammen, in dem du deine Gedanken aktiv in eine für dich förderliche Richtung lenken möchtest?

Zunächst einmal kann es nützlich sein, deine bisherige Position bewusst nachzuvollziehen. Stelle dir dafür bitte die folgenden Fragen und versuche sie möglichst wertfrei zu beantworten:

„Ich kann das nicht…"

- Welche Gedanken steigen in mir auf, wenn ich an meine Familie, meine Freunde, Kollegen oder Bekannten denke?
- Hege ich negative Gedanken, die ich nicht klar kommunizieren, ansprechen und so auflösen kann?
- Benutze ich Klatsch und Tratsch, um von mir und meinem Inneren abzulenken?
- Spreche ich über Dinge, mit denen ich mich privat nicht gedanklich auseinandersetzen würde, nur, um dazuzugehören?
- Oder nutze ich Klatsch und Tratsch, um die Aufmerksamkeit in einer Gruppe auf mich zu ziehen?
- Teile ich wirklich meine Gedanken, oder passe ich mich an, um nicht anzuecken?
- Lande ich im Gespräch mit meinen Liebsten immer wieder nur bei negativen Themen? Geraten wir regelmäßig ins Mosern, Hetzen oder Jammern oder teilen wir auch die Gedanken zu den schönen Seiten des Lebens?
- Habe ich Menschen, denen ich meine Gedanken unverblümt mitteilen kann?
- Befürchte ich eine Verurteilung durch mein Umfeld, wenn ich versuche, eine positivere Einstellung zu kultivieren?
- Sind meine Gedanken wirklich frei oder beschneide ich mich, was bestimmte Themen angeht, weil diese in meiner Familie oder meinem Bekanntenkreis ein Tabu sind?

Wie geht es dir, nachdem du dir diese Fragen gestellt hast? Häufig ahnen wir schon, dass wir eine kleine Schere im Kopf haben, die uns bestimmte Gedankengänge wie bei einer Zensur verbietet und abteilt, eben, weil das in unserem Umfeld so gehandhabt wird. Oder wir merken, dass wir mit unseren Freunden immer nur über all das Negative klagen, aber selten den Fokus auf

Gutes legen oder aktiv etwas dafür tun, dass sich unsere vermeintlich schlechte Situation verbessert.

Diese Erkenntnisse können zunächst schmerzhaft sein – wir alle kennen schließlich einen Miesmacher oder einen Spaßkiller. Diese Menschen scheinen aus allen Poren Negativität auszuströmen und nach dem Kontakt mit ihnen fühlt man sich ausgezehrt und matt. Niemand möchte auch nur annähernd für so einen freudlosen Gesprächspartner gehalten werden.

Aber betrachte diese radikale Selbstanalyse mal so: Sie bietet dir auch die Chance, von hier aus loszugehen in eine Richtung, die für dein Wohlbefinden zuträglicher ist.

Wie reagiert aber dein Umfeld, wenn du dich beim kollektiven Gejammere nicht mehr beteiligst? Wenn du beim Elternabend Lösungen vorschlägst, statt mit den anderen Eltern gemeinsam ins verbindende Gemecker einzufallen? Wenn du dich nicht davon abbringen lässt, deinen Fokus auf das Gute in deinem Leben zu richten?

Die Frage „Verliere ich dann Freunde?" kann eine berechtigte Sorge sein. Allerdings lohnt es sich, hinter die Fassade dieser Kontakte zu schauen: Verlierst du wirklich Freunde? Oder wird dadurch möglicherweise Raum frei für Menschen, die ebenfalls aktiv für das Gute in ihrem Leben arbeiten und einstehen und sich aus negativen Gedankenkarussellen und dem Meckermodus befreien möchten?

Gerade am Anfang, wenn du erst dabei bist, neue Gedankenmuster zu kultivieren und einzuüben, kann es schwer sein, alten Abläufen zu widerstehen. Achte daher insbesondere in dieser Zeit gut auf dich und auch darauf, mit wem du dich wann umgibst und wie sich dieser Umgang auf deine Stimmung und dein Energielevel auswirkt. Bist du nach dem Kontakt ausgeglichen und kraftvoll oder fühlst du dich erschöpft und leer?

Um dem entgegenzuwirken, darfst du bewusst deine neue Haltung und Einstellung einnehmen und diese auch nach außen vertreten. Du bist niemandem Rechenschaft schuldig, aber wenn dir danach ist, kannst du deinem Umfeld erklären, warum du dich fortan auf andere Gedanken fokussieren willst und sie vielleicht sogar um Unterstützung bitten oder sie einladen, mitzumachen, wenn du das Gefühl hast, dass eine gewisse Bereitschaft vorhanden ist. Bei Leuten, von denen du vermutest, dass sie sich ohnehin nur darüber lustig machen oder dir nur Fallstricke des unauthentischen positiven Denkens vorhalten werden, darfst du dich auch gerne mit Erklärungen zurückhalten und einfach dein Ding machen.

So bietest du keine Angriffsfläche und musst dich nicht zu Beginn deiner Reise verunsichern lassen, sondern kannst langsam in dein neues Leben hineinwachsen und dir all die Zeit der Welt nehmen, die es braucht. Zudem läufst du so nicht Gefahr, dass dir jeder kleine Fehltritt unter die Nase gehalten wird – Fehler sind schließlich menschlich. Sie sind ein Teil des Lernprozesses und nichts, wofür du dich schämen oder beschämt werden solltest.

Chancen für den Umgang mit anderen

Und wer weiß – vielleicht wirkt sich dein geändertes Verhalten ja auch richtig positiv aus? Möglicherweise fühlen sich ein paar Leute in deinem Umfeld davon angezogen, dass du einen positiveren, proaktiven Blickwinkel auf das Leben einnimmst, Dinge angehst, statt darüber zu jammern und dabei trotzdem nicht den Bezug zur Realität verlierst?!

Mal ehrlich: Redest du bei einem Event lieber mit einer Person, die interessante Themen anspricht, ihren Interessen nachgeht, sich und das Leben mag und wirklich etwas damit macht oder mit einer Person, die stets nur darüber klagt, wie hart die Welt ist, wie unfreundlich die Leute und wie übel ihr das Schicksal mitgespielt hat?

Eine einfache Frage, oder? Schließlich ist die Bezeichnung *Energievampire*, die einen emotional irgendwie immer nur runterziehen, schon seit Jahren ein fester Begriff in der Persönlichkeitsentwicklung. Und wie bereits nach der Anfangsanalyse festgestellt: Wer von uns möchte schon selbst gerne ein solcher Energieräuber sein, dessen Anwesenheit ein schales Gefühl bei dem Gegenüber hinterlässt?

Noch mal zur Sicherheit: Das heißt nicht, dass du nicht mehr über deine Sorgen und Nöte sprechen sollst. Das bedeutet auch nicht, dass du nicht ansprechen sollst, wenn dich etwas stört oder du Verbesserungsbedarf siehst. Und das bedeutet schon gar nicht, dass du nicht auch mal aus der Haut fahren, motzen oder so richtig alles loswerden darfst!

Das ist alles vollkommen legitim. Worum es geht, ist, einen gesunden Umgang mit negativen Gedanken zu finden, sie nicht aufzubauschen oder zum Dauerthema zu machen, das alles andere überschattet und keinen Raum für Leichtigkeit, Neues und Freiheit entstehen lässt.

Es mag ungewohnt sein, nicht über das Gejammere Gemeinsamkeit mit anderen zu schaffen und nicht überall wird es auf Anhieb klappen. Gewohnheiten abzulegen, fällt schließlich jedem Menschen schwer und anders als du haben sich deine Gesprächspartner den Umstand, wie deren Reden und Denken ihre Lage beeinflusst, vielleicht noch gar nicht bewusst gemacht. Du wirst sicherlich auch einige Rückschläge erleben.

Vielleicht tun Menschen deine Veränderungen als affig oder albern ab, vielleicht fühlen sie sich davon angegriffen, weil ihnen dadurch auffällt, wie viel sie selbst meckern. Möglicherweise fühlst du dich auch plötzlich ausgeschlossen, wenn im Team in der Pause nur gelästert wird und du mit keinem deiner Gesprächsvorschläge die Unterhaltung auf ein anderes Thema lenken kannst.

Aber es lohnt sich, auch dem eigenen Umfeld etwas Umgewöhnungszeit zuzugestehen! Möglicherweise lassen sich Leute von deinen neuen Denkweisen inspirieren oder mitreißen?

Statt mit deinen Freunden dann stundenlang darüber zu reden, was den Kindern alles passieren könnte oder wie unromantisch die Partner doch sind, könntet ihr dann gemeinsam Pläne schmieden, zusammen etwas Neues lernen oder euch anderweitig dabei unterstützen, eure Lebensträume in die Tat umzusetzen. Oder es wird einfach mal nur geblödelt und herumgealbert, gekichert und gelacht – ganz ohne Grund und Begrenzung! So könnt ihr euer Leben auf ganz neue Art bereichern und wenn es doch mal hart auf hart kommt, könnt ihr euch immer noch den ernsten Seiten des Lebens zuwenden.

Dein neues Denken und deine Familie

„Wenn du dir selbst eine Freude machen willst, dann denk an die Vorzüge deiner Mitmenschen."

- Marc Aurel

Katja macht sich besonders im Umgang mit ihren Liebsten immer Sorgen: Davor, dass ihr Mann sie nicht mehr anziehend findet und sich anderweitig umschaut, davor, dass den Kindern etwas zustoßen könnte. Und diese Sorgen spiegeln sich auch in ihrem Umgangston wider. Die Kinder werden fortwährend ermahnt und dazu angehalten, auf sich aufzupassen, der Mann wird darum gebeten, sich doch regelmäßig zu melden und Katja immer wieder zu versichern, dass sie liebenswert ist und er sich für keine andere interessiert.

Gibt Katja diese zukunftsgerichteten Katastrophengedanken auf und somit auch das Nachfragen und Ermahnen, gibt sie ein Stück der vermeintlichen Kontrolle auf. Sie muss loslassen. Es ist ihr natürlich bewusst, dass sie mit dem stetigen Nachfragen eher für Unmut sorgt, aber irgendwie beruhigt es sie doch, weil sie etwas getan hat. Was ist nun aber, wenn sie das aufgibt? Was passiert dann?

Und was ist mit den anderen?

Deine Beziehungen im engsten Familienkreis können ebenfalls ganz klar von einer veränderten Gedankenhaltung gewinnen: Herrscht zuhause eine gewisse Leichtigkeit statt dauerhaft gedrückter Stimmung, wirkt sich das massiv auf das Zusammenleben von allen Mitgliedern der Familie aus. So kann von ganz alleine die Bereitschaft wachsen, wieder aktiv miteinander Zeit zu verbringen, weil die Liebsten eben nicht befürchten müssen, einen Schwall von Sorgen oder Vorwürfen vor die Füße geworfen zu bekommen, sondern stattdessen Raum für ein abwechslungsreiches und buntes Familienleben entsteht.

Dies sorgt garantiert für frischen Wind im Kontakt zu deinen Kindern und auch zu deinem Lieblingsmenschen. Schließlich kannst du dich so wirklich auf sie und ihre Interessen, Wünsche und Erlebnisse konzentrieren, wenn du mit ihnen zusammen bist, statt dich in Sorgenspiralen zu verfangen. Zudem kannst du dein Leben außerhalb der Familie neu betrachten, eigene Interessen und Ideen ausbauen, Neues ausprobieren und den anderen so auch die nötige Mischung aus Nähe und Unabhängigkeit ermöglichen.

Außerdem bringst du deinen Nachwuchs nicht in die schwierige Position, sich keine eigenen Gedanken machen zu müssen, sondern unterstützt sie dabei, unabhängig zu werden. Wenn du deinen Kindern nicht immer das Denken abnimmst und alle Eventualitäten schon vorweg abklärst und löst, sind sie selbst gefordert und können die entsprechenden Kompetenzen entwickeln. Das ist immens wichtig, wenn sie zu mündigen Menschen heranwachsen sollen, die sich selbst für etwas entscheiden können. Du machst sie stark und hilfst ihnen dabei, sich auszuprobieren und auf ihre eigene Denk- und Urteilskraft zu vertrauen.

Auf diese Weise werden sie stabilere und resilientere Erwachsene, die sich nicht einfach blind den Entschlüssen einer Autoritätsfigur, wie einem Chef oder einem Arzt, unterordnen. Sie werden durch dich gelernt haben, dass sie sich eigene Gedanken machen dürfen, dass nicht alles Schwarz-Weiß ist und dass es vollkommen okay ist, wenn Menschen unterschiedliche Denkweisen haben und diese vertreten. Sie können so leichter Probleme lösen, die Vielfältigkeit ihrer Umgebung akzeptieren und sind besser vorbereitet, wenn sie selbst mal in Denkfallen hineintappen.

Der positive Effekt gilt übrigens auch dann, wenn deine Kinder noch ganz klein sind – denn wie du weißt, bekommen auch die Jüngsten schon extrem viel mit, oftmals mehr, als wir Erwachsenen denken und noch immer lernen die Kleinen über Nachahmung. Wenn dein Nachwuchs also erlebt, dass du das selbständige Denken bereits bei ihnen dem Alter angemessen förderst, genau wie bei den großen Geschwistern, dann wissen sie, dass ihre Gedanken zählen, wertvoll sind und dass es sich lohnt, sich mit den eigenen Gedanken auseinanderzusetzen.

Wenn du dann noch ein Bewusstsein für mögliche Gedankenfallen weckst und ihnen auf altersgerechte Art und Weise zeigst, wie sie beispielsweise ein Generalisieren oder Katastrophisieren erkennen und in die richtige Bahn lenken können, dann bringst du ihnen ein Skill-Set bei, dass ihnen ihr ganzes Leben lang nützlich sein wird.

Vielleicht möchtest du dir ein paar Fragen stellen, wie du als Elternteil mit den Gedanken deiner Kinder umgehst.

- Hörst du zu, wenn dein Nachwuchs seine Gedanken mit dir besprechen möchte?
- Negierst du die Gedanken deiner Kinder des Öfteren mit Sätzen wie „Denk doch nicht so einen Unsinn", „So einen Schmarrn brauchst du aber nicht zu denken"?
- Gibt es Tabuthemen, über die die Kinder nicht nachdenken sollen?
- Sagst du manchmal Sätze wie „Da zerbrich dir mal nicht deinen Kopf drüber"?
- Nimmst du die Gedanken deiner Kinder ernst oder sprichst du den Wert der Gedanken manchmal aufgrund des Alters ab? „Da kannst du dir Gedanken drüber ma-

chen, wenn du groß bist", „Das hat dich noch nicht zu interessieren", „Das ist ein Thema für die Großen!"

Wenn du möchtest, kannst du auch das aktive Gespräch mit deinem Nachwuchs suchen und ihm ein paar Fragen stellen. Du solltest natürlich darauf achten, dass die Fragen entsprechend des Entwicklungszustandes deines Kindes formuliert sind.

Auch die Beziehung zum Partner profitiert von einer veränderten Gedankenhaltung, die nicht von Sorge und Kontrollverhalten überschattet wird. „Absence makes the heart grow fonder" ist zwar nicht unbedingt eine immer gültige Regel, aber in den meisten Fällen profitieren romantische Beziehungen sehr davon, wenn der eine Teil sich nicht nur auf den anderen konzentriert. Fokussierst du dich mehr auf dich selbst, ist das nicht egoman oder eine Vernachlässigung deiner ehelichen Pflichten! Du bist Teil eines Paares, aber du bist auch eine eigenständige Person, die für ihr Handeln und ihr Glück selbst verantwortlich ist.

Kannst du diese Gedanken kultivieren und dafür viele nicht förderliche Gedanken loslassen, wird dadurch Platz geschaffen für Selbstständigkeit und Positivität in eurer Beziehung. Du bist nicht mehr abhängig von deinem Herzensmenschen, sondern kannst selbst für dich sorgen und die gemeinsame Zeit dann als schönen Bonus sehen und auch entsprechend gestalten.

Das gilt übrigens gleichermaßen für den Part in dir, der sich gerne einen Kopf für andere macht. Wenn dein Lieblingsmensch dir bisher manches Mal genervt vorgehalten hat, du solltest dir nicht seinen Kopf zerbrechen, dann versuche mal, seine Position einzunehmen: Sicherlich bekommt er mit, dass du es gut meinst, aber er ist ebenfalls ein eigenständiger Mensch, der für sich selbst verantwortlich ist.

Natürlich ist es schön, wenn man ein Auge aufeinander hat, aber wenn du immer schon für den anderen mitdenkst, kann dieser kaum sein Eigenes zeigen und du nimmst euch so die Möglichkeit, dass er dich überraschen kann.

„Ich kann das nicht..."

Die Gefahr, dass sich dein Gegenüber dadurch eingeengt, im schlimmsten Fall sogar verkindlicht fühlt, ist leider ziemlich groß, selbst wenn du nur das Beste für alle möchtest. Spielen immer wieder die Handlungen deines Herzensmenschen eine Rolle in deinen Gedankenschleifen, die Sorge, dass er oder sie sich schaden, dich betrügen, sich falsch verhalten könnte, kann es sein, dass dein Gegenüber dies nicht als Sorge um ihn und die Beziehung erlebt, sondern er sich nicht als erwachsene Person wahrgenommen fühlt. Es könnte auch der Eindruck entstehen, dass du ihm nicht traust oder für möglich hältst, dass er dir schadet.

Welchen Eindruck würde es auf dich machen, wenn dich immer wieder jemand, den du liebst, mit solchen Gedanken konfrontiert? Natürlich ist es vollkommen valide, dass du diese Gedanken mit der anderen Person teilen willst, aber sie werden in der Masse möglicherweise belastend für die Person sein, sie verunsichern oder sie dazu bringen, sich von dir zu distanzieren, weil es sie traurig macht oder verletzt, dass dir solche Gedanken zu ihr kommen.

Übrigens – während der Partner, die Partnerin diese Informationen möglicherweise trotzdem noch ganz gut einordnen kann, können die eigenen Kinder (je nach Alter) deutlich mehr Schwierigkeiten damit haben. Formulierst du immer wieder, welche Sorgen und Gedanken du dir machst und sind alle diese von Ängsten und Zweifeln geprägt, kann es leicht geschehen, dass dein Kind nicht nur die mütterliche Sorge darin erkennt, sondern daraus ableitet: Mama muss sich immer sorgen, wenn ich etwas allein unternehme, Sport treibe, mit Freunden unterwegs bin – scheinbar kann ich das nicht/bin ich zu ungeschickt/kann ich nicht gut auf mich aufpassen. Das Entwickeln von Vertrauen in die eigenen Kräfte wird dadurch mitunter sehr erschwert und der Kreislauf, dass dein Nachwuchs ungesunde Gedankenmuster übernimmt, die ihn belasten und kleinhalten, so wie du sie vielleicht von deinen Eltern übernommen hast (auch wenn sie nur dein Bestes wollten), setzt sich weiter fort.

Bist du bereit, aktiv neue Gedankenmuster zu etablieren, in denen dein Herzensmensch selbst verantwortlich ist für sich und sein Verhalten, signalisiert du nach außen, dass du ihm oder ihr zutraust, eigene Entscheidungen treffen und deren Auswirkungen abschätzen zu können. Gestattest du deinen Kindern Raum für ihre persönliche Entwicklung, auch wenn das für dich bedeutet, loszulassen, dann zeigst du ihnen, dass du ihnen und ihren Fähigkeiten und Fertigkeiten vertraust – natürlich in altersgerechten Dosen.

Wichtig ist, dass du dich nicht in unnötigen Gedanken verstrickst. Du kannst deine Mitmenschen und ihre Reaktionen nicht kontrollieren – und willst es vermutlich auch gar nicht. Du kannst nicht jede Enttäuschung von ihnen fernhalten und von dir leider auch nicht – und das musst du auch nicht. Du musst nicht jede Eventualität schon durchdacht haben, um eine gute Mutter, Ehefrau oder Freundin zu sein. Es ist fantastisch, wenn du achtsam und aufmerksam bist, aber machst du dir zu viele Gedanken, schlägt die ganze Situation eben rasch um.

Wichtig ist daher, dass du es den Menschen selbst überlässt, wie sie wohl auf dein verändertes Denken reagieren werden. Machst du dir zu viele Gedanken und rutschst in eine der bekannten Grübelfallen hinein, wie beispielsweise in die Schwarzmalerei, das Schwarz-Weiß-Denken oder das Wahrsage-Denken, dann weißt du immer noch nicht, was die Leute wirklich denken, aber du belastest dich nur unnötig.

„Andere mal machen zu lassen" ist nicht leicht. Vor allem, wenn du es gewohnt bist, dich um jede Befindlichkeit der anderen zu kümmern und schon vorab dafür zu sorgen versuchst, dass erst gar keine Missstimmung aufkommen kann – aber traue deinem Umfeld ruhig etwas zu und halte dich zur Not mit einem kleinen Spruch in der Spur, etwa mit dieser Aussage von Antoine de Saint-Exupéry:

„Denn der Raum des Geistes, dort wo er seine Flügel öffnen kann, das ist die Stille."

Lass dich einfach davon überraschen, wie die Menschen auf dich reagieren, wenn du dich ihnen positiv, zuversichtlich und selbstbestimmt zeigst und Vertrauen in das Gute und deine eigenen Fähigkeiten ausstrahlst – und auch in das Gute und die Fähigkeiten deiner Liebsten! Du wirst es sicherlich nicht bereuen!

Abschluss und Ausblick

Du bist jetzt am Ende dieses Buches angelangt – aber dein Weg in ein Leben mit gesunden und förderlichen Denkmustern startet jetzt erst richtig. Erinnerst du dich noch an das Schaubild, das du in dem Kapitel *Entdecke deine innere Welt* ausgefüllt hast? Dabei ging es darum, dass du dir bewusst machst, in welchen Bereichen deines Lebens welche Gedanken zentral sind, ob du ihnen also gedanklich eher positiv, negativ oder neutral begegnest und auch darum, um herauszufinden, welche Themenbereiche dich in deinem Alltag besonders bewegen und dich gedanklich beschäftigen.

Dazu solltest du in die einzelnen Felder, die jeweils für einen Bereich deines Lebens stehen, etwa 2 bis 3 Gedanken eintragen, die üblicherweise in dir aufkommen, wenn du an diesen Bereich denkst. Ferner solltest du den Bereich farblich ausmalen: Gelb war vorgeschlagen, wenn du mit dem Bereich überwiegend positive Gedanken verbindest, Blau, wenn die Gedanken neutral sind und Braun, wenn du eher negative Gedanken damit assoziierst.

Bitte nimm dir auch jetzt am Ende der Lektüre dieses Buches ein paar Minuten, um das Schaubild erneut auszufüllen. Lasse die Gedanken wieder frei fließen und greife instinktiv zu den Farben, ohne dich zu zensieren. Das Gleiche gilt für die Sätze, die in dir aufsteigen. Wenn du möchtest, kannst du nun auch ein, zwei Emotionen hinzuschreiben, die du mit den Gedanken an diesen Themenbereich verbindest.

„Ich kann das nicht…"

Wie bereits erwähnt, kannst du die Farben beim Ausmalen der Felder natürlich auch ändern, wenn du die Begriffe neutral, positiv und negativ mit anderen Farbtönen verbindest. Greife einfach zu der Farbeinteilung, die du auch zu Beginn dieses Buches genutzt hast, um eine mögliche Veränderung klar erkennen zu können.

Freundschaften	Berufsleben	Lernen/eigene Entwicklung
Familie	Alltag	Zukunft
Spiritualität/Glaube	Gesundheit	Vergangenheit

Halte, genau wie beim ersten Mal, nach dem Ausfüllen einen kleinen Moment inne, um nachzuspüren. Dabei sollen dir wieder die folgenden Fragen helfen:

- Wie sieht dein Schaubild jetzt am Ende der Lektüre des Buches aus?
- Welche Farben überwiegen nun in deinem Schaubild?
- Hat sich der Gesamteindruck deiner Tabelle geändert?

- Überrascht dich das neue Ergebnis?
- Falls es vorher nicht der Fall war: Stimmt das Schaubild mit dem Bild, das du von dir selbst hast, jetzt überein?
- Passt es besser zu dem Bild, das du deinen Mitmenschen nach außen präsentierst?
- Wie fühlst du dich, wenn du dein Schaubild fertig ausgefüllt vor dir siehst?
- Bemerkst du irgendwelche körperlichen Veränderungen? Kannst du benennen, ob und wie sich etwas in deinem Körper regt, wenn du das Schaubild betrachtest?

Falls du positive Veränderungen in deinem Schaubild feststellen kannst, darfst du dir von ganzem Herzen dazu gratulieren. Das Arbeiten an den eigenen Gedankenmustern ist eine herausfordernde und langwierige Aufgabe, die sich aber auf so vielfältige Weise positiv auf dich, dein Sprechen, Handeln und Interagieren mit dir und deinem Umfeld auswirken kann.

Sei daher bitte mehr als verständnisvoll mit dir, wenn du bisher noch keine nennenswerten Veränderungen bemerken kannst. Versuche stattdessen, dieses Schaubild genau wie zu Beginn des Prozesses als Teil deiner momentanen Verfassung zu sehen. Du hast in diesem Buch viel Hintergrundwissen rund um das Thema Denken und Gedankenmuster sammeln und sicher schon einige Methoden ausprobieren können, die dir dabei helfen, unerwünschte Denkmuster durch sinnvollere zu ersetzen.

Aber eine dauerhafte Änderung braucht Zeit und Geduld und ein gutes Durchhaltevermögen. Gratuliere dir dafür, dass du am Ball bleibst und auch in schwierigen Zeiten nicht aufgibst, sondern Rückschläge als solche akzeptierst und weiter den für dich richtigen Weg gehst.

Du hast nun auch gelernt, dass nicht jede Technik für jeden Menschen funktioniert und kannst im Laufe der Zeit ausprobieren, welche von den in diesem Buch vorgestellten Methoden dir in welchen Momenten guttut. Sicherlich kannst du somit auch immer besser für dich herausfinden, wann welche Themen gedanklich einen großen Raum bei dir einnehmen, wie du am besten darauf reagierst und was das für dich bedeutet.

Das gilt auch, wenn bisher alles gut gelaufen ist und du in der Zukunft an einen Punkt kommst, an dem es nicht mehr vorwärtszugehen scheint und du in alte Denkmuster zurückzufallen drohst. Das ist ganz natürlich und bedeutet keinesfalls, dass deine bisher investierte Arbeit nicht gut genug ist oder du dich nicht genug engagiert hast. Keinesfalls!

Stelle dir das Ganze am besten vor wie bei einer Person, die das Rauchen aufgegeben hat. Wenn sie unter sehr hohen Stress gerät, kann es sein, dass alte Muster greifen, und sie dem Stress aus alter Gewohnheit mit einer Zigarette begegnen will. Genauso, wie diese Person wachsam sein muss, um nicht in alte Verhaltensmuster zu rutschen, darfst du in Krisensituationen ein Extra an Fürsorge und Achtsamkeit auf deine Gedankensprache lenken: Bauen sich da wieder Verallgemeinerungen ein? Machen sich Katastrophengedanken breit oder wirst du barsch im Umgangston mit dir selbst?

Dann darfst du dir erlauben, davon zurückzutreten und wieder auf deinen neuen Pfad zu gehen, der sich um konstruktive Gedanken dreht.

Keine Sorge, du wirst keinesfalls wieder bei null anfangen müssen, wenn sich doch mal wieder alte Gedankenmuster an die Oberfläche drängen – sofern du darauf achtest, diese Gedankenwege nicht erneut zu beschreiten, sondern konsequent den neuen Pfad entlanggehst und dich somit weiterhin darauf trainierst, deine Gedanken zu pflegen.

Wenn du dich überfordert vom Leben fühlst, versuche, dir etwas mehr Raum zum Denken zu geben und Klarheit in deinen Alltag zu lassen. Mache weniger und dafür bewusster. Das kann schon maßgeblich dazu beitragen, einen aufgekratzten Kopf zu beruhigen und wilde Gedanken etwas abzukühlen.

Abschluss und Ausblick

Somit gibst du dir die Möglichkeit, dein Leben zu genießen, das, was du hast wertzuschätzen, Krisen realistisch einzuschätzen, ihnen durchdacht und sinnvoll zu begegnen und deine Gedankenkraft für die Personen und Dinge einzusetzen, die dir persönlich besonders wichtig sind.

Statt dich in Sorgen um die Zukunft oder in Reuegedanken aufgrund der Vergangenheit zu verlieren, kannst du dein Leben im Hier und Jetzt bewusst erleben und wahrnehmen, deine Ideen in Pläne verwandeln und umsetzen, deine Beziehungen mit aller Achtsamkeit und Liebe pflegen und dich selbst verwirklichen.

Vielleicht hast du wie Nicole gelernt, Vergangenes als Information und Erinnerung anzuerkennen, aber auch in der Vergangenheit ruhen zu lassen und dir nicht deine wertvolle Zeit durch unnötige Grübelstunden rauben zu lassen, sondern dich stattdessen aktiv für das einzusetzen, was dir wichtig ist und dich und dein Dasein erfüllt.

Vielleicht hast du auch wie Katja gelernt, dich nicht mehr in Katastrophengedanken bezüglich der Zukunft zu verlieren und diese gelassen auf dich zukommen zu lassen, in dem guten Gewissen, dass du bestens vorbereitet bist, aber einfach auch nicht alles kontrollieren und wissen kannst.

Oder du beginnst wie Sabine ganz vorsichtig damit, deine Sicherheitsmechanismen abzulegen und eine optimistischere Denkweise zuzulassen, in der mehr Raum für Zuversicht und Zuneigung ist und deinem Leben mehr Farben zuzugestehen, als nur ein einfaches Schwarz und Weiß?

Was auch immer deine Aufgabe ist, wenn du dich negativen Gedankenmustern stellst, mit den Techniken und Ritualen, die du nun in deinem Werkzeugkoffer hast, bist du bestens ausgerüstet, um dich der Herausforderung zu stellen und ein zufriedenes und erfülltes Leben mit deinen neuen, veränderten Gedankenmustern zu genießen – voller Tatendrang und Lebensfreude!

„Ich kann das nicht…"

Sicherlich wird es Tage geben, an denen deine alten Denkmuster bei dir anklopfen und sich vielleicht auch mal wieder in den Vordergrund drängen werden. Aber du weißt nun, wie du sie erkennen kannst, warum du sie nicht mehr in deinem Leben haben möchtest und wie du mit ihnen umgehen kannst. Dieses Warum ist wirklich wichtig, denn wie du bereits weißt, haben die alten Muster einen Zweck erfüllt, sie haben die scheinbare Sicherheit vermittelt. Diese aufzugeben und zu erkennen, dass diese Sicherheit nur eine Form der Illusion war, ist ein wirklich herausfordernder Schritt, der viel Mut erfordert und anstrengend ist. Daher ist es vollkommen normal, dass du hin und wieder aus dem Tritt gerätst oder einfach auch mal keinen Nerv hast, auf deine Gedanken zu achten.

Aber du weißt mittlerweile, dass Gedankenpflege genauso wichtig ist wie Körperpflege und andere Formen von Self-Care und maßgeblich dazu beiträgt, wie es dir körperlich und geistig geht. Diese Arbeit, die deine Gedankenpflege bedeutet, ist eine direkte Investition in dein physisches und psychisches Wohlbefinden. Sie kann sich positiv auf deine Arbeit, deine Freundschaften, deinen Alltag als Elternteil und als Partnerin auswirken und noch auf so vielen weiteren Ebenen in deinem Leben Früchte tragen – etwa auf der kreativen Ebene, der spirituellen oder auch der intellektuellen.

Sei neugierig auf das, was möglich ist. Probiere dich aus. Erlaube dir Fehltritte und erfreue dich an dem, was bereits gut funktioniert.

Mit den Worten Buddhas kannst du jetzt in dein neues bewusstes Leben hinausgehen:

„Wir sind was wir denken. Alles, was wir sind, entsteht aus unseren Gedanken. Mit unseren Gedanken formen wir die Welt."

Eine kleine Bitte

Liebe Leserin,

lieber Leser,

nun sind wir am Ende dieses Buches angelangt. Ich hoffe sehr, dass ich dir weiterhelfen und positive Veränderungen in dein Leben bringen konnte.

Als Autorin ist es mir sehr wichtig, Bücher zu schreiben, die Menschen wirklich helfen. Konstruktives Feedback meiner Leserinnen und Leser hilft mir am meisten dabei meine Werke immer weiter zu verbessern.

Falls du mir also persönliches Feedback oder Verbesserungsvorschläge zum Inhalt geben möchtest, dann schreibe mir gerne unter info@stefanielorenz.com. Ich freue mich über jede E-Mail und werde zeitnahe antworten.

Für den Fall, dass dir mein Buch wirklich geholfen hat und du sonst keine Fragen hast, dann würde ich mich freuen, wenn du eine positive Rezension für mein Buch auf Amazon hinterlassen kannst. Es dauert wirklich nur wenige Sekunden und du hilfst anderen Menschen und mir ungemein.

Ich weiß all deine Liebe und Unterstützung wirklich zu schätzen.

Falls noch Fragen offen sind, einfach bei mir melden!
Stefanie

Quellen und weiterführende Literatur

Bellebaum, A., & Barheier, K. (1997). *Glücksvorstellungen: Ein Rückgriff in die Geschichte der Soziologie (German Edition)*. VS Verlag für Sozialwissenschaften.

Boersch, C., & Dienst, V. F. (2006). *Das Summa Summarum des Erfolgs: Die 25 wichtigsten Werke für Motivation, Effektivität und persönlichen Erfolg*. Gabler Verlag.

Daniels, P. (2018). *Du bist, was du denkst: Der Verstand und wie man ihn bei Laune hält*. NG Buchverlag GmbH.

Dawid, J. (2021). *Ihr macht euch zu viele Gedanken? Therapeutin erklärt, wie ihr aufhört*. Business Insider. https://www.businessinsider.de/leben/selbstoptimierung/wie-man-aufhoert-sich-gedanken-zu-machen-laut-therapeutin-r3/

Ellis, A. (2006). *Training der Gefühle: Wie Sie sich hartnäckig weigern, unglücklich zu sein*. Redline.

Enkelmann, N., & Enkelmann, C. E. (2011). *Die große Macht der Motivation*. Linde.

Feierabend, A. (2013). *Selbstwertgefühl ist ansteckend*. *HR Today: Das Schweizer Human Resource Management-Journal*. Published.

Forsyth, J. P., & Eifert, G. H. (2008). *The Mindfulness and Acceptance Workbook for Anxiety: A Guide to Breaking Free from Anxiety, Phobias, and Worry Using Acceptance and Commitment Therapy*. New Harbinger Publications.

Frieling, I. (2014). *Vorurteile: Was ist wirklich typisch Frau?* NWZonline. https://www.nwzonline.de/panorama/was-ist-wirklich-typisch-frau_a_13,6,720047830.html

Fronsdal, G. (2006). *The Dhammapada: A New Translation of the Buddhist Classic with Annotations*. Shambhala.

Funke, J. (2019). *Denken – Dorsch - Lexikon der Psychologie*. Dorsche. https://dorsch.hogrefe.com/stichwort/denken

Germer, C. (2012). *Der achtsame Weg zur Selbstliebe*. Arbor Verlag.

Grün, A. (2019). *Einreden: Der Umgang mit den Gedanken (Münsterschwarzacher Kleinschriften) (German Edition)*. Vier-Türme-Verlag.

Havener, T., & Spitzbart, M. (2010). *Denken Sie nicht an einen blauen Elefanten!: Die Macht der Gedanken*. Rowohlt Taschenbuch.

Hay, L. (2014). *Du bist dein Heiler!: Stärkende Gedanken für jeden Tag*. Ullstein Taschenbuchvlg.

Heller, J. *Denkfallen vermeiden*. Prof. Jutta Heller. https://juttaheller.de/resilienz/resilienz-abc/denkfallen-vermeiden/

Hemmings, J., Collin, C., Ganz, G. J., Lazyan, M., & Black, A. (2019). *Psychologie im Alltag: Wie wir denken, fühlen und handeln*. Dorling Kindersley Verlag.

Hoge, L., & Schutz, A. (2007). *Positives Denken: Vorteile - Risiken - Alternativen (German Edition)*. Kohlhammer.

Loew, T. (2019). *Langsamer atmen, besser leben*. Psychosozial Verlag.

Mai, J. (2021). *Denkfehler: Wie uns das Unterbewusstsein beeinflusst*. karrierebibel.de. https://karrierebibel.de/denkfehler/

Richter, F. (2015). *Schluss mit dem Spagat: Wie Sie aufhören, sich zwischen Familie und Beruf zu zerreißen - Die Erfolgsmethode simple present*. Südwest Verlag.

Scheunpflug, A. (2015). Selbstwertgefühl, Interesse und Motivation: Die Förderung von Kompetenzen jenseits der Fachlichkeit. *Jahrbuch Schulleitung 2015*. Published.

Schramm, S., & Wüstenhagen, C. (2014). *Das Alphabet des Denkens: Wie Sprache unsere Gedanken und Gefühle prägt*. Rowohlt Verlag GmbH.

Staber, D. (2020). *Die Macht der Gedanken: So kann sie dich positiv beeinflussen*. Utopia.de. https://utopia.de/ratgeber/die-macht-der-gedanken-so-kann-sie-dich-positiv-beeinflussen/

Stangl, W. (2021). *Gedanken – Online Lexikon für Psychologie und Pädagogik*. lexikon.stangl.eu. https://lexikon.stangl.eu/21013/gedanken

Tenzer, F. (2018). *Die Macht deiner Gedanken: Der einfache Weg zu deinem Traumleben (German Edition)*. Books on Demand.

Vogler, A. (2019). *Positives Denken: Durch mehr Selbstvertrauen glücklich leben*. neobooks.

Yesil, N. A. (2019). *Knack Dein Gehirn für Deinen Erfolg!* Springer.

Geschenk #1 - Zitatesammlung

Vielen Dank noch einmal für den Erwerb dieses Buches. Als zusätzliches Dankeschön erhältst du von mir **zwei E-Books**, als Bonus, und völlig gratis.

Das erste Bonusheft beinhaltet eine Sammlung an schönen, motivierenden und Mut machenden kleinen Geschichten und Zitaten, die dich auf deinem täglichen Weg zu einem erfüllten Leben begleiten können. Finde darin deine Lieblingszitate, die du dir immer wieder als kleine Erinnerungen, Richtungsweiser und Mutmacher zur Hand nehmen kannst.

Du kannst das Bonusheft folgendermaßen erhalten:

Öffne ein Browserfenster auf deinem Computer oder Smartphone und gib Folgendes ein:

stefanielorenz.com/bonus1

Du wirst dann automatisch auf die Download-Seite weitergeleitet.

Bitte beachte, dass dieses Bonusheft nur für eine begrenzte Zeit zum Download zur Verfügung steht.

Alternativ kannst du auch diesen QR-Code einscannen:

Geschenk #2 - Entspannung im Alltag

In diesem zweiten Bonusheft findest du verschiedene Entspannungsmethoden, Meditationsideen und Affirmationen, die dich darin unterstützen können, wieder zu dir selbst zu finden. Mit diesen Methoden kannst du neue Kraft tanken, dich auf deine eigenen Stärken besinnen und aus dem Hamsterrad deiner Gedanken und den Anforderungen von außen aussteigen.

Öffne ein Browserfenster auf deinem Computer oder Smartphone und gib Folgendes ein:

stefanielorenz.com/bonus2

Du wirst dann automatisch auf die Download-Seite weitergeleitet.

Bitte beachte, dass dieses Bonusheft nur für eine begrenzte Zeit zum Download zur Verfügung steht.

Alternativ kannst du auch diesen QR-Code einscannen:

www.ingramcontent.com/pod-product-compliance
Lightning Source LLC
Chambersburg PA
CBHW071226070526
44583CB00017B/2066